{石油教材出版基金资助项目}

石油高等院校特色规划教材

油气藏开发地质建模

(富媒体)

欧成华　冯国庆　李　波　编著

石油工业出版社

内 容 提 要

本书分为基础地质、建模理论及其策略实现三部分内容。第一部分讲述油气藏地层特征、构造特征、沉积相特征和储层特征的研究内容、图件编制及建模数据获取，完成储量计算与评价。第二部分介绍确定性建模和随机建模基础理论与技术方法。第三部分阐述地层结构与构造建模、沉积相建模、储层属性建模、储层裂缝建模、储量分布建模策略与实现过程，地质模型的可靠性检验及在油藏数值模拟中的粗化应用。三个部分以数据—理论—实现为主线有机结合起来，形成油气藏开发地质建模的完整体系。本书以二维码为纽带，加入了富媒体教学资源，为读者提供了丰富和便利的学习环境。

本书适合于石油工程本科专业教学使用，也可作为石油地质、土木工程等相关专业高等院校师生的参考书。

图书在版编目(CIP)数据

油气藏开发地质建模：富媒体/欧成华，冯国庆，李波编著.—北京：石油工业出版社，2018.8(2024.6 重印)

石油高等院校特色规划教材

ISBN 978-7-5183-2591-7

Ⅰ.①油… Ⅱ.①欧… ②冯… ③李… Ⅲ.①油气藏—油气开采—地质模型—教材 Ⅳ.①P618.13

中国版本图书馆 CIP 数据核字(2018)第 096343 号

出版发行：石油工业出版社
　　　　　(北京市朝阳区安定门外安华里2区1号楼　100011)
　　　　　网　　址：www.petropub.com
　　　　　编辑部：(010)64523694　图书营销中心：(010)64523633
经　　销：全国新华书店
排　　版：北京密东文创科技有限公司
印　　刷：北京中石油彩色印刷有限责任公司

2018 年 8 月第 1 版　2024 年 6 月第 2 次印刷
787 毫米×1092 毫米　开本：1/16　印张：19.25
字数：476 千字

定价：46.90 元
(如发现印装质量问题，我社图书营销中心负责调换)
版权所有，翻印必究

前　言

"油气藏开发地质建模"课程是石油工业深入发展推动石油工程专业教学改革的产物。多年前，笔者就提出了加强石油工程专业本科学生地质素养培养的建议，并为培养的部分学生因为地质知识的不足而在石油工业的主战场屡屡闹出常识性的笑话而忧心忡忡。正是石油工业的深入发展迫使石油高校开展新一轮深化改革，确定了新的教改方案，"油气藏开发地质建模"才有机会纳入到石油工程专业本科教学的课程体系中。笔者在此对西南石油大学相关领导和老师为深化改革付出的辛苦劳作表示深深的敬意，为石油工业出版社将本教材列入其"十三五"规划并提供"石油教材出版基金"资助表示深深的谢意。

《油气藏开发地质建模》全书分为三章、十七节。第一章包括五节内容，为油气藏开发地质特征及其建模数据部分，通过研究油气藏的地层特征、构造特征、沉积相特征、储层特征，获取相应的图件及基础地质数据，完成储量计算与评价。第二章包括三节内容，为地质建模基本理论与方法部分，在回顾建模历史，展望发展动态的基础上，分别介绍了确定性建模和随机建模的基本理论及技术方法。第三章包括九节内容，为地质建模策略及实现过程部分，在建模软件和数据库分析的基础上，分别阐述地层结构与构造建模、沉积相建模、储层属性建模、储层裂缝建模、储量分布建模的基本策略及实现过程，实现地质模型的可靠性检验及在油藏数值模拟中的粗化应用。

为了高质量完成本教材的编写，特安排欧成华教授负责第一、三章的编写任务，冯国庆副教授负责第二章的编写任务，李波讲师参与第一、三章的编写；研究生马军鹏、张强、袁崇杰、温永贵、张萍参与了资料收集和图表编绘等工作，李丹和靳平平参与整理了参考文献。全书由欧成华教授负责统稿，陈景山教授负责审稿并亲自执笔修缮了书中的部分谬误和图件。经过四年时间的构思与准备、收集资料、梳理题纲、编绘文图，终于编写完成了本教材。

需要阐明，建模其实不仅是"建模"。本质上说，建模是用现代的展示手段对自然现象或实体的真实再现。这种再现要体现自然现象或实体的"真实"，就必须遵从自然现象或实体的特征及内在规律，而这些特征和内在规律是无法用现代展示手段直接显示的。只有静下心来，依照具体研究方法和手段扎实工作，踏实研究，形成"现代展示手段"需要的输入数据，才能完成好一件好的"建模"作品。具体到油气藏开发地质建模,就是要从开发地质特征研究出发,提取、获得各类开发地质特征数据,形成建模数据库,然后运用各种建模理论及技术方法,建立并形成地质模型。

油气藏开发地质建模仅是地质建模领域的沧海一粟,其内容必须有所取舍。油气藏是与其他固体矿藏不一样的流体矿藏,虽然同为地下地质现象,但由于流体与固体本质上的差异,使得地质对象、研究思路、理论方法都有所不同。而且开发地质建模与勘探地质建模涉及的地质对象的时空尺度也有所差异,开发地质建模仅仅限于油气藏范围,而勘探地质建模则要将视野推广到盆地、洲际甚至天体运动。因此,油气藏开发地质建模自有其自身的范畴,也只是地质建模领域的一个局部,知道了这些,自然会对地质建模心存敬畏与向往。

即便是定稿后的《油气藏开发地质建模》,也是一个宏大的体系,分别涉及地层学、构造地质学、沉积学、储层地质学、储量计算、地质建模理论与方法、建模软件及实现等多个学科领域及技术范畴,知识体系异常庞杂。这就要求教师和学生都需要具备雄厚的基础、出众的能力和坚韧刻苦的品质,否则,难以实现对上述知识体系的完整、合理、高效把握与运用。

应该感谢那些为地质建模做出过贡献的机构和学者。地质建模自20世纪70年代发展至今,一直都是各类矿藏勘探开发的研究热点之一,从一维单井分析、二维平面实现,到三维立体模拟、四维实时仿真,正是由于无数机构和学者的前赴后继、呕心沥血,才使得地质建模从基础理论、技术方法,到软件实现的体系日臻完善,呈现出眼前的"豪门盛宴"。虽然尽量标注了曾经为之做出过贡献的人们,但未必做到巨细无遗。文献漫漫,人海茫茫,笔者只能在这里一并感谢。

由于书中涉及知识体系庞杂,虽倾尽全力、力求完善,但因水平有限,难免疏漏,敬请读者批评指正!

编著者
2018年3月

目　　录

第一章　油气藏开发地质特征及其建模数据 … 1
- 第一节　地层特征及建模数据 … 1
- 第二节　构造特征与构造图件 … 29
- 第三节　沉积相特征及建模数据 … 42
- 第四节　储层特征及建模数据 … 64
- 第五节　油气藏储量计算与评价 … 93
- 参考文献 … 116
- 习题 … 119

第二章　地质建模基本理论与方法 … 121
- 第一节　建模发展历史及展望 … 121
- 第二节　确定性建模 … 126
- 第三节　随机建模 … 163
- 参考文献 … 201
- 习题 … 204

第三章　地质建模策略及实现过程 … 205
- 第一节　主要地质建模软件 … 205
- 第二节　建模数据库 … 223
- 第三节　地层结构与构造建模 … 233
- 第四节　沉积相建模 … 252
- 第五节　储层属性建模 … 264
- 第六节　储层裂缝建模 … 278
- 第七节　储量分布建模 … 280
- 第八节　地质模型质量控制及可靠性检验 … 284
- 第九节　地质模型粗化 … 288
- 参考文献 … 296
- 习题 … 296

富媒体资源目录

序号	名　　称	页码
1	彩图 1-1-4　不整合接触野外剖面	9
2	彩图 1-1-11　沉积旋回实景图	17
3	彩图 1-2-4　单斜实景图	31
4	彩图 1-2-5　背斜和向斜实景图	31
5	彩图 1-3-2　冲积扇实景图	46
6	彩图 1-3-4　曲流河实景图	48
7	彩图 1-3-5　辫状河实景图	50
8	彩图 1-3-6　密西西比河三角洲实景图	51
9	彩图 1-4-7　岩心夹持器实物图	73
10	视频 3-1-1　Petrel 平台介绍	206
11	视频 3-1-2　Petrel 平台基本工作流程	206
12	视频 3-1-3　Petrel 平台功能模块介绍	206
13	彩图 3-1-3　Petrel 平台地震属性提取界面	207
14	彩图 3-1-7　Petrel 平台自动追踪解释界面	209
15	彩图 3-1-8　Petrel 平台二维和三维视图窗进行综合分析和对比界面	210
16	彩图 3-1-9　Petrel 平台 VISAGE 地质岩石力学计算界面	210
17	彩图 3-1-10　Petrel 平台利用构造框架工具建立盐丘模型界面	211
18	彩图 3-1-11　Petrel 平台采用模型更新工具融合数据结果图	212
19	彩图 3-1-12　采用多点相模拟一个河道和相关联的朵状体的分布范围	212
20	彩图 3-1-13　在油藏模型中运用趋势建模	213
21	彩图 3-1-14　离散裂缝模型	213

序号	名　　称	页码
22	彩图 3-1-15　油气模拟图(红色显示液态聚集,黄色显示气态聚集)	214
23	彩图 3-1-16　通过各种盆地油气系统因素综合判断勘探成功率	214
24	彩图 3-1-17　直接以流线形式显示基于 ECLIPSE 的模拟结果	215
25	彩图 3-1-18　多种网格化和粗化技术	216
26	彩图 3-1-19　模拟结果显示案例图	216
27	彩图 3-2-4　SEGY 格式的地震属性数据体三维视图	231
28	彩图 3-3-2　工区断面插值结果三维视图	235
29	彩图 3-3-3　断面及断面 Pillar 结构示意图	235
30	彩图 3-3-4　断面编辑示意图	235
31	彩图 3-3-5　中面骨架网格剖分的各类特征线及网格剖分结果	236
32	彩图 3-3-7　关键层面插值结果示意图	237
33	彩图 3-3-14　层面内插结果示意图	239
34	视频 3-3-1　Petrel 平台地层结构与构造建模	240
35	彩图 3-3-16　三维网格化地层模型示意图	241
36	彩图 3-3-17　输入断层和层面解释数据	242
37	彩图 3-3-18　带有断层和层面的构造格架	242
38	彩图 3-3-19　Petrel 平台断层建模设置对话框	242
39	彩图 3-3-23　断面	245
40	彩图 3-3-24　建好的断层模型	245
41	彩图 3-3-25　均匀分布的矩形网格单元	246
42	彩图 3-3-38　建立好的关键构造层面模型实例	251
43	彩图 3-4-4　一般指示克里金插值结果示意图	256
44	彩图 3-4-5　序贯指示克里金相模拟结果示意图	257
45	彩图 3-4-6　垂向沉积相概率统计及概率曲线	258
46	彩图 3-4-8　沉积相平面概率分布趋势面	259

序号	名称	页码
47	彩图 3-4-9　截断高斯模拟结果	259
48	彩图 3-4-10　基于目标方法的一个模拟实现	260
49	视频 3-4-1　直接利用沉积专家的平面相图开展沉积相建模	261
50	彩图 3-5-3　压实成岩作用及趋势分析示意图	267
51	彩图 3-5-4　沉积作用及趋势分析示意图	267
52	彩图 3-5-5　平面横向趋势分析示意图	268
53	彩图 3-5-6　二维趋势面	268
54	彩图 3-5-8　地质体内部趋势分布示意图	269
55	彩图 3-5-9　综合趋势分布示意图	269
56	彩图 3-5-12　使用确定性方法建立属性模型	273
57	彩图 3-5-13　同位协同高斯模拟结果	274
58	视频 3-5-1　物性属性建模与流体属性建模	274
59	彩图 3-5-20　建立完成的孔隙度属性三维模型样例	278
60	彩图 3-6-1　裂缝网络模型	279
61	彩图 3-6-2　裂缝物性模型	280
62	彩图 3-9-1　PEBI 网格模型示意图	289
63	彩图 3-9-2　平面 Z 字形网格处理示意图	290
64	彩图 3-9-3　三维阶梯形网格处理示意图	290
65	彩图 3-9-4　平面分块网格个数设置示意图	290
66	彩图 3-9-5　数模网格示意图	291

第一章 油气藏开发地质特征及其建模数据

静态油气藏开发地质特征包括地层特征、构造特征、沉积相特征、储层特征和油气藏储量特征。研究静态油气藏开发地质特征,分别获取每类特征的基础数据,形成构建油气藏地质建模数据库的基础,这些工作是地质建模得以顺利开展的基本前提(欧成华等,2015,2016)。

第一节 地层特征及建模数据

地层、储层、油(气)层和隔夹层是相互关联的基本石油地质概念。地层的纵向划分与横向对比是油(气)藏识别的基础,而油(气)层的划分与对比则是油(气)藏评价的基本前提。只有在地层、油(气)层正确划分与对比的基础上,才能提取得到建立地质模型必需的地层、储层、油(气)层和隔夹层等的分层数据。

一、地层的概念

(一)地层、储层、油(气)层和隔夹层

地球由地核、地幔和地壳构成(图1-1-1)。迄今为止,人类对各种矿床的探测和开发主要集中在地壳部分,因而有关地层、储层、油(气)层和隔夹层的概念也是针对地壳而言的。

地层指的是按照形成的时代顺序划分的地壳中的岩层,换句话说,地层就是在地壳发展过程中形成的层状岩石的总称。组成地层的岩石包括沉积岩、岩浆岩和变质岩,这三类岩石也是组成地壳岩石圈的主要岩石类型。

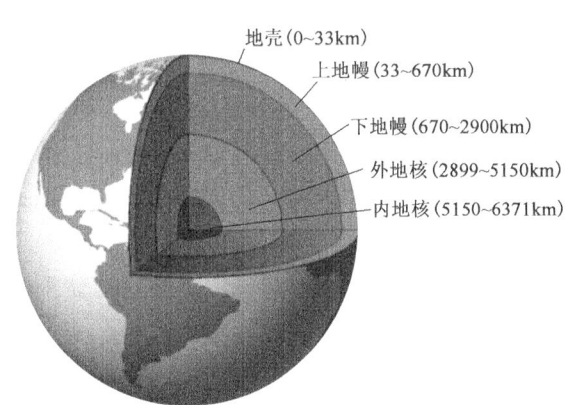

图1-1-1 地球内部圈层示意图

沉积岩是在近地表的常温、常压条件及水、大气、生物、重力等作用下,主要由母岩风化的产物,同时也有火山物质、有机物质、宇宙物质等沉积岩的原始成分,经搬运、沉积及成岩后作用而形成的一类岩石。变质岩是指由地壳中已形成的岩石(岩浆岩、沉积岩、变质岩)在地壳深处高温、高压及化学活动性流体的作用下,使原来的岩石(原岩)成分、结构、构造发生改变而形成的岩石;其中,由岩浆岩变质而成的称为正变质岩,由沉积岩变质而成的称为副变质岩。岩浆岩是指地下深处高温、高压下含大量挥发组分的硅酸盐岩浆,依靠火山侵入作用或喷出作用冲入地壳中的软弱部分,直至侵入到近地表、或喷(溢)出地表后经冷凝、结晶而成的各类岩石;其中,侵入到地壳深处(3~15km)的称为深成侵入岩,侵入到地壳浅处(不到3km)的称为浅成侵入岩,喷达地表的称为喷发岩。

储层指的是地层中那些具有连通孔隙,能使流体储存,并在其中渗滤的岩层,它是构成油气藏的基本要素之一。储层的含义只强调了岩层储渗流体的能力,并不意味着其中一定有油气。通常把含有工业(商业)价值油(气)的储层,称为油(气)层;已投入开发的油(气)层,则称为产层。

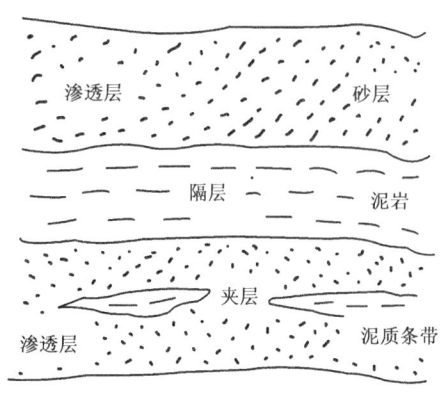

图 1-1-2 隔层与夹层剖面示意图
(据伍友佳等,2004)

隔夹层(图 1-1-2)指的是在稳定分布的油气层中的那些不渗透岩层。隔层的特点是纵向具一定厚度(泥岩一般需 3m 以上)、封隔性好、平面分布稳定;隔层一般由泥岩、页岩或泥质含量很高、胶结比较致密的泥质粉砂岩等非储层岩性充当。夹层的特点是纵向厚度较小(一般几厘米至几十厘米,也可厚达 2~3m),封隔性较差,有的夹层还具一定的渗透性,甚至具油迹以下的含油显示,但基本无可动油,夹层的平面分布较局限且不稳定(多在几米至几十米范围,也可达几个井距)。

隔层在油藏开发中比较重要。在多油(气)层的情况下,进行开发层系组合划分、分层注水、分层采油、隔堵水、分层压裂和酸化时,都需要重点研究隔层条件。夹层则在进行油气储量计算时,予以划分、扣除,以提高储量计算精度。对于某些平面分布较稳定、具相当厚度而又位置适宜的夹层,也可作为隔层利用(在射孔时,在这种夹层的上下适当预留一定厚度避射)。

由于隔层与夹层的平面分布情况难于准确掌握,因此常将厚度较小、平面分布不够稳定的泥岩薄层笼统称为隔夹层(但厚而稳定的泥岩一般都称为隔层)。

(二)地层系统和地层单位

地层、储层、油(气)层和隔夹层的研究属于地层学的范畴。地层学(stratigraphy)是专门研究地层系统、地层单位特征及相互关系,以及时、空分布规律的学科。在三百多年的发展过程中,形成了许多分支学科,如稳定同位素地层学、地震地层学、层序地层学、磁性地层学和事件地层学等等。为了便于在国际上相互交流和各地区、国家的具体实践应用,在地层学中,分别建立了国际通用地层系统和地方性地层系统(表 1-1-1)。

表 1-1-1 常用地层系统、地层单位及其对应关系一览表

国际通用地层系统				地方性地层系统		
地层单位		时代单位		基准面旋回单位	层序地层单位	油田岩石地层单位
宇 Eonthem		宙 Eon				界
界 Erathem		代 Era				系
系 System		纪 Period		长周期旋回 中周期旋回	层序	统 组
统 Series	上 Upper	世 Epoch	晚 Late	短周期旋回	准层序组 准层序	段 油(气)层组
	中 Middle		中 Middle		岩层组	油(气)层
	下 Lower		早 Early	超短周期旋回	岩层 纹层组	单油(气)层
阶 Stage		期 Age			纹层	韵律层
时带 Chronozone		时 Chron				

1. 国际通用地层系统

国际通用地层系统建立了包括地层单位、时代单位及其代号,同位素年龄,构造阶段,生物演化阶段,各国(包括中国)主要地质、生物现象等完整的地层体系(表 1-1-2)。其核心包括地层单位和时代单位两套系统。地层单位包括宇、界、系、统、阶、时带等六级;与其对应的时

代单位为宙、代、纪、世、期、时等六级(据刘吉余等,2006)。

①宇(宙):最大的地层单位,是在宙的时间内形成的地层。地球46亿年的地质历史从老到新被划分为太古宙、元古宙、显生宙三个宙;年代地层对应地分为太古宇、元古宇、显生宇三个宇。

②界(代):是大于系、小于宇的地层单位。一个界代表在一个代的时间内形成的全部地层。按地层的新老关系,把太古宇由老到新划分为冥古界、始太古界、古太古界、中太古界和新太古界;元古宇划分为古元古界、中元古界和新元古界;按生物演化的重大变化,把显生宇划分为古生界、中生界和新生界。

③系(纪):是界的一部分,级别小于界、大于统。系代表一个纪的时间内所形成的全部地层,如震旦系、寒武系、侏罗系、第四系等(表1-1-2),必要时可以分成亚系。例如,北美地区石炭系分为宾夕法尼亚亚系和密西西比亚系。

④统(世):级别仅次于系的地层单位,一个系可以分成两个或更多的统。统是系的一部分,代表一个世的时间内所形成的全部地层。统名通常是在系的名称前增加下、中、上等字样,例如三叠系从下到上被分为下三叠统(T_1)、中三叠统(T_2)、上三叠统(T_3)。但是也有例外,根据全国地层委员会《中国地层表》编委会2014年公布的统名,二叠系、志留系和寒武系的"统"的划分与命名并非如此,例如志留系从下到上可以细分为兰多弗里统(S_1)、文洛克统(S_2)、拉德洛统(S_3)、普里多利统(S_4)。

⑤阶(期):是较小的地层单位,代表一个期的时间内形成的全部地层。阶一般只适用于大区。阶是统的再分,一个统可包括2~6个阶。例如我国上白垩统由下到上划分为农安阶、松花江阶和绥化阶。

⑥时带(时):级别最低的地层单位,代表一个时的时间内形成的地层。它是根据生物的种或属的延限带所建立的地层单位。

从理论上讲,所有的年代地层单位都应是世界性的,然而,只有较高级别的单位,如宇、界、系、统才适于全世界范围内应用。阶一般只适用于大区。很多时带,除根据某些分布广泛的浮游生物建立的时带具有世界性对比意义外,都只适用于较小范围。

2. 地方性地层系统

由于国际通用地层系统中仅统(世)及其以上级别的地层才能在全世界范围内广泛对比,而这对于各个国家和地区的地层研究是远远不够的。为此,各个地区和国家逐渐建立起了适用于本地区和国家的地方性地层系统。我国通用的、较低级别的地方性岩石地层单位主要为统、组、段、层四级(安延恺,1985)。随着传统层序地层学和高分辨率层序地层学的兴起和广泛应用,我国油田普遍使用的地层单位主要包括经典的岩石地层单位、层序地层单位和基准面旋回单位等三类地层单元(表1-1-1)。油田岩石地层单位是在油田勘探开发实践过程中逐渐形成的以岩石及其储渗性能差异划分而成的地层系统,是对国际通用地层系统"统"以下级别地层的进一步细分;层序地层单位是在层序地层学相关理论和实践的基础上建立形成的地层系统;基准面旋回单位则是在高分辨率层序地层学和沉积旋回等的理论和实践的基础上建立形成的地层系统。这三类地层系统在实践过程中互相借鉴、互相融合,并逐渐在各类矿床的勘探和开发中得到了推广应用。

一般来说,油田岩石地层单位、层序地层单位和基准面旋回单位间具有较好的对应关系(表1-1-1)。为此,下面以油田岩石地层单位为核心,详细论述这三种地层系统下各地层单位划分与识别的基本特征(刘吉余等,2006)。

表1-1-2 国际通用地层系统和地层单元特征一览表（据全国地层委员会《中国地层表》编委会，2014，完善）

地层单位、时代单位及其代号					地质年龄（Ma）		构造阶段		生物演化阶段			中国主要地质、生物现象
宇（宙）	界（代）	系（纪）	统（世）		时间间距	距今年龄	大阶段	阶段	动物		植物	
显生宇（PH）Phanerozoic	新生界（Cz）Cenozoic	第四系（Q）Quaternary	全新统（Q₄/Qh）Holocene		约2-3	-0.0117			人类出现	无脊椎动物继续演化发展	被子植物繁盛	冰川广布，黄土生成
			更新统（Qp）Pleistocene		2.712	2.588						西部造山运动，东部低平，湖泊广布
		新近系（N）Neogene	上新统（N₂）Pliocene		17.73	5.3		（新阿尔卑斯阶段）喜马拉雅阶段	哺乳动物繁盛			哺乳类分化
			中新统（N₁）Miocene		10.77	23.03						蔬果繁盛，哺乳类急速发展
		古近系（E）Palaeogene	渐新统（E₃）Oligocene		22.0	33.8	联合古陆解体					造山作用强烈，火成岩矿产生成
			始新统（E₂）Eocene		9.7	55.8						
			古新统（E₁）Palaeocene		79.5	65.5						中国南部最后一次海侵，恐龙哺乳类发育
	中生界（Mz）Mesozoic	白垩系（K）Cretaceous	上白垩统（K₂）		54.6	145		（老阿尔卑斯阶段）燕山阶段	爬行动物繁盛		裸子植物繁盛	恐龙极盛，陆地形成
			下白垩统（K₁）		52.57	199.6						
		侏罗系（J）Jurassic	上侏罗统（J₃）		46.83	252.17						世界冰川广布，发生大规模海侵，造山作用强烈
			中侏罗统（J₂）				联合古陆形成	印支阶段				
			下侏罗统（J₁）									
		三叠系（T）Triassic	上三叠统（T₃）					印支海西阶段				
			中三叠统（T₂）									
			下三叠统（T₁）									
	古生界上古生界（Pz₂）Palaeozoic	二叠系（P）Permian	乐平统（P₃）					海西阶段				气候温热，煤田形成，爬行类昆虫发育，地形低平，蜥蜴类发育
			阳新统（P₂）			299						
			船山统（P₁）									
		石炭系（C）Carboniferous	上石炭统（C₂）		60.58	359.58			两栖动物繁盛		蕨类植物繁盛	森林发育，腕足类极盛，鱼类、两栖类发育
			下石炭统（C₁）									
		泥盆系（D）Devonian	上泥盆统（D₃）		60.58				鱼类繁盛		裸蕨植物繁盛	
			中泥盆统（D₂）									
			下泥盆统（D₁）									

— 4 —

续表

地层单位,时代单位及代号					地质年龄(Ma)		构造阶段		生物演化阶段		中国主要地质、生物现象
宇(宙)	界(代)	系(纪)	统(世)		时间间距	距今年龄	大阶段	阶段	动物	植物	
显生宇 (PH) Phanerozoic	古生界 (Pz) 下古生界 (Pz₁) Palaeozoic	志留系(S) Silurian	普里多利统(S₄)		27.8		地台形成	加里东阶段	海生无脊椎动物繁盛	藻类及菌类繁盛	珊瑚礁发育,气候局部干燥,造山运动强烈
			拉德洛统(S₃)								
			文洛克统(S₂)			443.8					
			兰多弗里统(S₁)								
		奥陶系(O) Ordovician	上奥陶统(O₃)		41.6						海水广布,无脊椎动物繁盛,末期华北隆升
			中奥陶统(O₂)								
			下奥陶统(O₁)			485.4					
		寒武系(∈) Cambrian	芙蓉统(∈₄)		55.6				硬壳动物繁盛		浅海广布,开始大量发育藻类及菌类生物
			第三统(∈₃)								
			第二统(∈₂)								
			纽芬兰统(∈₁)			541					
元古宇 (Pt) Proterozoic	新元古界	震旦系(Z)	上震旦统(Z₂)		94				裸露动物繁盛	真核生物出现	地形不平,冰川广布,晚期海侵加剧
			下震旦统(Z₁)			635					
		南华系			145	780		晋宁阶段			沉积巨厚,造山运动强烈,矿产富集
		青白口系(Qb)			220	1000				(绿藻)	
	中元古界	待建系			400	1400					
		蓟县系(Jx)			200	1600					
	古元古界	长城系(Ch)				1800		吕梁阶段			
		滹沱系(Ht)			700	2300					
		?				2500				原核生物出现	早期基性岩浆喷发,后期造山作用强烈,出现花岗岩侵入
太古宇 (Ar) Archaeozoic	新太古界				300	2800	陆核形成		生命现象开始出现		
	中太古界				300	3200					
	古太古界				400	3600					
	始太古界				400	4000					
冥古界					600	4600					

1）组（formation）

组是岩石地层的基本单位，大致对应于层序地层单位三级"层序"，或者基准面旋回单位中的"中周期旋回"。

油田岩石地层单位"组"常常是一个油气藏最大的地层单位。它是指一套相对整一的、成因上有联系的、其顶和底以不整合面或与之可以对比的整合面为界的地层实体单元，其厚度范围百余米级，横向分布范围一般大于 $2500km^2$ 以上，形成时间一般都大于 $0.2 \sim 1Ma$。

2）段（member）

段是对"组"的进一步细分，大致对应于层序地层单位准层序组，或者基准面旋回单位中的短周期旋回。

油田岩石地层单位"段"，是在多数情况下以初始的和大的海（湖）泛面为界的独特的叠置方式。其厚度范围通常为数十米级，横向分布范围一般介于 $30 \sim 3000km^2$，形成时间一般介于 $0.04 \sim 0.16Ma$。段通常包括进积式沉积旋回组合、退积式沉积旋回组合和加积式沉积旋回组合等成因类型。

3）油（气）层组

油（气）层组是对"段"的细分，大致对应于层序地层单位的准层序，或者基准面旋回单位中的短周期旋回。

油（气）层组是指一套相对整一的、在成因上有联系的、以一般海（湖）泛面为界的岩层（bed）或岩层组（bed sets）的组合。其厚度范围通常为数十米级，横向分布范围一般介于 $30 \sim 3000km^2$，形成时间一般介于 $0.02 \sim 0.04Ma$。油（气）层组包括向上变细变薄组合（正旋回）、向上变粗变厚组合（反旋回）、交互组合（复合旋回）等类型。

4）油（气）层

油（气）层对应于层序地层单位的岩层组，或者基准面旋回单位中的超短周期旋回。

油（气）层是指一组相对整合的、有内在联系的岩层层序，以侵蚀面、湖泛面及其可以对比的岩层面为界，包括正韵律、反韵律、复合韵律等类型。油（气）层及其界面所代表的地质年代较单油（气）层长，横向上也比单油（气）层分布广。

5）单油（气）层

单油（气）层对应于层序地层单位的岩层，或者基准面旋回单位中的超短周期旋回。

单油（气）层是指一组有内在联系的纹层组合序列，以可以对比的纹层系面为界，为单一成因地层。可以按岩性类型划分，如砂岩层、砾岩层、泥岩层等。岩层及其界面所代表的地质年代较油（气）层短，横向上也比油（气）层分布范围小。单油（气）层形成迅速，时间跨度从几天到几年，其相带变化以岩层面为界，平面分布范围变化大，从数平方米到数百平方千米不等。

6）韵律层

韵律层对应于层序地层单位的纹层组，或者基准面旋回单位的超短周期旋回。

韵律层是指一组相对整合的、有内在联系的纹层层序，以侵蚀面、无沉积界面及其可以对比的纹层面为界。形成迅速，几小时到几天。平面较岩层的分布范围小。按沉积构造可以进一步细分为平行层理、粒序层理、交错层理等类型。

二、地层划分与对比方法

(一)地层纵向划分方法

地层纵向划分就是根据特定区域矿床勘探开发实践的需要,按照国际通用地层系统和地方性地层系统的规范要求,基于地层学基本理论和方法,依据区内地层接触关系,在厘清地层纵向变化规律的基础上,依靠实际地层的各种属性特征(地层层序、接触关系、沉积旋回、岩性、化石、同位素年龄等),把地层纵向剖面划分为能反映地层特征及其变化规律的不同类型、不同级别的地层单位(表1-1-2),建立起研究区域地层系统的标准剖面,形成地层横向对比的基础和依据。地层系统及地层单位的分级与命名应依据实际矿床勘探开发的精度要求确定。

以图1-1-3为例,图上有两个不整合面,下部不整合面存在于地层1和地层2之间,代表地层1沉积之后,区内褶皱上升,遭受剥蚀,并重新下降接受沉积的发育过程。上部不整合面位于地层5与地层6之间,代表地层5沉积之后,区内地层整体抬升至地表而遭受剥蚀,再度下沉接受沉积的发展历史。根据这两个不整合面将该剖面划分为Ⅰ(地层1)、Ⅱ(地层2~5)和Ⅲ(地层6)三个组。在Ⅱ组地层中,根据地层岩性的不同,又可进一步划分为下段(地层2、3)、中段(地层4)和上段(地层5)共3个段,从而建立起了组—段—油层组的油田岩石地层单位系统,其中油层组的界面识别与分析可以同时利用岩石特征、基准面旋回特征和层序地层界面特征来确定。由此可见,地层纵向划分的核心工作是确定地层间的接触关系及各级地层分层界面的识别。

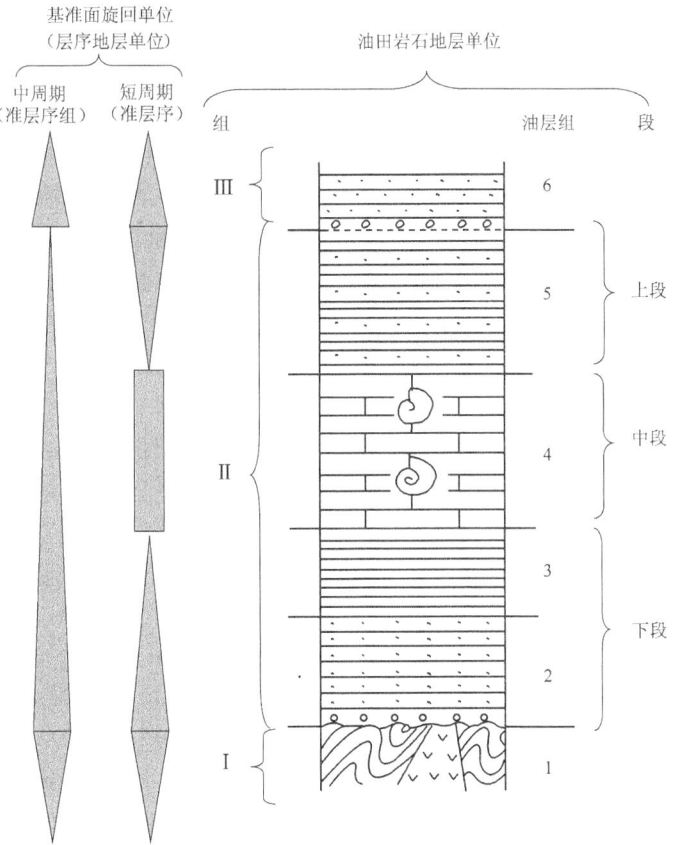

图1-1-3 地层划分示意图(据黎文清等,1993)

1. 地层间的接触关系

地层间的接触关系可反映地壳运动的性质、特点及何时发生了何种作用。地层间的接触关系可分为整合接触与不整合接触两大类。强烈的构造运动常伴有岩浆活动、变质作用，从而使沉积岩与岩浆岩或变质岩接触，称为非整合或异岩不整合，人们常把它归入角度不整合。不整合是一种极为重要的构造现象。它的研究对追溯地壳运动的性质和时期、重塑古地理和古构造演化乃至石油构造和油气藏的形成均具有重要意义。

1) 整合接触

如果一个地区保持稳定下降，沉积作用不断地进行，沉积物就会连续不断地一层层堆积下来，这样，不同时代形成的一套地层接触关系就是连续的，这种接触关系称为整合接触。连续沉积的两套地层之间没有明显、突变的岩性变化，它们常常是逐渐过渡的。如果在沉积过程中曾经有一段时间沉积作用停止，但并没有发生明显的陆上侵蚀作用，而后又接受沉积，这样就造成了沉积间断。间断面上、下地层岩性改变有时较明显，容易识别；有时无显著变化。地层的连续接触和短暂的沉积间断接触都属于整合接触。例如在陆相淤积物和洪积物的形成过程中，沉积作用和侵蚀作用经常交替进行，这种极其短暂的侵蚀造成的沉积间断往往是由季节变化引起的。在洪水期河流发生泛滥，携带大量物质造成沉积。在枯水期则没有沉积甚至有短暂的侵蚀，这种现象只能称为小间断，仍然属于整合接触。

整合接触说明在形成该套地层的地质时期，该区的地质构造环境是稳定的，这种稳定可以是长期持续缓慢地下降，也可以是逐渐地相对上升，或是相对均衡。

2) 不整合接触

如果一个地区沉积了一套岩层，之后又上升露出水面并遭受侵蚀，造成较长期的沉积间断，然后再重新下降接受沉积，则在先后沉积的地层之间缺失了某一时期的地层，造成上下地层时代的不连续。上、下地层之间的这种接触关系称为不整合接触。

上、下呈不整合按触的地层之间隔着一个陆上侵蚀面——沉积间断面，这个面就叫不整合面，它代表没有沉积的侵蚀时期，所以不整合面正常有风化侵蚀的痕迹。不整合面以下的岩系叫下伏岩系，不整合面以上的岩系叫上覆岩系。不整合面在地面上的出露线叫不整合线，它是一种重要的地质界线。

根据不整合面上、下两套地层的产状及其所反映的地壳运动性质，不整合可分为平行不整合、角度不整合。

平行不整合也称为假整合，它是指不整合面上下两套地层的产状要素基本一致。平行不整合的存在，说明原来的沉积区曾经上升为古陆剥蚀区，在上升过程中地层没有发生明显的褶皱或倾斜，只是露出水面造成沉积间断并遭受剥蚀，直至该区再下降为沉积区，接受新的沉积（图1-1-4）。因此平行不整合接触的上下两套地层之间缺失了一部分地层，但彼此的产状基本一致。

角度不整合即狭义的不整合，它是指上、下两套地层之间不仅缺失了部分地层，而且上、下地层的产状也不相同。角度不整合的形成过程可以概括为：下降接受沉积——褶皱上升（常伴有断裂活动、岩浆活动、区域变质等）——沉积间断，遭受风化侵蚀——再下降接受沉积（图1-1-4）。由于新沉积物形成之前，老岩层已发生强烈变动，所以新老地层的产状不同。角度不整合的存在，说明该区在上覆地层沉积之前曾发生过褶皱、抬升等构造变动。因此它是划分大地构造单元和构造运动阶段的重要依据。

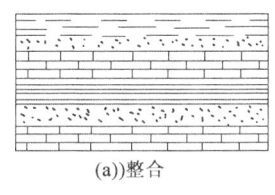 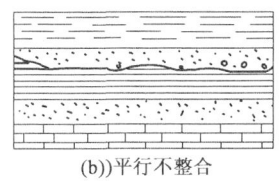 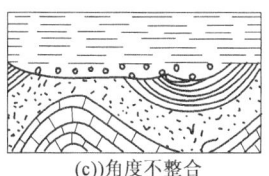

(a) 整合　　　　　　　　(b) 平行不整合　　　　　　(c) 角度不整合

图1-1-4　地层接触关系示意图(据何培玲等,2006)

地层不整合接触形式是多种多样的,除上述两种典型的类型外,还可分出其他多种类型。与油气关系比较密切的有:

①局部不整合与区域不整合。局限于局部地理范围,由局部构造因素引起的不整合叫局部不整合;分布于较大区域的不整合叫区域不整合。二者仅是个相对的概念。

彩图1-1-4　不整合接触野外剖面

②超覆不整合。当沉积盆地相对下降,水体及沉积范围不断扩大,造成海、湖的边缘地带新地层超越老地层的分布范围,而直接覆盖在盆地边缘的剥蚀面上,形成超覆不整合。

③嵌入不整合。在起伏较大的不整合面上,新岩层充填在局部低凹处,就像嵌入在老地层之中,这种现象被称为嵌入不整合,也可视为局部不整合。

④侵入接触(不整合)及沉积接触(不整合)。前者是指岩浆侵入地壳后,围岩与侵入岩的接触关系;后者是指时代较新的沉积岩层直接沉积在古老的火成岩系之上形成的接触关系。

2. 地层界面的识别方法

刘余吉主编的《油气开发地质基础(第四版)》(石油工业出版社,2006)对此进行了深入介绍,其具体方法如下。

1) 不整合识别

①不整合面与整合面比较而言相对是不平整的,表现为起伏不平。在沉积间断期间,沉积环境的变化往往造成不整合面上、下岩性突变。上覆层的底部出现底砾岩,砾石成分往往与下伏的老地层岩性有关。长期的剥蚀、风化作用使不整合面附近形成一个下伏岩性为主、岩石结构松散的风化壳,其颜色与上、下地层有较大区别。

②不整合面附近常富集铁、铝、锰等有用沉积矿产。

③对于角度不整合,不整合面上、下地层的产状有明显差别。

④不整合面上、下两套地层之间有沉积间断,古生物演化不连续,缺失某些时代地层,在岩性、岩相、生物种群等方面均不同,并且这种不连续不是断层所致。

⑤不整合面上、下两套地层的构造变形强弱程度不同,不整合面以下的老地层经受过多次构造变动,构造变形较为强烈、复杂。有时两套地层的构造线方向迥然不同。此外,两者的岩浆活动和变质作用都存在着较大的差异。

2) 相对地质年代及其确定方法

反映岩石、地层或地质事件先后顺序的时间,称为相对地质年代。岩层的相对地质年代或地层层序可以利用化石层序律、切割律、地层层序律等生物学方法和岩石学方法来确定。

(1) 根据地层层序确定相对地质年代

早在19世纪初,丹麦学者Steno(1916)就指出:未经强烈构造变动的正常地层应当是新地层叠覆于老地层之上,这就是地层层序律。据此,未经强烈构造变动、未发生倒转或逆掩断层的情况下,地层保持正常序列——下老上新。

构造运动常常导致岩层倾斜、直立、断裂甚至倒转,改变了原有的地层层序。所以地层研究首先要确定地层层序。确定地层层序的关键是判断各岩层的顶、底面,酌定岩层顶、底面,恢复地层层序的标志主要有古生物、岩性、地质构造等。

(2)根据化石层序律确定相对地质年代

众所周知,生物由简单到复杂、由低级到高级不断发展进化,其进化过程是不可逆的,所以不同时代的地层含有不同的化石群,同一时代的地层,含有同时代的化石或化石组合,这就是著名的化石层序律。根据化石层序律,不同地区含有同时代化石的地层是同时形成的;含有古老生物化石的地层应该位于含较新时代化石的地层之下,反之则说明该地区可能存在逆掩断层或地层发生了倒转。此外,利用化石贝壳的示顶底构造(geopetal structure)也可判断地层顶底(贝壳体上部有时未完全填满);异地埋藏的软体动物贝壳,往往以其凸面向上为最稳定的保存状态(图1-1-5)。根据遗迹化石、生物的生长状态等也可恢复地层层序,如植物根总是向下的,珊瑚等一些固着生长的动物向上生长,其顶、底位置与岩层的顶、底一致。

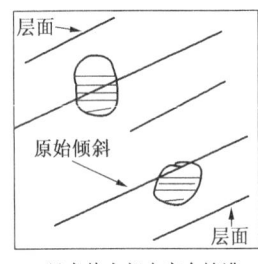 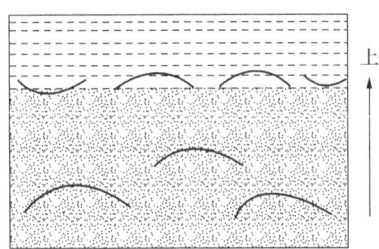

(a)贝壳体上部未完全填满　　(b)地层中异地埋藏的贝壳凸面向上

图1-1-5　利用贝壳的示顶底构造确定地层顶底(据刘余吉等,2006)

(3)根据切割律和包含原理确定相对地质年代

构造运动和岩浆活动,可使不同岩层、岩体之间出现断裂或切割穿插关系,被切割、穿插的地质体时代较老,这个规律叫切割律,它适用于各种规模的地质体。当一种岩石包含另一种岩石时,包含在大岩体中的小岩石碎块的年龄必然老于大岩体,这就是包含原理。

(4)根据岩石的结构、沉积构造等岩相特征确定相对地质年代

沉积构造可用于确定地层层序,如:斜层理的纹层向下收敛,凹面向上,顶部被水流切割;对称波痕的尖峰、干裂(泥裂)的V形开口均应向上(图1-1-6)。

常见的觅序性标志还有沉积序列等,如煤层之下常有根土岩。微观标志需要借助显微镜来观察,如石灰岩中裂隙和裂纹的充填物等。

对于火山岩系,确定岩层的顶、底也有规律可循。一般来说,熔岩顶部的气孔构造多而大,形状不规则,底部气孔小,常为椭圆状。在年代较老的熔岩中,气孔常被次生矿物充填呈杏仁状。另外,熔浆喷出地表,其表面与空气接触,因此熔岩常有氧化顶(红顶)和绿底。

(5)根据接触关系推断相对年龄

在不整合接触的两套地层中,上覆地层的底部(古陆表面)常有底砾岩、残积层、古土壤及溶解作用的迹象。岩浆岩与沉积岩呈侵入接触时,侵入岩的时代比沉积岩新;岩浆岩与上覆沉积岩为沉积接触时,则岩浆岩的时代比上覆沉积岩老。喷出岩比下伏岩石的时代新,比其上履岩石的时代老。

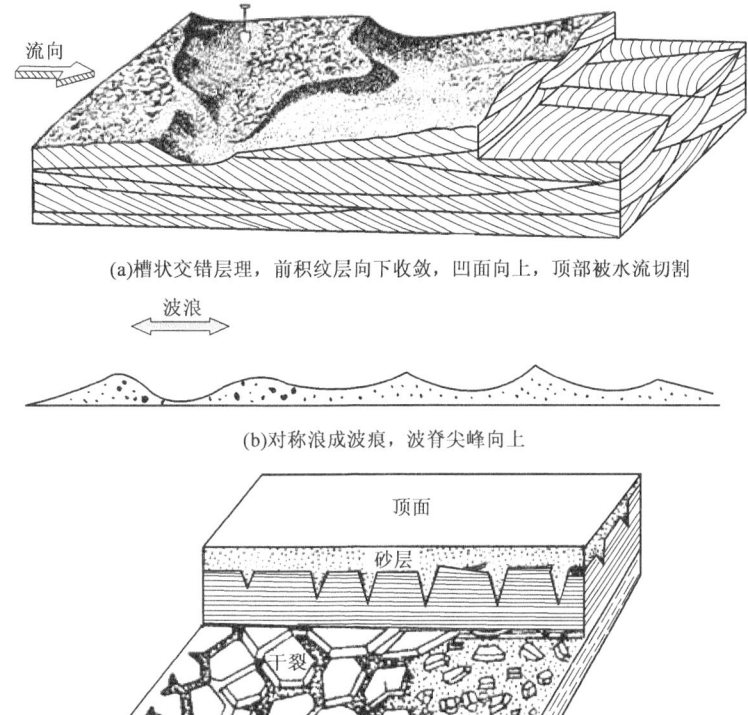

(a)槽状交错层理,前积纹层向下收敛,凹面向上,顶部被水流切割

(b)对称浪成波痕,波脊尖峰向上

(c)干裂(泥裂),V形的干裂缝开口向上,被泥沙充填后,充填物的形态呈上宽下窄的楔形

图1-1-6 指示地层顶底的沉积构造(据李德伦等,2001)

3)绝对地质年龄(同位素地质年龄)的确定方法

根据地层的相对地质年龄可知地层在剖面中相对顺序和位置及各地史阶段地壳演化的主要进程和发生的事件,但不知道各阶段起止的确切年代和延续时间及岩石形成的具体年代。另外,一些老地层常常缺乏有效的化石资料,加之其形成后经历了多次构造变动、岩浆活动及变质作用,所以难以利用化石或单纯利用层序律、切割律等方法来确定地层的新老。自1889年同位素衰变现象及其衰变规律逐渐被认识以来,人们就试图利用同位素的衰变规律来测算岩石形成的年代及顺序。利用岩石矿物中的放射性同位素及其衰变产物的数量并借助仪器测算得出的岩石矿物的年龄称为同位素地质年龄(绝对地质年龄)。放射性元素以恒定的速率(不受外界条件影响)衰变为非放射性的子体同位素,测出了矿物岩石中的已知放射性元素及其衰变产物,即可按公式算出岩石形成的年龄。常用的同位素年龄测定方法有钍铀铅法、铷锶法、钾氩法、放射性碳法、裂变径迹法等。各种方法各有利弊,工作中应根据所测地层的样品选择适宜的方法,如更新世以来的含碳岩石用^{14}C测定法效果较好。

同位素年龄测定法的出现,使人类对地球的形成时间及各种地质作用进行的时间和地壳发展过程中各个阶段的起止年代、延限时间及岩石、地层的具体年龄得以了解,使人们能够用定量和纪年的办法来研究地壳发展各阶段的进程。如白垩纪始于距今约1.45亿年前,结束于距今约0.655亿年。同位素年龄可以为年代地层系统提供年龄数据。在岩浆岩、变质岩及一些未发现化石或构造变动强烈的地层研究中,同位素年龄测定法尤为重要。

(二)地层横向对比方法

在利用地层划分建立的特定区域地层系统标准剖面的基础上,需要进一步开展地层横向对比,以揭示研究区域内地层横向与平面的分布特征及规律。地层横向对比是利用横向剖面中不同位置处的古生物、岩性、矿物、沉积旋回、化学元素、古地磁等资料,以及录井、测井、地震等数据开展区域上地层单位的特征对比,建立地层横向对比剖面,提取不同位置处地层单位的顶、底面数据,描述不同级别地层横向与平面的变化特征与规律(伍友佳等,2004;欧成华等,1999,2006,2007)。

1. 岩石学对比法

利用岩石学方法对比地层,除考虑岩石类型、成分、结构、颜色、沉积构造及岩石组合等特征外,还必须考虑地层剖面中的上下层位关系及横向上岩性、岩相的变化,区域性不整合也应作为地层划分对比的依据。

岩石学对比法的理论基础是:在不同沉积盆地中,同时期形成的岩石,若沉积环境和沉积物来源基本一致,其岩石性质和岩层组合也相似;反之,随沉积环境变化,岩性和岩层组合也会变化。利用岩石学对比法,首先应该研究在稳定沉降阶段所形成的特征明显、分布广泛的岩层,如稳定的黑色页岩,砂泥岩组合中的石灰岩、白云岩等。在岩性变化大的地区,应考虑岩性、岩相变化规律,依剖面间的相对关系,并借助于其他标志(如古生物等),即可以将不同岩性的同时期沉积物对比出来。图1-1-7为岩性对比示意图。从图中可以看出,在对比工作中,首先确定各个剖面中的标准层(岩性特殊、岩层稳定、厚度较薄、分布广泛的岩层作为标准层),其次依标准层将各剖面连接起来,然后再根据相似或相同的岩性段逐层进行对比。

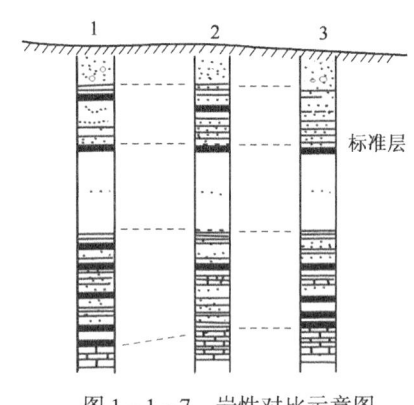

图1-1-7 岩性对比示意图
(据戴启德等,2004)

岩石学对比法只适用于具有相同地质条件的较小范围,就是限制在一定的岩性、岩相范围内。因为不同沉积盆地地质条件经历不同,沉积特征就不相同,缺乏对比基础。同一盆地、不同地区,因沉积条件的差异,沉积物来源不同,造成沉积物的特征和成分也不一致。在盆地的边缘地区沉积物为砾岩、砂岩,而盆地的中央则横向变化为细粒的黏土岩类。盆地边缘地区地层多为红色、黄色等氧化色,而盆地的中央地区多为黑色、绿色、灰色等还原颜色。因而在使用岩石学资料对比地层时,应综合多方面资料,进行综合判断。

值得提出的是,岩石学对比法大多是依靠地球物理方法来实现的。在油气勘探中较常用的地球物理方法有地震、测井等。

地震勘探中获得的反射波资料是地层的地震响应。反射同相轴间的间断面反映沉积过程的间断,这种间断面也具有相对等时性。上下两间断面之间的地层,可视为大体连续沉积的一个地层单元,称为地震层序。同一反射界面的反射波有相同或相似的特征,据此,沿横向对比追踪出同一反射界面,就可实现对同一地质界面的对比。利用地震资料划分对比地层时,也要选择一些连续性好的地震反射波同相轴作为划分对比地层的地震标志层。在没有钻井或钻井资料很少的地区,地震反射波组追踪是地层划分对比的有效方法。通过地震资料的处理和解释不仅可以划分对比地层层序、确定地层接触关系、推断沉积环境和沉积体系,还可以圈定隐蔽矿藏的位置及类型、判断岩石类型和岩石渗透率、孔隙度及孔隙所含流体,估算地层压力,推测流体运移方向等,从而对地层进行更详尽的解释。

油田地质研究的大量资料都来自测井工作,如电测井、声波测井、地层倾角测井等。测井曲线的种类很多,划分对比地层常用的是视电阻率曲线、自然电位曲线、微电极曲线、双侧向曲线、自然伽马曲线等。各种曲线对不同岩性特征反映的敏感程度不同。不同岩性的剖面,测井曲线特征不同。利用测井资料进行地层对比时,首先必须搞清岩性与电性间的关系,作出各类岩性的定性解释。也就是在全取心井或取心井段长的井、收获率较高的井中进行全套测井,对照取心井段、井壁取心井段或岩屑,研究它们在测井曲线上反映的特征,作出定性和定量的解释,并经过多口井的研究之后,编出典型曲线图版,根据图版上各类岩性曲线特征去解释其他未取心的测井曲线,得出岩性剖面,便可以用来对比。图1-1-8为我国某地区碎屑岩各种岩性典型曲线示意图。在对比大地层单位时,主要考虑曲线的大幅度变化和组合关系,而小地层单位进行对比时,则主要考虑单层曲线形状、厚度、组合变化及电性的方向性升高或降低等。在连接相同层位时,还应考虑相邻地层电测曲线的特征,因不同地层具有相似的电性和放射性,若孤立地进行对比,会造成错误的判断。此外应尽量参照岩心、岩屑、试油等第一手资料。

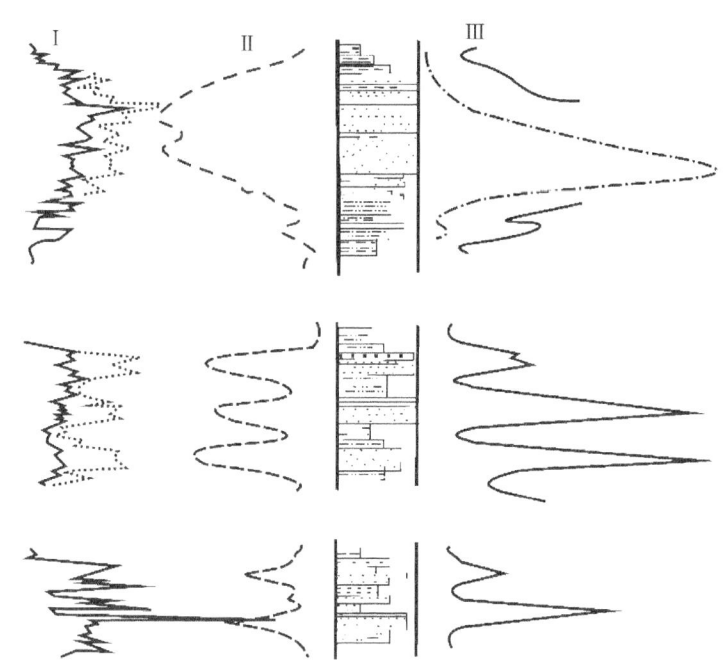

图1-1-8 我国某地区碎屑岩各种岩性典型曲线示意图(据戴启德等,2002)
Ⅰ—微电极曲线;Ⅱ—自然电位曲线;Ⅲ—2.5m底部梯度电极电阻率曲线

从图1-1-9、图1-1-10中可见,由于不同地区、不同沉积环境形成的地层剖面,其岩性及岩层组合特征不同,电性反映也不同,因此,要选择岩性特征明显的测井曲线进行对比。如碎屑岩剖面主要由碎屑岩与黏土岩组成,这两类岩石的电性差异大,因而在电测曲线上起伏明显,曲线和岩性对应变化清楚,分层明显;而碳酸盐岩剖面主要由石灰岩、白云岩组成,岩性致密坚硬,自然电位曲线平直,失去对比作用,因此多用反映明显、对应较好的放射性测井曲线等进行对比。

利用岩石学方法划分对比地层应注意,由于岩石地层单位有穿时性,所以即使是同一岩石地层单位在不同地点的形成时间也只是大致相近。同一时期不同地区有不同的沉积环境,也

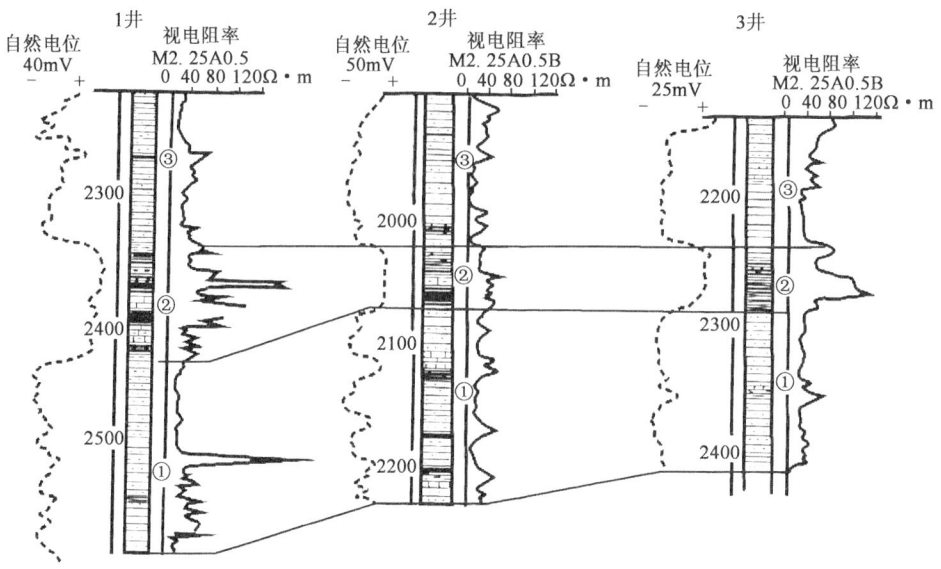

图1-1-9 碎屑岩电测曲线对比示意图(据戴启德等,2002)

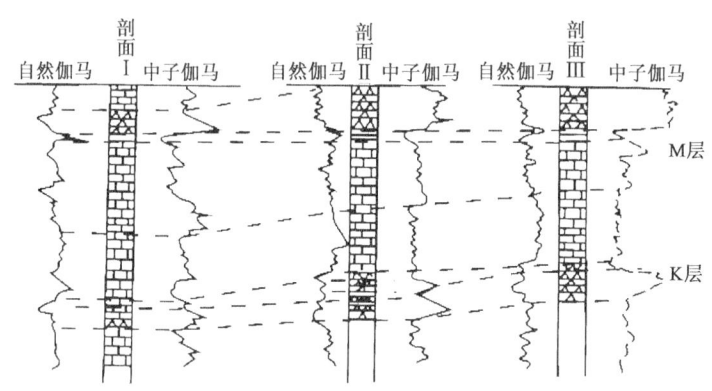

图1-1-10 碳酸盐岩剖面放射性测井曲线对比示意图(据戴启德等,2002)

将形成不同的岩石特征,而只要形成条件相同,不同时代的地层就可具有相似的岩相特征。因此,岩石学对比法通常适用于同一沉积盆地(小范围)的岩石地层单位的对比,不同沉积盆地即使岩性相近,也不能用岩石学方法对比地层。

由于岩石学方法只能说明地层的相对新老,不能确切表征地层时代,所以在岩石地层划分的基础上,必须寻找地层剖面中的化石及地质年代标志,以便大致确定各岩石地层单位的形成时代。尤其是在构造变动复杂的地区,岩石学方法必须与生物地层学方法、同位素年龄测定法等结合起来。要特别注意识别同相异期的地层,以免把不同时代、岩性相似的地层当作同一时代的。对于没有发现化石的地层,应参考邻区有化石资料的地层剖面,或根据上下含化石的地层进行推断,大致确定地层的时代与层序。寒武系之下的变质岩,应考虑同位素年龄。任何划分对比都不能摆脱时间的限制,很难确定地层的地质年龄,所以,岩石学方法一般是在生物地层学工作的基础上,即大的层位已知的情况下,或与生物地层学方法、同位素年龄测定法同时进行。

2. 生物地层学方法

在地层形成过程中，生物不停地从低级向高级演化，因此不同时期的地层含有不同的化石。生物地层划分是通过逐层采集化石，将含有不同化石的地层划分开，并根据化石的时代属性确定地层层位。生物地层对比是将不同地层剖面的生物学特征进行比较，论证它们的化石特征和生物地层位置是否相当。生物地层学方法的理论依据是生物演化的进步性、统一性、阶段性、不可逆性等基本规律和生物层序律。这一原理可概括为：含有相同化石或者含有同时代化石的地层是同时形成的，不同时代的地层含有不同的化石。

生物地层学方法以生物发展演化的不同阶段作为地层划分的依据，由于生物演化阶段大致反映地史发展的自然阶段，因此生物地层学方法不仅用于生物地层对比，也可近似于地层的年代对比。生物地层学方法不仅在同一沉积盆地内的地层对比中有重要意义，在互不连通的不同盆地之间，不同洲际之间的地层对比中更有独特的作用。目前使用的年代地层系统，特别是寒武纪以来的年代地层单位，主要是利用生物方法建立和识别的。尽管不同生物地理区的地层可以含有不同的化石，但是通过对过渡区混生生物群的研究可以弄清不同化石的对应关系，所以不同生物地理区、含有不同化石的地层也可进行对比。利用一些远距离传播的生物化石可直接对形成于不同环境又不连通的盆地，甚至不同洲际之间的地层进行对比。例如有些孢粉可以远距离传播，其分布不受海、陆环境的限制。常用的生物地层学方法有标准化石法、微体古生物化石法、化石组合法、生物演化法等。

1) 标准化石对比法

一般利用地理上分布广泛、地史上存在时间短、演化快、标志清楚、数量多、保存较好的化石作为对比地层的主要依据，把这种化石叫做标准化石。利用标准化石划分对比地层的方法称为标准化石对比法。

利用标准化石对比地层，方法简便、可靠，不受岩性变化的影响，可以进行大区域的对比。但是，在石油钻井的岩心、岩屑中很难得到完整的标准化石，通常只见到微体古生物化石。而微体古生物化石单个种属符合标准条件者甚少，因此，标准化石在地面地质工作中应用广泛，而在油矿地质工作中进行钻井剖面地层对比时使用受到限制。微体古生物的体积小、分布广泛，所以在钻井剖面地层对比中，使用微体古生物组合效果比较好。

2) 微体古生物化石对比法

岩心和岩屑中的微体古生物化石具有个体小、数量多、种属繁多、演化快、生物群分区现象明显的特点。微体古生物化石包括古动物、古植物，类型很多，各地区研究的重点不同。当前在我国各油区地层对比中，常采用介形虫、轮藻和孢粉。介形虫化石是一种个体很小（一般为 $0.4 \sim 4mm$）的双壳动物。它的特点是种类与数量多、演化的阶段短、分布广，在地史上延续的时间长，每个地区不同地质时期的介形虫具有独特的特征，因此是一种广泛应用的分层对比标志。

可以选择地层发育较齐全的剖面（标准剖面）逐层、系统地采集化石，并编制出各层位的详细化石含量目录，以此作为划分对比地层的标准。未知剖面所含的化石与标准剖面进行对比，即可确定未知剖面相当于标准剖面的哪一层位。

3) 化石组合对比法

化石组合对比法就是对地层中所有的化石进行系统研究、综合分析，根据生物的共生组合及其变化情况划分对比地层。油田常常选择发育较好的地层剖面系统采集样品或化石，建立标准化石组合,以此作为地层对比的标准。新井发现化石后通过与标准化石组合对比,来确定其相当于哪一层位。松辽盆地各含油气单元都建立了介形类等化石组合,不仅用于地层划分对比,而且也用于油层的划分对比。

4）生物演化法（种系发生法）

利用化石划分对比地层应考虑地层中整个化石群的面貌,生物演化法即是根据生物的演化特点和生物的兴衰演变规律来划分对比地层。例如,多节、多刺、小尾是早寒武世三叶虫的演化特点,不论是亚洲、北美,还是西欧的地层,只要其中所含的三叶虫化石具备上述特点,就可确定它们形成于早寒武世。

3. 沉积旋回对比法

沉积旋回（或称沉积韵律）是指垂直地层剖面上具有相似岩性的岩石有规律地重复出现。沉积旋回依其是否连续可以分为连续旋回及间断旋回。在间断旋回中又将粒度变化从下而上、由粗到细的称为正沉积旋回；反之,由细到粗的称为反沉积旋回；顶部及底部细、中间粗的称为复合沉积旋回。如图 1-1-11 所示,可明显地划分出 5 个由粗变细的正沉积旋回,而总的来看,由下向上又有碎屑岩逐渐减少而黏土岩逐渐增多的趋势,因此,也是一个大的正沉积旋回。

沉积岩形成最根本的控制因素是地壳运动,绝大多数沉积旋回也是由于地壳周期性升降运动引起的。当地壳下降,发生水进,水体逐渐加深,就形成由粗到细的沉积。反之,当地壳上升,水体变浅,发生水退,则形成由细到粗的沉积。在同一盆地内,地壳升降运动的过程大致是相同的,因而,反映在沉积岩的旋回性质上也大致相同。而地壳运动的发展是不可逆的,不同时期形成的沉积旋回可能具有相似性,却不可能相同,在垂直方向上每个沉积旋回是有差异的。在确定了某一剖面上的旋回特征及顺序后,便可以作为同一沉积盆地范围内进行地层对比的标准。旋回的界限通常都是以水进开始部分,即粗粒沉积或间断面为界的。在含油层系中,为了突出储油层,通常将连续旋回的砂岩、砾岩放在韵律的中部,以开始水退部分,相当于岩性开始变粗层位的底界作为韵律的起点。

正确地划分旋回是对比工作能否顺利进行的关键。由于所处的位置及距离物源区远近不同,同一时期不同地点形成的沉积旋回数目及其岩性可能会出现差异。盆地边缘水浅,受地壳运动和自然地理条件变化的影响明显频繁,地层沉积的旋回性特征较为明显；盆地中央沉积条件相对稳定,地层的沉积旋回性较差。因此,只要不同对比剖面的一系列沉积旋回组合相似,即使旋回数目、厚度、岩性不同,也可以认为它们的层位相当。沉积旋回法对比地层并非是不同剖面的旋回与旋回之间的一一对比,更不是砂对砂、泥对泥的简单对比,而是以旋回组合为单位将各个地层剖面进行对比。图 1-1-12 展示的是一个沉积盆地的横剖面图,该盆地经历了早期海退、后期海进的复杂历史。从几个剖面的对比可见,虽然在相同的时间间隔内,各剖面的旋回数目和岩性都不同,因其旋回类型一致,按旋回类型该剖面可分为两个岩石地层单位,下部由水退型半旋回构成,上部由水进型半旋回构成,二者之间的界面大致为一个等时面。

4. 高分辨率层序地层学方法

由美国 Cross 教授（1994）提出的高分辨率层序地层学理论,是二十多年来新崛起的、最为重要的地层学研究方法,其理论基础可概括为 4 个方面：地层基准面原理、沉积物体积分配原理、相分异原理和基准面旋回等时对比法则。其理论核心是指在基准面旋回变化过程中,由于沉积物可容纳空间（accommodation space）与沉积物供给（sediment supply）比值（A/S）的变化,

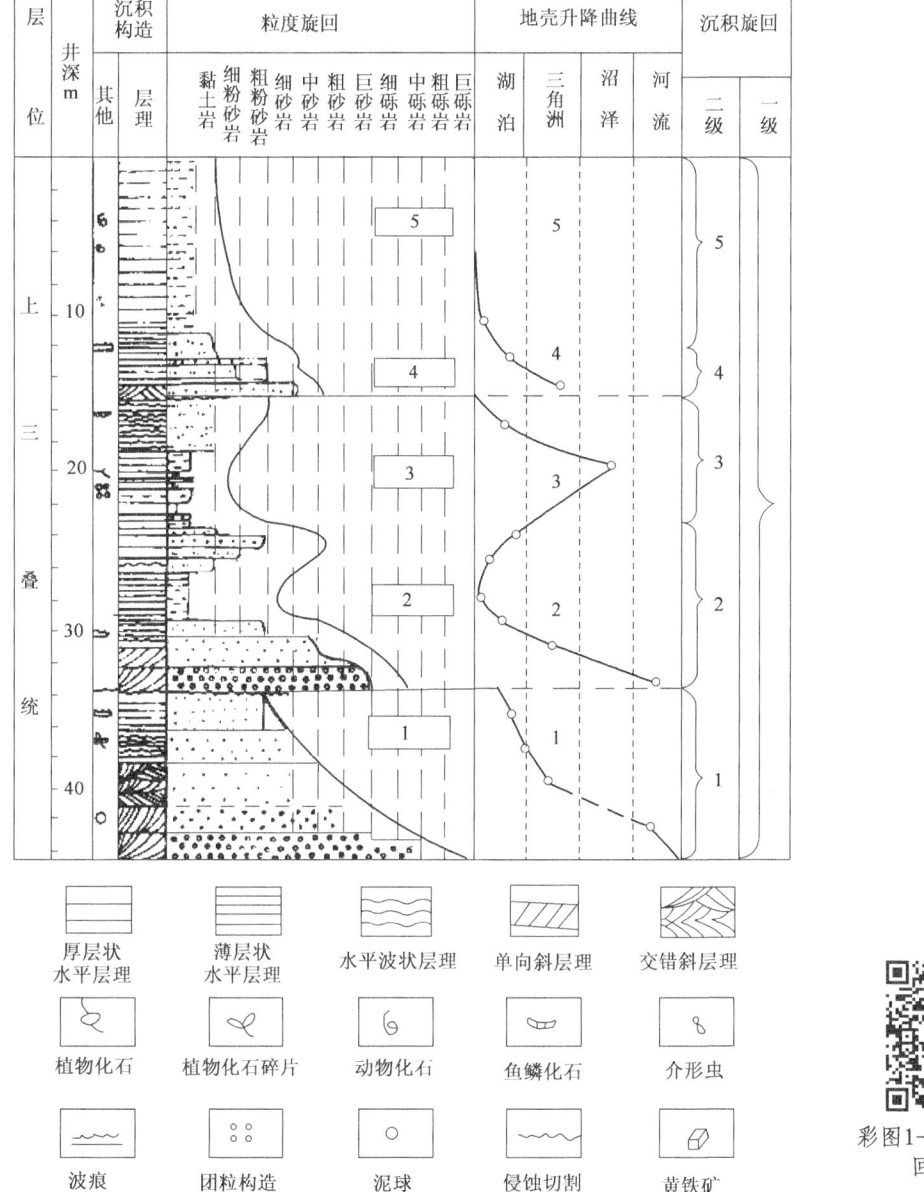

图 1-1-11 碎屑岩沉积旋回(韵律)示意图(据戴启德等,2002)

相同沉积体系域中沉积物体积发生再分配作用,导致沉积物堆积样式、相类型及相序、岩石结构、保存程度发生变化。这些变化是沉积体系域在基准面旋回中所处地理位置和可容纳空间的函数。基准面旋回变化控制地层单元的分布模式,这种具有一定规律的分布型式为人们进一步预测沉积储层的分布提供了概念性模型。

高分辨率层序地层学是对地层记录中反映基准面旋回变化的时间地层单元进行"二元划分",其关键是在地层记录中识别代表不同级次基准面旋回的不同级次地层旋回,进而进行高分辨率等时地层对比,探讨等时地层格架内的地层分布模式,预测有利的烃源岩、储层和盖层的分布位置。具体划分原理及流程详见张金亮、谢俊等编著的《油气田开发地质学》(石油工业出版社,2011)。

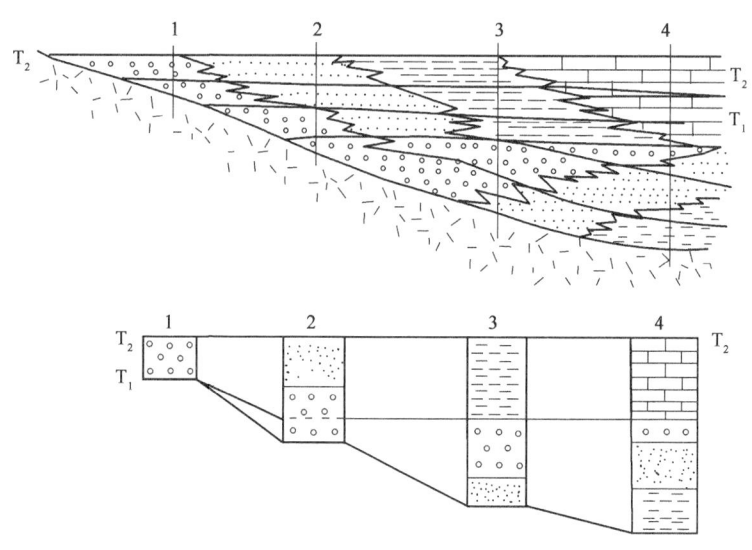

图 1-1-12 不同位置处的沉积旋回对比示意图(据国景星等,2008)

1、2、3、4—地层剖面;T_1、T_2—等时面

5. 油田开展地层精细对比的基本方法

随着我国绝大部分油田生产进入到开发中后期,精细二次开发对剩余油分布规模及规律的需要,促使油田常常需要开展地层精细对比工作,对比的地层单位通常要细到单油(气)层。

油田地层精细对比工作通常都是在密井网条件下进行的,已经拥有了大量钻井、录井、测井、分析化验和生产动态资料,同时也已经完成了油层组的划分工作。因此,油田开展地层精细对比的基本流程(图 1-1-13)可以按以下步骤进行(欧成华等,2011):

①分析研究区的区域构造、沉积、成岩演化等地质背景,收集各种静、动态资料,熟悉并掌握前人有关地层划分对比的依据、资料、标准及规律,并依据研究区精细开发的需要确定精细分层方案;

②基于由粗到细的原则,充分利用生物地层学方法,依靠生物化石组合识别油层组的分界

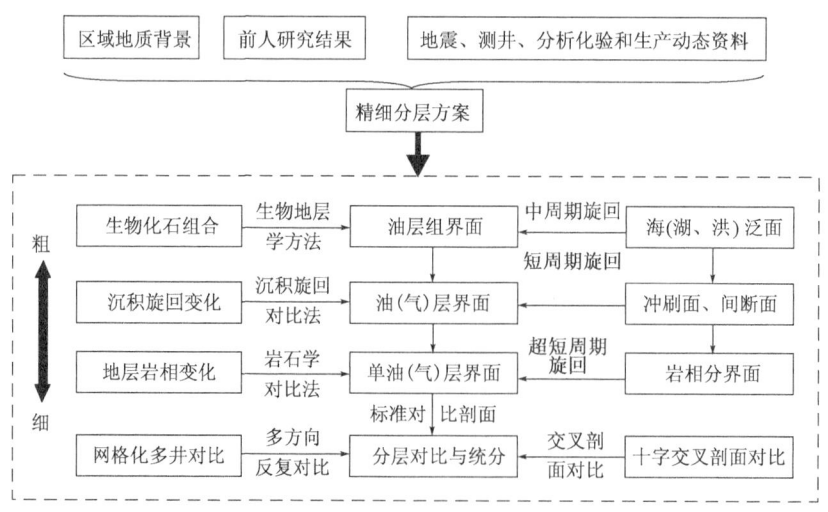

图 1-1-13 油田地层精细对比流程框图

面,以此为约束采用沉积旋回对比法,根据油层组内地层的沉积旋回变化特征和规律判别油(气)层的分界面,在此控制下,利用岩石学对比法,依据地层岩相变化判断单油(气)层的分界面。

③与此同时,可以采用高分辨率层序地层学方法,通过识别海(湖、洪)泛面划分油层组界面,以此为约束分析局部暴露面、冲刷面或无沉积间断面,确定油(气)层的分界面,在此控制下,研究岩相分界面位置处的特征和规律,判断单油(气)层的分界面。

④将利用上述方法获得的油层组界面、油(气)层界面、单油(气)层界面的识别特征与标志在井剖面上标注出来,建立覆盖整个研究工区的标准对比剖面,形成研究工区逐井对比的基础。

⑤依据标准对比剖面上单井的油层组界面、油(气)层界面、单油(气)层界面的识别特征与标志,分别向四周按相邻井逐渐向外辐射的方式,形成网格化多井(覆盖完所有井)对比的局面,通过十字交叉剖面反复对比,完成从油层组界面、油(气)层界面到单油(气)层界面的逐井分层对比与统计分析工作。

三、碎屑岩地层的划分与对比

识别油(气)层的纵横向分布特征与规律是地层划分与对比的根本目标。碎屑岩地层的成层性较为良好,因此,碎屑岩地层的划分与对比是以油(气)层为核心的。通过大量碎屑岩油(气)层划分与对比的具体实践,油田科技工作者总结出如下的工作流程(戴启德等,2002;欧成华等,2011)。

(一)确定标准层及建立油田地层综合柱状图

碎屑岩油(气)层对比的标准层,要求岩性、电性特征明显,在三级构造范围内稳定分布程度达90%以上,用它基本可以确定油(气)层组界线。辅助标准层(标志层)要求岩性、电性特征较突出,在三级构造局部地区具有相对稳定性,稳定程度在50%~90%,在已确定油(气)层组界线的基础上,能配合次级旋回特征划分油(气)层和单油(气)层。

油田地层综合柱状图是在对比中建立起来的。综合柱状图要求岩层特征(岩性、电性)在全区具有代表性,油(气)层发育好。这样才能以此剖面作为全油田油(气)层划分与对比的依据,进行新井分层工作,以及在全区统层。一般选择油田中钻遇油(气)层最全的井的柱状剖面,附以相应的测井曲线作为油田地层的综合柱状图,但有时一口井中的每个油(气)层组、油(气)层不一定代表全区,这时可在几口井挑选有代表性的油(气)层组、油(气)层,汇编成油田地层综合柱状图(图1-1-14)。

(二)单井资料准备及选择水平对比基线

进行油(气)层对比时,油田应用最多的是地球物理测井资料。通过取心井的岩心与电测曲线进行比较,研究各种岩性、各级沉积旋回在电测曲线的显示,编制典型电测曲线图版,在搞清岩—电关系的基础上,就可用电测曲线的特征来判别含油(气)层系的岩性和沉积旋回的特点。目前各油田常使用的是2.5m底部梯度视电阻率、自然电位和微电极3条曲线。在进行油(气)层对比前,将参加对比的井的油(气)层部分的上述3条曲线汇编成单井电测资料图,作为油(气)层对比的基础资料。

由于构造运动的影响,含油气层系中的各油(气)层单元在各井剖面上的位置相差往往较大。选择水平对比基线就是使各井剖面中的油气层都处于沉积时层位相当的情况下进行对

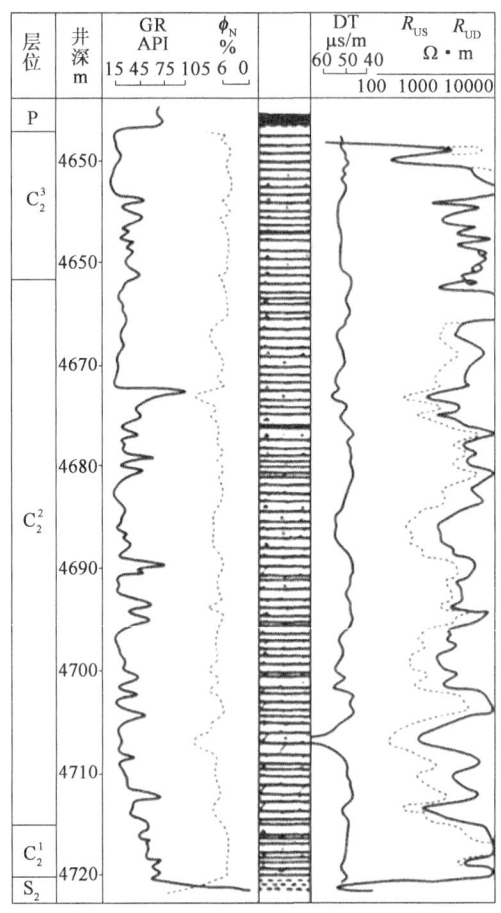

图 1-1-14 ×××油田地层综合柱状图(据戴启德等,2002)

比。在实际工作中,一般选择标准层的顶面或底面作为对比基线。确定出水平对比基线后,按一定比例尺将各井剖面置于水平对比基线上,绘出各井单井电测资料图,注意要把电测曲线与标准层的关系卡准。

(三)油(气)层对比步骤及注意事项

1. 油(气)层对比步骤

1)利用标准层划分油(气)层组

通过油(气)层剖面的分析,在掌握油(气)层岩性、岩相变化的旋回性及在电测曲线上的组合特征反映的基础上,了解油(气)层组厚度变化规律,用标准层确定油(气)层组的层位界线。图 1-1-15 列举了 3 口井的细分剖面。剖面顶部和底部都有大段泥岩层,其中顶部灰黑色泥岩和介形虫泥岩为区域地层对比标准层(①号标准层)。紧接其下为一层钙质砂岩,电性特征极为明显。剖面底部有一层 20~30cm 厚的深灰色介形虫泥岩,该层在二级构造内普遍存在,也作为标准层(③号标准层)。在剖面中下部有一层灰黑色泥岩,层位稳定,但因邻井电性不稳,该层只能作为辅助标准层(②号标准层)。剖面上油(气)层组数量的多少取决于二级旋回的数量,每个二级旋回就相当于一个油(气)层组,二级旋回的性质要参考一级旋回的性质而定。由于该区整个含油(气)层系是在一个一级正旋回背景上沉积的,因此该剖面以②号标准层为界上下分别划分两个二级正旋回,即分成两个油(气)层组。

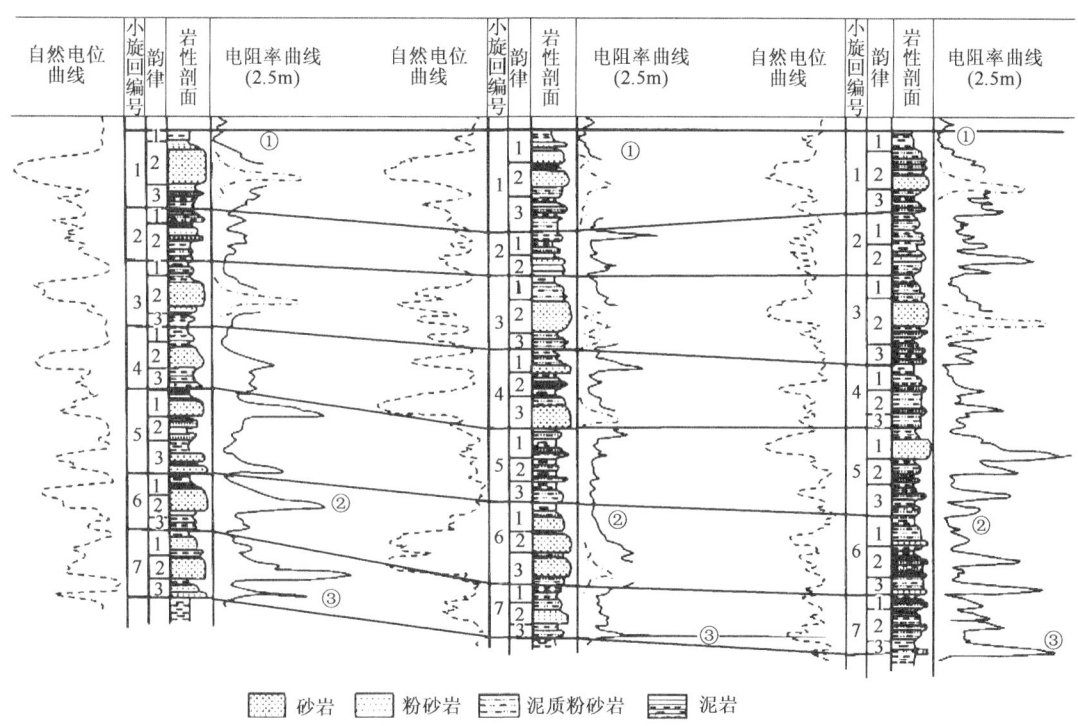

图 1-1-15 油(气)层组砂层对比示意图(据戴启德等,2002)

2) 利用沉积旋回对比油(气)层

在油(气)层组内应根据岩性组合规律进一步划分为若干三级旋回,分析各三级旋回性质、岩石组合类型、演变规律、旋回厚度变化及电测曲线组合特征,用标准层或辅助标准层控制旋回界线。一般情况下,在二级旋回的背景上,各二级旋回均按水进型考虑,即水进开始作为三级旋回的起点,水进结束作为该旋回的顶界。在剖面上各油(气)层顶部均有一层泥岩,该泥岩在三级构造范围内分布相对稳定,为对比时确定层位关系的具体界线。

3) 利用岩性和厚度比例对比单油(气)层

在局部范围内,同一时期形成的单油(气)层其岩性和厚度是相似的。因此,在每个三级旋回内,应进一步分析其岩性组合规律,细分若干个四级旋回,并分析其所具有的特点,如砂岩相对发育程度、泥岩稳定程度、各四级旋回的厚度比例等。按岩性相似及厚度比例关系,以较稳定的泥岩确定各单层在横向上的层位对应关系,进行单层对比。有时在四级旋回内各单层数量不尽相等,单层厚度可能相差悬殊,在连接对比线时,应视具体情况予以合并或作尖灭处理。

4) 连接对比线

油(气)层对比不仅表示油(气)层的层位关系,而且还要将油(气)层的厚度变化、连通状况表示在对比图上。这项工作是通过连接对比线来完成的。由于砂层的连续性和厚度稳定性的变化很大,用简单方法很难将砂层的真实面貌表示出来。常用的对比线连接形式如图 1-1-16 所示。

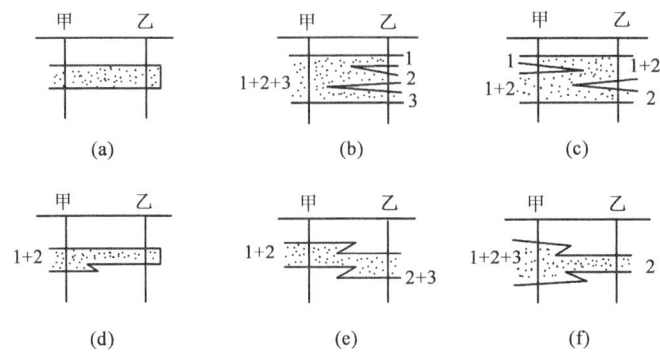

图 1-1-16 砂层对比连线的形式(据戴启德等,2002)
(a)单层与单层边线;(b)单层与多层连线;(c)单层间的相互尖灭线;(d)单层间的尖灭线;
(e)单层间的相互尖灭连线;(f)单层间的双向尖灭连线

2. 油(气)层对比注意事项

①油(气)层对比本身是一个反复的过程,随着井眼的增多,对比成果要不断进行修改,并且在油田开发时,大量的动态资料也不断为对比成果的修改提供依据。

②在一个三级构造上,钻井比较多时,为了掌握横向上油(气)层的变化规律,首先应挑选沿构造轴线的井进行对比,然后适当选择几条垂直构造轴线的剖面上的井参加对比。这样做可以了解油(气)组、油(气)层、单油(气)层在平面上的变化情况,掌握二级构造内油(气)层特征,然后根据这些特征划分对比区——掌握分区对比标志——选择标准层——统一方法,并经过反复对比,以剖面控制分区,分区验证剖面,直到剖面、分区、层位统一,达到点、线、面结合一致。

③在纵向对比时,按旋回级次,由大到小逐级对比,由小到大逐级验证。

④油(气)层组的划分一般与地层单元一致,因而可以运用区域地层对比方法,而油(气)层和单油(气)层是更细的对比单元,其对比标志已不明显,故主要是在油(气)层组的对比线控制下,根据岩性、电性所反映的岩性组合特点及厚度比例关系作为对比依据。最后做到油(气)层组、油(气)层、单油(气)层三级控制,达到层位一致。

(四) 油(气)层对比成果图表的编制及应用

碎屑岩油气层的研究,主要解决的基本问题有两个:油(气)层的分布状况;油(气)层内部储集物性及孔隙结构的变化。查明油(气)层的分布,包括厚度变化趋势、形态分布特征、上下层位的连通状况,可以通过整理油(气)层对比的资料,编制各种反映油(气)层分布的图表来完成。各种图表构成了碎屑岩地层特征主要的建模输入数据。在油田开采中,用于研究油(气)层的图件很多。下面将介绍在油田开发过程中常用的基础地质图件的编制方法及其应用。

1. 小层数据表的编制及应用

根据油(气)层的对比结果,把每口井的分层数据和每个单层的对比数据,分别记录在统一的表格上,见表 1-1-3。它们是油(气)层对比成果表,是油田地质研究工作的基础资料,是编绘油(气)层剖面图、小层平面图、油(气)层栅状图,计算油气储量,进行动态分析和制定开发方案的主要依据。

表1-1-3 ××油田××区××井单油(气)层划分数据表(格式)

地层系统							分层数据							纵向连通	平面分布
系	统	组	段	油(气)层组	油(气)层	单油(气)层	顶面深度,m	底面深度,m	砂层厚度,m	隔夹层厚度,m	有效厚度,m	孔隙度,%	渗透率,mD		

"地层系统"一栏中的"油(气)层组""油(气)层""单油(气)层"应按照统层后的地层代号或编号统一填写;"分层数据"一栏,应填写每个小层井段数据。有效厚度是指现有经济技术条件下,油(气)层中扣除隔夹层后,能够提供工业油流的厚度,有时为了区分不同特征的油(气)层,可以进一步按照油(气)层特征的好、中、差将有效厚度划分为不同的类别。平面分布是指有无尖灭及缺失;纵向连通是指与上下单层的连通情况等。

2.油(气)层对比图的编制及应用

1) 小层平面图

小层平面图又叫连通体平面图,是表示单油(气)层在平面上的分布范围及其有效厚度变化的图件,小层平面图(图1-1-17)是根据单层对比数据表提供的绘图单层资料编绘而成的,其编图基本步骤如下:

①根据作图要求,选择合适比例尺的井位图,确定绘图范围,在图上给出断层线和内外油水边界。

②根据单层对比数据表将各井绘图单层的油(气)层有效厚度、砂层厚度注于相应井位旁。

③确定砂层尖灭线及有效厚度零线。一般情况下,在砂层发育井与砂层尖灭井间的1/2处勾绘出砂层尖灭线,在有效厚度井与砂层尖灭线之间的1/2处勾绘有效厚度零线。断层线、注水井注水切割线为自然界线。分布于油水过渡带内的井,若油(气)层为一类有效厚度,则有效厚度零线交于外油水边界;若为二类有效厚度,则有效厚度零线交于内油水边界。

④勾绘等值线。按三角网法,根据单层渗透率的大小,确定渗透率间距,内插渗透率等值线;根据单层有效厚度的大小,确定有效厚度间距,内插有效厚度等值线。

2) 油(气)层剖面图

油(气)层剖面图是油田上沿某一方向的油(气)层对比图,它反映了油(气)层与上下层的连通情况及延伸情况等。它与构造剖面图的区别在于不反映构造形态。油(气)层剖面图是根据小层划分数据表等资料编制而成的,一般以油(砂)层组为绘图单元。其基本绘图步骤为:

①选择剖面方向。根据实际需要,绘制的油(气)层剖面图可平行或垂直于构造轴线,或按井排编绘。

②确定剖面结构。绘制时,首先画一水平线,将井身依照井间距离按比例垂直画出,标明井号。其次将某一层位拉平作为基线,注明井深,根据小层划分数据表的砂岩井段数据将其

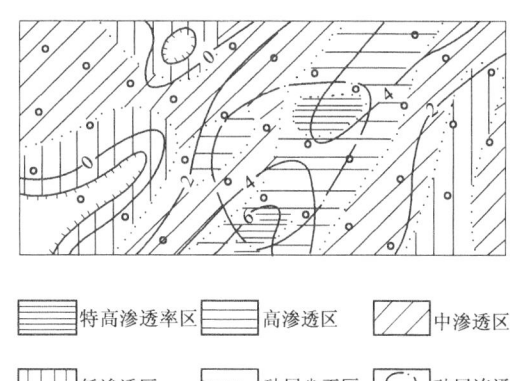

图1-1-17 小层平面图(据戴启德等,2002)

他层位依次按比例画在井身上。

③标注小层数据。根据小层划分数据表将各层位的小层数据,即小层号、有效厚度、渗透率等数据标注在相应的各井小层旁,并注明射孔井段。

④连接小层对比线。将各井相同层位连接起来,对有效厚度层、非有效厚度的砂层和有效厚度层中非有效厚度部分,分别用不同的线段进行连线。

⑤根据各井小层渗透率的大小,分别在各层注明渗透率分级符号。

3) 油(气)层栅状图

油(气)层栅状图又叫油(气)层连通图,它是由小层平面图和油(气)层剖面图综合组成的立体图。它能清楚地反映油(气)层在各个方向上的岩性、岩相变化及层间连通情况。

在油田开发工作中,一般以油(气)层为单元进行编图。其编制步骤如下:

①编制小层连通数据表。油(气)层连通图应综合反映各个小层的连通状况,所以首先应根据油(气)层的对比结果,编制单井小层连通数据表(表1-1-4)。表中小层号都是各井的"自然分段"的层号,对合并的"自然小层"不需进行劈分,对不连通的井点,需注明尖灭或断失。

表1-1-4 ××油田××油区22井小层连通数据表(格式)

渗透率 小层号	对比井号	11	12	21	23	31	32	备 注
1								
2								
3								
4								

②选择作图比例尺。纵、横比例尺应视研究目的和编图区的范围及单层厚度而定。若单层太薄,为使图幅清晰,可适当放大纵比例尺。

③绘制井位图。若平面井点分布不匀,可将密集井疏散开,常用的方法是用等角度投影法将直角坐标改成菱形坐标网。如图1-1-18所示,左图为直角坐标井点的分布情况,当等角度投影后则变换为如右图的分布情况。

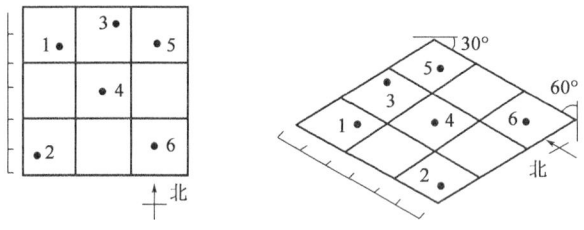

图1-1-18 等角度投影后井位坐标变化示意图(据戴启德等,2002)

④绘各井的层柱。按所确定的纵比例尺,在井位点旁绘该井层柱,按深度标出各单层的顶、底界线,按分井单层划分数据表中所给的自然小层数据,以图1-1-18的格式,将小层号、砂层厚度、有效厚度、渗透率等数据标注于图上。

⑤连接井间小层对比线。连线不宜太多。一般按左右成排、前后成斜行连线。连线相遇即行断开以避免交错。

⑥注释射孔井段、渗透率分级符号。渗透率可用符号或色谱,按分级界限注释于图上。

4)油砂体连通图

通过油(气)层对比,揭示出地下油(气)层并非以大面积的层状形式,而是以一个个大小不同、形状各异的含油砂岩体分布于地下。在油田地质研究中,将具有渗透性较好、含油饱和度较高、能产出工业油流的砂岩体称为油砂体。图1-1-19所示为油层连通图。

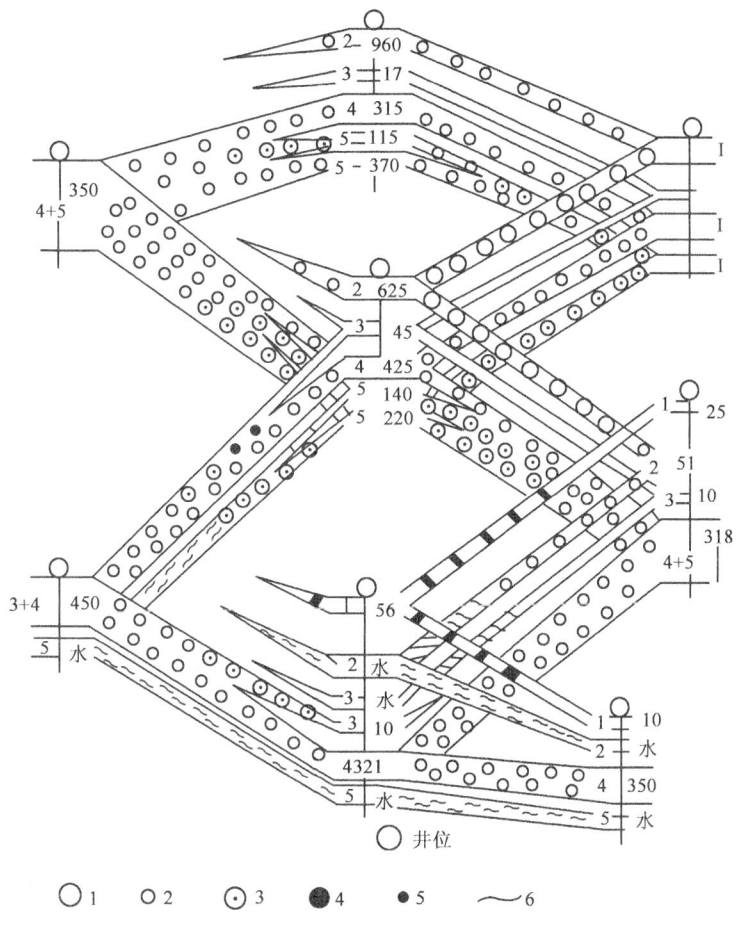

图1-1-19 油层连通图(据杨寿山,1978)

1—渗透率大于 $500 \times 10^{-3} \mu m^2$;2—渗透率为 $(300 \sim 500) \times 10^{-3} \mu m^2$;3—渗透率为 $(100 \sim 300) \times 10^{-3} \mu m^2$;
4—渗透率为 $(50 \sim 100) \times 10^{-3} \mu m^2$;5—渗透率小于 $50 \times 10^{-3} \mu m^2$;6—水层

油砂体是组成油(气)层的基本单元,油砂体之间一般都被非渗透性的地层隔开,上下和四周油水窜流甚微或不存在窜流。因此,在注水开发的油田,油砂体也是一个相对独立的油水运动单元。

为揭露油砂体的分布和特征,必须依据油(气)层对比所获得的每个单层层位关系资料,进一步组合和划分油砂体。划分油砂体是通过编制油砂体连通图和油砂体平面图来完成的。

油砂体连通图是反映相邻油砂体相互连通关系的立体图。油砂体连通图编图单元一般选用油(气)层。其编图步骤如下:

①根据作图区的大小,选用适当比例尺的井位图。为避免南北井点对比连线过陡,可以变换坐标或上下左右适当移动个别井位,或将井位图旋转适当角度,以对比线清晰为准。

②根据单层划分数据表,按选定的纵向比例尺,将油(气)层内各单层的厚度标示于井柱

内。由于油砂体连通图主要反映油砂体间的连通关系,因此,不必写上油(气)层的厚度值。

③根据连通关系资料,从图幅下端各井点开始,逐次向上连接井间对比线。

④划分油砂体。在连通图上划分油砂体的原则是,在纵向上应尽量照顾同层号的单层,层号相同者应属同一油砂体。对于上下连通的单层则应根据区内单层井点数与共同钻遇这些单层的总井数的百分比值的大小进行劈分或合并。如在某些油田当该值大于 25% ~ 30% 时,则将连通单层划归同一油砂体内;反之,则劈分为两个油砂体。对于一些在局部地区连通井点极为集中的小层,则可单独划为一个油砂体,但必须选择在物性较差部位将其与不连区切开。

在平面上划分油砂体,则应以砂岩尖灭线、断层线、切割注水井排线为界。狭窄地带相连接的油砂体,可在狭窄地带内选择物性差的部位切开。在连通区以外,如果油(气)层延伸不远即行尖灭,则不另划油砂体;反之,如油(气)层延伸很远,则需在紧靠连通井点部位切开而另划油砂体(图1-1-20)。

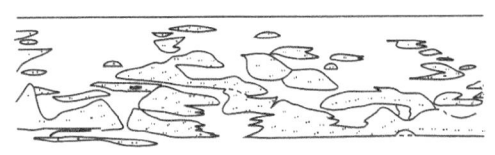

图1-1-20 油砂体形态剖面图
(据戴启德等,2002)

⑤对划分的油砂体进行编号和着色以示区别。

5)油砂体平面图

油砂体平面图是反映单个砂体平面分布特征、有效厚度及渗透率变化趋势的图件(图1-1-21)。

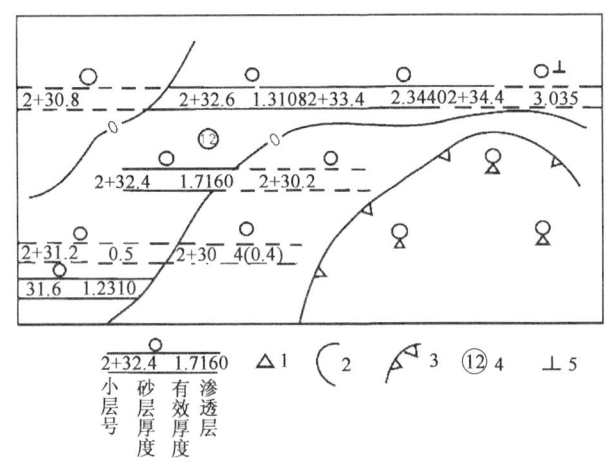

图1-1-21 油砂体平面图(据杨寿山,1978,修改)
1—砂岩尖灭;2—有效厚度等零线;3—砂岩尖灭线;4—油砂体编号;5—上连通

油砂体平面图是在油砂体连通图上划分油砂体后进行的,编图单元为油砂体,每个油砂体编绘一张平面图。油砂体平面图编图步骤如下:

①在井位图上按规定格式将单层号、砂层厚度、有效厚度、渗透率值标绘于井位下方,并连接横向对比线。

②勾绘砂岩尖灭线和有效厚度零线。正常情况下所用的方法与小层平面图勾绘尖灭线及零线方法相同。若作图区内或作图边界存在断层,则应视砂层与有效油(气)层断失情况而定:如果断层未将砂层全部断失,勾绘时可以不考虑断层;若断层将油(气)层全部断失,或断层一侧为油(气)层,另一侧为水层,则有效厚度零线将与断层线相交。分布于油水过渡带内

的井点,若油(气)层为一类有效厚度,则有效厚度零线将交于外油水边界;若为二类有效厚度,则有效厚度零线应交于内油水边界。

四、碳酸盐岩地层的划分与对比

从油气的储量和产量来看,碳酸盐岩油气田占有重要的地位(欧成华等,2016)。据不完全统计,碳酸盐岩油气田的储量约占世界油气储量的一半,世界上发现的不少特大油田,主要和碳酸盐岩有关。碳酸盐岩储层在世界主要油气产区均分布广泛。

碳酸盐岩地层的小层划分对比也有多种不同的方法,前述"碎屑岩地层的划分与对比"一节中的方法基本上也可应用于碳酸盐岩地层的划分与对比。当前应用比较成功的是基于旋回地层学方法的碳酸盐岩小层划分对比,可用该方法划分地层并提取碳酸盐岩地层特征主要的建模输入数据。

碳酸盐岩地层的小层划分对比是沉积相与储层分析的基础,其对比的关键之一是寻找时间—岩性标志层或等时面。海相碳酸盐台地往往以发育多旋回的、向上变浅的沉积序列为特征,这通常是对区域性古气候、海水咸化以及海平面相对升降的周期性旋回变化的响应。古气候变化旋回、海水咸化旋回以及海退—海侵旋回影响下形成的岩性转换面在时间上应该是近于等时的,可以作为地层划分对比的标志层。谭秀成等人(2008)以四川盆地磨溪构造下三叠统嘉陵江组嘉二段海相碳酸盐台地沉积为例,提出了一套台地相碳酸盐岩多旋回小层精细划分对比的方法和技术。

根据磨溪及邻区二十余口井嘉二段岩心的精细描述和磨溪37口井嘉二段地层岩性剖面精细解释、沉积特征以及测井、录井资料的综合分析,在嘉二段识别出4个次级沉积旋回(图1-1-22):①嘉二段一亚段沉积期的震荡海退—封闭蒸发阶段;②嘉二段二亚段沉积早期的阶段式猛烈海侵—等效海退阶段;③嘉二段二亚段沉积中期的持续海退—封闭咸化阶段;④嘉二段二亚段沉积晚期—嘉二段三亚段沉积期的间歇性海侵—封闭蒸发阶段。

(一) 多旋回小层划分

在旋回地层特征分析的基础上,将嘉二段划分为三个亚段,其中磨溪气田主力储集层段嘉二段二亚段细分为A、B、C三个小层。界面特征如下:

①嘉一段/嘉二段一亚段界面特征。由于古地貌的影响,这一界面在区内特征不明显,无法用大的旋回变化形成的岩性界面来划分。但嘉二段二亚段底部泥岩之下的GR曲线具有明显的漏斗形特征,与岩性旋回性变化特征一起显示为向上变浅序列(图1-1-22)。可以将这一向上变浅的沉积序列划归嘉二段一亚段,使嘉二段一亚段地层具有良好的可对比性和等时性。

②嘉二段一亚段/嘉二段二亚段A层界面特征。该界面为海水咸化旋回、古气候变化旋回以及海退—海侵旋回共同影响下形成的岩性转换面。界面之上为灰绿色砂质泥岩、深灰色泥页岩,界面之下为深灰色膏岩。电性响应特征为界面之上为高伽马、低电阻,界面之下为低伽马、高电阻(图1-1-22)。这一界面具有区域性分布特征,可以作为近似等时面。

③嘉二段二亚段A层/嘉二段二亚段B层界面特征。这一界面为海侵—海退旋回的转换面,为嘉二段二亚段A期末海侵最大时对应的界面。界面上下岩性变化较大,且在GR曲线和电阻率曲线上特征明显,界面显示出最大GR值和最低电阻率值的特征(图1-1-22)。该界面呈区域性分布,可以作为近似等时面。

④嘉二段二亚段 B 层/嘉二段二亚段 C 层界面特征。界面为海水咸化旋回、海退—海侵旋回形成的岩性转换面(图 1-1-22)。界面之上为灰色泥晶灰岩或白云岩,具有较高伽马、较高电阻;界面之下为土黄色粉晶云岩或膏溶角砾岩,具有低伽马的特征。

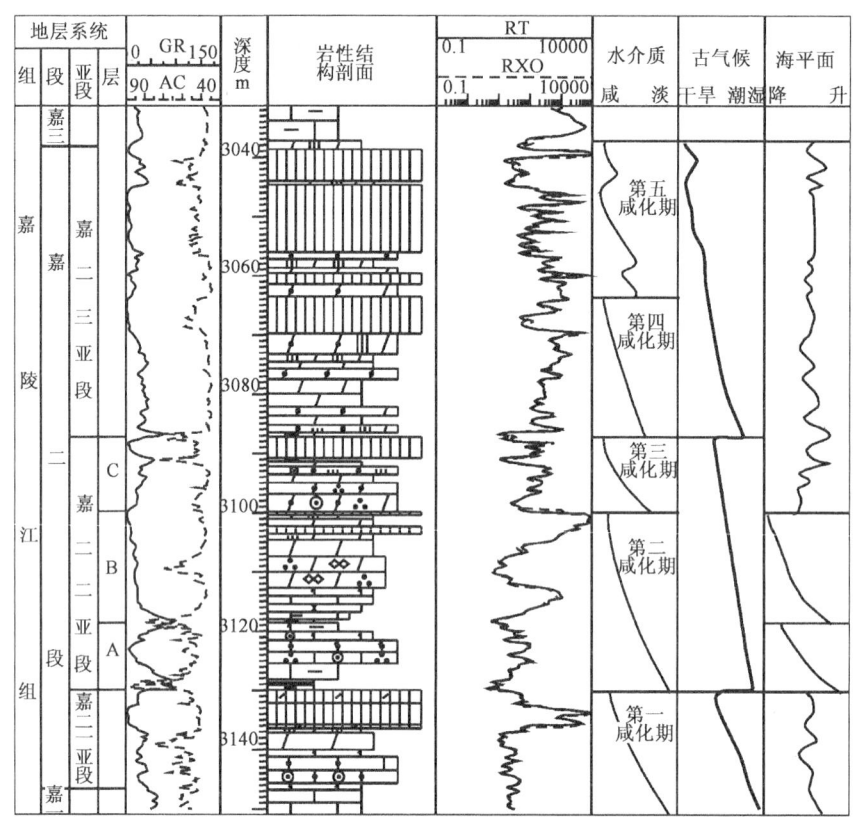

图 1-1-22 四川盆地 MX13 井嘉二段地层柱状剖面(据谭秀成等,2008)

(二)多旋回小层对比

嘉二段的区域性时间—岩性标志层较多,优选嘉二段一亚段底部深灰绿色泥、页岩,嘉二段二亚段顶部灰绿色泥岩作为主标志层,以海水咸化旋回、间歇性海侵—海退旋回形成的岩性转换面作为辅助界面,采用把嘉二段二亚段顶面拉平的方法,选取了近东西向的地层横向剖面进行岩性、厚度对比(图 1-1-23),将具有相同旋回特征的地质体划归为同一地质单元。

通过对比发现,嘉二段地层分布稳定,各亚段和小层在全区范围内均具有良好的可对比性;嘉二段及其各亚段的厚度分布总体上呈现出东厚西薄的变化趋势,厚度差仅为十几米,印证了嘉二期研究区的古地形相当平缓,沉积作用对地壳升降变化、气候变化以及海平面升降变化响应十分明显;从岩性和厚度变化来看,区内嘉陵江组具有明显的东西分异特点。

(三)数据提取

在利用多旋回沉积小层划分对比方法完成上述浅水碳酸盐岩地层划分对比的基础上,同样可以获得系列小层数据,可以采用与表 1-1-3 和表 1-1-4 类似的格式录取相应数据。

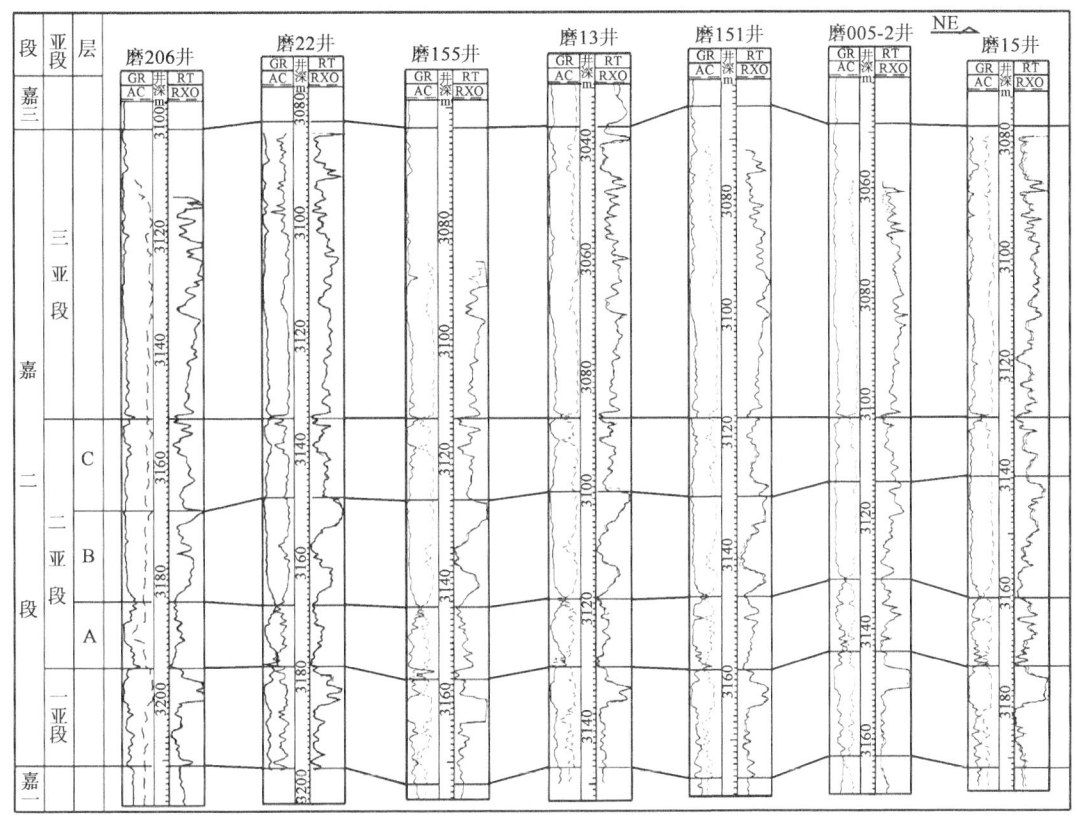

图 1-1-23　四川盆地磨溪气田嘉陵江组二段地层对比图(据谭秀成等,2008)

第二节　构造特征与构造图件

通过对构造特征进行深入研究,可绘制构造图件,从而获得建立地质格架模型必需的基础数据。

一、地质构造的基本概念

地质构造指组成地壳的岩层和岩体在内、外动力地质作用下发生变形,从而形成的各种构造,如褶皱、断层、裂缝以及其他各种面状和线状构造等。地质构造分为原生和次生的构造。原生构造,是指沉积物或岩浆在成岩过程形成的构造,如沉积岩中的层理、波痕、泥裂等沉积构造,以及岩浆岩中的流动构造、原生裂缝等。而次生构造,是指岩层或岩体形成之后,在地应力的作用下形成的构造,如褶皱、断层和裂缝等。形成次生构造的作用力,可以来源于地球内部,称为内力,也可以来源于地球外部,称为外力。油气勘探开发主要侧重于研究岩层或岩体在内动力地质作用下形成的次生构造。但是对原生构造也必须涉及,因为原生构造通常可以反映出次生构造形成时的地质背景,某些原生构造又是识别次生构造的形态、产状及其变形特征的重要标志。

根据构造尺度规模,可将地质构造进一步划分为巨型、大型、中型、小型、微型和超微型六级(朱志澄等,2003)。具体分类如下:

巨型构造:主要是指山系和区域性地貌的构造单元,如喜马拉雅造山带等。

大型构造:造山系等区域构造单元中的次级构造单元,如复背斜、复向斜或区域性大断裂。一般展布于1:200000图幅或联幅范围内。

中型构造:主要见于一个地段上的褶皱和断层,在1:50000或更大比例尺地质图可见其全貌。

小型构造:主要指显露于露头上和手标本上的构造,如各种小型褶皱、断裂及面状和线状等构造。

微型构造:见于手标本或偏光显微镜下显示的构造,如各类面理和线理。

超微型:主要是利用电子显微镜研究的构造,如位错构造。

(一)褶皱

褶皱是地壳上最常见的最基本的地质构造形态,在层状岩层中表现最为明显。褶皱主要是构造运动的产物,在地壳水平方向的挤压力作用下,岩层在挤压方向上受到压缩而产生上拱下弯的塑性变形(欧成华等,2016)。

褶皱是指层状岩石的各种面(如层面、面理面等)受力后所产生的弯曲变形现象,是岩石塑性变形的具体表现。原始产状的岩层,在地壳运动产生的构造力作用下,发生永久性塑性变形所形成的一系列连续弯曲,叫做褶皱构造。

1. 褶皱的基本要素

褶皱要素是指褶皱的各个组成部分(图1-2-1),主要有以下9种(据胡明等,2007):

①核(核部):泛指褶皱中心部位的岩层。

②翼(翼部):泛指褶皱两侧部位的岩层。

③翼间角:指两翼相交的二面角(图1-2-2)。

④转折端:指褶皱从一翼过渡到另一翼的弯曲部分(图1-2-3)。

⑤枢纽:指同一褶皱的褶皱面上各最大弯曲点的连线。枢纽可以是直线,也可以是曲线或折线;可以是水平线,也可以是倾斜线。

⑥轴面(枢纽面):各相邻褶皱褶皱面的枢纽连成的面称为褶皱轴面。轴面可以是平面,也可以是曲面。轴面的产状与任何构造面的产状一样是用走向、倾向和倾角来确定的。

⑦轴迹:轴面和包括地面在内的任何平面的交线均可称为轴迹。

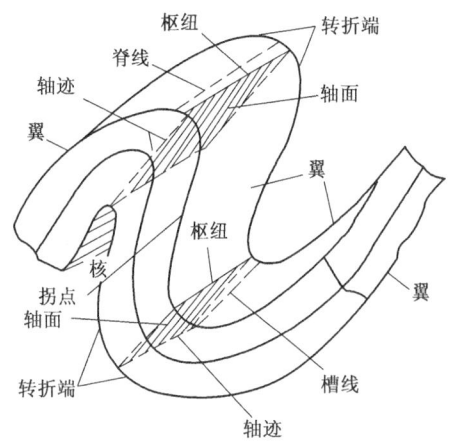

图1-2-1 褶皱要素示意图(据胡明等,2007)

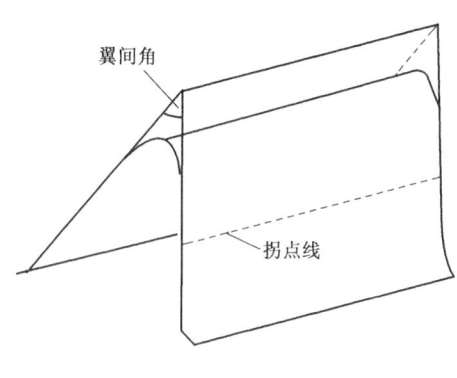

图1-2-2 圆弧形褶皱的翼间角(据胡明等,2004)

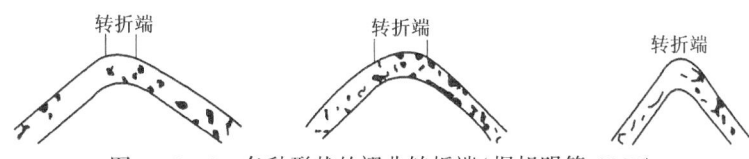

图 1-2-3　各种形状的褶曲转折端(据胡明等,2007)

⑧脊、脊线和槽、槽线:背形的同一褶皱面上的最高点为脊,它们的连线为脊线;向形的同一褶皱面上的最低点为槽,它们的连线为槽线。脊线或槽线沿着自身的延伸方向,可以有起伏变化。

⑨脊面和槽面:若干相邻褶皱面上的脊线或槽线连成曲面,分别称为脊面和槽面。

2.褶曲

褶曲是褶皱构造的基本单位,即褶皱构造的每一个单独的弯曲。褶曲的基本单位有单斜、背斜和向斜。

①单斜:地层不发生弯曲而是倾斜,下部地层较老,上部地层较新(图 1-2-4)。
②背斜:地层向上弯曲,核心部分的地层较老,外侧地层逐渐变新(图 1-2-5)。
③向斜:地层向下弯曲,核心部分的地层较新,外侧地层逐渐变老(图 1-2-5)。

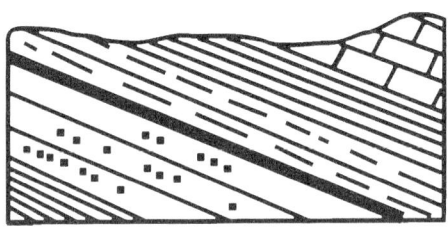

图 1-2-4　单斜示意图

彩图1-2-4　单斜实景图

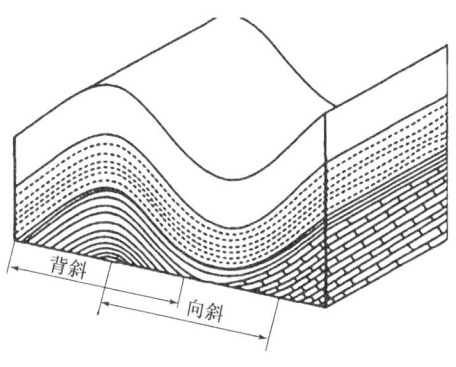

图 1-2-5　背斜和向斜示意图

彩图1-2-5　背斜和向斜实景图

(二)断层

岩石因受力而破裂,沿破裂面两侧岩块有明显位移的断裂构造叫作断层。断层在地壳中分布很广泛,但其规模差异很大(欧成华等,2006,2016)。

1.断层的几何要素

断层的几何要素是指断层的组成部分及与阐明断层空间位置和运动性质有关的具有几何意义的要素,它包括以下 5 种(胡明等,2007)。

1) 断层面

断层面是将岩体断开,被断岩块沿着它滑动的破裂面,是一种面状构造。它在局部地段可以是平面,但在较大范围内通常是不规则的曲面。和岩层产状一样,断层面的产状也可用走向、倾向和倾角来表示。

规模较大的断层的断层面常是由一系列断裂面和次级破裂面组成的断层破碎带。断层面与地面的交线叫断层线,它是断层面在地表的出露线。和岩层的地质界线一样,断层线的形态受地形、断层面产状的影响。

2) 断盘

断盘是在断层面两侧并沿断层面发生明显位移的岩块。如果断层面是倾斜的,则位于断层面上侧的一盘为断层的上盘,位于断层面下侧的一盘为断层的下盘。如果断层面是直立的,则可按断盘相对于断层线的方位来描述,如北东盘、南西盘、东盘、西盘等,并无上盘、下盘之分。根据断层两盘的相对滑动方向,将相对上升的一盘叫上升盘,而相对下降的一盘叫下降盘。

3) 位移

断层两盘岩块的相对运动既有直线运动,又有旋转运动。在直线运动中,两盘做相对的平直滑动而无旋转;在旋转运动中,两盘以断层面的某法线为轴做旋转运动。断层常常做这两种运动的综合运动,但多数断层都以直线运动为主。断层规模越大,直线运动所占的比例越大。

4) 滑距

断层两盘的实际位移距离叫滑距(总滑距)。从理论上讲,它是指在断层错动前的某一点,错动后分成的两个点(即相当点)之间的实际距离(图 1-2-6 中的 ab),又称总滑距。总滑距在断层走向线上的分量叫走向滑距(图 1-2-6 中的 ac);总滑距在断层倾斜线上的分量叫倾斜滑距(图 1-2-6 中的 cb)。断层错动前的同一岩层,错动后被分为两个对应层,这种在断层两盘上的对应层叫相当层。

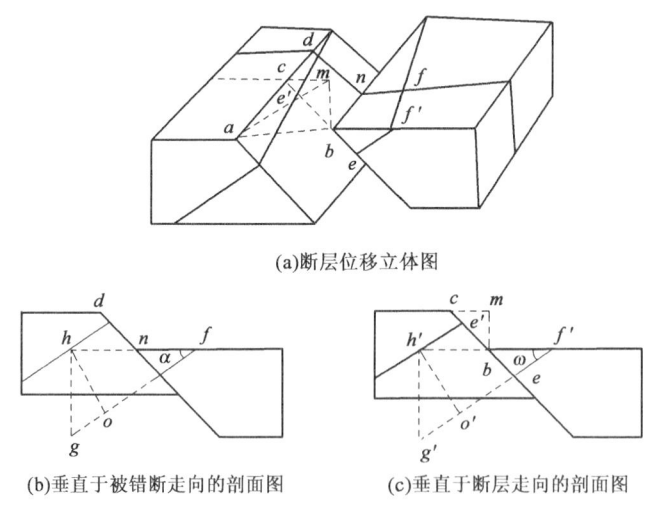

(a) 断层位移立体图

(b) 垂直于被错断走向的剖面图　　(c) 垂直于断层走向的剖面图

图 1-2-6　断层位移图(据 M. P. Billings, 2004)

ab—总滑距;ac—走向滑距;cb—倾斜滑距;am—水平滑距;ho、$h'o'$—地层断距;hg、$h'g'$—铅直地层断距;hf、$h'f'$—水平地层断距;α—地层真倾角;ω—地层视倾角

5）断距

相当层之间的距离称断距。不同方位剖面上的断距值不同。在垂直于被错断岩层走向的剖面图1-2-6(b)，可测得以下三种断距：

地层断距：断层两盘对应层之间的垂直距离，即图1-2-6(b)中的 ho。

铅直地层断距：断层两盘对应层之间的铅直距离，即图1-2-6(b)中的 hg。在石油钻探中，当直井穿过逆断层时，在断层面上、下两个对应的岩层面之间的进尺数之差，就是铅直地层断距，现场工作中称为"落差"。

水平地层断距：断层两盘相当层之间的水平距离，即图1-2-6(b)中的 hf，又称水平错开，现场工作中常简称为"平错"。

以上三种断距构成一定直角三角形关系，即图1-2-6(b)中的 $\triangle hof$，其中，α 为断层倾角。若已知断层倾角和上述三种断距中的任一种断距，即可求出其他两种断距。

2．断层的分类

断层的分类是一个涉及因素较多的问题，比如断层与地层产状之间的关系、断层两盘相对运动方向、断层本身产状特征等，目前广泛使用的是几何分类和成因分类，现仅就常用的几何分类加以介绍（据胡明等，2007）。

1）按断层走向与所在岩层走向的关系分类

走向断层：断层走向和岩层走向基本一致。

倾向断层：断层走向和岩层走向基本垂直。

斜向断层：断层走向和岩层走向斜交。

顺层断层：断层面与岩层层面基本一致。

2）按断层走向和褶皱轴向（或区域构造线）的关系分类

纵断层：断层走向和褶皱轴向或区域构造线方向基本一致（图1-2-7中的 F_1）。

横断层：断层走向和褶皱轴向或区域构造线方向近于直交（图1-2-7中的 F_2）。

斜断层：断层走向和褶皱轴向或区域构造线方向斜交（图1-2-7中的 F_3）。

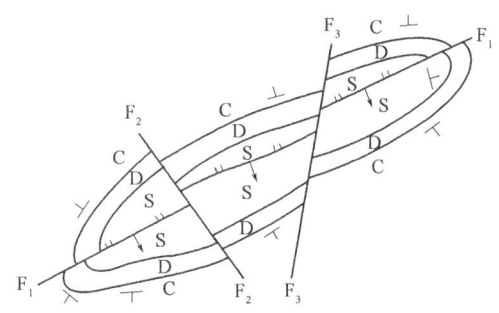

图1-2-7　按断层走向和褶皱轴向（或区域构造线）的关系分类（据胡明等，2007）

F_1—纵断层；F_2—横断层；F_3—斜断层

3）按断层两盘的相对位移关系分类

正断层：上盘相对下降，下盘相对上升的断层[图1-2-8（a）]。

逆断层：上盘相对上升，下盘相对下降的断层[图1-2-8(b)]。

平移断层：断层两盘沿断层面走向方向作水平位移，这种断层称为平移断层[图1-2-8(c)]。规模巨大的平移断层叫做走滑断层。

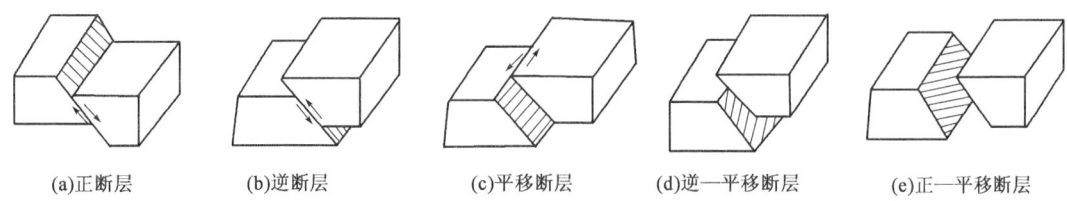

(a)正断层　　(b)逆断层　　(c)平移断层　　(d)逆—平移断层　　(e)正—平移断层

图 1-2-8　按断层两盘相对运动划分的断层和组合命名断层(据胡明等,2007)
断层面上的箭头代表滑动方向

4)按断层两盘的组合分类

许多断层的两盘并不完全顺断层面的走向或倾向滑动,而是斜向滑动的,因此兼具有正(逆)—平移的双重性质。对这类断层采用复合命名法命名,如逆—平移断层[图 1-2-8(d)]、正—平移断层[图 1-2-8(e)]、平移—逆断层等复合名称。复合名称的后者表示主要运动分量,即复合命名通常是以后者为主、前者为辅的原则来命名。

枢纽断层:断层两盘不是作直线位移,而是具有明显的旋转性,这种断层叫做枢纽断层。枢纽断层显著的特点是在同一断层的不同部位的位移量不等。枢纽断层的旋转有两种方式:一是旋转轴位于断层的一端,表现为在横切断层走向的各个剖面上的位移量不等[图 1-2-9(a)];二是旋转轴位于断层的中间,表现为旋转轴两侧的相对位移方向不同,一侧为上盘上升,另一侧则为上盘下降[图 1-2-9(b)]。

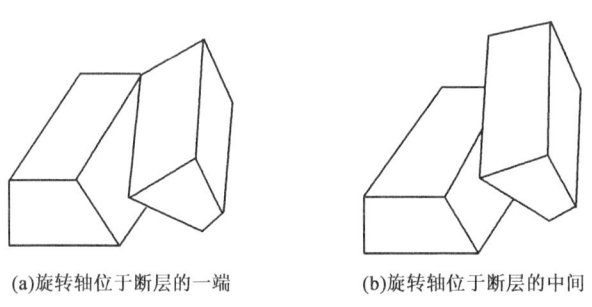

(a)旋转轴位于断层的一端　　(b)旋转轴位于断层的中间

图 1-2-9　两种旋转的枢纽断层(据胡明等,2007)

顺层断层:是顺着层面、不整合面等先存面滑动的断层。当层间滑动达到一定的规模并具有明显的断层特征时,则形成顺层断层。顺层断层一般顺软弱层发育,断层面与原生面基本一致。

(三)裂缝

1.裂缝的相关概念

①裂缝:岩石中的裂隙,是指没有发生明显位移的断裂。断裂包含裂缝(无显著位移者)和断层(有显著位移者)。在石油行业中,其形态各异、长短不一,常成群出现。

②裂缝面:裂缝构造的破裂面叫裂缝面。裂缝面可以是平面,也可以是曲面。裂缝面的产状反映了裂缝在空间的形态,仍用走向、倾向和倾角来表示。

③裂缝组:是指在一次构造作用的统一应力场中形成的、产状基本一致、力学性质相同的一组裂缝。

④裂缝系:是指在一次构造作用的统一应力场中形成的两个或两个以上的裂缝组构成的

一系列裂缝(如 X 形共轭裂缝系等),或在一次构造作用的统一应力场中形成的产状呈规律性变化的一系列裂缝(如一系列放射状张裂缝或同心环状张裂缝),称为裂缝系。在野外工作中,一般都以裂缝组或裂缝系为对象进行观测,故应注意正确划分裂缝组和裂缝系。

2. 裂缝的分类

裂缝的分类主要依据两个方面(据胡明等,2007):按裂缝与有关构造的几何关系,按裂缝形成的力学性质。

1) 按裂缝与有关构造的几何关系分类

裂缝是一种相对小型构造,总是与其他构造伴生。裂缝的产状与其他构造的产状之间往往存在一定的几何关系(欧成华等,2015,2016)。

①按裂缝与所在岩层产状的关系(图 1-2-10)可以分为以下四类:

走向裂缝:裂缝走向与岩层走向大致平行的裂缝。

倾向裂缝:裂缝走向与岩层走向大致直交的裂缝。

斜向裂缝:裂缝走向与岩层走向斜交的裂缝。

顺层裂缝:裂缝面与岩层的层面大致平行的裂缝。

②按裂缝产状与褶皱轴向的关系(图 1-2-11)可分为以下三类:

纵裂缝:裂缝走向与褶皱轴向平行的裂缝。

横裂缝:裂缝走向与褶皱轴向直交的裂缝。

斜裂缝:裂缝走向与褶皱轴向斜交的裂缝。

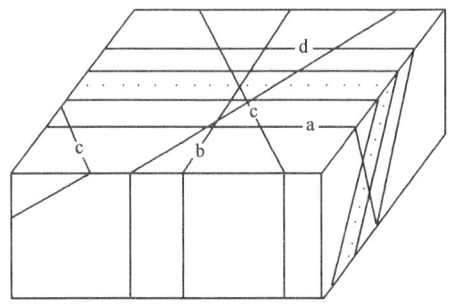

图 1-2-10 按裂缝与所在岩层产状关系的裂缝分类(据胡明等,2007)

a—走向裂缝;b—倾向裂缝;c—斜向裂缝;d—顺层裂缝

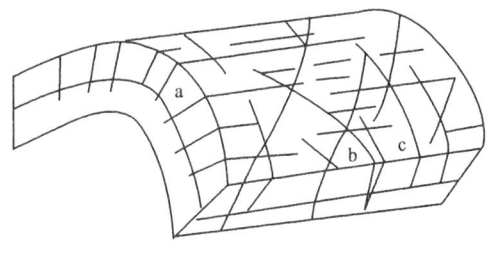

图 1-2-11 按裂缝产状与褶皱轴向关系的裂缝分类(据胡明等,2006)

a—纵裂缝;b—斜裂缝;c—横裂缝

2) 按裂缝形成的力学性质分类

按裂缝形成的力学性质可将裂缝分为张裂缝和剪裂缝两类。

(1) 张裂缝

受张应力作用而产生的裂缝是张裂缝,其方位垂直于主张应力或平行于主压应力,其特征如下:

①产状不稳定,延伸不远。单条裂缝短而弯曲,裂缝常成列出现。

②张裂缝面粗糙不平,无擦痕。

③在胶结不甚坚实的砾岩或砂岩中张裂缝常常绕砾石或粗砂粒而过,如果穿切砾石,破裂面也凹凸不平。

④张裂缝多开口,一般被矿脉或岩脉充填,脉宽变化较大,脉壁平直或粗糙不平,脉内矿物

(如石英)常常呈梳状结构。

⑤张裂缝有时呈不规则树枝状、各种网络状,有时形成锯齿状张裂缝,单列或共轭雁列式张裂缝,有时也呈放射状或同心状组合形式。

（2）剪裂缝

剪裂缝是由剪应力产生的破裂面,具有以下主要特征:

①产状稳定,沿走向和倾向延伸较远。

②剪裂缝平直光滑,有时具有因剪切滑动而留下的擦痕。剪裂缝未被矿物填充时是平直闭合缝,如被填充,脉宽较为均匀,脉壁较为平直。

③发育于砾岩和砂岩等岩石中的剪裂缝,一般穿切砾石和胶结物。

④典型的剪裂缝常发育成共轭X形裂缝系。

⑤主剪裂面有羽状微裂面。

勘探开发实践表明,单一断层、褶皱和裂缝构造在自然界并不常见,常见的为其组合样式。常见的组合而成的构造体系可以划分为伸张构造、收缩构造、走滑构造、底辟构造和反转构造。构造体系的详细解释可参见漆家福、夏义平、杨桥编著的《油区构造解析》（石油工业出版社,2006）。

二、地质构造的研究方法

尽管油气藏地质构造的研究方法较多,但归纳起来主要有:重、磁、电方法,地震方法,测井方法以及动态方法(郭少斌等,2006)。

（一）重、磁、电方法

重力勘探方法是发展较早的一种地球物理勘探方法。它是在重力测量学的基础上发展起来的。各种岩石和矿物的密度（质量）是不同的,根据万有引力定律,其引力也不相同。据此研究出重力测量仪器,测量地面上各个部位的地球引力（重力）,排除区域性引力（重力场）的影响,就可得出局部的重力差值,发现异常区,这一方法称做重力勘探。它就是利用岩石和矿物的密度与重力场值之间的内在联系来研究地下的地质构造的。重力勘探是通过测定自然存在的重力场,或测定重力场沿不同方向的变化率在地球表面的分布特征,解决地质勘探中诸如划分大地构造单元、圈定沉积盆地分布范围、寻找油气构造、提取含油气信息、普查及勘探各种金属及非金属矿藏等地质任务。

磁力勘探方法是根据地磁场的空间分布特征,判断地质体的走向、长度、宽度、埋深、形态、产状等;结合有关的物性参数和已有的地质资料,确定引起异常的性质,在定性和定量分析的基础上,对区内地质构造、岩体和岩层的分布、矿产的赋存以及其他地质问题作出地质解释。高精度磁测在油区可完成以下地质任务:①研究由磁性和弱磁性地层所组成的褶皱基底的成分和构造,编制弱磁性断裂和褶皱基底的构造图;②确定弱磁性基底的埋深和基底面的起伏形态,在此基础上划分沉积盖层中继承性构造;③绘制弱磁性沉积盖层的各种构造图;④在弱磁性沉积地层中划分断型构造,其中包括含油远景构造。

电法勘探方法是利用人工或天然产生的电磁场在时间域或空间域的分布特征,来探明地质构造或进行直接、间接找矿的一类地球物理勘探方法的统称。电法勘探的实质是利用岩石和矿物（包括其中的流体）的电阻率不同,在地面测量地下不同深度地层介质电性差异,用以研究各层地质构造的方法,对高电阻率岩层（如石灰岩等）效果明显。电法勘探以岩石和矿石的电性差异为基础,主要研究的电性参数有电阻率、激发极化率、介电常数、导磁率及电化学活动性等。电法勘探种类较多,我国目前石油电法勘探一般用直流电测深、大地电磁测深、可控源声频大地电磁测深等方法,近期又发展了差分标定电法、大地电场岩性探测法等新方法。我们将石油电法勘探方法分为以下三类:①直流电法(稳定场),包括垂向电测深法、深井电极法;②过渡场法(时间场),包括瞬变电磁测深法、激发极化法、差分标定法;③交流电法(交变场),包括大地电磁测深法、可控源声频大地电磁测深法、电瞬变反射法。

(二) 地震方法

通过地震勘探资料,可以分析一个地区的构造形态、高点位置、闭合面积、闭合高度以及断层特征,具有完整、齐全、连续的特点。这一方法在油气田勘探初期应用较为广泛,缺点是准确性较差。因此,必须用钻井资料校正才能得到切实可靠的研究成果。

为了能更加精确地研究地下构造,得出较为详细的形态特征和复杂断块区断层的分布情况,近年来国内外对地震资料从采集到处理都进行了全新的研究,形成了许多切实能提高信噪比、分辨率和保真度的新技术方法与严格合理的工艺流程,如立体地震法、多波多分量地震法、高分辨率三维地震法等。这些新技术方法的应用已在油气田地下构造研究、深层天然气勘探等领域取得了很好的效果。

(三) 测井方法

通过对所钻井的测井曲线的分析,可获得岩性特征、地层界面、地层产状、层位的重复与缺失、井下断层断点的位置等资料。它的最大优点是纵向分辨率高,缺点是由于仪器探测半径的限制,横向分辨能力较差。近年来随着测井设备和技术的不断创新和完善,相应形成了许多有针对性的测井评价技术和特殊的测井方法,为油气田地下构造的研究提供了可靠的依据。

(四) 动态方法

在油气田开发过程中,可以获得井下地层的含油、气、水资料以及井间水动态资料等,应用这些资料既可检验构造研究成果的准确性(如构造的形态及局部变化等),又可为构造研究提出问题(如断层的连通与否、分层是否正确等),以便配合其他资料使构造的解释更准确,更符合地下的真实情况,这在注水开发的油田中作用尤其明显(欧成华等,2006)。动态方法是油气田地下构造特征研究分析的辅助方法。

油气田地下构造特征的研究有多种方法和手段,它们各有其特点。在油气田勘探开发的不同阶段,所采取的方法和途径也各不相同。由于各种研究方法获取的资料途径不同,其构造解释成果的精度就存在差异。资料的丰富程度及精度决定了构造解释的可靠程度。钻井资料虽然准确,但在勘探初期,由于打井少,资料的控制点不足,降低了成果图的可信度;进入油气田开发后,可以利用较为丰富的资料,对构造进行精细分析,以便准确地掌握地下构造的性质、形态特征及分布范围等。因此,在实际应用中,对油气田地下构造特征的分析和研究,往往采用多种方法和途径相互验证、综合分析,这样才能使研究成果与真实情况接近或吻合。只有获得准确的信息,才能对油气田地下构造的形态、细微变化等特征作出正确的判断。

三、构造图件的编制

通过各类构造图件的编制,即可获得构造特征主要的建模输入数据。我国的科技工作者总结了关于构造的一套工作方法(叶庆全等,1999)。

(一) 构造平面图的编制

油气田构造平面图(或构造等高线图)就是通常所说的构造图。它是用构造等高线表示油气田地下某一标准层或某一油气层顶面或底面构造形态的图幅。在油气田开发中,构造图是进行储量计算、井网部署、动态分析等的基本图件。

在油、气藏详探阶段,多利用地震勘探方法,采用较密测线来查明油气田地下构造情况,并绘制构造图,为详探阶段部署评价井(资料井)提供依据。详探阶段结束,用钻井资料对地震构造图进行验证和修改,为编制油气田开发方案提供正式构造图。下面只介绍如何利用钻井资料绘制构造图的方法。

1. 构造标准层的选择

构造标准层选择是否恰当,直接关系到构造图的质量,应认真对待。其选择应遵守下列原则:

①标准层在电测图上应有明显的特征,易于识别;
②标准层在全区内分布稳定,利于对比;
③标准层应能反映开采目的层的构造形态。

根据上述原则,一般选择油(气)层顶、底界面或油(气)层附近泥岩、页岩、凝灰岩等标准层作为构造标准层。如果是多油(气)层,应在油(气)层中间部位选择标准层。除侵蚀突起油气藏(如古潜山油气藏)及生物礁油气藏外,一般不选择不整合面、冲刷面为构造标准层,原因是与开采目的层构造形态有出入。通常把海平面作为制图基准面。海平面标高为零,其上为正值,其下为负值。

2. 构造标准层的划分

构造标准层确定以后,接着就要在各井岩心剖面图或电测曲线图上进行标准层划分。划准标准层界线是提高构造图质量的重要环节。为此,要做好下列工作:

①熟悉取心井岩心剖面的岩性特征,尤其是标准层附近的岩性组合特征。要求编图人员认真观察岩心剖面,熟记标准层附近的岩性组合特征。
②在取心井上进行岩性与电性关系对比,搞清标准层的电测曲线特征。
③如果有许多井标准层的电测曲线形态有变化,其界线不好确定时,应在全区范围内进行统层工作,即经过所有井的对比,从大多数井出发,确定其划分界线。

界线确定以后即可在各井的电测图上进行划分,读出各井构造标准层的井深。

3. 井斜校正

若采用斜度较大的斜井及弯井资料去绘制构造图,无疑会歪曲地下构造形态。因此对斜井及弯井要进行井位与井深的校正。校正的方法很多,通常采用计算法与图解法两种。具体方法在各类构造地质学及油矿地质学教材中都有介绍,故不再赘述。如果井的斜度较小,地下井位误差小于10m,井深误差小于2m,可以不进行校正。

上述工作完成后,应填写标准层井位与井探校正数据表,见表1-2-1和表1-2-2。

表1-2-1 ××油(气)田标准层井位校正数据表

井 号	校正前坐标		校正后坐标	
	x	y	x	y

制表人: 审核人: 制表日期:

表 1-2-2　××油(气)田标准层井深校正数据表

井　号	标准层深度,m		井口海拔(补心海拔) m	标准层海拔 m
	校正前	校正后		

制表人：　　　　　　　审核人：　　　　　　　制表日期：

4. 比例尺和等高距的确定

根据构造图的精度要求及构造面积大小确定比例尺。常用的比例尺有 1:10000、1:25000、1:50000 等。等高距大小要根据能满足构造图精度要求、能反映地下构造特征、等高线不过分密集等原则来确定。闭合度小的构造等高距常采用 10m、5m，甚至 2m、1m，闭合度较大的构造等高距常采用 25m、50m，甚至 100m、200m。

5. 三角网法作图步骤

编制构造图常用的方法有三角网法、剖面法和地震构造图深度校正法三种。随着电子计算机技术的迅速发展和广泛应用，人工绘制构造图逐渐被电子计算机绘制所代替。由于电子计算机绘制方法与人工绘制并无本质区别，有必要介绍人工绘制构造图的方法。

三角网法(又叫内插法)不仅是绘制构造图的基本方法，也是作各种等值图的基本方法，故将这种方法的绘图步骤叙述如下：

①根据实测井位坐标或校正后的地下井位坐标，按选定的比例尺，将各井的井位标在作图纸上，并标明井号；

②将所有断层，按选定的比例尺，准确地画在作图纸上，并用符号表明断层性质；

③将各井的构造标准层顶(底)面海拔高程(斜井弯井校正后海拔高程)统一注在各井圈的下方或右侧；

④根据各井点的海拔标高，大致分析构造形态，在此基础上，合理连接各相邻井点，形成许多三角形，如图 1-2-12 所示；

⑤按选定的等高距，对每个三角形的边进行等值内插或外推，并注上各内插或外推点的高程；

⑥用曲线板将相同高程点圆滑地连接成等值线；

⑦按有关行业标准要求，写上图名、图例、比例尺、制图单位、制图人、制图日期等，构造图绘制完毕。

为了提高构造图质量。作图中应注意下列问题：

①在整个构造面积上用直线把相邻井点连接成三角网时，构造两翼的井点不能互相连接，位于断层两侧的井点不能互相连接。要根据井点分布状况以及构造形态预测，合理连接三角形网。三角形分布相对均匀，最好连成锐角三角形，而不要连成钝角三角形。

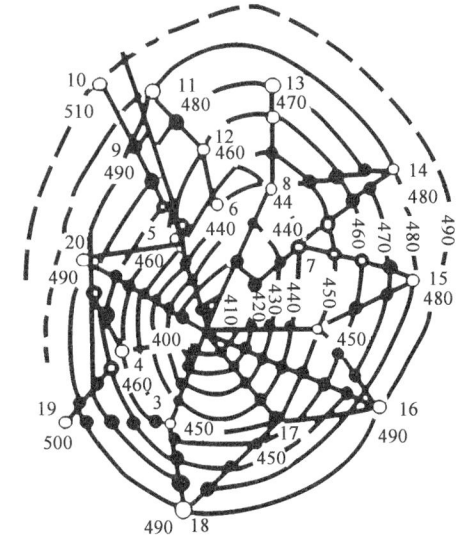

图 1-2-12　用三角网内插法绘制构造图
(据叶庆全等,1999)

②等高线内插应在同一井组内进行,而不应在相距较远的两个井组之间进行。等高线的内插可采用高度线谱法(或称透明量板)进行,如图1-2-13所示。这种方法比计算法及图表法都更为方便。

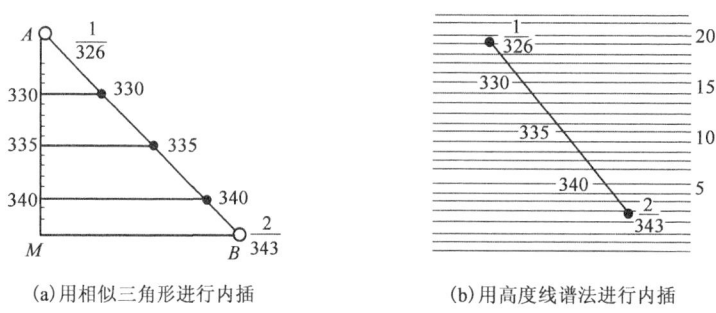

(a)用相似三角形进行内插　　　　(b)用高度线谱法进行内插

图1-2-13　等高线内插示意图(据叶庆全等,1999)

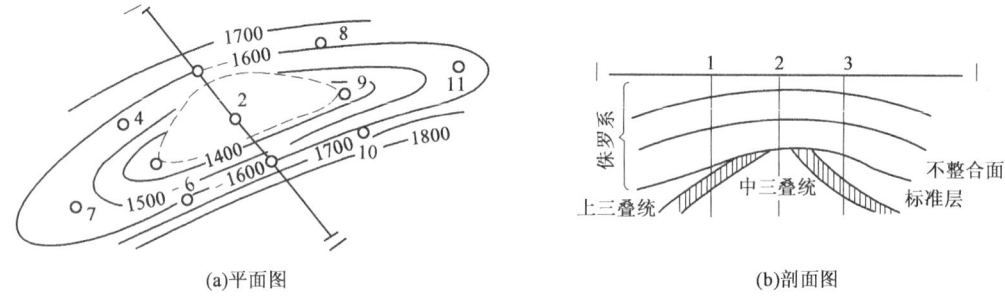

(a)平面图　　　　　　　　　(b)剖面图

图1-2-14　有侵蚀面的构造示意图(据叶庆全等,1999)

③在连接等高线时,不能只从数字上机械地进行,而要考虑构造形态及地质原理上的合理性。

④内插等高线必须在高部位井点与低部位井点之间通过。不同翼和不同断块之间不能互相穿越。等高线不能彼此相交,倒转背斜及逆断层例外。当地层直立或沿走向有直立断层时,等高线重合。

⑤当构造标准层被不整合切断,部分已被剥蚀掉时,在构造图上可不绘等高线,应以虚线把被剥蚀的范围和缺失区边界勾画出来,如图1-2-14所示。

(二)构造剖面图的编制

构造平面图只能反映构造在平面上的形态,而不能反映纵向上的情况,构造剖面图弥补了这一不足。它能反映构造在某一切面上的形态、地层产状及厚度变化、接触关系、断层位置及性质等。构造剖面图常与构造平面图配合使用,是研究油气田地下构造特征的必需图幅。

详探结束后,增加了大量新资料,对地下构造情况需要进行再认识,以便为油气田开发方案的编制提供可靠的地质依据。

1.编制构造剖面图的准备工作

1)地层分层

搞好地层分层是编制好构造剖面图的基础。为此,要对新提供的岩心剖面、电测曲线、实验室资料进行系统研究,搞清沉积旋回,重新落实地层分层。最后汇总成各井地层分层数据表(表1-2-3)。

表1-2-3　××油(气)田各井地层分层数据表

层号 \ 井深 \ 井号	1	2	3	4	5

制表人：　　　　　　　审核人：　　　　　　　制表日期：

2) 落实断层

根据新提供的钻井资料,经过认真分析与对比,对地震勘探提供的断层进行落实和修正,搞清断层的位置和性质。

3) 井位与井斜校正

在作构造剖面时,有些井不在剖面线上,为了充分利用剖面附近的井,把它们移到剖面线上,就需要进行井位校正,以提高剖面的精度。井斜校正就是把斜井井眼沿地层走向投影到制图剖面上去。井位与井斜校正的具体方法可参考有关书籍。

2. 剖面位置的选择

在绘制构造剖面图之前,首先要在构造图上选定剖面位置。剖面位置选择是否恰当,关系到能否正确反映地下构造特征,因此在选择时要考虑下列几点：

①选择的剖面要能正确反映地下构造的特点,当一个剖面不能充分反映时,可多作几个剖面；

②剖面线要尽可能穿过更多的井,以便提高剖面的精度,以及能反映更多的地下情况；

③剖面线要尽可能垂直于地层走向,垂直于或平行于构造轴向,避免地层倾角和厚度受到歪曲,因而不能正确反映地下构造形态；

④为了满足特殊要求而绘制的剖面图,则应根据具体情况选择剖面位置,如为了了解构造断裂情况,剖面线以能穿过更多断层为好。

3. 比例尺的确定

正确选定比例尺是提高剖面图质量的重要环节。比例尺选取恰当才能正确反映地下构造形态,否则就会歪曲地下构造的本来面貌。

剖面图的比例尺可以和构造平面图相同,也可以根据需要适当放大或缩小。纵、横比例尺一般要求相同,但为了某一需要,也可适当放大或缩小纵向或横向比例尺,但必须以不歪曲地下构造面貌为原则。

4. 作图步骤

①按剖面长度裁好绘图纸,并在绘图纸上作一水平线代表海平面,海拔高程为0,以上为正值,以下为负值；

②根据横比例尺把纳入剖面的井位移到水平线上,并通过各井位作水平线的垂线以代表井身；

③根据各井井口海拔高程,绘出地形线,在图的左侧标出垂直井深比例尺；

④将各井的地层分界线、标准层、断点、接触关系等按纵向比例尺标在各井身线上,用软尺把各井相应的地层界线连结成圆滑的曲线,并标出断层位置及性质、接触关系等；

⑤按有关行业标准规定,注明剖面方向、图名、比例尺、制图单位、制图人、制图日期等。完成上述工作后,构造剖面图便告完成,如图1-2-15所示。

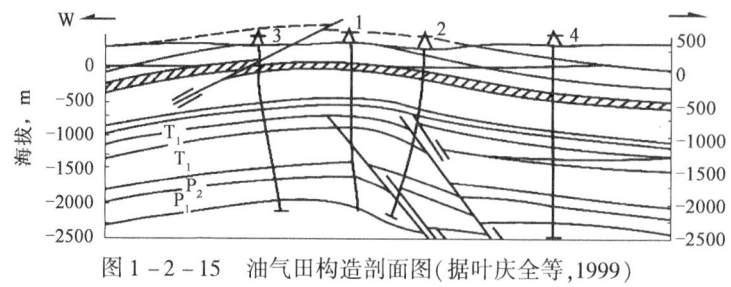

图1-2-15 油气田构造剖面图(据叶庆全等,1999)

第三节 沉积相特征与建模数据

相控建模是油气藏开发地质建模技术的核心,沉积相分析成果自然成为油气藏开发地质建模必不可少的基础数据之一。

一、沉积相的有关概念

(一)相

"相"这一概念最早由丹麦地质学家斯丹诺(Steno,1916)首先提出。他认为"相是一定地质历史时期中地表某一部分的全貌"。1833年瑞士地质学家格列斯利(Gressly)开始把相的概念用于沉积岩,他认为"相是沉积物变化的总和,它表现为这种或那种岩性的、地质的或古生物的差异"。由此开始,相的概念逐渐为地质界所接受和引用。

进入20世纪以来,相的概念随着沉积学、古地理学的发展而广为流行,不少学者对它进行了详尽的论述,当然各有看法。总的来说,有三种主要观点:一是"相是地层"的观点,把相简单地看作"地层"的横向变化;另一观点是把相理解为"环境"的同义语,即认为"相就是环境";另外还有人认为"相就是能表明沉积条件的岩性特征和古生物特征的有规律综合",即把相看作沉积物(岩)形成条件的物质表现。

上述观点是对沉积相概念的不同理解。油气及其他矿产资源勘探事业的发展,促进了对沉积相的研究,使人们对这一概念的理解更加深入和准确。目前,较为一致的看法是:相的概念中应包括沉积环境和沉积特征这两方面的内容,而不应把相简单地理解为环境,更不能把相与地层的概念混淆起来。因此,相的较完整的定义应该是:沉积环境及在该环境中形成的沉积物(岩)特征的综合。

(二)相序递变规律

沉积相在时间上和空间上发展变化的有序性称为相序递变。沃尔索(Walther,1984)指出:"只有那些没有间断的,现在能看到的相互邻接的相和相区,才能重叠在一起。"换句话说,只有在横向上成因相近且紧密相邻而发育着的相,才能在垂向上依次叠覆出现而没有间断。这就是通常所说的相序连续性原理或相序递变规律,有人也称为沃尔索相律(图1-3-1)。

相序递变规律有很大的实际意义。人们可以根据垂向沉积序列的研究来推断和预测可能出现的沉积相的横向变化。反之,也可根据现代或古代沉积环境横向上的岩相资料来建立垂向沉积序列。

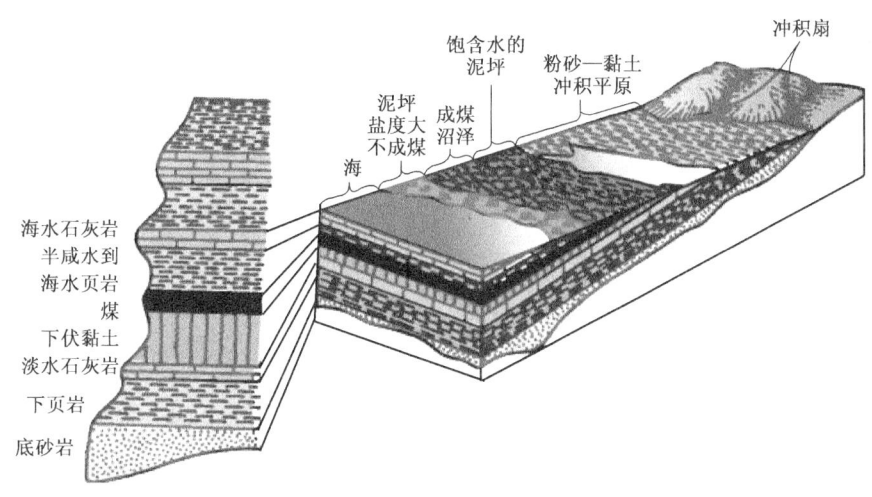

图1-3-1 沃尔索相律示意图(据Blatt等,1980)

(三)沉积相模式

以相序递变规律为基础,以现代沉积环境和沉积物特征的研究为依据,从大量的研究实例中,对沉积相的发育和演化加以高度的概括,归纳出带有普遍意义的沉积相的空间组合形式,称为相模式(facies model)。

波特和裴蒂庄(Poner&Pettijion,1963,1977)认为:"沉积模式是在原来形式上加以构思的,事实上就是描述和再现了沉积作用的面貌。"沃克(Walker,1967,1978)认为沉积模式是"删去其地方性的细节,而保留其纯粹本质上的东西",乃是对沉积特征的一种全面的概括。刘宝珺等(1985)认为这种概括包括两个方面:一是其特征的概括;二是对其形成机理的概括。因此,模式是具有解释性的。

相模式和相标志是恢复和再现古代沉积环境的两个重要手段和钥匙。

沉积相模式的建立完善了沉积学的内容,深化了古环境的恢复和古地理的研究,沃克(Walker,1976)认为,标准相模式应起到四方面的作用:

①从比较的目的来说,它必须起到一个标准的作用;
②对于进一步观察来说,它必须起到提纲和指南的作用;
③对于新的研究地区来说,它必须起到预测的作用;
④对于所代表的环境或系统水动力学解释来说,它必须起到基础的作用。

所以,沉积模式是从许多实例中经过提炼和概括的,可以反映沉积物的空间、时间的变化规律,以及与沉积环境的成因联系,可以作为研究其他实例时对比的标准。沃克还认为艾伦(Allen,1964)所作的曲流河的三维模式图和柱状模式图充分起到了一个相模式的作用,它是一个被充分肯定的、可作为对比的标准,是进一步观察的指南,并已被用来作为水动力学解释的基础,很多研究者还用它来预测新的油气远景区。但目前这样高度概括的成功模式还不多,一般还常常使用地方性模式或典型实例进行对比研究,其中有些可以用来作水动力学解释的基础。

对沉积模式可以采用不同的分析方法和不同的表现形式(Reading,1996):

①直观模式(visual model),以简化的图式直观地表现出沉积环境、作用过程和最终产物之间的复杂关系;

②事实模式(actual model)，以现代的、有代表性的地区或古代的沉积岩层的相组相序为基础而建立的模式，例如北海模式是以北海为基础归纳出的大致可表示潮汐作用为主的一种浅海沉积的模式；

③静态模式(static model)，表示在一个特定时间的沉积层内的沉积环境特征和沉积物的相变规律，这种模式能用来预测物源区的位置，预测资料不足地区的古沉积环境，以及再造古地理；

④动态模式(dynamic model)，表示一个特征的沉积体的沉积作用全过程的沉积模式，如垂向模式就是表示沉积作用在纵向上(随时间)的变化的；

⑤比拟实验模式(scaled model)，以模拟实验所获得的沉积特征为基础而作成的沉积模式，有助于查明具有特殊沉积特征的沉积物成因；

⑥数学模式(mathematical model)，以数学方法模拟复杂的沉积作用过程的模式，如以数学方法表示海平面上升或降雨量增加和沉积物供给量增加的相互关系而作成的模式。

(四) 沉积体系

近年来随着沉积学向成因方面深入发展，沉积体系(depositional system)被广泛用于沉积学研究中。它指的是成因上相关的沉积环境及沉积体的组合，即受同一物源和同一水动力系统控制的、成因上有内在联系的沉积体或沉积相在空间上有规律的组合。组成沉积体系的最基本单元是相。

沉积体系是与地貌或自然地理单位相当的地质体，并以其生成环境来命名。Fisher 和 Brown(1984)划分和描述了自然界的 9 种主要碎屑沉积体系，包括：①河流体系；②三角洲体系；③障壁岛—海岸平原体系；④潟湖、海湾、河口湾和潮坪体系；⑤大陆和克拉通内陆架体系；⑥大陆和克拉通内斜坡和盆地体系；⑦风成体系；⑧湖泊体系；⑨冲积扇和扇三角洲体系。

在自然界，每一种沉积体系都具有复杂的内部结构，例如曲流河沉积体系包括了多种相，有作为主导作用的河道，也有作为从属地位的天然堤、决口扇、越岸沉积、泛滥平原、河漫湖泊和沼泽等。在沉积体系内部，相并不是孤立存在的，它们之间总是由一种或几种主要的沉积作用把不同的相联系起来构成一个系统，因而相彼此之间具有成因联系。由于同样的原因，沉积体系内部的相空间配置是有规律的，不同的相具有各自相对固定的分布空间。

值得强调的是，沉积体系内部相的识别和命名并不在于其体积的大小，而更强调沉积环境或沉积作用的变化。如障壁—潟湖沉积体系中的涨潮三角洲和冲越扇，虽然其形成的沉积环境相同，但沉积作用却大不相同。

沉积体系分析的优点首先在于强调环境与几何形态的统一，即把沉积体系理解为三维地质体；其次在于强调相在空间上的成因联系，即一系列有成因联系的相是作为沉积体系而存在的。

二、沉积环境及沉积岩特征

环境是地理学中的概念。地球表面划分为不同的地理单元，例如山脉、河流、湖泊、沙漠、海洋等，就是自然地理环境单元(地貌单元)。沉积学研究的是沉积物质沉积时的自然地理环境，称为沉积环境。沉积环境是一个发生沉积作用的具有独特的物理、化学和生物特征的地貌单元，并以此与相邻的地区相区别。

环境中包括物理、化学、生物三个要素：

①物理要素包括温度、压力、重力等，以及由此引起的风、波浪、潮汐、水流、海流、风暴流、

冰川、沉积物流等和它们的作用强度、方向、变化梯度和降雨量、降雪量等；

②化学要素包括沉积区的岩石地球化学性质、沉积介质的地球化学性质、pH 值、Eh 值、溶解度、化学平衡程度、生物化学作用等；

③生物要素包括动物和植物两大类生物的作用。

在具体划分环境时，可以根据以上三个要素进行划分。

环境是表述现代的概念，是指现代的一块地球表面。古环境是地质历史中某一时期曾经出现过的一个地理单元。然而，沉积学研究的对象是沉积岩，是古代沉积环境的产物。古代沉积环境和古地理面貌现在已不能直接观察到，只能通过保存于地层中的信息（即沉积岩特征）去分析和恢复。

沉积岩特征包括岩性特征（岩石的颜色、物质成分、结构、构造、岩石类型及其组合）、古生物特征（生物的种属和生态）和地球化学特征。沉积岩特征的这些要素是相应各种环境条件的物质记录，通常构成最主要的相标志。因此，相标志是相分析的依据。

综上所述，沉积环境是形成沉积岩特征的决定因素，沉积特征则是沉积环境的物质表现。换句话说，前者是形成后者的基本原因，后者是前者发展变化的必然结果。这就是相的概念中沉积环境和沉积岩特征的辩证关系。

在沉积学中，沉积相简称为相。但与相的概念同时存在的还有：岩相——指一定沉积环境中形成的岩石；生物相——指一定的古生物组合；电相——指沉积环境特征的电性表现。为了突出沉积环境中的古地理条件和沉积物特征中的岩性特征，通常把"岩相"和"古地理"这两个术语联系在一起，它们表达了沉积相中最重要、最本质的内容。

三、沉积相类型及特征

沉积相的分类一般是依据沉积环境划分的，而沉积环境主要按照地貌单元区分。因此，首先依据地表一级地貌单元将沉积相划分为陆相组、海相组、海陆过渡相组三个相组；再依据陆相、海相、海陆过渡相中的次级环境及沉积物特征，确定相类型（即二级相），例如河流相、三角洲相、浅海陆棚相等（表 1-3-1）；进而根据各相类型中亚环境、微环境及沉积物特征，确定出相应的沉积亚相和微相（即三级相和四级相），例如三角洲前缘亚相、三角洲前缘河口沙坝微相等。下面仅介绍我国常见的冲积扇相、河流相和曲流河三角洲相的沉积相样式及特征，其他沉积相、亚相、微相样式及特征详见周琦、丁文龙编著的《油气田开发地质基础》（石油工业出版社，2011）。

表 1-3-1 沉积相的分类（据朱筱敏等，2008）

相 组	Ⅰ 陆相组	Ⅱ 海相组	Ⅲ 海陆过渡相组
相	1. 残积相	1. 滨海相	1. 三角洲相
	2. 坡积—坠积相	2. 浅海陆棚相	2. 河口湾相
	3. 沙漠（风成相）	3. 半深海相	3. 障壁岛相
	4. 冰川相	4. 深海相	4. 潟湖相
	5. 冲积扇相		5. 潮坪相
	6. 河流相		
	7. 湖泊相		
	8. 沼泽相		

(一)冲积扇相

1. 冲积扇相的概念

冲积扇是由山区洪水将沉积物从山区带出,在山谷出口处的山麓地带因水流分散,坡降减小堆积而成的扇状沉积体。冲积扇从山谷口向盆地方向呈放射状展开,平面上呈扇形,辐向剖面呈下凹状,横向剖面呈上凸状,扇体半径自几百米到几百千米(图1-3-2)。山前一系列冲积扇体可以衔接或重叠在一起组成冲积扇体系。冲积扇广泛分布于干旱或半干旱气候区,但在潮湿地区也有分布。冲积扇的形成和发育受构造运动、地形、气候、岩石类型等因素的控制。

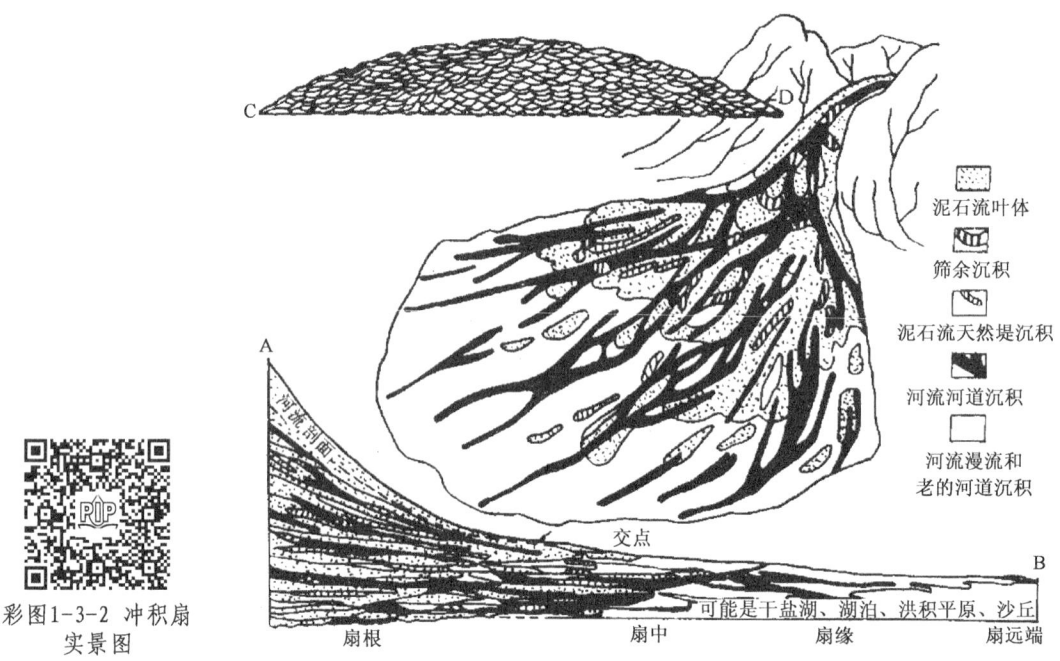

彩图1-3-2 冲积扇实景图

图1-3-2 冲积扇相沉积模式图(据D.R.斯皮林,1974)

2. 沉积类型

冲积扇是大陆沉积中粒度最粗、分选最差的近源沉积,以砾岩和砂岩为主。冲积扇的表面发育有河道,在扇顶只有一两条主河道,在扇中和扇缘则分支成辫状河,河道下切较深,但多半为暂时性河道。根据沉积作用特点,可分为四种沉积类型。

①河道沉积:冲积扇表面常被暂时性(间歇性)河流切割,但洪水再次到来时,所携带的砾、砂碎屑物在这些暂时性河床中沉积下来,就形成了冲积扇上的河道沉积。

②漫流沉积:从冲积扇河床末端漫出形成的宽阔浅水(多数小于0.3m),流速和水深骤减,使携带的沉积物呈席状或片状沉积下来,形成席状砂、砾岩堆积体,称为漫流沉积或片流沉积。

③筛状沉积:当洪水携带的碎屑物主要为砾石而极少细粒物质时,在冲积扇表层堆积的舌状砾石层称为筛状沉积。因为这种沉积粒度粗且填隙物较少,具极高的孔隙性和渗透性,当下次洪水到来尚未流到扇缘之前,就沿着像滤水筛子一样的砾石层渗滤到扇体中去了,所以不能形成地表水流,从而阻止了粗粒物质的搬运。筛积物是冲积扇相所特有的,分选较好,砾石之间可充填有砂。

④泥石流沉积:泥石流是由砾石、砂、泥碎屑物与水的混合物构成的一种高密度、高黏度、具有可塑性状态的流体。因物质的密度很大,沿着物质聚集体内的剪切面运动,其内的颗粒是由粒间的泥和水的混合物支撑并在重力作用下进行搬运的,属于沉积物重力流。沉积物为砾、砂、泥混杂,分选极差。

3. 亚相划分

冲积扇沉积多数是由上述几种沉积类型组合而成的,总体以漫流和泥石流为主,河道次之,筛积最少。按现代冲积扇地貌特征和沉积特征,可将冲积扇进一步划分为扇根、扇中、扇缘三个亚相。

扇根指邻近山谷口的冲积扇顶部地带。沉积坡度角最大,常发育有单一的2~3个直而深的主河道,沉积类型主要为河床充填沉积及泥石流沉积。

扇中位于冲积扇中部,构成冲积扇主体,以沉积坡度角较小和辫状河道发育为特征。沉积类型主要是辫状分支河道和漫流沉积,岩性以砂岩、砾状砂岩为主,河道冲刷—充填构造发育。与扇根相比,砂砾比值较大,分选变好,可见不明显的层理。

扇缘出现于冲积扇的前缘。地形平缓,沉积坡度角小,以漫流沉积为主,沉积物较细,通常由砂岩夹粉砂岩、黏土岩组成,分选变好,局部见膏盐层。

冲积扇相是水上沉积,不能生油,但可以储集油气。在我国的断陷盆地边缘冲积扇相十分发育,可以成为重要的油气储层。

(二) 河流相

河流是陆地表面有固定水道的常年水流,是流水由陆地流向湖泊和海洋的通道。河流地质作用包括侵蚀作用、搬运作用、沉积作用。河流不仅是侵蚀改造大陆地形和将风化物质由陆地搬运到湖海中去的主要地质营力,而且是大陆区重要的沉积营力。在适宜的构造条件和沉积背景下,有时甚至可发育上千米厚的河流沉积。

1. 河流类型

河流环境条件变化极大,河流规模、河道形态、坡降、流量、沉积负载、地理位置、发育阶段等方面都存在着差别,河流可依据这些因素划分为不同的类型。

沉积学上主要考虑河道的平面形态,用两个河道指数将河流分为四种类型(图1-3-3,表1-3-2)。弯曲度是河道长度与河谷长度之比,河道分叉系数是每个平均河曲波长中河道沙坝的数目。河流类型中平直河、网状河比较少见,主要是曲流河、辫状河两种。

表1-3-2 河流相分类(据 Miall,1977)

弯　　度	单河道(河道分叉系数≤1)	多河道(河道分叉系数≤1)
低弯道(弯度指数≤1)	平直河	辫状河
高弯道(弯度指数>1.5)	曲流河(蛇曲河)	网状河

曲流河(蛇曲河):高弯度单河道类型。特点是河道比较固定,弯曲度大,宽深比低,坡降较小,流量稳定,水流侧向迁移明显,凹岸侵蚀,形成深潭,凸岸沉积,发育浅滩地貌。这类河流主要出现在河流下游。

辫状河(游荡性河):低弯度多河道类型。特点是河道不固定,具有分叉聚合现象,总体比较平直,宽深比高,坡降较大,地貌上发育众多河道沙坝,河道迁移快,河道沙坝位置不固定。这类河流出现在河流上游及冲积扇上。

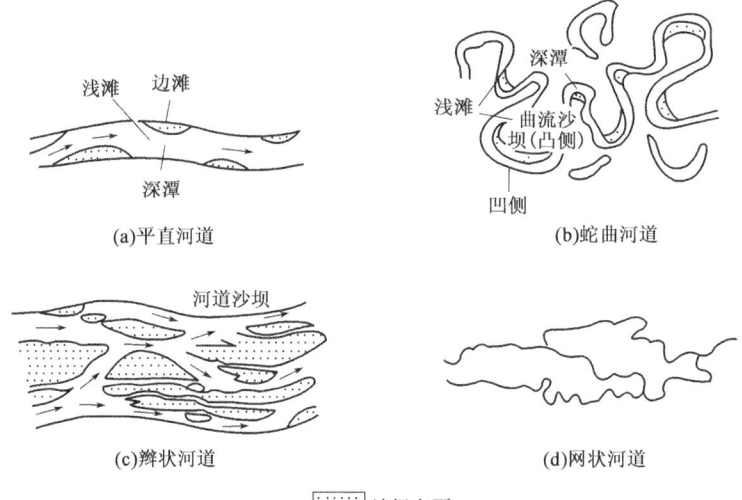

图1-3-3 河流类型示意图(据Miall,1977)

不同河流类型的沉积条件和沉积作用变化很大,河流地貌与沉积物分布也有很大差异。曲流河、辫状河是最常见和最重要的河流类型,沉积相划分详细,总结出了典型的沉积相模式(于兴河,2002)。因此本节主要介绍这两种河流相,其他可参见朱筱敏主编的《沉积岩石学(第四版)》(石油工业出版社,2008)。

2. 曲流河相

曲流河在地貌上由河道、堤岸、河漫滩、牛轭湖四部分组成,各种地貌单元中都有相应的沉积物堆积,据此划分出四个亚相并进一步分出各种微相(图1-3-4)。

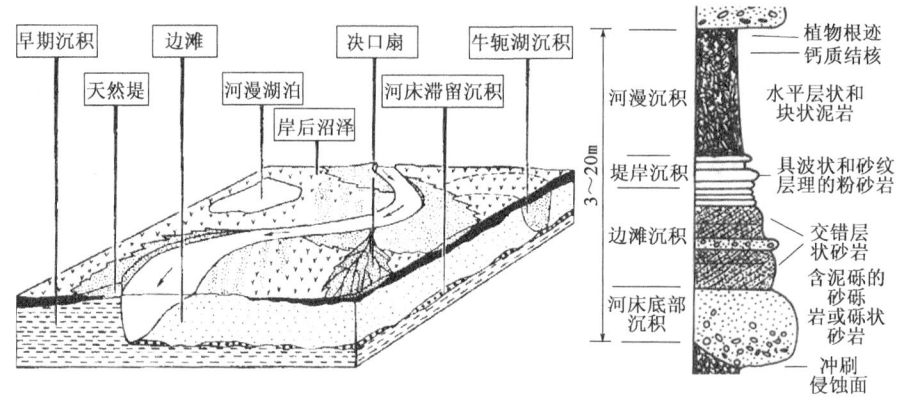

图1-3-4 曲流河相沉积模式及垂向沉积层序图(据Allen,1964)

彩图1-3-4 曲流河实景图

1)河床亚相

(1)河床滞留微相

从上游搬运来的以及就地侵蚀的碎屑物质,细粒的被冲走,最粗粒的部分留在河道底部冲刷面上成为河床滞留沉积。河床滞留沉积对应的沉积物以砾石为主,成分复杂。砾石呈叠瓦状排列,厚度不大,常呈透镜体状。

(2) 边滩微相

边滩是曲流河所特有的,是河流侧向侵蚀和迁移过程中在河弯内侧形成的侧向加积的宽阔浅滩,也称为曲流沙坝或点沙坝(point bar)。边滩沉积对应的沉积物以砂为主,粒度大小取决于河流的水动力条件,同一边滩沉积物中粒度下粗上细。边滩沉积对应的沉积物成分复杂,以岩屑砂岩和长石砂岩为主。层理以大型交错层理为主,板状交错层理尤其发育。边滩沉积砂体几何形态呈板状,厚度自小于一米到三十米左右,宽度可由几十米到几十千米。

2) 堤岸亚相

发育于曲流河中,可分为天然堤和决口扇两个沉积微相(图1-3-4)。

(1) 天然堤微相

天然堤是分布于河床两岸平行河床堆积的沙堤(图1-3-4)。它高于河床,分隔河床与河漫滩,是在洪水期河水漫越河岸时所携带的沉积物堆积而成。单一的现代天然堤在产状上像弯曲的豆荚,断面呈三角形,靠近河床厚度最大,向河漫平原变薄。但在古代沉积中,天然堤因不断侧向迁移的缘故,呈面状分布。沉积物主要为粉砂和泥,常呈薄互层,沉积物粒度比边滩的细,比河漫滩的粗,层理以小型交错层理为主。

(2) 决口扇微相

洪水冲决天然堤使部分水流由决口流向河漫滩,泥、砂物质在决口处向外的斜坡上形成扇形沉积体,称为决口扇。它与天然堤共生,在剖面上呈透镜体,厚度可自十几厘米到几米。沉积物粒度比天然堤沉积粗,主要为细砂和粉砂,层理主要为沙纹层理,局部有中型交错层理,常见冲刷—充填构造,并含有植物化石。

3) 河漫亚相(泛滥盆地)

河漫亚相发育于平原河流,位于天然堤外侧。由于地势低洼平坦,洪水泛滥期流水漫溢天然堤,大量悬浮物质在这里沉积。它是洪水泛滥期的沉积产物,故又称泛滥盆地沉积。河漫亚相沉积类型简单,主要是粉砂岩和黏土岩,具波状层理和水平层理。分布面积广泛,其中包括以发育洪泛席状砂为特征河漫滩、以泥质沉积为主的河漫湖泊以及以形成煤炭沉积为特色的河漫沼泽等沉积微相。

4) 牛轭湖(废弃河道)亚相

由于河流的衰老或曲流河的截直作用而形成的废弃河道,因状似牛角而称牛轭湖。其中沉积有侧向加积的砂质物以及垂向加积的粉砂和泥质,有时富含有机质,还可有淡水动物。一般不显层理,有时有沙纹层理及水平层理。

5) 垂向沉积层序

由曲流河的侧向迁移所形成的垂向剖面具有粒度向上变细的层序。下部为河道沉积,也称河流底层沉积或河流下部旋回沉积,包括河床滞留沉积和边滩沉积;上部旋回为堤泛沉积,也称河流顶层沉积或河流上部旋回沉积,由堤岸、决口扇、河漫滩沉积等组成。两者构成曲流河沉积的、下粗上细的、典型的"二元结构"(图1-3-4)。

3. 辫状河相

辫状河多发育于山区,具有多河道、河床坡降大、宽而浅、侧向迁移迅速等特点。按河流的微地貌特征,Walker(1982)提出了辫状河沉积的立体模型(图1-3-5)。发育的心滩(或称为河道砂坝)是辫状河最突出的特征,其边滩不发育,成为与曲流河环境的重要区别。

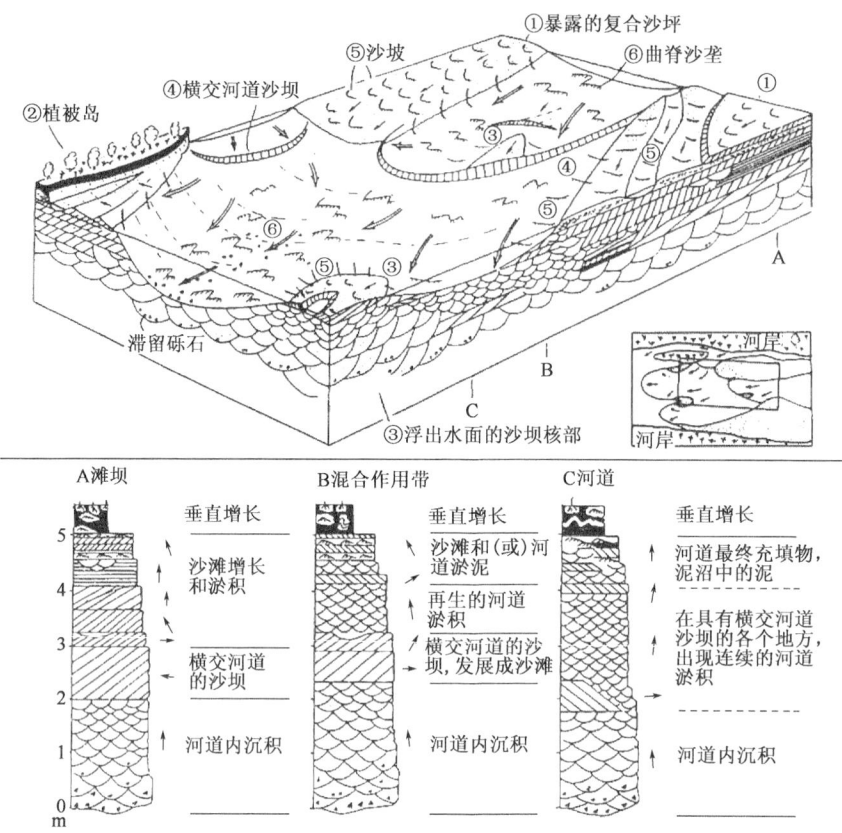

图1-3-5 辫状河相沉积模式及垂向沉积层序图(据Walker,1982)

彩图1-3-5 辫状河实景图

辫状河的显著特点之一是发育一系列河道沙坝,称为心滩。心滩沉积物一般为砾石和粗砂,有时夹细砂和粉砂层,层理类型多样,以发育大型交错层理为特征。河床底部冲刷构造发育,常见流槽和凹坑,发育砂砾沉积物为主组成的河床滞留沉积。

心滩的上游侧较陡,沉积物较粗,并遭受侵蚀作用,而下游侧较平缓,主要发生沉积作用。上游侧的不断侵蚀和下游侧的不断沉积,导致了心滩不断向下游迁移。由于沉积物的快速堆积,心滩在低水位时期出露水面,并有植被的生长和发育,形成了相对固定的河心冲积岛,或称为江心洲。

心滩沉积物一般粒度较粗,成分复杂,成熟度低。对称的螺旋形横向环流也导致心滩发生侧向加积作用,形成的沙垄、沙波等各种底形经过不断迁移,可形成各种类型的交错层理,如巨型或大型槽状、板状交错层理,在低水位时期也发生细粒物质的垂向加积作用。

辫状河中常发育不同类型的河道砂坝,根据其地貌形态、大小及与河岸的关系,划分出以下四种类型:纵向沙坝、横向沙坝、斜向沙坝和江心洲。不同类型的沙坝具有不同的沉积作用过程和沉积特征(图1-3-5,表1-3-3)。与曲流河相比,辫状河在垂向层序上有以下特点:

①河流二元结构的底层沉积发育良好,厚度较大,而顶层沉积不发育或厚度较小(图1-3-5)。辫状河由于河道迁移迅速,稳定性差,天然堤、决口扇、泛滥平原沉积不发育,一般不形成牛轭湖,这是辫状河与曲流河沉积的重要区别之一。

表 1-3-3 辫状河砂坝类型和沉积特征

沙坝类型	形态特征	主要岩性及沉积构造
纵向沙坝	底平顶凸的外部形态,长轴方向平行于河道延伸方向和水流方向	砂砾级沉积物,高角度下切型板状交错层理,上部可见平行层理
横向沙坝	底平顶凸的外部形态,长轴方向垂直于河道延伸方向	砂砾级沉积物,下切型板状交错层理,上部发育槽状交错层理
斜向沙坝	底凹顶平的透镜形或楔形,长轴方向与河道延伸方向和主流线流向斜交	砂砾级沉积物,单组或多组低角度大型板状交错层理和块状层理,上部发育槽状交错层理
江心洲	底平顶凸的外部形态,多呈菱形,长轴方向平行于水流方向。一般由早期的纵向砂坝或斜向砂坝演化而来	下部多为沙坝的残余物,具有单组或多组低—高角度下切型板状交错层理,中上部主要为槽状交错层理,局部可见平行层理;顶部为洪泛细粒沉积物,可见小型槽状交错层理和水平层理,有植物和生物扰动构造

②底层沉积的粒度粗,沙砾岩发育。

③由河道迁移形成的各种层理类型发育,如块状或不明显的水平层理、巨型槽状交错层理、单组大型板状交错层理等。

(三) 曲流河三角洲相

三角洲相的类型很多,这里主要介绍曲流河三角洲相。根据沉积环境和沉积特征,可将曲流河三角洲相分为三角洲平原、三角洲前缘和前三角洲三个亚相。下面简要介绍典型的河控曲流河三角洲的沉积亚相与微相特征(图 1-3-6)。

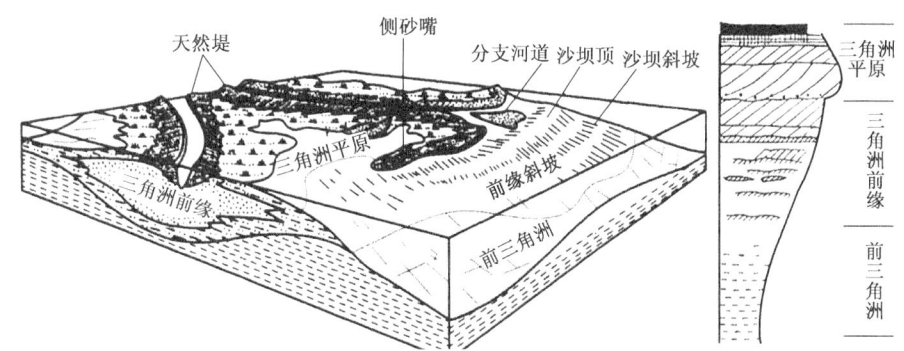

图 1-3-6 曲流河三角洲相沉积模式及垂向沉积层序图(据朱筱敏等,2008)

1. 三角洲平原亚相——顶积层沉积

三角洲平原亚相是三角洲沉积的陆上部分,从河流大量分叉位置一直到海平面附近,是与河流有关的沉积体系在海滨区的延伸。分流河道和沼泽沉积构成该亚相的主体,形成砂质沉积与泥炭共生的重要特征。

三角洲平原亚相包括分流河道、天然堤、决口扇、沼泽、湖泊等微相。

彩图1-3-6 密西西比河三角洲实景图

1) 分流河道微相

分流河道微相的沉积特征与河流体系的河床沉积基本相同,是三角洲平原亚相沉积的骨架。分流河道微相以砂质沉积为主,粒度比邻近的微相粗,分选差;垂向上具间断性正韵律,河道废弃时,上部突变为河道充填的黏土沉积;具板状、槽状交错层理、不对称波痕及冲刷—充填构造,最底部有时可见植物化石碎片,横剖面呈透镜状,因沿河床呈长条状,故又称河道沙坝。

2) 天然堤微相

天然堤微相位于分流河道两侧,以细砂、粉砂沉积为主,远离河床则沉积变细,泥质增多,具波状层理、流水波痕及变形层理等,可见铁质结核和碳酸盐结核;植物碎片少见。

3) 决口扇微相

洪水漫溢河床冲破天然堤,形成决口扇。决口扇沉积主要为细砂岩和粉砂岩,粒度比河床相细,比天然堤相粗;具小型交错、波状及水平层理和冲刷—充填构造;岩体呈舌状,向河漫方向减薄。

4) 沼泽微相

沼泽微相位于三角洲陆上分流河道间的低洼地区,有时可占陆上三角洲平原沉积面积的90%,沉积物主要为深色有机质黏土、泥炭、褐煤,夹有洪水成因的纹层状粉砂。沼泽微相中有时可见昆虫、藻类、介形虫、腹足类等化石。

5) 湖泊微相

三角洲平原上的湖泊面积小、水体浅,其沉积主要为纹层极发育的暗色有机黏土物质夹泥砂透镜体,可见不形成结核的黄铁矿、菱铁矿及原地生长的软体动物贝壳,虫孔发育。

2. 三角洲前缘亚相——前积层沉积

三角洲前缘亚相位于三角洲平原外侧的向海方向,具有一定的坡度,沉积作用活跃,是三角洲沉积的主体。它以细砂、粉砂沉积为主,砂质纯净,含量高(可达75%),分选好、分布广、厚度大。

三角洲前缘亚相一般可进一步分为水下分流河道、分流河口沙坝、远沙坝、前缘席状砂、分流间湾等微相。

1) 水下分流河道微相

水下分流河道为陆上分流河道的水下延伸部分,沉积物以砂为主,泥质很少,常发育多种交错层理、波状层理、变形层理及冲刷—充填构造等,一般具有向上变细的垂向沉积序列,可含有水生生物化石。

2) 分流河口沙坝微相

分流河口沙坝位于陆上分流河道和水下分流河道的河口处,海水的冲刷、淘洗将泥质沉积物带走,由分选好的纯净细砂和粉砂堆积而成,板状和槽状交错层理发育,具水流波痕和浪成摆动波痕,化石稀少。其顶部或者被分流河道砂体切割,或者被三角洲平原亚相泥质和碳质沉积物覆盖;在水侵背景下,也可能被前三角洲泥岩或水侵泥岩覆盖。底部通常与下伏远沙坝微相逐渐过渡。

3) 远沙坝微相

远沙坝位于河口沙坝前方较远部位。其沉积物以粉砂为主,有少量黏土和细砂;具中小型交错层理、包卷层理、水流波痕、浪成波痕、冲刷—充填构造等。该微相位于河口沙坝之下,前三角洲泥质沉积之上,与河口沙坝一起构成河口坝+远沙坝进积复合体,从而形成连续向上变浅、变粗的垂向沉积序列(图1-3-6)。这是与发育向上变细垂向序列为特征的河流相沉积的重要区别。

4）前缘席状砂微相

前缘席状砂是指广泛分布于三角洲前缘的席状或带状砂体，它是在海洋（湖泊）作用较强的河口区，河口沙坝砂受波浪、岸流淘洗和簸选，并发生侧向迁移而形成。席状砂的砂质纯，分选好；砂体向岸方向加厚，向海方向减薄；沉积构造同河口沙坝，中小型交错层理发育，化石少。

5）分流间湾微相

水下分流河道之间、与海（湖）连通的、相对低洼的海（湖）湾地区，沉积物以黏土质为主，含少量粉砂和细砂夹层或薄透镜体，当三角洲向前推进时，在分流河道间形成的一系列尖端指向陆地的楔形泥质沉积体，又称泥楔。具水平层理、透镜状层理、浪成波痕、虫孔及生物扰动构造。

3. 前三角洲亚相——底积层沉积

前三角洲亚相位于三角洲前缘亚相的向海一侧，相当于三角洲的底积层。其沉积物大部沉积于浪基面以下，主要由暗色黏土和粉砂质黏土组成，含少量细砂，有机质丰富，可见海绿石等自生矿物；水平层理和韵律层理发育，偶见交错层理和流水波痕；含正常的海（湖）相化石，水平虫孔出现于一定层位。

前三角洲亚相向外过渡为滨外陆棚沉积（或半深湖、深湖沉积）。

四、沉积相分析

沉积相分析是利用各种资料分析沉积岩的形成作用和形成过程，并解释和重塑古沉积环境，以了解沉积岩及其性质的空间分布规律，从而为油气勘探开发服务。在勘探阶段，沉积相的研究主要针对大相和亚相，而在油田开发阶段，即在开发井网完成后，沉积相研究必须落实到沉积微相（欧成华等，1998，1999，2010）。沉积微相对于油田开发具有重大的意义，它决定着储集砂体与渗流屏障的宏观分布，同时控制着储集砂体内流体的渗流差异。因此，在油田开发阶段，沉积微相研究是一项不可缺少的地质研究工作。

沉积微相研究所应用的资料主要包括区域沉积背景资料、岩心资料、测井资料和地震资料等（吴元燕等，2005；欧成华等，1998，1999，2010）。

（一）岩心相分析

岩心相分析是确定沉积微相类型最重要的方法。岩心是沉积相研究乃至整个油藏地质研究的第一性资料，岩心相分析则是沉积相研究最重要的基础。

1. 相标志类型及特征

通过岩心相分析可以提取并获得各类相标志，如岩石颜色、岩石类型、碎屑颗粒结构、沉积构造、沉积韵律及单砂体厚度等。

1）岩石颜色

泥岩和页岩的颜色是恢复古沉积环境水介质氧化还原程度的地化指标。一般情况下，红色、棕红色代表氧化环境，绿色代表弱氧化环境，浅灰、灰色代表弱还原环境，灰黑色、黑色代表还原环境。在应用颜色恢复古沉积水介质氧化还原程度时，要注意成岩作用对原始颜色的改造。

2) 岩石类型

岩石类型反映沉积体形成过程中的水动力条件,如砾岩、砂岩、粉砂岩、粉砂质泥岩、泥岩是反映古水动力能量由强至弱的沉积产物。不同沉积微相的水动力条件不同,因而具有不同的岩石相组合,如对于河流相而言,河道岩性较粗,多为砂岩,底部含砾,而溢岸岩性相对较细,以粉砂岩为主。在正常湖相中,大套深灰、灰黑色泥岩指示较深水环境;煤岩、碳质泥岩则指示沼泽环境等。

3) 碎屑颗粒结构

碎屑颗粒的粒度、结构成熟度、颗粒定向性、支撑结构等均具有一定指相意义。

(1) 粒度特征

沉积岩的粒度特征与搬运介质、搬运方式以及沉积水动力强度有关,是判别沉积环境以及水动力条件的良好标志。根据砂岩粒度分析结果,通过计算可获得平均粒径和粒度中值、分选系数和标准偏差、偏度、峰度等粒度参数,粒度参数散点图、粒度概率累积曲线图、粒度 CM 图,萨胡粒度判别函数、

粒度特征资料是鉴别沉积相的重要相标志之一,其中常用的是粒度概率曲线和 CM 图。粒度概率曲线是用来表示各种粒度碎屑含量及搬运方式的图解。一般在曲线中表现 3 个总体,分别代表样品中的悬浮搬运组分、跳跃搬运组分和滚动搬运组分。利用 3 种组分在图上的分布、斜率等特点,解释碎屑沉积物的成因。CM 图是应用若干样品粒度概率曲线中 1% 处对应的粒径(即 C 值)和 50% 处对应的粒径(即 M 值)所编制的粒度统计图。

(2) 结构成熟度

结构成熟度是指碎屑物质在风化、搬运和沉积作用改造下接近终极结构特征的程度,其主要标志是杂基含量、分选性和磨圆度。结构成熟度的高低表示碎屑物质受淘洗及分选作用的强弱,与沉积相有一定的关系。如滩坝沉积一般结构成熟度很高,冲积扇和浊积扇的结构成熟度很低,河流、三角洲的结构成熟度中等。

(3) 颗粒定向性

砾石的沉积优选组构及长形颗粒的定向排列具有一定的指相意义及水流方向的指示作用。各种环境的砾石方位有所差异,如冰碛砾石长轴平行流向,高角度向源呈叠瓦状(20°～40°);陡坡河流砾石长轴平行流向,中角度向源呈叠瓦状(15°～30°);缓坡河流砾石长轴垂直于流向,中角度向源呈叠瓦状(15°～30°);滨海砾石长轴平行岸线,与波浪传播方向垂直,低角度向海呈叠瓦状(<15°)。

(4) 支撑结构

颗粒支撑结构是指基质(或杂基)少于 10% 或 15% 时的岩石结构,一般指示牵引流沉积机制产物,如滩坝、河流、三角洲砂岩等;杂基支撑结构是指基质(或杂基)大于 10% 或 15% 时的岩石结构,当这种结构与岩石中的"漂砾"(如含砾泥岩)和长形砾石直交、斜交层面等现象共生时,是沉积物重力流机制的良好标志。

4) 沉积构造

碎屑岩中的物理成因构造具有良好的指相性,其次是生物成因构造。物理成因构造包括各种层理、层面构造及同生变形构造;生物成因构造包括生物扰动构造及痕迹化石等。

沉积构造特征和结构特征(岩石类型)结合起来,可称为"能量单元",亦可称为岩石相,如平行层理砂岩相、槽状交错层理砂岩相、波状层理粉砂岩相。Miall(1985,1996)则直接称其为

岩相(lithofacies),并用代号表示不同的岩相类型。在不同的沉积相或微相中,具有一定的岩相或岩相组合。

5)沉积韵律

沉积韵律为粒度和沉积构造规模的垂向变化,反映沉积体形成过程中水动力条件的垂向变化。如对于三角洲前缘,分流河道一般具有正韵律,反映水动力条件向上减弱;而河口坝一般具有反韵律,反映水动力条件向上增强(与向湖或向海推进有关)。沉积韵律可分为正韵律、反韵律、复合韵律、相对均质韵律等。

6)单砂体厚度

在一个亚相范围内,不同的微相一般具有不同的厚度范围,因而也可作为微相标志。如对于河流相而言,河道砂体较厚,而溢岸砂体较薄。除上述相标志外,应用岩心资料尚可取得具有一定指相意义的古生物标志和地化标志,但这些标志仅用于鉴别一级、二级相,即用于划分海相、陆相或过渡相,这属于盆地分析及小比例尺岩相古地理研究的范畴,而在沉积微相研究中意义不大,仅起参考作用。

2. 相标志提取方法

1)岩心观察和描述

(1)岩石学描述

①颜色、岩性、粒度、含油气产状;

②碎屑矿物成分的定性估计,着重描述特殊矿物及岩屑;

③胶结程度的定性估计,着重描述特殊胶结物;

④含有砾石时,砾石的成分、大小、圆球度;

⑤特殊岩层、碳酸盐岩、蒸发岩、火山岩等。

(2)沉积学描述

①岩层层面的接触关系、层理类型及规模;

②层面构造,如干裂、雨痕、沟模、槽模等,以及其他原生沉积构造;

③砾石(首先区别是外生砾石还是内生砾石)的形状、砾石产状与层理,砾石排列的倾斜方向以及砾石的支撑机理等;

④古生物类型、个体大小、丰富程度、保存完好程度、纵向上的演化及平面上的变化;

⑤生物扰动构造、遗迹化石等;

⑥其他含有物,如结核、鲕粒、炭化植物碎屑等;

⑦古土壤的颜色,铁、锰结核,植物根系,有机质丰富程度,黏土化程度等;

⑧特殊岩层产状,厚度与碎屑岩接触关系。

2)实验室分析化验

各种单项指标的相分析是微相分析的重要组成部分,应根据需要和条件贯穿于整个相柱子分析过程中,常用的单项指标有以下几种:

①粒度分析:包括各种粒度参数交绘图和判别公式,概率分布图,CM图等。

②微量元素分析:各种元素绝对值比值和经验公式,用以判别水介质盐度和地化条件等。

③孢粉古气候分析:优势植物属种结合蒸发盐类矿物、泥岩地化指标是判别古气候条件及演变的常用手段。

3. 微相模式研究

微相是指在沉积亚相带内具有独特的岩性、岩石结构和构造、厚度、韵律性等沉积特征及一定的平面分布配置规律的最小沉积单元。如曲流河环境沉积的砂体,应进一步细分为点坝、决口扇、天然堤、串沟和废弃河道等微相,但不同沉积微相的储层特性完全不同。

1) 划分岩石相

划分岩石相时要注意以下内容:

①在岩心观察和实验分析的基础上首先进行岩石相分类;

②划分岩石相不仅要区分岩石类型,而且要反映沉积时水动力地化及生物作用条件,所划分的岩石相尽可能与能量单元(energy units)统一起来;

③对各种岩石相或能量单元作出沉积环境意义上的解释。

2) 垂向层序分析

岩石相垂向层序分析是沉积相分析的重要依据。一定的微相有一定的垂向层序,但一种垂向层序可能有几种微环境成因,所以垂向层序是很重要的相标志,但不是绝对标志,需要结合其他相标志综合判断。

垂向层序,是自下而上岩石的组合序列表示,以最基本的沉积旋回为单元进行组合,可用马尔柯夫链进行统计。垂向层序又是层内非均质性的决定性因素,也可以说确定各种微相砂体的典型垂向层序是储层描述中必不可少的内容。

垂向层序的分类和描述要满足微相解释的要求,并对每类垂向层序要作出沉积微相的判别,且对其沉积过程作出分析和解释。

每类垂向层序应选择具有代表性的取心井段分别作出微相柱状图(图1-3-7),除沉积微相描述外,还应包括储层物性及典型测井曲线。

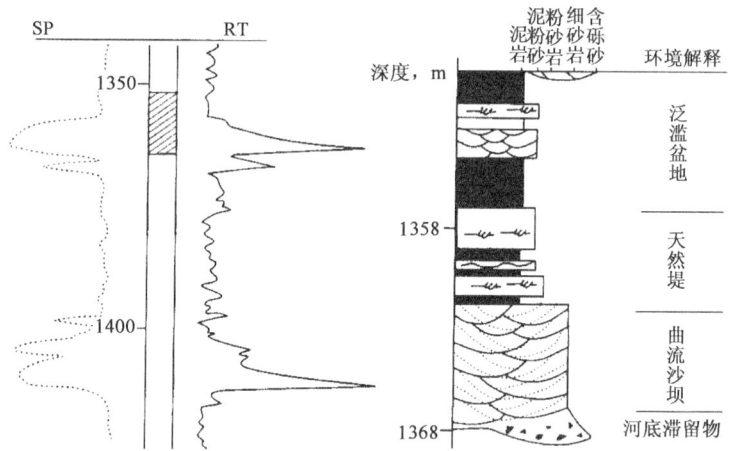

图1-3-7 港212井明化镇组沉积剖面图(据张幸福等,2001)

3) 沉积旋回分析

沉积旋回分析的目的是要研究垂向上的微相演化,进一步确认亚相(大相),并从相组合上检验微相,应用相标志对全剖面进行综合分析。

沉积旋回分析应从小到大、从大到小反复进行,从各级旋回的岩石相组合和演化规律上相互检验相分析的合理性。沉积旋回界线应是确定性的时间界线。岩心单井划分沉积旋回有待全区平面上对比后修正确认。

4）建立岩心剖面标准微相柱状图

在综合上述微相分析工作基础上，编制本油田含油气层系的全剖面微相柱状图，内容格式如图 1-3-8 所示。

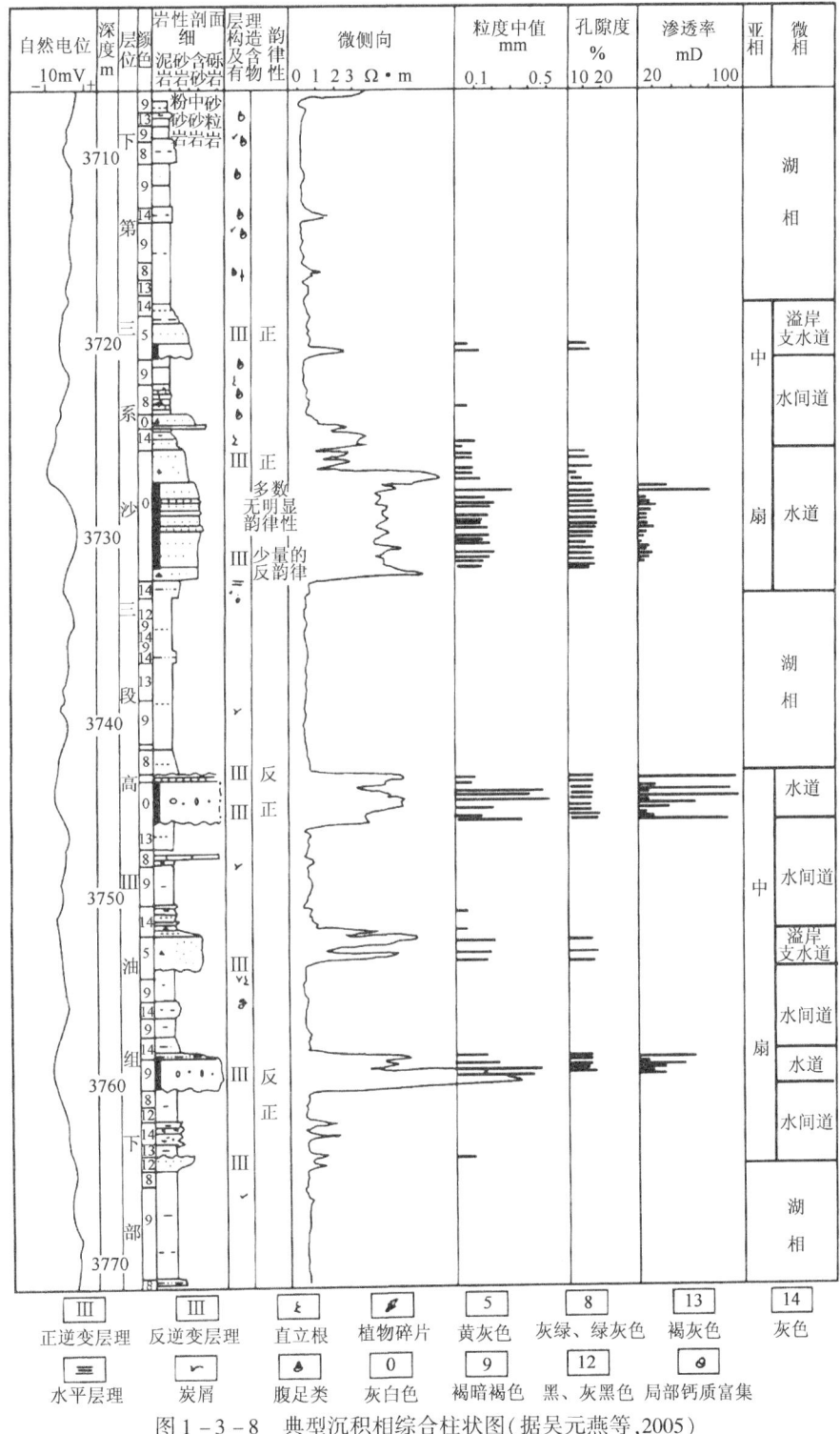

图 1-3-8　典型沉积相综合柱状图（据吴元燕等，2005）

(二) 测井相分析

由于油田取心井较少,往往难以直接应用岩心资料进行沉积微相划分,必须充分应用测井信息。测井相分析就是利用各种测井响应技术来识别微相,这是划分油层沉积微相必不可少的手段。

测井相分析的基本原理就是从一组能反映地层特征的测井响应中,提取测井曲线的变化特征,包括幅度特征、形态特征等,以及其他测井解释结论(如沉积构造、古水流方向等),将地层剖面划分为有限个测井相,用岩心分析等资料对这些测井相进行刻度,用数学方法及知识推理确定各个测井相到沉积相的映射转换关系,最终达到利用测井资料来描述、研究沉积相的目的。

1. 测井组合及其地质解释

目前,用于测井相分析的曲线有三电阻率、三孔隙度系列,自然电位、自然伽马、井径、地层倾角测井、能谱测井、地化测井和微电阻率成像测井等,特殊测井信息只能在少数井中应用。不同的测井曲线对岩石特征具有不同的灵敏度。

1) 岩石组分的解释

岩石矿物组分可以由能谱测井、地化测井取得,也可用孔隙度测井交绘图来判断。

2) 沉积结构的解释

自然伽马、自然电位、电阻率曲线均可以反映以下特征。

粒序变化和韵律特征:向上变细、向上变粗、均匀变化等。

层间接触关系:冲刷、突变、渐变等。

旋回性:正旋回、反旋回、复合旋回等。

岩性比:砂泥比、砂地比、净毛比等。

砂岩密度(砂岩总厚度比地层厚度),加积方式,近积、退积、垂向加积等。

3) 沉积构造的解释

识别沉积构造的测井主要有高分辨率地层倾角测井(SHDT)和微电阻率扫描测井(FMS)。其中 SHDT 测井资料可以了解层面连续性、成层性、完整性及上下平行性等,FMS 图像识别双向交错层理、递变层理、虫孔、生物扰动构等。

2. 基于测井曲线形态及响应特征开展相分析

测井相分析的方法主要有两类,一类是根据测井曲线的形态特征进行相分析,另一类是根据测井曲线与岩性的关系(即测井响应特征)进行相分析。

1) 利用曲线形态进行相分析

测井曲线的形态可以定性地反映岩层的岩性、粒度和泥质含量的变化以及垂向序列,常用的测井曲线有自然电位、自然伽马、电阻率、地层倾角等。以下着重说明自然电位曲线的应用。

曲线形态特征在这里特指单层曲线形态,它可以反映粒度、分选及垂向变化,以及砂体沉积过程中水动力和物源供应的变化,有以下几种典型的曲线。

钟形曲线:反映正粒序结构或水进层序,是曲流河、点沙坝及河边沉积的曲线特征。

漏斗型曲线:反映反粒序结构或水退层序,代表岸外沙坝或三角洲前积砂体。

箱形曲线:反映沉积过程中物源供给和水动力条件稳定。

齿形曲线:反映沉积过程中能量的快速变化,它可以分为正齿形、反齿形及对称齿形,为辨状河、冲积扇和浊积扇所具有。

2) 根据测井曲线响应特征进行相分析

由于沉积微相不同,其沉积岩石的类型及组合等特征也存在差异。因此,利用上述形态特征与岩心相进行分析和对比,就可以划分沉积微相。图 1-3-9 为主要砂岩环境的自然电位和自然伽马的典型测井响应。

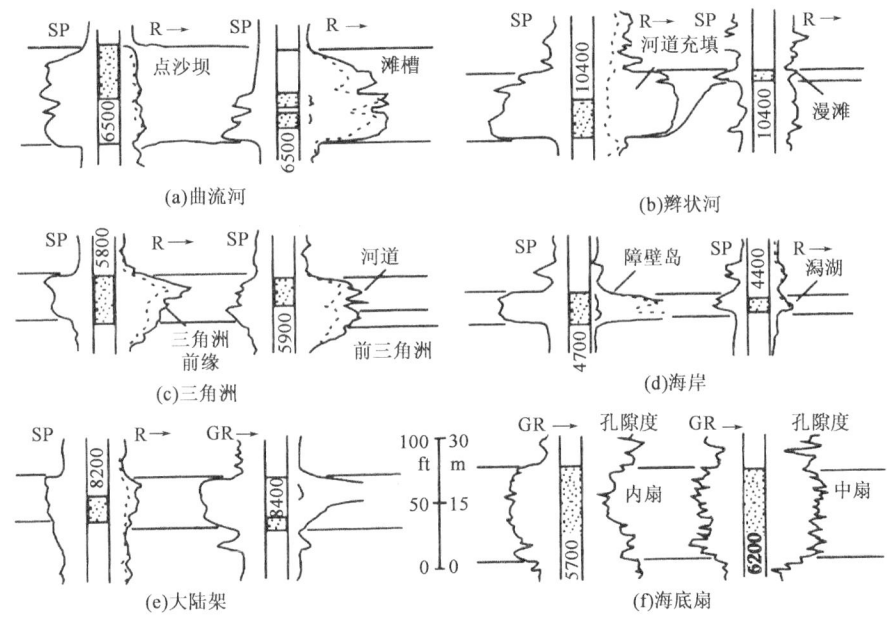

图 1-3-9 主要砂岩环境的自然电位和自然伽马的典型测井响应(据 R. R. Berg,1986)

3. 利用梯形图或星形图进行相分析

用岩性、结构、沉积构造及古生物等一组相标志可识别和确定沉积相,同样也可利用同一深度的一组测井参数来划分测井相,这样做的目的是为了提高解释的精度。梯形图或星形图正是在这种思想指导下发展起来的一种相分析方法。

首先选择好一组测井曲线(如自然电位、电阻率、自然伽马、声波、密度、中子等),并在目的层段进行分层。然后分别将测井参数数据标在放射状或平行状坐标上,再将各测井参数值的顶点连接起来,这就构成了一口井目的层的星形图、直方图和梯形图(图 1-3-10)。对所有的井进行同样处理,然后标在井位图上比较它们的形状,将具有相同或很相近的图形(各轴上数值相同或很相近)归为同一测井相,再将归纳出的测井相与相应的沉积相进行对比,用岩心资料对这些测井相进行标定。在一个地区应选择几口取心井进行上述分析,建立起区域性电相模式。

上述过程用人工的方法实现比较费时,可在计算机上用专门的程序对各种测井曲线进行预分层,并进行深度和环境校正,将原曲线改造为"方形"曲线,绘出各层的星形图与梯形图,最后对这些成果图进行分析归类。

4. 利用地层倾角测井进行相分析

高分辨率地层倾角测井资料可以提供沉积构造的信息。沉积构造包括沉积期的和同生期的构造,它有许多类型,如波浪、层理、泥裂、变形构造等,其中层理是极为重要的。在特定的沉

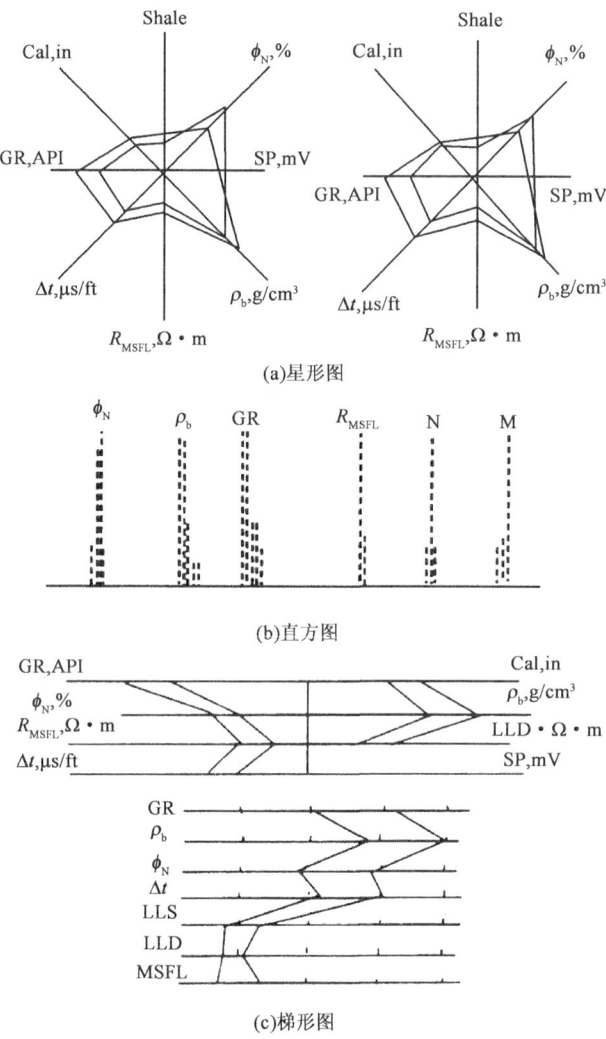

图 1-3-10　表示测井相的星形图、直方图和梯形图
(据 Schumberger,1979;Oberto Serra,1980)

积环境下能产生水流层理的倾角随深度变化的特征模式,而在地层倾角图上则可观察到这种模式,于是便可用来识别沉积环境。如大部分沙坝的上部地层倾角大,而在其底部地层倾角变缓。

地层倾角资料能够反映出主要层理的类型(图 1-3-11)。其特征为:水平层理倾角近于 0°,倾向不定,倾角稍大可为绿色模式;波状层理倾角在 10°以内不定,倾向也不定;直线斜层理或板状层理为多组绿色或蓝色模式,倾角大;波状交错层理为红色或蓝色模式,倾角变化大;槽状交错层理倾角及倾向均变化大且杂乱。

地层倾角测井资料还可以提供古水流方向、沉积环境能量及砂体加厚或减薄方向等信息,利用上述信息可确定出各种沉积环境的倾角模型,根据这些倾角模型则可推断沉积环境。

随着数学和计算机技术的不断发展,目前正在发展应用计算机技术自动识别测井相的方法。测井相自动分析主要包括深度及环境校正、自动分层、主成分分析(优选主控测井参数)、

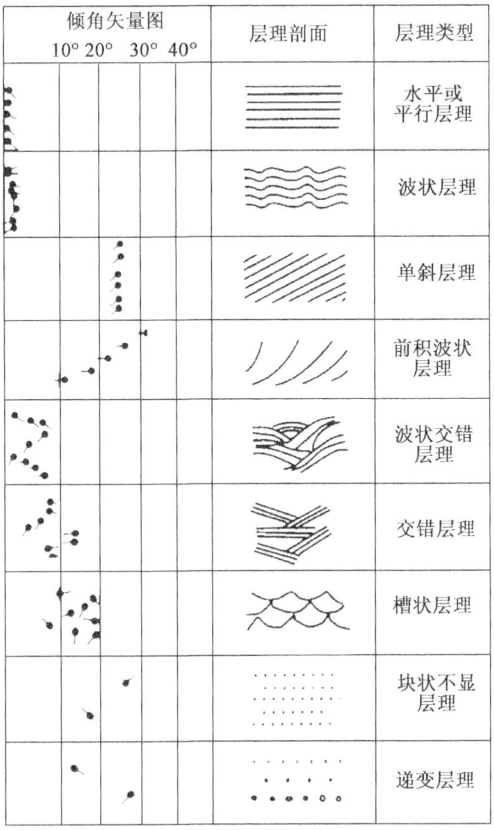

倾角矢量图 10° 20° 30° 40°	层理剖面	层理类型
	≡≡≡	水平或平行层理
	∽∽∽	波状层理
	∕∕∕	单斜层理
	⋰⋰	前积波状层理
		波状交错层理
		交错层理
		槽状层理
	⋯⋯	块状不显层理
	⋯⋯	递变层理

图1-3-11 各种层理的理想倾角模式图(据吴元燕等,2005)

聚类分析(测井相分类)、岩相—电相库及判别分析等几个部分。在此不再详述。

(三)地震相分析

地震相分析是以地震信息为主,综合地质、测井、分析化验等资料研究盆地中各种沉积体系的配置和空间展布,进而达到划分地震相的目的。

地震相是由特定的地震反射参数所限定的三维地震单元,它是地震层序的次级单元,这些单元往往是沉积相的地震响应。

在勘探阶段(包括油藏评价阶段),沉积相研究的地层单元大,多为组、段、油组,层段内包含多个同相轴。因此,可以应用地震相外形(席状、席状披盖、楔状、滩状、透镜状、丘状和充填型等)、反射结构(平行、亚平行、乱岗状、发散、前积、杂乱等)及定性或半定量的属性参数(反射连续性、振幅、频率等)进行相分析,研究大相和亚相的宏观变化趋势,并通过速度—岩性分析,研究砂岩百分含量分布。

而在开发阶段,主要以小层甚至单层研究为主,在地震剖面图上相当于或小于一个同相轴,属于地震相反射结构的内部单元。因此,难于应用地震相外形和反射结构的方法进行相分析,而往往是在标定的层段内进行波形结构、相干体和定量地震属性分析。

1.波形结构分析

地震波形结构是指每一地震道离散数据点按时间顺序排列所显示的波形特征。波形结构分析主要研究地震数据的结构,而不是研究地震数据的数值。应用神经网络技术,对地震数据体进行沿层波形分类,得到研究层段的波形类型分布图。通过井点沉积微相的标定,即可获得研究层段沉积微相的分布。

2. 相干体分析

地震相干性反映地震道纵向和横向上局部的波形相似性。通过三维相关属性体的提取,就可以把三维反射振幅数据体转换成三维相似系数或相关值的数据体。在出现断层、地层岩性突变、特殊地质体的小范围内,地震道之间的波形特征发生变化,进而导致局部的道与道之间相关性的突变。在排除构造因素影响的情况下,可充分应用相干体进行岩性空间变化的分析。

3. 定量属性分析

地震属性参数,如振幅、频率、速度等,与地层岩性有一定的关系。通过优选与砂体厚度相关性强的属性参数,建立属性参数(单属性或多属性)与砂体厚度的相关关系,确定砂体厚度分布,进而进行沉积相分析。如在河流相分析中,可通过振幅等参数确定砂体的厚度分布,继而圈定河道砂体的分布。

4. 测井约束反演

随着地震反演理论与技术的发展,反演后波阻抗(或层速度)剖面的可靠性和分辨能力越来越高,如果能够通过地震反演获得分辨率较高的反映层信息的波阻抗或速度剖面(数据体),通过标定后,则可直接拾取储层的顶、底界面反射时间,由时差和层速度求取储层厚度,继而通过厚度结合井点数据进行沉积微相分析。

应用地震数据进行微相分析,其优点是其横向分辨率高,这是其他资料所不能比拟的。但是,地震资料同时具有垂向分辨率低、多解性强的不足。如何提高分辨率并降低多解性是地震资料用于地质解释的关键。

(四)沉积微相综合研究及建模数据

沉积相研究是一项综合性很强的工作。综合性表现在两个方面:一是综合各种信息正确识别研究区微相类型,建立微相模式;二是在微相模式指导下,综合研究区各种资料,研究沉积相的时空展布,建立沉积微相模型。

1. 微相类型的确定

沉积微相类型的确定是沉积微相研究的第一步,也是十分重要的一个环节。在具体研究时,要充分注意以下两点。

1)了解区域沉积背景,落实大相及亚相

沉积微相属于大相和亚相之下的次级沉积单元,因此,识别微相必须在识别大相、亚相的前提下逐级进行。因为沉积相分析总是在一个油田范围内进行的,若脱离大相控制,直接进行微相分析容易发生"窜相"。必须首先清楚以下内容:该区的岩相古地理背景,即了解储层所处的地层层序;储层处在沉积盆地哪一个沉积体系,是何种沉积环境下的产物;在垂向剖面上所处的位置;沉积物源方向及古坡降,沉积水动力条件,水介质条件;古气候条件以及古生物发育情况。

2)建立微相模式

通过岩心观察描述,进行岩心相标志分析(岩石颜色、岩石类型及组合、碎屑结构、沉积构

造、沉积韵律、单砂体厚度、孔隙度、渗透率等),结合测井相分析,确定微相类型,并建立相应的微相模式,包括不同微相的空间组合模式,以及不同微相的测井相模式(曲线形态特征、梯形图或星形图模式等)。

在确定微相类型时,要充分考虑到微相级别的界定是相对的。如河流相中的河道(或河床),在大型曲流河中一般作为亚相,其内可进一步分为点坝、滞留沉积等微相;而在分叉型河流中,河道又常作为微相(与天然堤、决口扇并列),尽管河道内发育小型点坝。因此,在河流相储层的微相分析中,河道既作为亚相,又作为微相。这固然与河型有关,实际上还与测井曲线的分辨能力及井网密度有关。当难于对河道内部进一步细分时,可将其作为微相处理。

2. 微相展布分析及建模数据

在各井沉积相解释基础上,对微相的侧向(剖面及平面)展布进行综合研究。

1) 单井相解释

根据岩心相标志和测井相模式,对研究区内所有井进行单井相解释。在进行单井解释时,由于测井曲线的局限性,有时无法识别某些微相,可合并一些微相,如在单井解释时,难于区分天然堤和决口扇,可合并为溢岸。将单井相分析成果用后续的剖面相分析和平面相分析核准一致,就可以提取建立目标区内每口井、每段地层的微相分析成果表(表1-3-4),以用于后续的沉积微相建模。

表1-3-4 ××油田××区××井沉积微相分析数据表(格式)

井号	地层系统			分层数据			沉积相			
	油(气)层组	油(气)层	单油(气)层	顶面深度 m	底面深度 m	厚度 m	相	亚相	微相	微相代号

2) 剖面相分析

在单井相解释的基础上,分别沿物源方向和垂直物源方向进行连井相剖面分析,以了解井间的微相变化。

3) 平面相展布

以小层或单层为作图单元,研究沉积微相的平面分布。平面相分析一般要考虑以下几个方面:

①在标准井位图上标注每口井的微相编码或符号,尽量附上测井曲线;
②应用井点砂体厚度(如果可能,结合测井逐点解释的砂体厚度),进行初步的砂体厚度平面分布分析,以便为井间微相分析提供依据;
③在已进行地层波形结构和(或)相干体分析的情况下,综合井点资料进行沉积微相分析;
④以微相模式为指导,综合多井及地震信息,进行单井相—剖面相—平面相的互动分析,编制沉积微相平面分布图(图1-3-12);
⑤检验平面微相的地质合理性,研究平面微相分布与垂向微相演化的关系,通过不断完善,使微相展布符合沉积规律。

通过单井—剖面—平面相分析流程完成的小层沉积微相平面分布图,通常可以直接作为输入数据供沉积相建模使用。

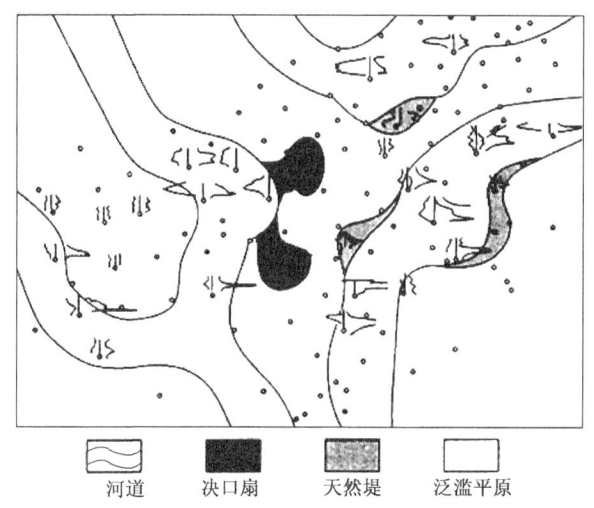

图 1-3-12　某区块沉积微相平面分布图(据吴元燕等,2005)

第四节　储层特征及建模数据

储层是油(气)储存与渗流的重要场所,不同岩性的油(气)储层均会表现出一定的孔隙性、渗透性和含油(气)性特征,通过对这些特征的分析可以提取得到储层属性参数建模所需的主要数据(欧成华等,1998,2001,2005)。

一、储层的岩性

如本章第一节所述储层的概念,储有天然气的储层称为天然气储层,简称气层;储有原油的储层称为原油储层,简称油层。由于天然气与原油物理性质不同,造成气层与油层许多属性不同,如气层的物性下限值一般低于油层,提高天然气与原油采收率的方法也具有显著差异。但按照构成储层的岩性划分,则两者基本相似,都可分为碎屑岩储层、碳酸盐岩储层、火山岩储层、变质岩储层、泥页岩储层、煤储层等。

(一)碎屑岩储层

碎屑岩是由于机械破碎的岩石残余物,经过搬运、沉积、压实、胶结,最后形成的新岩石。按碎屑颗粒大小可分为砾岩、砂岩、粉砂岩等。碎屑岩储层以砂岩为主,其次为砾岩等。碎屑岩储集空间按形态分为孔、缝、洞三大类,按孔隙的成因,分为原生孔隙和次生孔隙两大类。碎屑岩储集空间以粒间孔隙为主(包括原生粒间孔隙和次生粒间孔隙),其他类型的孔隙相对较少。常见的碎屑岩储集空间如图 1-4-1 所示。碎屑岩储层的差异性、非均质性受成岩作用和沉积环境影响较大。

(二)碳酸盐岩储层

碳酸盐岩储层包括石灰岩、白云岩、白云质灰岩、灰质白云岩、生物碎屑灰岩和鲕粒灰岩等。碳酸盐岩储层目前占全世界油气总产量的 60%。这类储层储量大、单井产量高;与砂岩储层相比,碳酸盐岩储层储集空间类型多、次生变化大,具有更大的复杂性和多样性(图 1-4-2)。其储集空间通常可分为孔隙、裂缝、溶洞三类,根据储集空间可将碳酸盐储层划分为孔隙型储层、裂缝型储层、溶洞型储层及复合型储层(欧成华等,2016)。

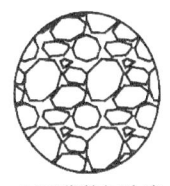   

(a)正常粒间孔隙　　(b)残余粒间孔隙　　(c)粒内孔隙和矿物解理缝　　(d)杂基内微孔隙

图 1-4-1　常见的碎屑岩储集空间(据国景星等,2008)

 超大粒间孔隙　　 生物钻孔孔隙　　 粒间孔隙

 遮蔽孔隙　　 鸟眼孔隙　　 角砾状孔隙或裂缝

 粒内孔隙　　 晶间孔隙　　 溶洞

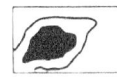 体腔孔隙　　 粒内溶孔　　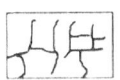 裂缝

 生物骨架孔隙　　 溶模孔隙　　 溶缝

图 1-4-2　碳酸盐岩孔隙类型示意图(据张万选等,1981)
黑影部分代表孔隙

(三)火山岩储层

火山岩储层主要是指岩浆侵入岩和火山喷发岩形成的储层,常见的有玄武岩、安山岩、粗面岩、流纹岩。此外,还有火山碎屑岩(包括各种成分的集块岩、火山角砾岩、凝灰岩)。由于后者的成因及分布均与火山喷发岩密切相关,故从油气勘探的角度往往把火山喷发岩和火山碎屑岩形成的储层统称为火山岩储层。火山岩储层的储集空间具有孔隙多样,几何形态各异,孔、洞、缝交织在一起,空间结构复杂,孔隙分布不均、连通性差,裂缝起改善储集物性的重要作用等特点。

(四)变质岩储层

变质岩储层是指由变质岩类构成,并由其中的表生风化或构造破裂形成的裂缝作为主要的储集空间和渗流通道的一类储集体。变质岩储层的储集空间仍为孔隙和裂缝—孔隙、裂缝为主,故这类储层多发育在不整合带,常常位于盆地边缘斜坡以及盆地内古地形突起上,古地形位置较高,风化作用强烈,而叠加的构造作用则导致发育的裂隙不断地重复加强,形成具有一定方向性和连通性的裂隙密集带,提供了油气储集的良好场所。

(五)泥页岩储层

泥页岩储层是指以泥岩、页岩或砂质泥岩为主的储层。过去认为泥页岩只能作为致密盖层,但国内外勘探实践表明,在沉积盆地中的泥页岩中也存在油气藏,如页岩气、页岩油等(欧成华等,2016,2017)。根据成因,泥页岩储层的储集空间划分为孔和缝两大类。孔隙主要发育在泥页岩中的有机质中,或粉砂岩条带及黏土中,而裂缝主要发育在钙质泥岩、钙质油页岩中。按照储集空间类型,可将泥页岩储层划分为三类,即裂缝型、孔隙型和孔—缝复合型。

(六)煤储层

按照热演化程度的不同通常把煤岩划分为低成熟阶段(泥炭—褐煤,镜质组反射率$R_o<0.5\%$)、中成熟阶段(长焰煤—瘦煤,$0.5\% \leqslant R_o<2.0\%$)和高成熟阶段(贫煤—无烟煤,$R_o \geqslant 2.0\%$),这三个阶段的煤岩均会生成天然气,这些天然气经煤层富集形成煤层气藏。一般来说,现在还没有规模煤层油的发现报道,因此,煤层一般只能做天然气的储层。煤储层的储集空间由煤基质孔隙和天然裂隙系统两部分组成,具有典型的双重介质储层特点(欧成华等,2003,2011)。煤基质孔隙是煤层气呈吸附态赋存的主要空间,天然裂隙系统则是煤层气渗流运移的主要通道(欧成华等,2002,2011,2017)。

二、储层的物性

(一)储层的孔隙性

石油和天然气不是存在于地下的"油河"或"油海"之中,而是储藏在地下岩石的孔隙、洞穴、裂缝之中。岩石具有这种可供流体储存空间的特性,叫做岩石的孔隙性。孔隙性好坏是衡量储层储存和生产油气能力大小的重要标志,不同沉积环境所形成的储层,其岩石的孔隙性是不同的。为了定量地表示储层孔隙性的好坏,提出了孔隙度的概念。岩石中孔隙体积与岩石体积之比值,称为孔隙度,即

$$岩石孔隙度 = 岩石孔隙体积/岩石体积$$

上述比值也可以说是单位体积岩石中所具有的孔隙体积。通常岩石孔隙度以百分数或小数表示:

$$\phi = \frac{V_p}{V_t} \times 100\% \tag{1-4-1}$$

1. 岩石孔隙度的不同含义

1)绝对孔隙度

绝对孔隙度又称总孔隙度(ϕ_t),是指岩石中总孔隙(包括有效与无效孔隙)体积(V_p)与岩石外表体积(V_c)之比,即

$$\phi_t = \frac{V_p}{V_c} \times 100\% \tag{1-4-2}$$

它显示岩石总体积中孔隙、裂缝、溶洞等所非固体物质的空隙空间的体积比例。岩石的总孔隙度越大,说明岩石的孔隙空间体积越大,但并不说明其对油气的储渗能力就一定大。因为岩石的孔隙空间比较复杂,有些孔隙空间对油气的储集并无意义。根据岩石中孔隙的大小和对流体的作用,可以将岩石孔隙划分为如下三类(叶庆全等,1999):

①超毛细管孔隙。孔隙直径大于 0.5mm,裂缝宽度大于 0.25mm,重力作用下流体在其中自由流动。岩石中一些大的裂缝、溶洞及未胶结或胶结疏松的砂岩孔隙大部分属于此种类型。

②毛细管孔隙。孔径 0.5~0.0002mm,裂缝宽 0.25~0.0001mm,外力大于毛细管阻力时,流体可流动。微裂缝和一般砂岩中的孔隙多属于此类。

③微毛细管孔隙。孔径小于0.0002mm,裂缝宽度小于0.0001mm,流体在其中不能流动。黏土、致密页岩中的一些孔隙属于此种类型。

显然,只有那些互相连通的超毛细管孔隙和毛细管孔隙才具有实际的储渗意义。那些孤立的、互不连通的孔隙和微毛细管孔隙,即使其中储存有油气,在现有工艺技术条件下,也不能开采出来,所以这些孔隙是没有实际意义的。因此,在生产实践中,又提出了有效孔隙度(率)的概念。

2)有效孔隙度

有效孔隙度(ϕ_e)指有效孔隙(被油气饱和并相互连通的孔隙)体积(V_{cp})与岩石外表体积(V_c)之比,即

$$\phi_e = \frac{V_{cp}}{V_c} \times 100\% \quad (1-4-3)$$

显然,同一岩石,其有效孔隙度总是小于(最大限度等于)其总孔隙度。对于未胶结砂岩和分选较好、胶结疏松的砂岩,两者相差不大;对于胶结致密的砂岩和碳酸盐岩,两者的差别可能很大。在石油勘探、开发领域所用的孔隙度,都是指有效孔隙度,但习惯上多称为孔隙度(或孔隙率)。

按孔隙度大小可将储层分为5类,其中碎屑岩和非碎屑岩储层的孔隙度标准略有差别(表1-4-1)。

表1-4-1 油气藏的储层孔隙度分类(据吴元燕等,2005)

分 类	碎屑岩孔隙度,%	非碎屑岩基质孔隙度,%
特高	≥30	
高	25~30	≥10
中	15~25	5~10
低	10~15	2~5
特低	<10	<2

3)流动孔隙度

流动孔隙度又称运动孔隙度(ϕ_d),是指流体能在岩石孔隙中流动的孔隙体积(V_d)与岩石外表体积(V_c)之比,即

$$\phi_d = \frac{V_d}{V_c} \times 100\% \quad (1-4-4)$$

有些孔隙虽然互相连通,但由于孔隙的喉道半径极小,在一般的采油压差下流体难以通过;另外在岩石孔壁表面常存在水膜或油膜,相应地缩小了油流孔隙通道。流动孔隙度的概念,不仅排除了为毛细管力所束缚的液体所占据的孔隙体积,还排除了岩石颗粒表面上液体薄膜的体积,并且流动孔隙度还随地层中的压力梯度和液体的物理化学性质的改变而变化。因此,它在数值上不是固定不变的。

同一储层岩石的绝对孔隙度比有效孔隙度一般大5%~10%;未胶结或胶结不致密的砂岩二者相差不大;碳酸盐岩常有大量孤立的孔洞,两者差别较大;有效孔隙度又比流动孔隙度大。油气田上采用的是用煤油饱和法测定的有效孔隙度,简称为孔隙度。

4) 双重孔隙度

裂缝性储层具有孔隙与裂缝双重介质,即具有两种孔隙系统:一是岩石颗粒之间的孔隙空间构成的孔隙系统;二是裂缝和洞穴空间构成的裂缝系统。双重孔隙度为两种孔隙度之和,即

$$\phi_{rf} = \phi_f + \phi_r \qquad (1-4-5)$$

ϕ_f 为裂缝孔隙度(指岩石中裂缝、洞穴空间体积与岩石体积的比值)。据国内外有关资料统计,碎屑储层裂缝孔隙度很小,一般只有 0.5% 到百分之几。

5) 地下孔隙度

地下孔隙度指在地层条件下的岩石孔隙度。由于上覆地层重量引起的压实作用,使岩石颗粒被充填,排列紧密,孔隙度减小。一般来说,胶结砂岩地下孔隙度比地面孔隙度的绝对值小约 0.4%~0.7%。

6) 分析孔隙度与解释孔隙度

储层岩石孔隙度资料的获取,有两个基本的来源:其一,来自储层岩石样品的分析测定,称为分析孔隙度;其二,来自储层测井资料的综合解释,主要根据声波、密度、电阻率等测井曲线,结合岩心资料建立相关关系或图版解释得出,称为解释孔隙度。分析孔隙度的优点在于直接、真实,在岩心样品代表性好时准确可靠,但当岩心样品代表性差时(例如取心井数少或平面分布局限、岩心收获率低、储层岩心疏松破碎厉害、储层裂缝或大孔大洞发育、非均质性严重难以获取有代表性缝洞样品等),其可靠性大为降低。解释孔隙度是一定探测范围内岩石空隙空间的总体反映,由于影响因素较多,准确解释的难度很大。但在对该地层的岩性、物性及电性有一定认识、具备一定解释经验的情况下,解释孔隙度的准确性可以大大提高。由于解释孔隙度综合利用了地质与测井两个方面的资料,在岩心样品代表性较差时,解释孔隙度的可靠性可能超过分析孔隙度而成为十分有用的孔隙度资料。对于孔隙性砂岩储层,一般以分析孔隙度为准,解释孔隙度只作参考。但对于裂缝或大孔大洞发育、非均质性严重的储层(例如大多数碳酸盐岩储层、一些块状砂砾岩储层、少数层状砂岩储层、几乎全部火山岩、变质岩储层与泥页岩储层),则大多采用解释孔隙度值,而将分析孔隙度作为参考。

2. 岩石孔隙度的分级

碎屑岩储层的有效孔隙度一般在 10%~30% 之间,碳酸盐岩储层孔隙度一般小于 5%。孔隙度小于 5% 的碎屑岩储层一般可认为无开采价值的储层,除非存在裂缝和洞穴。根据我国油气田的情况,碎屑岩储层孔隙度可分为 6 级(表 1-4-2)。

表 1-4-2 碎屑岩储层孔隙度分级(据叶庆全等,1999)

级 别	有效孔隙度,%	评 价
一级	>30	极优
二级	30~25	优
三级	25~20	良
四级	20~15	一般
五级	15~10	差
六级	<10	极差

3. 影响岩石孔隙度的因素

碎屑岩储层孔隙度大小与颗粒成分、颗粒大小、颗粒排列方式及形状、分选程度以及胶结

物成分、含量、胶结类型等密切相关(叶庆全,1999)。

1) 岩石矿物成分及颗粒的影响

(1) 岩石矿物成分的影响

一般来说,石英砂岩比长石砂岩储油物性好,因为长石的亲油亲水性比石英强,液膜比石英厚,从而减少了孔隙体积。另外还存在云母、黏土等矿物对孔隙度的影响。

(2) 颗粒大小及分选程度的影响

从理论上讲,岩石孔隙度与岩石颗粒大小无关,但在自然界这种岩石极少见。实际统计表明,孔隙度随粒径的减小而增大(表1-4-3)。

表1-4-3　岩石颗粒与孔隙度关系(据叶庆全等,1999)

岩　石　颗　粒	孔隙度,%
粗粒砂	39~41
中粒砂	41~48
细粒砂	44~49
粉砂质泥岩	50~54

组成岩石的颗粒常常是大小不等,大颗粒之间的孔隙被小颗粒充填,孔隙度就会变小,因此岩石的孔隙度与颗粒的分选程度密切相关,分选越好,孔隙度越大(图1-4-3)。

(3) 颗粒排列方式及形状的影响

颗粒排列方式关系到颗粒排列的紧密程度,直接影响孔隙度的大小。如图1-4-4所示:立方体排列[图1-4-4(c)],颗粒排列最松,孔隙度最大,理论孔隙度为47.6%;斜方体排列[图1-4-4(a)],颗粒排列最紧,孔隙度小,理论孔隙度为25.9%;[图1-4-4(b)]为颗粒排列紧密程度中等,孔隙度介于两种之间。

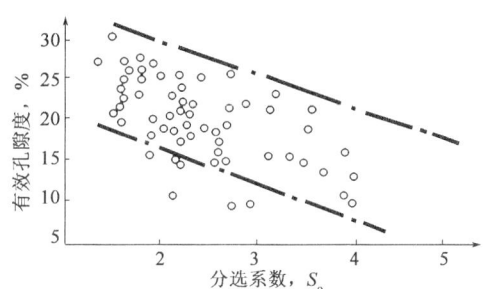

图1-4-3　岩石有效孔隙与分选系数S_0关系(据叶庆全等,1999)

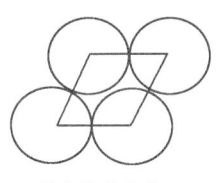
(a)最密排列形式

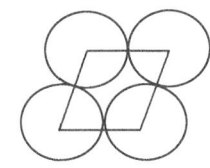
(b)中等密度排列形式

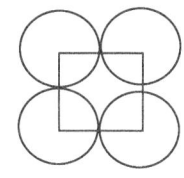
(c)最松排列形式

图1-4-4　岩石球体颗粒排列的理想形式(据叶庆全等,1999)

2) 胶结物成分、含量及胶结类型的影响

(1) 胶结物成分的影响

胶结物成分对孔隙度大小有明显影响。泥质胶结疏松,孔隙度最大;钙质胶结次之;硅质和铁质胶结最致密,孔隙度最小。

(2) 胶结物含量的影响

胶结物充填粒间孔隙,降低孔隙度,因此胶结物含量越多,岩石胶结越致密,岩石孔隙度越小。

(3)胶结类型的影响

胶结类型与胶结物含量有关。接触胶结,胶结物含量少,孔隙度大;孔隙胶结次之;基底胶结,胶结物含量多,孔隙度小。

3)成岩作用及埋藏深度的影响

(1)成岩作用的影响

在成岩作用过程中,因压实、胶结及压溶等作用,原生孔隙逐渐减少;石英的重结晶作用也会使孔隙度减小(欧成华等,2011)。

(2)埋藏深度的影响

随岩层埋藏深度的增加,地层静压力和温度增高,岩石颗粒排列更加紧密,孔隙度变小。

(二)储层的渗透性

在一定的压差下,流体能在岩石中渗流的性质叫储层的渗透性。储层渗透性的好坏常用渗透率来表示(叶庆全等,1999)。

1. 渗透率的定义及分类分级

1)渗透率的定义

1856年法国水文工程师亨利·达西(Henri Darcy)在做水流渗滤试验时发现,当水通过同一粒径砂子时,其流量大小与砂层截面积 A 及进、出口端的水头差 Δp 成正比,与砂层长度 L 成反比。在采用不同粒径砂子和流体时,流量与流体黏度 μ 成反比。达西将实验结果概括成一个定律(后来被命名为达西定律)。达西定律也适用于流体在胶结岩石和其他多孔介质中的渗流,其公式为

$$Q = K \frac{A \Delta p}{\mu L} \tag{1-4-6}$$

则

$$K = \frac{Q \mu L}{A \Delta p} \tag{1-4-7}$$

式中 Q——在压差 Δp 下,通过岩心的流量,cm³/s;

A——岩心面积,cm²;

μ——流体黏度,mPa·s;

Δp——流体通过岩心前后的压力差,MPa;

L——岩心长度,m;

K——比例系数,又称渗透系数,D。

1D 是黏度为 0.01Pa·s 的流体,在压差为 9.80665×10^4 Pa 下,若通过截面积为 1cm²、长度为 1cm 的岩样,所得流量为 1cm³ 时的岩心渗透率。

法定单位为 $K = \frac{1 \text{m}^3/\text{s} \times 1 \text{Pa} \cdot \text{s} \times 1 \text{m}}{1 \text{m}^2 \times 1 \text{Pa}} = 1 \text{m}^2$。在实际应用中,以 m² 作为渗透率的单位太大,可取其 10^{-12},即 μm² 为其使用单位。但目前各油田仍沿用 D(达西)和 mD(毫达西)。两者的换算关系为

$$1\text{D} = 1000\text{mD} = \frac{1}{0.980665} \times 10^{-12} \text{m}^2 = 1.019 \times 10^{-12} \text{m}^2 = 1.019 \text{ μm}^2 \approx 1 \text{ μm}^2$$

$$\tag{1-4-8}$$

需要注意的是达西定律有一定的适用条件。当渗流速度增大到一定程度后,除产生黏滞阻力外,还会产生惯性阻力,此时流量与压差不再成线性关系,达西定律就不适用了。

2) 有效渗透率与相对渗透率

在一种(单相)流体存在的情况下,依据达西公式求得的渗透率,称为绝对渗透率,它只与岩石本身的渗透性能有关。但在地层岩石中,更多的是油水、油气、气水甚至油气水多相共存、共渗的情况。在多相流体共存的情况下,岩石对其中某一相的渗透率,称为有效渗透率,又称为相渗透率。油、气、水的相渗透率分别用符号 K_o、K_g、K_w 来表示。显然,岩石对任何一相流体的有效渗透率总是小于(最大限度等于)该岩石的绝对渗透率。

有效渗透率不仅与岩石自身的渗流能力有关,也与其中流体的相数和流体本身性质有关。在实际应用中,常采用有效渗透率与绝对渗透率的比值(称为相对渗透率)来表征岩石多相渗流的特征。

油、气、水的相对渗透率分别记为 K_{ro},K_{rg},K_{rw},岩石的绝对渗透率为 K,则有

原油的相对渗透率 $\quad\quad K_{ro} = K_o/K \quad\quad$ (1-4-9)

水的相对渗透率 $\quad\quad K_{rw} = K_w/K \quad\quad$ (1-4-10)

天然气的相对渗透率 $\quad\quad K_{rg} = K_g/K \quad\quad$ (1-4-11)

按渗透率大小,将储层分为 5 类,其中,油藏储层和气藏储层的渗透率标准略有差别(表1-4-4),因为天然气对储层渗透率的要求比石油要低。

表1-4-4 油气藏的储层渗透率分类(据吕鸣岗,2005)

分类	油藏空气渗透率,$10^{-3}\mu m^2$	气藏空气渗透率,$10^{-3}\mu m^2$
特高	≥1000	≥500
高	500~1000	100~500
中	50~500	10~100
特低	<5	<1

试验表明,多相渗流时,岩石的有效渗透率与相对渗透率不仅与岩石的绝对渗透率有关,而且还与岩石孔隙、喉道中的流体饱和度有关。当某相流体的饱和度低于其临界值时,此时该相流体的有效渗透率与相对渗透率均为零,不发生渗流;当其饱和度达到或超过临界值时,该相流体才能流动,并且随流体饱和度的增加,其有效渗透率与相对渗透率逐渐增大,直至全部饱和,其有效渗透率等于绝对渗透率,其相对渗透率等于 1 时为止,如图 1-4-5 所示。

3) 分析渗透率、测井解释渗透率与试井解释渗透率

储层渗透率资料的获取,有三个基本的来源:其一,通过储层岩心样品分析测定获取,称为分析渗透率(因现场多采用压缩空气流过岩样测定渗透率,因而又称为空气渗透率)。其二,通过测井曲线资料解释得出的渗透率,称为测井解释渗透率。其三,通过生产井的压力恢复曲线或注水井的压力降落曲线,用试井理论解释得出的渗透率,称为试井渗透率或有效渗透率。在这三种渗透率资料中,分析渗透率直接、真实,但并非多数井都有(取心井总是少数)。测井解释渗透率的准确性较差(渗透率解释是由测井资料解释出孔隙度再用间接方法得出的,因此测井渗透率解释比孔隙度解释的精度要差很多),但却是每井、每层、每段、每小段都有。试井解释渗透率反映的是整个储层(或多个生产层段)宏观大范围的渗透率总和,最能代表整个产层或油藏的渗透率,不足之处在于难于反映各细分层段的渗透率,而且在多相渗流的情况

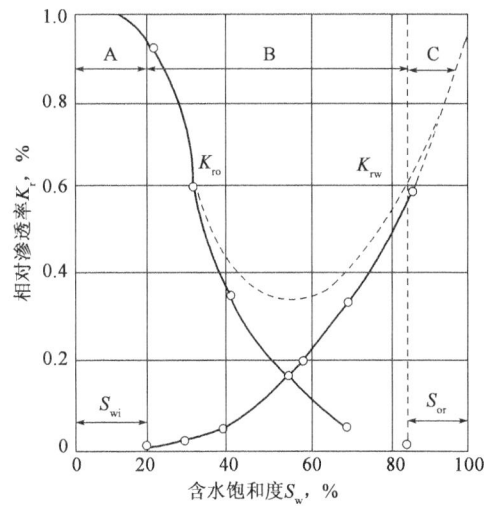
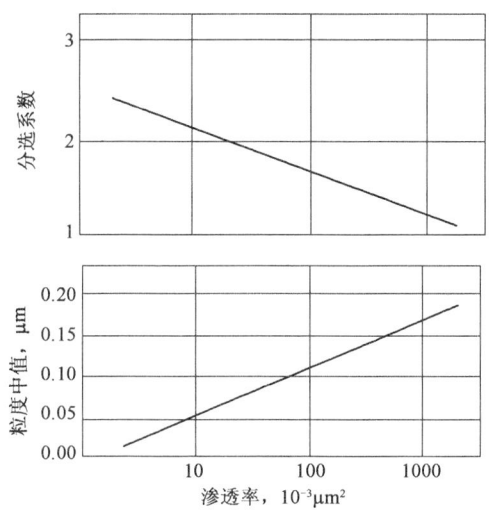

图 1-4-5 油水相对渗透率曲线　　　图 1-4-6 绝对渗透率与分选系数和粒度中值
（据叶庆全等，1999）　　　　　　　　　关系曲线（据叶庆全等，1999）

下，解释得出的渗透率将受流体饱和度的影响。由于地层流体的饱和度难于确定，因此储层渗透率难于求准。

对于岩样代表性较好的储层，比如孔隙性砂岩储层，分析渗透率可靠性较高，一般以分析渗透率为准，测井解释渗透率仅作参考。对于岩样代表性较差的储层，比如裂缝性储层、岩样疏松破碎厉害的储层等，分析渗透率可靠性较差，但这时的测井解释渗透率一般也差，而试井渗透率尤其早期的试井渗透率较为可靠。此时应根据具体情况，综合应用这三种渗透率资料，做出尽可能准确的推断。

4）双重介质渗透率

双重介质渗透率指孔隙与裂缝同时存在的储层岩石的渗透率。一般可用基质渗透率和裂缝渗透率叠加来表示：

$$K_t = K_m + K_f \tag{1-4-12}$$

其中

$$K_f = \phi_f b^2 \frac{10^8}{12} = 8.33 \times 10^6 b^2 \phi_f \tag{1-4-13}$$

$$\phi_f = \frac{Lb}{A} = nb$$

式中　K_t——岩石渗透率；
　　　K_m——岩石基质渗透率；
　　　K_f——岩石裂缝渗透率；
　　　b——裂缝宽度，mm；
　　　A——岩心面积，cm^3；
　　　ϕ_f——裂缝孔隙度；
　　　n——裂缝密度。

5）水平渗透率与垂直渗透率

储层内部水平方向与垂直方向的渗透率是不相同的，一般来说垂直渗透率要小于水平渗透率,尤其层内存在岩性或物性夹层时更是如此。垂直渗透性的好坏与层内水洗厚度关系密切,垂直渗透率越高,水洗厚度越大。采用哈斯勒(Hassler)型全直径岩心夹持器(图1-4-7)可分别测出同一岩样的水平与垂直方向的渗透率。水平方向渗透率可用下式计算:

$$K_H = E \frac{2Q_g p_0 \mu}{L(p_1^2 - p_2^2)} \qquad (1-4-14)$$

式中 K_H——水平渗透率,μm^2;

Q_g——在大气压力p_0下通过岩样的空气流量,cm^3/s;

μ——气体黏度,$mPa \cdot s$;

$p_1 \setminus p_2$——岩样两端入口及出口的压力,MPa;

E——形状系数,取决于弓形滤网所遮挡的角度及岩样直径,当弓形滤网的面积为1/4岩样的侧面时,$E=1$。

垂直渗透率的计算公式与常规小岩心测渗透率完全相同。

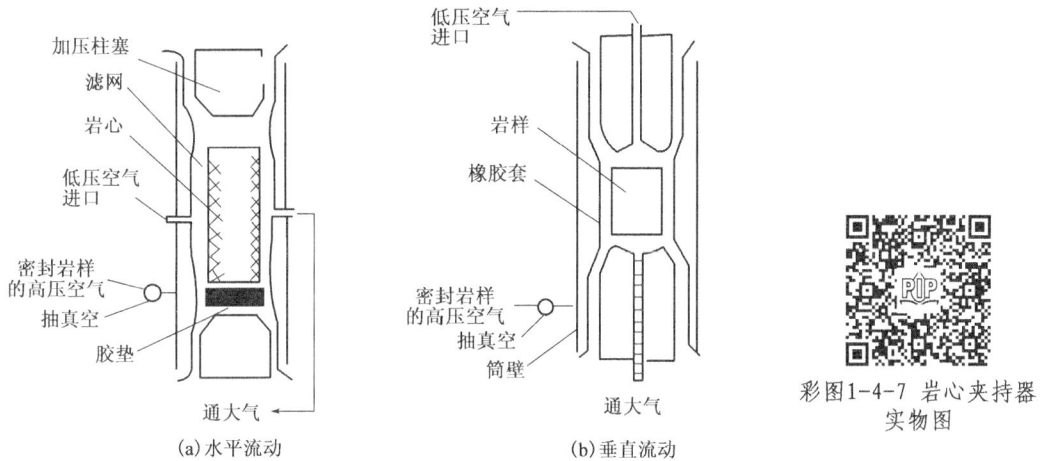

图1-4-7 Hassler型全直径岩心夹持器(据叶庆全等,1999)

6)渗透率分级

渗透率分级没有统一的规定,国内各油田的分法也不相同。从国内外有关资料看,除非是裂缝性或极疏松砂岩储层渗透率很高外,一般都在$(5 \sim 1000) \times 10^{-3} \mu m^2$之间,大体可分为5级(表1-4-5)。

表1-4-5 储层渗透率分级(据叶庆全等,1999)

分 级	渗透率,$10^{-3} \mu m^2$	评 价
1	>1000	极好
2	1000~500	好
3	500~100	中等
4	100~10	差
5	<10	极差

2. 影响渗透率的主要因素

影响渗透率的因素很多,除测试方法影响外,主要有以下4个方面。

1) 矿物成分、颗粒大小、分选程度等影响

①同孔隙度一样,岩石矿物成分对渗透率也有影响。长石比石英容易被水或石油所润湿,颗粒表面形成的薄膜厚,使孔隙体积减小,渗透率降低。同时长石易风化,其表面可形成一层次生高岭土或绢云母薄膜,也会使岩石的孔隙体积减小,降低渗透率。这是石英砂岩常比长石砂岩渗透率高的重要原因。

②在其他条件相同的情况下,渗透率随颗粒增大而增高。

③颗粒圆度越好,渗透率越高;分选越好,渗透率越高。

④岩石颗粒排列越紧密,渗透率越低。

2) 胶结物成分及含量的影响

①胶结物成分对渗透率有一定影响。相对而言,泥质胶结渗透率影响较小,钙质胶结次之,铁质和硅质胶结对渗透率影响最大。

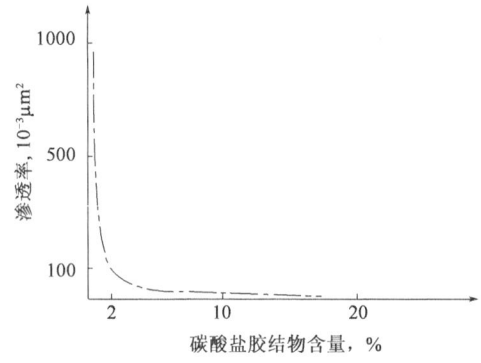

图1-4-8 绝对渗透率与碳酸盐胶结物含量关系曲线(据叶庆全等,1999)

②胶结物含量多少对渗透率影响很大。胶结物含量多,孔隙形态复杂,连通性变差,孔隙半径减小,渗透率降低(图1-4-8)。

③黏土膨胀也会使岩石渗透率大幅度下降。

3) 孔隙结构的影响

①孔隙形态越复杂,流体与孔隙接触面积越大,吸附力相应增大,流动能力变小。

②孔隙喉道大小和连通性对渗透率影响很大。孔喉越大、连通性越好,渗透率越高;反之,渗透率则低。

4) 岩石压缩性及裂缝的影响

①随储层埋藏深度的增加,上覆岩柱压力增高,岩石颗粒排列更加紧密,孔隙度变小,相应渗透率也降低。

②储层岩石存在裂缝时,可使渗透率增大。

除以上因素外,沉积环境、层理构造、颗粒排列方式、成岩作用等对岩石的渗透率都有影响。

三、储层含油(气)性特征及识别方法

(一)流体饱和度计算方法

油气储层岩石孔隙中一般都含有石油、天然气和地层水。油、气、水在储层孔隙中各自占多大空间,这是人们关心的问题。因为它是评价油气层、计算油气储量、编制油气田开发方案、研究驱油效率等的重要参数。为了定量描述油、气、水在储层孔隙中所占比例大小,采用了饱和度这一无因次量(叶庆全等,1999)。

1. 饱和度表示方法

1) 流体饱和度

某种流体的饱和度是指储层岩石孔隙中某种流体所占的体积百分数。

(1) 若储层岩石孔隙中只有油、水两相,则油、水饱和度可表示为

$$S_o = \frac{V_o}{V_p} = \frac{V_o}{\phi V_b} \qquad (1-4-15)$$

$$S_w = \frac{V_w}{V_p} = \frac{V_w}{\phi V_b} \qquad (1-4-16)$$

式中 S_o——含油饱和度,%;
S_w——含水饱和度,%;
V_o——在岩石孔隙中所占体积,m³;
V_w——水在岩石孔隙中所占体积,m³;
V_p——岩石孔隙体积,m³;
V_b——岩石视体积,m³。

若表示为地层条件下含油、含水饱和度,式(1-4-15)和式(1-4-16)改为

$$S_o = \frac{V_o B_o}{\phi V_b} \qquad (1-4-17)$$

$$S_w = \frac{V_w B_w}{\phi V_b} \qquad (1-4-18)$$

式中 V_o——地面条件下油的体积;
V_w——地面条件下水的体积;
B_o——油的体积系数;
B_w——水的体积系数。

此时,S_o 与 S_w 间有如下关系:

$$S_o + S_w = 1 \qquad (1-4-19)$$

(2)若储层岩石孔隙中同时存在油、气、水时,则含气饱和度为

$$S_g = \frac{V_g B_g}{\phi V_b} \qquad (1-4-20)$$

式中 V_g——岩石孔隙中气体所占体积;
B_g——地层条件下气体体积系数。

此时,S_g、S_o、S_w 间有如下关系:

$$S_g + S_o + S_w = 1 \qquad (1-4-21)$$

2)不同饱和度的含义

(1)原始含油饱和度 S_{oi}

原始含油饱和度指油藏投入开发前所测得的储层岩石孔隙空间中,原始含油体积 V_{oi} 与岩石孔隙体积 V_p 的比值,即

$$S_{oi} = \frac{V_{oi}}{V_p} \qquad (1-4-22)$$

油藏投入开发前,储层岩石孔隙中一般只存在油、水两相,故

$$S_{oi} + S_{wi} = 1 \qquad (1-4-23)$$

(2)原始含水饱和度 S_{wi}

原始含水饱和度指油气藏投入开发前,储层岩石孔隙空间中,原始含水体积 V_{wi} 与岩石孔隙体积 V_p 的比值,即

$$S_{wi} = \frac{V_{wi}}{V_p} \qquad (1-4-24)$$

原始含水饱和度也叫束缚水饱和度、封存水饱和度、共存水饱和度等。不同油气藏,因岩石及流体性质不同,束缚水饱和度差别较大,一般为 20% ~ 50%。孔隙度大、渗透率高的储层,原始含水饱和度低,反之则高。

(3) 原始含气饱和度 S_{gi}

原始含气饱和度指气藏或气顶区投入开发前,储层岩石孔隙空间中,原始含气体积 V_{gi} 与岩石孔隙体积 V_p 的比值,即

$$S_{gi} = \frac{V_{gi}}{V_p} \qquad (1-4-25)$$

(4) 目前油、气、水饱和度

目前油、气、水饱和度指油气田开发不同时期或不同阶段所测得的含油、含气、含水饱和度。

(5) 剩余油饱和度与残余油饱和度

剩余油指油田经过某种采油方法开采后,储层岩石孔隙中存在尚未采出的原油。它在储层岩石孔隙中所占体积的百分数称为剩余油饱和度。剩余油包括驱油剂波及不到的油层内的原油和驱油剂波及到但仍驱不出来的残余油两部分。残余油在储层岩石孔隙中所占体积的百分数称为残余油饱和度。

2. 影响含油饱和度的主要因素

影响储层含油饱和度的因素较多,但主要取决于岩石孔隙结构、颗粒粗细、泥质含量、含油气高度等因素。这些因素涉及油气聚集过程中油气排挤原先存在岩石孔隙中地层水的彻底程度,越彻底束缚水含量越少,含油饱和度就越大,反之,含油饱和度则越小。

1) 岩石孔隙结构的影响

① 油气储层的孔隙度越大、渗透率越高,油气排挤水时所受到的阻力就越小,油气就能容易流到储层的各个空间,含油饱和度就越高。反之,油气排挤水时受到的阻力就越大,残留孔隙中的水就越多,含油饱和度就越低。孔隙度、渗透率与含油饱和度的关系很明显(图 1-4-9、图 1-4-10)。

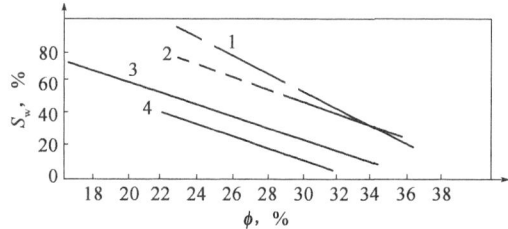

图 1-4-9 原始含水饱和度与孔隙度
关系图(据叶庆全等,1999)
1—港 205 井;2—庄检 2 井;3—萨北 1-6-37 井;
4—胜坨 3-5-观 1 井

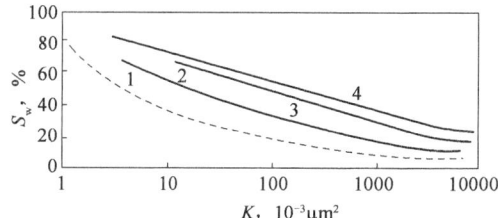

图 1-4-10 原始含水饱和度与渗透率
关系图(据叶庆全等,1999)
1—苏联巴什基里亚地区油田;2—喇嘛甸油田;
3—胜坨油田三区;4—孤岛油田

② 储层岩石孔隙及孔喉半径越大、形态越简单、连通性越好,油气排挤水时所受阻力就越小,油气占据储层孔隙就越多,含油饱和度就越高。

2) 岩石颗粒及泥质含量的影响

① 岩石颗粒越细、比面越大,吸附在颗粒表面的束缚水就多,含油饱和度就低。如大庆油田杏

133井岩心分析资料证实,粒度中值由0.3mm降到0.1mm时,含油饱和度由77%降到57.1%。

②储层泥质含量增加,孔隙度及渗透率降低,同时泥质胶结容易吸附束缚水,使束缚水饱和度增大,含油饱和度降低。如大庆油田杏133井葡萄花油层泥质含量由9%增加到23%时,含油饱和度由80.3%降到64.8%。

3) 含油高度的影响

在油层性质相近的情况下,原始含油饱和度随油藏的油柱高度的增加而增大(图1-4-11)。从图中可看出:在油藏底部纯水段,平均海拔-1100m,产纯水,残余含油饱和度小于10%;油水过渡段,油水同产,含水饱和度60%~90%,残余含油饱和度10%~40%;纯油段,每增加100m油柱高度,含油饱和度增加2%~20%。

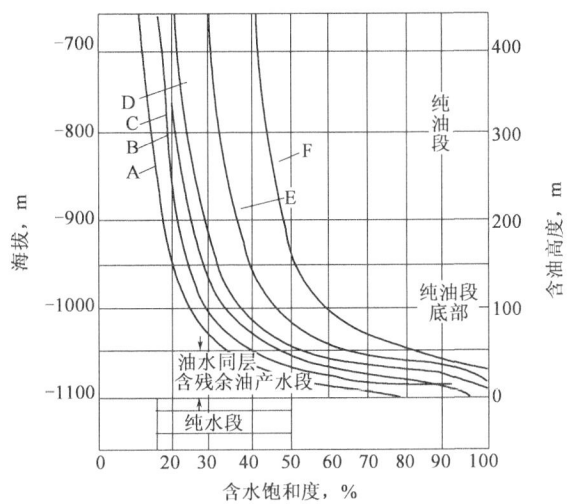

图1-4-11 大庆油田北部原始含水饱和度随油柱高度变化图(据叶庆全等,1999)

A—渗透率>$1500 \times 10^{-3} \mu m^2$;B—渗透率为$(800 \sim 1500) \times 10^{-3} \mu m^2$;C—渗透率为$(500 \sim 800) \times 10^{-3} \mu m^2$;
D—渗透率为$(300 \sim 500) \times 10^{-3} \mu m^2$;E—渗透率为$(100 \sim 300) \times 10^{-3} \mu m^2$;F—渗透率<$100 \times 10^{-3} \mu m^2$

4) 原油性质的影响

原油性质不同,含油饱和度也不同。黏度大的油排水能力差,油不易进入孔隙,束缚水饱和度高,含油饱和度就低。

此外,含油饱和度还与岩石润湿性有关,亲油油层,含油饱和度高,而亲水油层,含油饱和度低。油藏形成时,石油排驱水动力大,排出水多,含油饱和度就高。

(二) 利用录井资料判断油气水层

录井资料是定性识别油气层最直观、最重要的第一手资料,也是测井解释的基础(伍友佳,2004)。

1. 渗透层的录井证据

钻时曲线:低钻时为渗透层的显示;

岩屑资料:直接的岩性识别,油气的荧光显示;

岩心资料:具有一定的含油级别,滴水实验证据;

气测资料:烃气显示证据;

钻井液资料:钻井液性能的异常变化、池体积、槽面变化都可以指示油气水层。

2. 油、气、水层的判断

1）根据油砂的含油级别判断

饱含油、含油：油层；

油浸、油斑：差油层、油水同层；

油迹、荧光：干层、水层。

但在实际工作中也有些例外，如稠油表现为色深、含油显示较强，定级别时往往偏高；气层、轻质油表现为色浅、含油显示弱，定级别时往往偏低。因此，具体情况进行具体分析，还要结合其他一些资料。

2）根据气测显示判断

半自动气测：主要是根据全烃和重烃两条曲线的幅度来判断。

油层：全烃、重烃两条曲线同时升高，曲线幅度差小。

气层：全烃高、重烃曲线很低，曲线幅度差大（主要含较轻的烃类）。

水层：全、重烃同时增高或全烃增高，重烃无异常，难以判断。

色谱气测：利用色谱气测解释图版或烃类气体比值图版来判断。

3）根据钻井液录井资料判断

油层或油气层：槽面可见气泡或油花，岩屑、荧光均有明显显示。

气层：钻井液密度下降、黏度增加，槽内钻井液面上升，有气泡。

水层：无油花和气泡，钻井液性能发生变化。

4）根据综合录井仪资料判断

油层：钻井液密度下降、黏度增加、温度升高、电阻率增加、流量增加、体积增加。

气层：钻井液密度下降、黏度增加、温度下降、电阻率增加、流量增加、体积增加。

水层：钻井液密度下降、黏度下降、温度升高、流量增加、体积增加。

（三）利用测井资料解释油气水层

油、气、水层的判断是地下地质研究的核心问题之一。不同沉积剖面（砂泥岩、膏盐以及碳酸盐岩）、不同岩性（纯岩层、含泥或泥质地层）以及不同储集类型（孔隙、裂缝、溶蚀洞穴）的储层，其油、气、水层的特征不完全一致。只有从具体地质条件出发，充分利用各种地质录井、地球物理测井和试油资料，进行综合分析，才能正确地判断油、气、水层。

判断油、气、水层包括两方面的内容：从地层剖面中划分出渗透层（即储层）；确定渗透层的产液性质并估计其生产能力。岩心、岩屑以及钻井中的油气显示，是定性识别油气层最直观、最重要的第一性资料，也是各种测井解释的基础。各种测井方法是准确地划分岩层界面，并从不同侧面间接反映地层岩性、物性、含油气性的重要手段。鉴于取心费时耗工，各种地质录井资料也很难齐全、准确，因而目前现场上常用的判断油、气、水层方法，是以地质录井和测井资料相结合的综合分析方法。

根据测井资料，从钻井地质剖面中划分出储层之后，进一步就需要确定每一个储层的含油、气性质，这就是划分油、气、水层。其方法分两类（王允诚等，2002）：

①测井参数曲线重叠法（简称重叠法）。其特点是用统一的参数（如孔隙度、电阻率等）、统一的横向比例和统一的基线，绘出 2 条（或 2 条以上）测井参数曲线（实测曲线或计算曲线），按照所绘曲线间的关系（重合或者分离，正幅度差或是负幅度差）来评价储层的饱和性质。这种方

法的优点是快速、直观,可作全井段(或解释井段)的解释。缺点是不利于进行各种影响因素的分析,特别是泥质含量影响的分析。

②测井参数交会图法(简称交会图法)。其特点是:将 2 种或 3 种从不同角度反映含油、气、水特征的测井参数进行交会,并按照测井解释公式构成交会图,根据代表每一个储层的资料点在交会图上的分布规律及交会图图形显示特点,来评价每一个储层的饱和性质。这种方法的优点是有利于进行各种影响因素的分析,易于发现资料质量上的一些问题,也便于进行手工解释;其缺点是不能作全井段(或解释井段)的分析,有可能遗漏一些含油气层。

1. 双孔隙度法

1) 基本公式

双孔隙度法划分油、气、水层的依据是下面的两个孔隙度计算公式,即

$$S_w = \frac{\phi_w}{\phi} \tag{1-4-26}$$

$$\phi S = \phi - \phi_w \tag{1-4-27}$$

式中　S_w——含水饱和度;

　　　S——含油或气的饱和度;

　　　ϕ_w——岩石中部分水的孔隙度,即含水孔隙度;

　　　ϕ——岩石总孔隙度。

岩石含水孔隙度与总孔隙度之间的差别反映出地层的含油气情况,通常以含水饱和度小于 30% 作为划分油气层的标准,大于 70% 作为划分水层的标准。

2) 含水孔隙度的确定

对于不含泥质的水层,有

$$F = \frac{R_o}{R_w} = \frac{a}{\phi^m} \tag{1-4-28}$$

对于水层来说,其含水孔隙度就等于该层的总孔隙度,即

$$\phi_w = \phi = \sqrt[m]{\frac{aR_w}{R_o}} \tag{1-4-29}$$

对于不含泥质的油气层来说,由于油、气和岩石骨架都不会导电,所以参加导电的空间仅仅是水所占据的部分岩石孔隙空间。如果把不导电的油气都看作是岩石骨架,则含水孔隙度与地层电阻率 R_t 存在下述关系:

$$\phi_w = \sqrt[m]{\frac{a'R_w}{R_t}} \tag{1-4-30}$$

式中　F——地层因子;

　　　R_t、R_w、R_o——地层、地层水、地层100%含水时的电阻率;

　　　a——地层的胶结系数;

　　　m——孔隙结构指数;

　　　a'——油气层的胶结系数。

从这里可以看出,从一定意义来说,岩石电阻率的变化正好反映了岩层含水孔隙度变化。因此,用不同探测深度的电阻率曲线即可求得不同径向范围的岩层的含水孔隙度。在作一般定性

分析时,可以假设 $a'=a$,并采用本地区的经验数值。

3)双孔隙度法的应用实例

(1)双孔隙度重叠法

图 1-4-12 是一口井的处理结果,储层有 3 个砂层,下部两个砂层的 ϕ 和 ϕ_w 曲线基本重合,表明属于水层;而上部砂层的 $\phi>\phi_w$,解释为油层或气层。

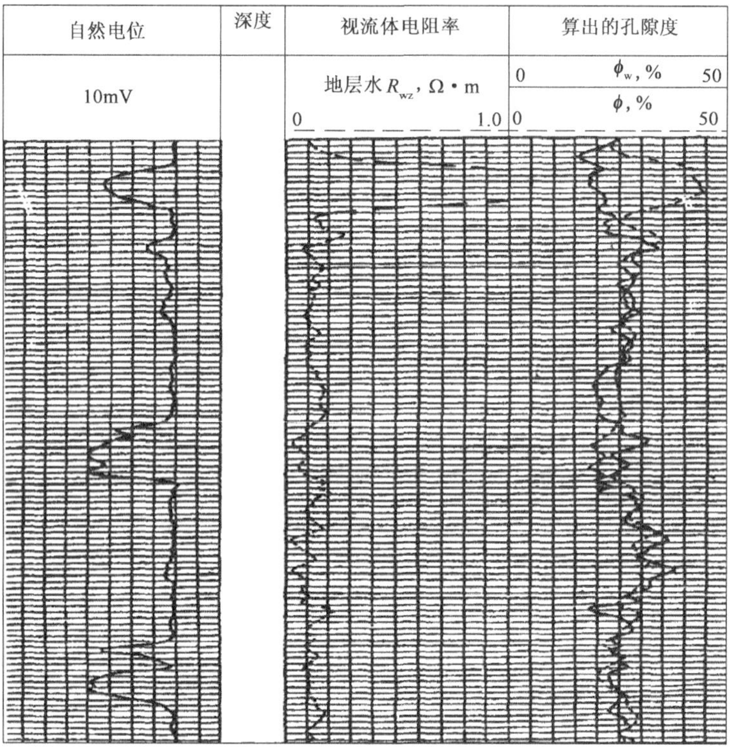

图 1-4-12 双孔隙度重叠图(据杜奉屏,1984)

(2)中子—声波双孔隙度交会法

该交会图是双孔隙度法的一种推广,用于发现轻质油层或气层。图 1-4-13 为某油田一口井的实例,ϕ_g 由声波测井求得,ϕ_N 由中子—伽马测井求得。由于气的存在使得 ϕ_N 减少,因而代表气层的资料点必然偏离 45°线而落在它的上方(王允诚等,2002)。

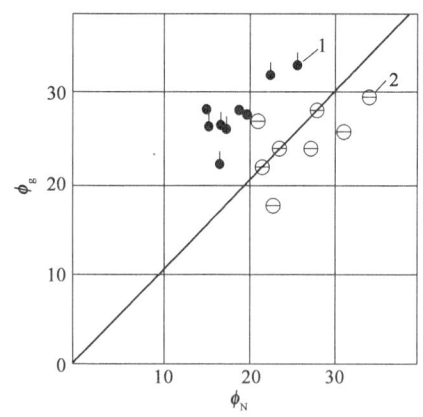

图 1-4-13 ϕ_g—ϕ_N 交会图
(据杜奉屏,1984)
1—气层;2—水层

2. 视地层水电阻率法

1)基本公式

对于不含泥质的水层,可以写成

$$R_o = \frac{a}{\phi^m}R_w \qquad (1-4-31)$$

此式表示,当岩层一定时,岩层的电阻率与充填其孔隙空间的水溶液电阻率是成正比的。若地层含油或气时,仍能保持地层孔隙空间的大小及分布结构不变,即保持 ϕ、a、m 不变,这时在地层孔隙空间中就不完全是地层水,而是一种混合流体(油或气和水的混合体)。因此,可以认为在岩层含油气之后其电阻率的升高是由于地层中液体的电阻率的升高而引起的。这种升高后的地层水电阻率,即油或气和地层水混合体的电阻率,可定义为视地层水电阻率 R_{wa},可由式(1-4-31)写出

$$R_t = \frac{a}{\phi^m} R_{wa} \qquad (1-4-32)$$

式中　R_{wa}——视地层水的电阻率。

将式(1-4-32)左右两端分别除以式(1-4-31),结合阿奇公式 $R_t/R_o = b/S_w^n$ 可得

$$R_{wa} = \frac{1}{S_w^n} R_w \qquad (1-4-33)$$

这一关系式即是用视地层水电阻率法划分油、气、水层的根据。

2) 油气水层的划分标准

油层或气层: $S_w < 30\%$, $R_{wa} > 11 R_w$;

油水层或气水层: $30\% < S_w < 70\%$, $2R_w < R_{wa} < 11 R_w$;

水层: $S_w > 70\%$, $R_{wa} < 2R_w$。

在这里,R_w 的数值一般可根据本地区的水分析资料或根据自然电位曲线求得;视地层水电阻率可根据电阻率曲线及孔隙度测井曲线按上述公式计算求得。

3. 可动水指数法

1) 基本公式

这种方法是基于气层储集岩为水润湿性,在气水界面以上储层的孔隙度与含水饱和度呈近似双曲线关系(图1-4-14)。而束缚水饱和度 S_{wi},可根据实际气层 ϕ-S_w 关系曲线采用双曲线公式拟合求得(王允诚等,2002):

$$S_{wi} = \frac{c^2}{2\phi} \qquad (1-4-34)$$

式中　S_{wi}——束缚水饱和度;

　　　ϕ——孔隙度;

　　　c——等轴双曲线方程的系数。

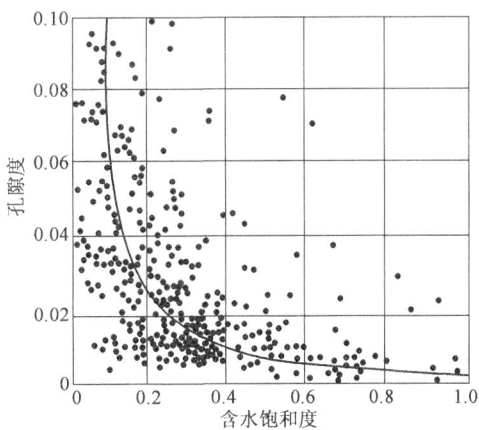

图1-4-14　孔隙度随含水饱和度的关系曲线(据王允诚等,2002)

令 $C = \frac{1}{2}c^2$,则有

$$S_{wi} = \frac{C}{\phi} \quad (1-4-35)$$

所谓可动水,是指岩石孔隙中除束缚水以外能自由流动的地层水。很显然,地层的含水饱和度是可动水饱和度与束缚水饱和度之和。可动水指数 I_{WID} 被定义为实际计算的含水饱和度 S_w 与束缚水饱和度 S_{wi} 之比,即

$$I_{WID} = \frac{S_w}{S_{wi}} \quad (1-4-36)$$

而含水饱和度 S_w 可以用多种方法求得,如最常用的汉布尔公式,有

$$S_w = \sqrt[n]{\frac{0.62R_w}{\phi^{2.15}R_t}} \quad (1-4-37)$$

2) 油或气、水层的判断

(1) 采用可动水指数划分气水层

图 1-4-15 为采用可动水指数划分水层的示例。一般认为水层的含水饱和度大多在 60% 以上,而束缚水饱和度则小于 30%。因此,水层的可动水指数应大于 2,即

$$I_{WID} > \frac{0.6}{0.3} = 2 \quad (1-4-38)$$

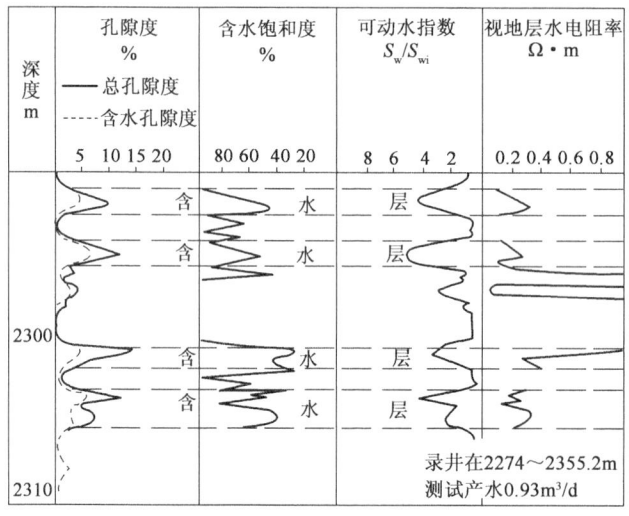

图 1-4-15 可动水指数划分分层示例(据唐泽尧,1997)

(2) 采用 S_w—S_{wi} 交会图划分气水层

图 1-4-16 是某油区的 S_w-S_{wi} 交会图。图中可见,资料点落在 45°对角线附近,则表示 $S_w = S_{wi}$;可动水饱和度 $S_{wm} = 0$,这是油、气层的标志。若资料点落在 45°对角线的右方,则表示 $S_w \geq S_{wi}$,$S_{wm} \geq 0$,这是水层的标志。若资料点落在 45°对角线的右下方,则表示 $S_w > S_{wi}$,$S_{wm} > 0$,这是油水层或气水层的标志。

4. 电阻率—孔隙度交会图法

根据孔隙度、电阻率和含水饱和度这三者之间的关系,可以在交会图上划分出不同的区

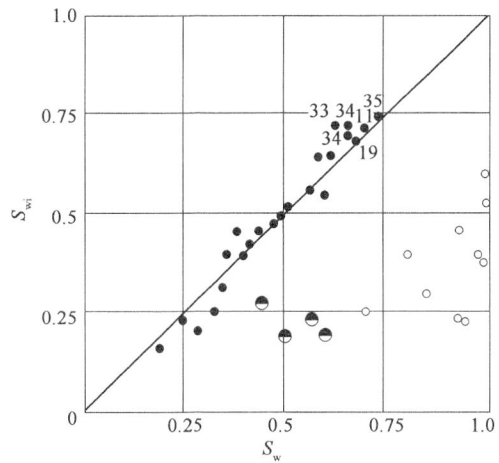

图 1-4-16 用 S_w—S_{wi} 交会图划分油水层实例（据杜奉屏，1984）

域，以区分油、气、水层，并且在条件有利的情况下还可求得较为准确的含水饱和度数值。常用的有两种方法，即特殊坐标系和双对数坐标系交会图法（王允诚等，2002）。

1）特殊坐标系交会图法

特殊坐标系的电阻率—孔隙度交会图，如图 1-4-17 所示。将电阻率、含水饱和度以及孔隙度的关系式改写成下面的形式：

$$\sqrt{\frac{1}{R_t}} = \frac{S_w}{\sqrt{aR_w}}\phi \tag{1-4-39}$$

令 $\sigma = \frac{1}{R_t}$，则有

$$\sqrt{\sigma} = \frac{S_w}{\sqrt{aR_w}}\phi \tag{1-4-40}$$

从这一公式中可以看出，当采用一种特殊坐标系（纵坐标采用 $1/R_t$ 来刻度，横坐标仍采用线性刻度）时，该式表示一簇通过坐标原点的直线，直线的斜率为 $\frac{S_w}{\sqrt{aR_w}}$。

对于一定的地区和一定的解释井段来说，可以认为 $\sqrt{aR_w}$ 为一常数，因此这簇曲线的斜率仅仅决定于含水饱和度 S_w。根据不同的 S_w 值，在交会图上可画出代表不同 S_w 的直线，如图 1-4-17 所示。图中最上面一条线为 $S_w=100\%$ 的直线，称为水层线。这条直线的斜率决定于地层水电阻率 R_w 及胶结系数 a 的大小。其他直线，如 $S_w=50\%$ 的直线，可根据公式计算或用作图法作出。一般情况下，仅用来划分油、气、水层时，只需作出 $S_w=100\%$、70%、50% 这三条参考直线。$S_w=70\% \sim 100\%$ 为水层区；$S_w=50\% \sim 70\%$ 为过渡区（油或气水同层）。

在实际应用时，从测井曲线（孔隙度测井曲线及电阻率测井曲线）直接读出每一个储层的测井读数值。然后在该交会图上点出每一个储层的资料点，根据该点在交会图上的位置来判断每一个储层的饱和性质。

在不知道地层水电阻率的情况下，同样可应用此交会图来划分油、气、水层。这时需综合分析其他资料确定出钻井地质剖面上的明显水层。根据这些代表明显水层的资料点在交会图

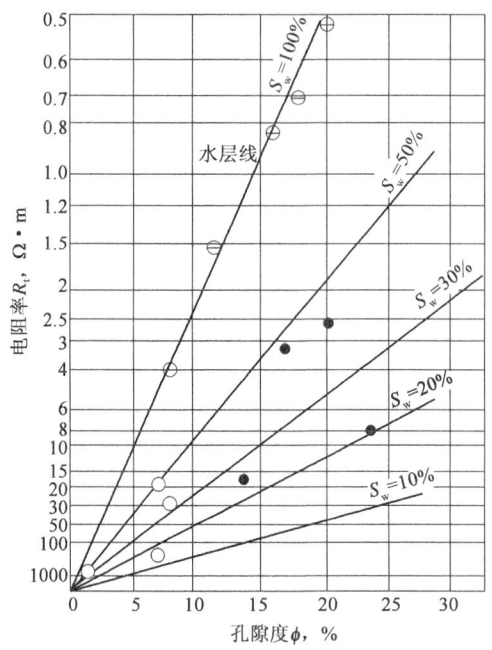

图 1-4-17 电阻率—孔隙度交会图(特殊坐标系)(据杜奉屏,1984)

上的分布规律作出水层线,并用作图法画出其他参考直线。这种交会图仅可用来划分油、气、水层,而不能用于计算含水饱和度。

2)双对数坐标系交会图法

将电阻率、含水饱和度以及孔隙度的关系式两边取对数,则有如下形式:

$$\lg R_t = \lg(aR_w) - n\lg S_w - m\lg \phi \qquad (1-4-41)$$

从上式可以看出,在双对数坐标系上,孔隙度与电阻率的关系表现为一组相互平行的直线。这组平行直线的斜率为 m,而每一条直线在图上的位置(即直线的截距)是与 a、R_w、n、S_w 有关。对于一定的地区及一定的解释井段可以认为 a、R_w、n 都是常数,因此直线的位置仅取决于含水饱和度 S_w。

当 $S_w = 100\%$ 时,为水层,则式(1-4-41)变为

$$\lg R_t = \lg(aR_w) - m\lg \phi \qquad (1-4-42)$$

这一直线称为水层线,在已知 R_w、a 和 m 情况下可根据此式作出该直线来。在不知道 R_w、a、m 的情况下,同样可根据明显水层作出这一直线,进而可求得 R_w、a、m 的数值。

与上一交会图类似,仅用于划分油、气、水层时,只需作出 $S_w = 50\%$、70%、100% 这三条参考直线,同样可分为水层区、过渡区、油气层区(图 1-4-18)。

与特殊坐标系交会图一样,可根据代表每一个储层的资料点在交会图上的位置来判断每一个储层的饱和性质。

在这里需指出,这两种交会图都是按纯地层的测井解释公式作出的,在实际应用时要特别注意泥质含量等因素的影响。当地层含有泥质时,将会造成所求孔隙度偏大,引起电阻率降低,其结果必然会引起水层区的扩大。因此在解释时应特别注意这一点。

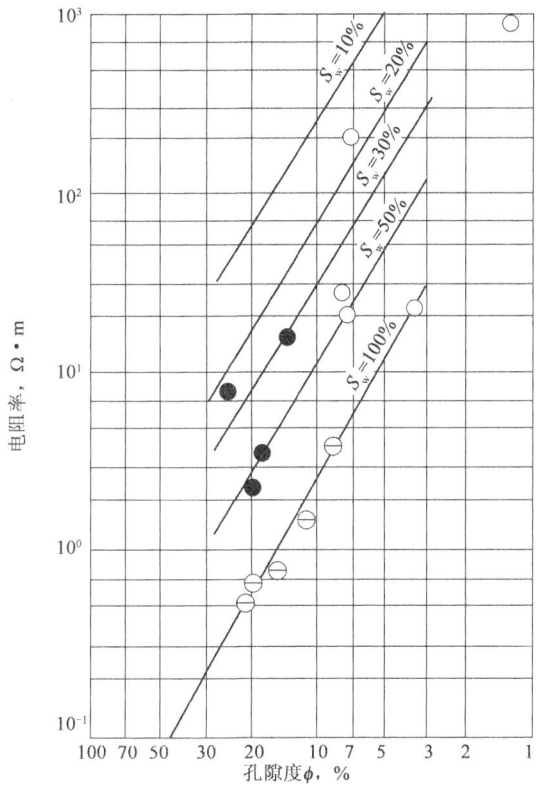

图 1-4-18 电阻率—孔隙度交会图(双对数坐标系)(据杜奉屏,1984)

5. 径向电阻率法

1) 基本原理

在一般的钻井条件下,钻井液滤液总是要侵入到每一个储层中,有些储层侵入深一些,有些储层侵入浅一些。这样,由于钻井液的侵入或者改变了侵入区所含液体的电阻率,或者改变了侵入区的含水饱和度,或者这两者同时改变。总之,改变了侵入区岩层的电阻率数值,最后造成地层电阻率在径向上出现差异,即侵入区电阻率与原状地层(未被钻井液侵入部分的地层)电阻率不一致,出现径向电阻率梯度。若能测出这种径向电阻率的差异,就可根据这一差异来分析判断地层的饱和性质,这就是径向电阻率法的地质依据(王允诚等,2002)。

与前述的一些方法相比,径向电阻率法,特别是其中的比值法,不受地区及地层水电阻率的限制。也就是说,对于地层孔隙结构 a、m 数值差别较大的地层,或者是地层水电阻率差别较大的地层,都可以在同一个交会图上或重叠图上进行分析对比。这是因为这一方法所研究的是同一地层在钻井液侵入之后所造成的测井参数上的差异。同时,这一方法还可反映出地层可动油的数量。在钻井液侵入储层时,仅仅是把储层中可流动部分的流体(即可动油和可动水)排挤走,而在冲洗带还残留一部分残余油和残余地层水。因此,同一地层、不同径向范围内的含水饱和度的差值,恰恰是可动油饱和度的大小。

根据纯地层的基本公式:

$$S_w^n = F \frac{R_w}{R_t} \tag{1-4-43}$$

以及
$$S_m^n = F \frac{R_{mf}}{R_m} \tag{1-4-44}$$

式中 S_w——含水饱和度;

S_m——冲洗带含水饱和度;

R_w——地层水电阻率;

R_t——原状地层电阻率;

R_m——冲洗带电阻率;

R_{mf}——钻井液电阻率;

n——饱和度指数。

将式(1-4-43)和式(1-4-44)联立起来,有

$$\frac{R_m}{R_t} = \frac{R_{mf}}{R_w}\left(\frac{S_w}{S_m}\right) \tag{1-4-45}$$

这就是径向电阻率法的基本关系式。这一关系式表明:同一地层、不同径向范围电阻率的差别(即冲洗区电阻率与原状地层电阻率的差别)是由于钻井液滤液电阻率与地层水电阻率之间的差别,以及冲洗区含水饱和度与原状地层含水饱和度之间的差别所引起的。因此,完全可以根据此式,分析径向电阻率之间的差别,来判断储层的饱和性质。

2) R_m—R_t 曲线重叠法

图1-4-19即为 R_m—R_t 曲线重叠法的一个实例。图上用对数比例尺记录的曲线是邻近侧向测井(PL)曲线及感应测井(IL)曲线。

将上面的公式两边取对数可得

$$\lg R_m - \lg R_t = \lg \frac{R_{mf}}{R_w} + n\lg \frac{S_w}{S_{xo}} \tag{1-4-46}$$

从此式可以看出:

①当 $R_{mf} = R_w$,即钻井液滤液电阻率接近地层水电阻率时,以对数比例尺记录的 R_{xo} 曲线及 R_t 曲线之间的幅度差别,正好反映了同一储层在不同径向范围内含水饱和度的差别。

R_m 曲线与 R_t 曲线重合,表示 $S_w = S_{xo}$ 应为水层; R_t 曲线明显高于 R_m 曲线,出现一定的幅度差, $S_w < S_{xo}$,应为油气层。

②当 R_{mf} 与 R_w 差别较大时, R_m 曲线与 R_t 曲线之间所表现出的幅度差,就不仅仅反映了不同径向范围内含水饱和度的差别,同时还反映钻井液滤液电阻率与地层水电阻率之间的差别。在这种情况下,就应先确定明显的水层。在明显水层外,由于 $S_w = S_{xo}$, R_m 曲线与 R_t 曲线的幅度差正好反映了 R_{mf} 与 R_w 之间的差别。如图1-4-19所示,这时可对比其他储层的幅度差与明显水层的幅度差,即可判别储层的饱和性质。在这种情况下,最好是采取移动曲线的方法来分析幅度差的大小。在明显水层处,移动曲线(把 R_m 曲线移向 R_t 曲线或者是把 R_t 曲线移向 R_m 曲线均可)使 R_m 曲线与 R_t 曲线重合,然后再从两曲线间的幅度差的大小来判断储层的饱和性质。如图1-4-19所示,该图是把 R_m 曲线(即PL曲线)左移,使其在明显的水层处与 R_t 曲线(IL曲线)重合,上一层的 R_t 曲线明显高于 R_m 曲线,因此可判断为油气层。

3)深、浅电阻率交会法

当没有冲洗带测井或冲洗带测井资料质量差时,可采用浅探测电阻率来代替冲洗带电阻

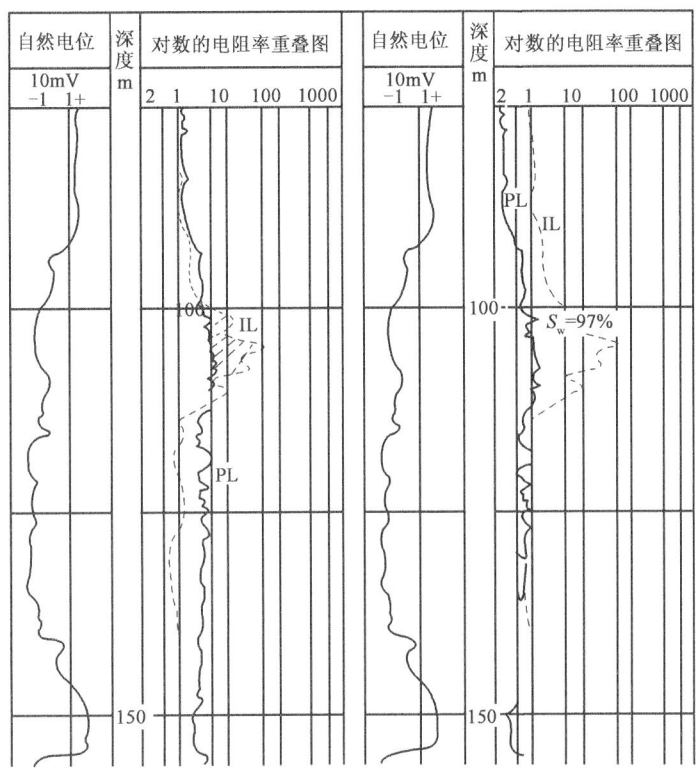

图 1-4-19 对数电阻率曲线重叠图(据杜奉屏,1984)

率。这时浅探测电阻率相当于侵入带电阻率 R_i。侵入带内水溶液电阻率为 R_z,相当于钻井液滤液与剩余地层水混合液体的电阻率,可按下式计算:

$$\frac{1}{R_z} = \frac{Z}{R_w} + \frac{1-Z}{R_{mf}} \qquad (1-4-47)$$

式中 Z——剩余水含量,一般取 $Z = 0.075$。

这时只需在式(1-4-47)中用 R_z 代替 R_{mf},用 R_i 代替 R_{xo},同样取对数后经整理可得下式:

$$\lg R_t = \lg R_i + \lg \frac{R_w}{R_g} + n\lg \frac{S_i}{S_w} \qquad (1-4-48)$$

式(1-4-48)表明,在双对数坐标图上,R_t 与 R_i 的关系为一组斜率为 1 的直线。直线在双对数坐标图上的位置取决于下式:

$$\lg \frac{R_w}{R_g} + n\lg \frac{S_i}{S_w}$$

式中 R_t——侵入带内水溶液电阻率;
R_i——侵入带电阻率;
S_i——侵入带水饱和度。

在已知 R_w/R_z 的比值时可作出代表不同 S_w 的直线,这时可采用经验关系 $S_i = \sqrt{S_w}$ 进行计算。如果不知道 R_w/R_z,但解释井段有明显水层,可通过纯水层点引 45°斜线作为 $S_w = 100\%$ 的直线,即水层线。如果无纯水层,也可根据泥岩层或致密层近似地绘出纯水层线。图 1-4-20 即为我国某油田一口井的深浅三侧向电阻率交会图实例。

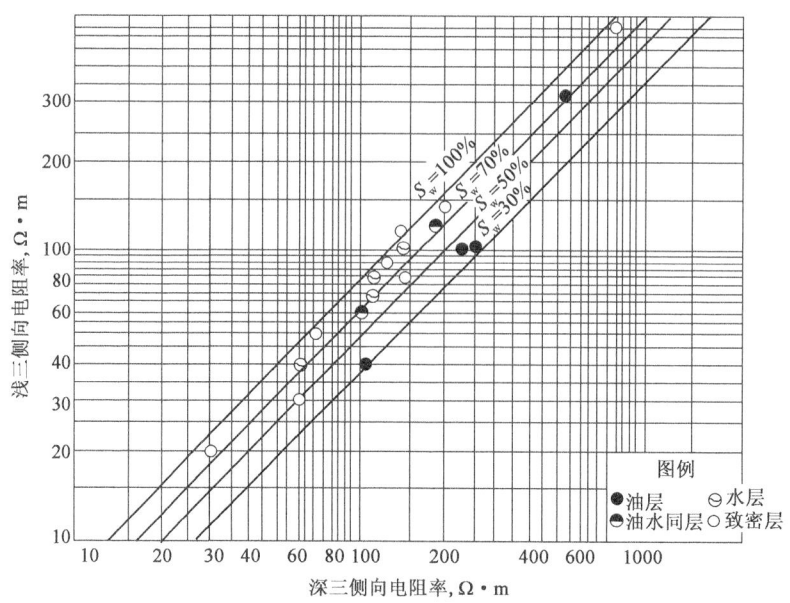

图 1-4-20 深浅三侧向电阻率交会图实例(据杜奉屏,1984)

4) 径向电阻率比值曲线与自然电位曲线重叠法

基本公式(1-4-46)也可用下述形式来表示:

$$\left(\frac{S_w}{S_{xo}}\right)^n = \frac{R_{xo}R_w}{R_t R_{mf}} \quad (1-4-49)$$

上式的左边表示原状地层含水饱和度与冲洗带含水饱和度之间的差别,这一差别正好反映了可动油的数量。公式的右边,表示比值 R_{xo}/R_t 与比值 R_{mf}/R_w 之间的差别。因此,完全可以根据这两个比值的差别来判断地层可动油的数量。

在水层或致密层,$R_{xo}/R_t \approx R_{mf}/R_w$ 表示无可动油存在。当 R_{xo}/R_t 明显小于 R_{mf}/R_w (一般 $R_{xo}/R_t < 0.5 R_{mf}/R_w$)时,认为具有一定数量的可动油。

我们知道,自然电位异常公式可近似写成

$$SSP = -K \lg \frac{R_{mf}}{R_w} \quad (1-4-50)$$

若用 R_{xo}/R_t 代替上式中的 R_{mf}/R_w,同样也可计算出一条自然电位曲线。这条曲线称为假自然电位曲线或计算自然电位曲线。将实测自然电位曲线与计算自然电位曲线重叠绘出,即可从这两条曲线的相互关系上来划分油、气、水层。

图 1-4-21 为该方法的实例。对于水层或致密层,由于 $R_{xo}/R_t \approx R_{mf}/R_w$,计算自然电位曲线[即$(R_{xo}/R_t) \times QL$ 曲线]的异常幅度与实测自然电位曲线(SP 曲线)的异常幅度近似相等。也就是说,在水层或致密层处两条曲线基本重合(图 1-4-21 的上部)。对于有可动油的储层,由于 R_{xo}/R_t 小于 R_{mf}/R_w,这样计算得出的自然电位异常值将小于实测自然电位异常值,两条曲线出现明显的幅度差(图 1-4-21 中部的油层)。

这一方法的优点在于不受地层水电阻率、孔隙度及 m、a 值的影响。经验表明,泥质对 SP 的影响及对比值 R_{xo}/R_t 的影响差不多,因而这一方法也可用于含泥质地层 R_w、V_{sh} 预测。在岩性变化较大的地区应用这一方法时,要特别谨慎,因为这一方法的效果在很大程度上取决于比

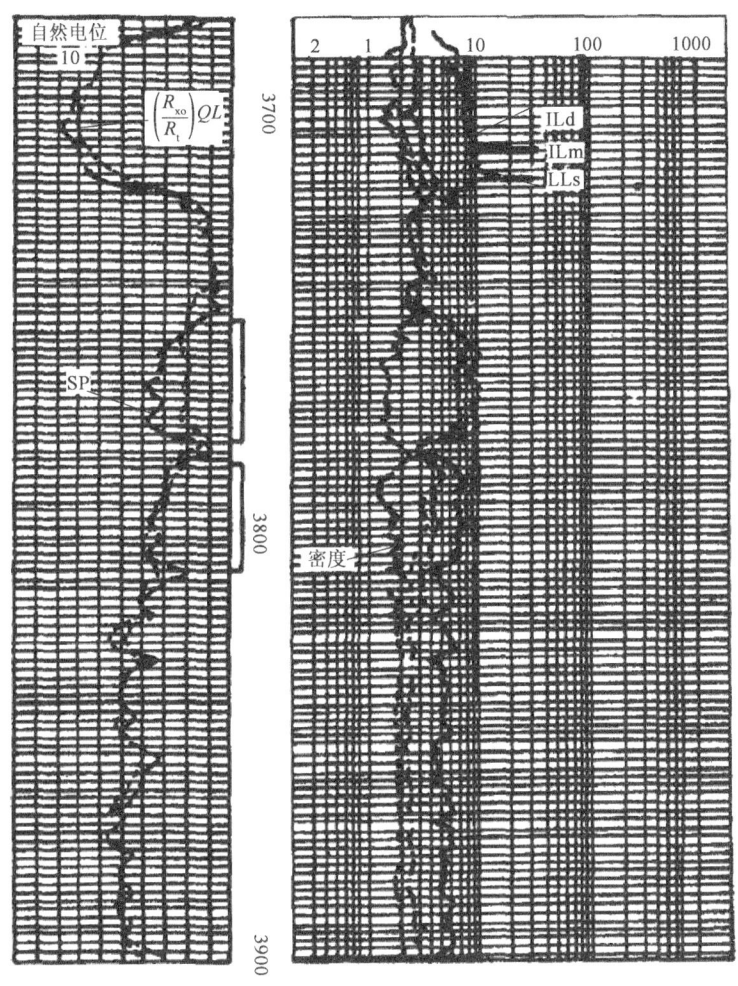

图 1-4-21 自然电位重叠图(据杜奉屏,1984)

值 R_{xo}/R_t 的求得,特别是 R_{xo} 的求得。最好采用深、浅组合的电阻率曲线;曲线变化不能太剧烈;而且深、浅电阻率测井最好具有相同的纵向特性。否则,计算得到的自然电位曲线将难于与实测自然电位曲线进行对比。

(四) 碎屑岩剖面油气水层的识别

砂泥岩剖面是指由砾岩、砂岩、粉砂岩、泥质粉砂岩等碎屑岩类和砂质泥岩、泥岩、页岩等黏土岩类组成的地层剖面。一般碎屑岩可作为储层,而黏土岩可作为隔层和生油层(吴元燕等,2005)。

1. 划分渗透层

砂泥岩剖面中的渗透层一般是指砂质岩类。在划分时,一般利用自然电位(SP)曲线确定渗透层的位置,以微电极(ML)曲线划分渗透层界面,并参考其他曲线和录井资料,如视电阻率曲线、井径曲线、油气显示、钻井液性能、钻时曲线等。

①自然电位曲线。渗透层相对于泥岩基线而言具有较大的幅度异常。负异常:地层水矿化度 > 钻井液滤液矿化度时。正异常:地层水矿化度 < 钻井液滤液矿化度时。无异常:地层水矿化度 = 钻井液滤液矿化度时。一般情况下,地层水矿化度 > 钻井液滤液矿化度,所以常常显

示为负异常。

②微电极曲线。在自然电位判断出的砂岩中,对于渗透层,在微电极曲线上的视电阻率一般较低,而且常常出现正幅度差;对于致密砂岩,微电极曲线上的视电阻率较高,曲线呈锯齿状,无幅度差或有较小的正负不定的幅度差。

③井径曲线。渗透层时,井径缩小;未胶结或胶结疏松的砂层时,井径扩大。

2. 油、气、水层的判断

根据测井曲线上油、气、水层的不同特征进行判断,具体内容如下。

①油层。侵入特征为减阻侵入。微电极曲线(虚线为微电位,实线为微梯度)中,微电位的视电阻率>微梯度的视电阻率,表现为正幅度差、高—中值。自然电位偏离泥岩基线,显示为负异常。长、短电极视电阻率曲线(4m、0.45m)表现高值。声波时差表现中—高值,平台状。

②气层。侵入特征为减阻侵入。微电极、SP、视电阻率与油层相同。AC:周波跳跃或台阶状增大。中子伽马:幅度高于油层。

③水层。明显的增阻侵入。微电极:正幅度差,中—低值。SP:负异常,幅度比油层大得多(对淡水层则显示为正异常)。长电极视电阻率(4m):低阻。短电极视电阻率(0.45m):高阻。AC:中—高值,平台状(与油层相似)。

地层孔隙中原始流体的电阻率较低,钻井液滤液侵入后,侵入带的电阻率比原来地层的电阻率高($R_i > R_t$),这种现象称为增阻侵入或高侵。该情况多出现在含高矿化度水的水层处。地层孔隙中原始流体的电阻率较高,钻井液滤液侵入后,侵入带的电阻率比原来地层的电阻率低($R_i < R_t$),这种现象称为减阻侵入或低侵。该情况多出现在含油气的地层中。

(五)碳酸盐岩剖面油气层的识别

碳酸盐岩地层在世界油气储量和产量中,所占的比重较大(吴元燕等,2005)。储层特点为:岩性复杂,物性变化大,具有高的电阻率;储集空间复杂,储集类型多样,非均质性极强,具有双重孔隙结构(基质孔隙系统和裂缝系统),这两类孔隙系统具有不同的特征(表1-4-6)。

表1-4-6 基质孔隙和裂缝的特征对比

	基质孔隙	裂缝
孔隙类型	粒间+晶间,原生+次生	缝、洞,构造应力+溶蚀
分布	均匀、孔隙小,靠狭窄喉道连通	不均匀,连通性好
渗透率K	低,<1mD	高,50~100mD
作用	储集流体的主要场所	流体渗滤的主要通道
钻井液侵入特点	浅	深

1. 划分渗透层

1) 地质录井特征

①钻具放空,钻时下降。钻遇缝洞层时,钻时下降,若缝洞较大时,还出现钻具放空现象。

②钻井过程中普遍发生井漏、井喷。井漏、井喷且先漏后喷是碳酸盐岩裂缝性油气层的显著特点之一。

③取心资料。对岩心进行观察,判断缝洞的存在,划出渗透层。

④岩屑录井资料。根据岩屑中次生矿物含量。

地层中的缝洞不能通过岩屑直接观察到,但可以通过岩心观察到缝洞中有充填物并计算缝洞开启系数:

$$缝洞开启系数 = \frac{次生矿物中自形晶含量}{次生矿物总含量} \times 100\%$$

缝洞开启系数表示地下有效缝洞发育的情况,系数越大,则地下有效缝洞越发育。

2)测井曲线上的反映

以华北古潜山裂缝—溶洞型储层和四川的裂缝性储层为例。

(1)华北古潜山裂缝—溶洞型储层

测井系列具有以下内容。

岩性—孔隙度测井:自然伽马、岩性密度、中子、声波;

聚焦电阻率测井:双侧向—微球型聚焦;

裂缝测井:裂缝识别、地层倾角、井壁超声电视;

其他测井:井径、井温、声幅、岩石的光电吸收截面指数 P_e。

测井曲线特征,具体如下:

自然伽马:低值(含铀层为高值);

电阻率:低值或中等值;

中子测井:低中子伽马、高中子孔隙度;

声波时差:一般高于或近似于骨架时差,仅用于探测水平缝,纵波出现"周波跳跃",声幅明显衰减,变密度、波列显示突变、模糊带、锯齿带;

密度测井:低体积密度;

井径:平直时密度校正曲线不为零值;

裂缝识别:重叠曲线有明显差异;

声波电视:黑斑(带)显示;

双井径:大于或近于钻头直径;

自然电位:钻井液漏失形成过滤电势,可能在裂缝发育段产生异常;

岩石的光电吸收截面指数 P_e:一般地层 $P_e=1.81\sim5.08$;重晶石 $P_e=24.7$;在含重晶石的钻井液侵入裂缝后,成为很好的裂缝指示器;

双侧向:水平裂缝,深侧向下降,浅侧向影响小,负异常,垂直裂缝,深侧影响小,浅侧向下降,正异常;

井径:裂缝段垮塌,形成明显扩径;

井温:钻井液漏失,出现低温异常;

倾角测井:极板接触不好,出现低阻异常。

(2)四川二叠系阳新统裂缝性储层

四川二叠系阳新统产气层为厚层、块状灰岩,储集空间主要为裂缝和溶蚀洞穴。不同岩层在测井曲线上的特征见表1-4-7。

表1-4-7 不同岩层在测井曲线上的特征

	电阻率 R	自然伽马 GR	中子伽马	AC
致密层	高	低	高	低
渗透性差泥页岩	低	高	低	高
缝洞层	低	低	低	高

由表1-4-7可以看出:渗透层在测井曲线上的显示为"三低一高",即自然伽马低、中子伽马低、电阻率低、声波时差高,反映了一"纯"、二"多"、三"连通"的特点。

一"纯":低自然伽马反映含泥少,岩性纯,说明缝洞发育。

二"多":低中子伽马、高时差反映地层含氢量多,说明缝洞发育,孔隙度高。

三"连通":低电阻率反映地层连通性好。

2. 识别油、气、水层

1) 缝洞油、水层的识别

(1) 双孔隙度法

双孔隙度法是利用岩石总孔隙度与含水孔隙度之间的关系来划分油、水层的一种方法。

总孔隙度 ϕ_N(又称中子孔隙度)由中子伽马求出;含水孔隙度 ϕ_w 由深侧向电阻率曲线求出(阿尔奇公式)。评价准则为: $\phi_N \approx \phi_w$ 时,水层; $\phi_N > \phi_w$ 时,孔隙油层; $\phi_N < \phi_w$ 时,缝洞层。

(2) 深、浅侧向电阻率重叠比较法

满足钻井液滤液电阻率 R_{mf} > 地层水电阻率 R_w 时,可用此法。

① $R_深 > R_浅$、中—高阻为孔隙油层;

② $R_浅 > R_深$、低阻为水层;

③ $R_深 \approx R_浅$、高阻为致密层;

④ $R_深 \approx R_浅$、低阻为泥质层和缝洞层。

(3) 正态分布法

正态分布法是建立在数理统计基础上的一种测井分析方法,采用概率纸的形式进行直观显示。由于地层、测井手段和方法本身的原因,常使计算的地层水电阻率 $R_{wa} \neq$ 地层水真电阻率 R_w,而是围绕 R_w 上下波动。

任丘油田的裂缝性碳酸盐岩,其水层的视地层水电阻率的平方根 $\sqrt{R_{wa}}$ 具有正态分布的特点,在正态概率纸上 $\sqrt{R_{wa}}$ 与累计频率呈线性关系,而油层则偏离这条直线或形成斜率较大的另一条直线。

(4) 油水界面的确定方法(以底水油藏为例)

开发前,油藏有一个统一的油水界面。开发后,底水逐渐上升,油水界面也随之上升,由于缝洞系统和微裂缝—微孔隙系统底水向上推进速度不同(前者速度比后者快,引起了地层中油水演变过程的不均衡),形成了两个界面(纯油界面和纯水界面),其间为油水过渡带。

① 纯油界面(缝洞油水界面)以上: $\phi_N > \phi_w$, $\phi_w < 4\%$, $R_深 > R_浅$、中—高阻。

② 纯水界面(微裂缝—微孔隙油水界面)以下: $\phi_N \approx \phi_w$, $R_浅 > R_深$,低阻。

③ 油水过渡带内:油水混杂,电性特征介于上述二者之间或两者均有出现。

2) 裂缝性气、水层的区分

主要根据以下这些特点(表1-4-8)来区分气、水层。

表1-4-8 储层电测曲线特征

	气层	水层
双侧向电阻率	中低阻	低阻
双侧向曲线包络线	弧形、半弧形	—
AC	周波跳跃、锯齿状	平台状、中高值

续表

	气层	水层
井温	低温	高温
井喷	喷气	喷水

对于四川二叠系裂缝性气层,气层、水层很难区分。因此,在识别时还应尽量收集地质录井、测井以及地面露头等各方面的资料,然后综合分析,作出评价。

第五节 油气藏储量计算与评价

获取油气地质储量与可采储量是油气藏勘探的基本目的,而对一个油气藏油气地质储量与可采储量计算与评价的结果,不仅是对储层地质模型可靠性的直接验证,更决定着该油气藏的开发前景(欧成华等,2006)。

一、油气储量的基本概念及分级分类

(一) 油气储量的基本概念

1. 总油气资源量

总油气资源量是指在自然环境下油气资源所蕴藏的地质总量,包括已发现的资源量和未发现的资源量。目前,国外将已发现的资源量定名为原始地质储量,未发现的资源量定名为远景原始地质储量。

2. 地质储量

地质储量是指在原始地层条件下,把已发现的油气储层有效孔隙中储藏的油气总体积换算到地面标准条件下的油气总量。它是总油气资源量中已发现部分的油气总量。地质储量也称原始地质储量。

3. 可采储量

可采储量是指在现有经济、技术条件下,从原始地质储量中预期能采出的油气总量。可采储量又称原始可采储量。

4. 剩余可采储量

剩余可采储量是指已经投入开发的油田,在某一指定年份剩余的可采储量。它是原始可采储量与到某一指定年份累积采出量的差值。它是以后油田开发的物质基础,也是最有实际意义的储量。

5. 储采比

储采比是指开采到某年剩余可采储量与当年年产量之比,单位为年,又称储量寿命。其含义是现有的剩余可采储量,若以该年的年产量生产,还能开采多少年。当储采比近于10~12时,说明油田开发开始进入递减阶段。因此储采比也是分析与判断开发形势的一个重要指标。

(二) 油气储量的分级与分类

1. 我国油气储量的分级与分类

随着对各阶段油气藏认识程度的不断加深,我国将已发现的资源量划分为探明储量、控制储量和预测储量三级。目前,我国油气计算和核实储量的级别也在不断提高。我国油气储量分级与分类如图1-5-1所示(蔡正旗,2011)。

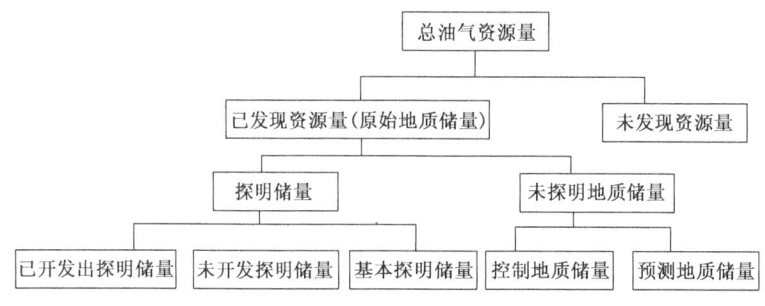

图1-5-1 我国油气储量分级与分类图

1) 探明储量

探明储量是指在现有技术和经济条件下,可供开采并获得社会经济效益的可靠储量,是在油气田评价勘探阶段完成后,或在开发过程中计算的储量。探明储量按开发状态划分为已开发探明储量、未开发探明储量、基本探明储量三类。

已开发探明储量(Ⅰ类),指通过开发方案的实施,已完成生产井钻井和设施建设并已投入开发的探明储量。储量的可信系数大于90%。

未开发探明储量(Ⅱ类),指已完成评价勘探,尚未投入开发的探明储量,储量的可信系数大于80%。

基本探明储量(Ⅲ类),是针对复杂类型油气藏的滚动勘探开发而设置的,可信系数大于70%。

2) 控制储量

控制储量是在圈闭预探获得工业油气流后,以建立探明储量为目的,在评价勘探过程中计算的储量。控制储量可作为进一步勘探、编制中期和长期开发规划的依据。储量的可信系数大于50%。

3) 预测储量

预测储量是在地震普查提供的圈闭内,经过预探井钻探获得油气流,或综合分析有油气层存在,根据区域地质条件分析和类比,对可能存在的油气藏进行估算的储量。预测储量是制订评价勘探方案的依据。储量的可信系数大于10%。

2. 国外油气储量的分级与分类

国外储量的分级与分类标准有很多,不同国家制定的分类标准也不同。这里主要展示SPE协会1988年使用的分级分类体系标准,如图1-5-2所示。

二、油气地质储量的计算

油气地质储量计算的方法主要有容积法、类比法、概率法、物质平衡法、压降法、产量递减

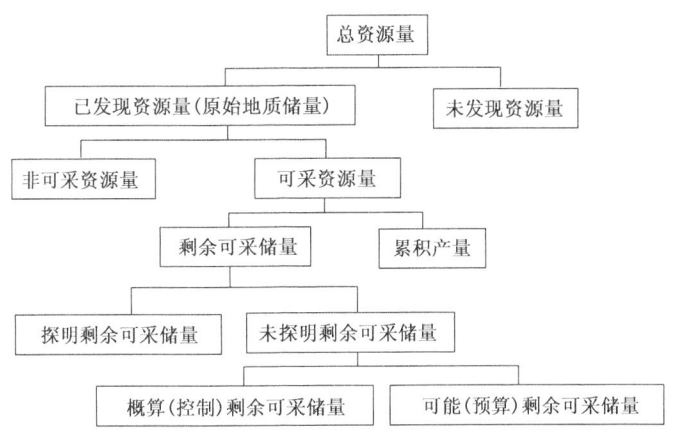

图 1-5-2 SPE 协会 1988 年使用的储量分级、分类图

曲线法、水驱曲线法、矿场不稳定试井法等。这些方法应用于不同的油气田勘探和开发阶段以及不同的地质条件。其中,容积法、类比法、概率法主要是应用油气田的静态资料和参数来计算油气储量,故可统称为计算油气储量的静态法;而物质平衡法、压降法、产量递减曲线法、水驱曲线法、矿场不稳定试井法等主要是应用油气田动态资料和参数计算油气储量的方法,属于动态法(据蔡正旗,2011)。

在我国现行标准 DZ/T 0217—2005《石油天然气储量计算规范》中,基于储量计算单元的容积法是地质储量计算时用得最为普遍的方法。

储量计算单元是指一次储量计算中的地层单元。储量计算单元划分是否合理对储量计算精度影响很大。在油气藏储量计算中,计算单元原则上为单个油气藏。在一些情况下,可适当细分或合并计算。

平面上,面积很大的油气藏,视不同情况可细分井区;而受同一构造控制的几个小型的断块或岩性油气藏,当油气藏类型、储层类型和流体性质相似,且含油气连片或叠置时,可合并为一个计算单元。

纵向上,已查明具有统一油(气)水界面的油(气)水系统,一般作为一个计算单元,含油(气)高度很大时也可细分砂层组或小层;同一岩性的块状油气藏,含油(气)高度很大时可按水平段细分计算单元;尚不能断定为统一油(气)水界面的层状油气藏,当油、气层跨度大于 50m 时视情况细分计算单元;对于不同岩性、储集特征的储层,应划分独立的计算单元。在开发阶段计算已开发探明储量时,纵向上的计算单元应根据需要可细化到小层,甚至单砂体。

(一)容积法储量计算公式

容积法计算储量的实质是确定油(气)在储层孔隙中所占的体积。因此,地下温度、压力条件下一定含油(气)范围内的油(气)体积可表达为含油(气)面积、有效厚度、有效孔隙度与含油(气)饱和度的乘积。

油层埋藏在地下深处,高温、高压条件下的石油中常溶解了大量的天然气,当原油被采到地面以后,由于压力降低,石油中溶解的天然气便会逸出,从而使地面石油的体积大大减小。因此,如果要将地下原油体积换算成地面原油体积,应将地下原油体积除以石油体积系数(地下原油体积与地面标准条件下原油体积之比,由地层流体高压物性分析得到)。石油储量一般以质量为单位,故还应将地面原油体积乘以石油的密度。

对于天然气藏而言,天然气体积严重受压力和温度变化的影响。地下气层温度和压力比地面高得多,因此,当天然气被采出至地面时,由于温压降低,天然气体积大大膨胀(一般为数百倍)。如果要将地下天然气体积换算成地面标准温度、压力条件下的体积,也必须考虑天然气体积系数。

1. 油藏地质储量计算公式

油藏地质储量计算公式为

$$N = 100 A_o h \phi (1 - S_{wi})/B_{oi} \tag{1-5-1}$$

式中 N——油藏地质储量,$10^4 \mathrm{m}^3$;

A_o——含油面积,km^2;

h——平均有效厚度,m;

ϕ——平均有效孔隙度;

S_{wi}——平均原始含水饱和度;

B_{oi}——平均地层原油体积系数。

若用质量单位表示石油地质储量时:

$$N_z = N \rho_o \tag{1-5-2}$$

式中 N_z——石油地质储量,$10^4 \mathrm{t}$;

ρ_o——平均地面原油密度,$\mathrm{g/cm}^3$。

地层原油中的原始溶解气地质储量可按下式计算:

$$G_s = 10^{-4} N R_{si} \tag{1-5-3}$$

式中 G_s——溶解气的地质储量,$10^8 \mathrm{m}^3$;

R_{si}——原始溶解气油比,$\mathrm{m}^3/\mathrm{m}^3$。

2. 天然气藏地质储量计算公式

容积法也是计算天然气储量的基本方法,但主要适用于孔隙型气藏及油藏气顶。对于裂缝型与裂缝—溶洞型气藏,难以应用容积法计算储量。

容积法计算气藏和油藏气顶天然气地质储量公式为

$$G = 0.01 A_g h \phi (1 - S_{wi})/B_{gi} \tag{1-5-4}$$

式中 G——天然气地质储量,$10^8 \mathrm{m}^3$;

A_g——含气面积,km^2;

B_{gi}——平均地层天然气体积系数。

天然气体积系数为天然气地下体积转换为地面标准条件下的体积换算系数(我国地面标准条件指温度20℃、绝对压力0.101MPa)。其数值受原始地层压力和温度、地面标准压力和温度以及原始天然气偏差系数的影响,计算式为

$$B_{gi} = \frac{p_{sc} T_i Z_i}{T_{sc} p_i} \tag{1-5-5}$$

式中 p_{sc}——地面标准压力,MPa;

T_{sc}——地面标准温度,K;

p_i——原始地层压力,MPa;

T_i——原始地层温度,K;

Z_i——原始气体偏差系数。

据此,天然气原始地质储量计算公式(1-5-4)也可表达为

$$G = 0.01 A_g h \phi (1 - S_{wi}) \frac{T_{sc} p_i}{p_{sc} T_i Z_i} \quad (1-5-6)$$

原始地层压力和温度可通过井下仪器直接测定。在计算体积系数时,一般应用平均地层压力。气体由于受重力分异作用的影响,其密度随气层埋藏深度的增加而增加,所以气藏的压力系数由构造顶部向边部逐渐减小。因此,计算平均地层压力必须采用体积权衡法,实际计算中采用气藏1/2体积折算深度的压力。

天然气的偏差系数是天然气在给定压力和温度下气体实际占有体积与相同条件下作为理想气体所占的体积之比。一般有三种确定方法:天然气样品测定偏差系数;根据气体组分确定偏差系数;利用气体密度确定偏差系数。

3. 凝析气藏天然气地质储量计算公式

凝析气藏在地层条件下,天然气和凝析油呈单一气相状态,当采出地面后,除天然气外还有凝析油析出。应用容积法计算凝析气藏储量时,应先计算气藏总地质储量,然后再按天然气和凝析油所占摩尔分数分别计算天然气(即干气,为凝析气采至地面后经分离器回收凝析油后的天然气)和凝析油储量。

凝析气藏中凝析气总地质储量(G_c)可由式(1-5-6)计算,式中的Z_i为凝析气的偏差系数。凝析气藏中天然气(干气)的原始地质储量可由下式计算:

$$G_d = G_c f_d$$

其中

$$f_d = \frac{n_g}{n_g + n_o} = \frac{GOR}{GOR + \frac{24056 \gamma_o}{M_o}} \quad (1-5-7)$$

式中 G_d——天然气(干气)的地质储量,$10^8 m^3$;

G_c——凝析气藏的总地质储量,$10^8 m^3$;

f_d——天然气(干气)的摩尔分数;

n_g——天然气(干气)的摩尔数(即天然气分子的物质量),kmol;

n_o——凝析油的摩尔数(即凝析油分子的物质量),kmol;

GOR——凝析气井的生产气油比,m^3/m^3;

γ_o——凝析油的相对密度;

M_o——凝析油的分子量。

M_o可由如下相关经验公式确定:

$$M_o = \frac{44.29 \gamma_o}{1.03 - \gamma_o} \quad (1-5-8)$$

凝析气藏中凝析油的原始地质储量为

$$N_c = G_d / GOR \quad (1-5-9)$$

式中 N_c——凝析油地质储量,$10^8 m^3$。

气油比是凝析气藏储量计算中十分重要的参数。为了取得准确的气油比资料,在井口取样尽量用小油嘴生产,使生产压差很小,地层内凝析气压不要降至露点以下,以保证井口气油

比能代表地层内的比例。

实际工作中常常获得许多井点或样品的参数值,因此在计算油田地质储量时需要根据油田的实际情况,采用分区平均法或者是积分法进行。对于油气藏类型简单、储层均质性好的油田,通常是先计算各种参数的平均值,然后利用式(1-5-9)计算出一个储量值,可以获得较理想的成果。但对于高度非均质复杂断块油田,则必须分区、分块、分层系进行平均,再利用容积法求得各级单元地质储量,进行累加,得到整个油田的储量。

我国储量计算要求,当气藏或凝析气藏中总非烃类气含量大于15%或单项非烃类气含量大于以下标准者(硫化氢含量大于5%,二氧化碳含量大于5%,氮含量大于0.1%),烃类气和非烃类气地质储量应分别计算。具有油环或底油时,原油地质储量按油藏地质储量计算公式计算。

(二)容积法储量计算中参数的确定

在上述容积法储量计算公式中,含油(气)面积、有效厚度、有效孔隙度、原始含油(气)饱和度为重要的油、气藏地质参数、原始体积系数、气油比和油密度。下面介绍各参数的确定方法(伍友佳,2004;蔡正旗,2011)。

1. 含油(气)面积

含油(气)面积是指具有工业性油流地区的面积,为油(气)藏产油(气)段在平面上的投影。含油面积的确定要充分利用地震、钻井、测井和测试等资料,综合研究油、气、水分布规律和油(气)藏的类型,确定流体界面以及油气遮挡边界,在反映油(气)层(储集体)顶(底)面形态的海拔高度等值线图上圈定含油(气)面积。在计算石油、天然气储量的容积法公式中,含油(气)面积的精度对石油、天然气储量的可靠性有决定性的影响。所以,准确圈定含油(气)面积是储量计算的关键。下面以纯油藏为例介绍含油面积的确定方法。

要圈定含油面积首先需确定含油边界。含油边界包括油水边界、岩性边界和断层边界等。不同的圈闭类型,其控制含油分布的边界有所不同。对于岩性、物性稳定的背斜油藏来说,可根据油水边界确定含油面积;对于地质条件复杂的油藏,含油边界往往由多种边界构成。因此,只有在查明圈闭形态、断层位置、岩性边界以及确定油藏油水分布规律之后,才能圈定含油面积。

1)油水边界的确定

油水边界是控制含油分布最重要的边界。对于边水油藏,油水接触面与油层顶面的交线为外含油边界,它是含油面积的外界;油水接触面与油层底面的交线为内含油边界,它控制了含油部分的纯含油区;内、外含油边界之间的含油部分可称为油水横向过渡带(图1-5-3)。

油水界面的确定方法主要有以下三种。

(1)利用试油及测井解释资料确定油水界面

确定油水界面的首要工作是正确判别油层、油水同层和水层。应用试油及测井解释资料确定油水界面的基本步骤如下:

①划分油水系统。根据试油成果,特别是单层试油成果,确定各井的油层、水层、油水同层、干层;对于缺乏单层试油的井段,可通过试油资料标定测井资料,制定判断油水层的测井标准,然后根据测井资料划分各井的油层、水层和油水同层。

②在同一油水系统内,按油藏剖面依次将各井的油底和水顶海拔高度标注在如图1-5-4所示的坐标图上。分析不同资料的可靠程度,其中,最可靠的资料为单层试油资料,在图中可特别标出;测井解释的未经试油证实的油层和水层,作为确定油水界面的重要参考资料。

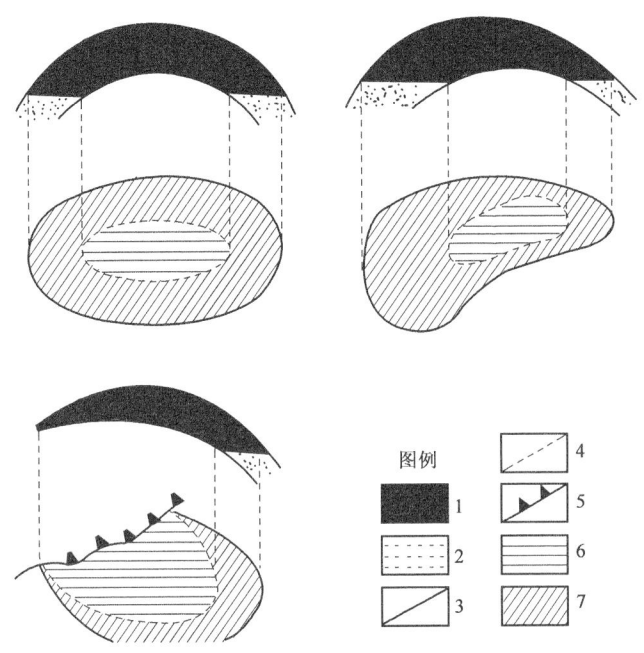

图1-5-3 油水边界特征图(据吴元燕等,2005)
1—地层产油部分;2—地层饱和水部分;3—外含油边界;4—内含油边界;
5—尖灭线或储油层相变线;6—油藏纯油带;7—油水过渡带

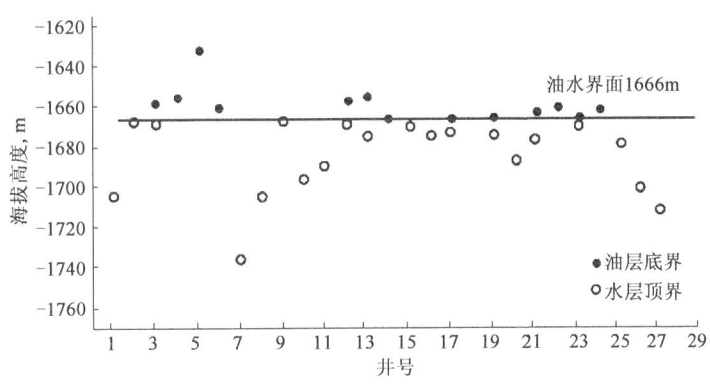

图1-5-4 确定油水界面图(据吴元燕等,2005)

③在整体分析油藏油水分布规律的基础上,在油底与水顶之间合理划分油水界面。油水界面可以是水平的,也可以是小角度倾斜的或一定程度的凹凸不平的;同时,油底和水顶之间还存在油水过渡段。当测井解释的油、水层与油藏分布规律明显不吻合时,应考虑对测井资料进行复查解释。当油底和水顶分属于上下不同的砂体而相距较远时,油水界面应偏向油底,以防止含油面积偏大。

(2)利用压力梯度资料确定地层流体界面

当探井钻达油气层并钻穿流体界面时,流体界面还可以应用钻杆测试器(DST)或重复地层测试器(RFT)测得的原始地层压力与相应深度的关系(即压力梯度)来确定。

由于压力梯度与流体密度成正比,当地层所含流体(连续段)的密度有差异时,在深度—

压力图上就表现为不同的压力梯度,因此,图上不同压力梯度线的交点所对应的深度,即为上下两种不同流体的接触面位置。图 1-5-5 为应用 RFT 测压资料确定 WZ10-3-1 井油气界面(OGC)和油水界面(OWC)的图解。图中,压力梯度因由三条不同斜率的直线所组成。第一条直线段的梯度和密度分别为 0.002176MPa/m 和 0.21768g/cm³,反映为气层;第二条直线段的梯度和密度分别为 0.006223MPa/m 和 0.6223g/cm³,反映为油层;第三条直线段的梯度和密度分别为 0.01032MPa/m 和 1.032g/cm³,反映为水层。在第一条和第二条直线段的交点处(1975m),为油气界面(OGC);在第二条和第三条直线段的交点处(2067m),为油水界面(OWC)。

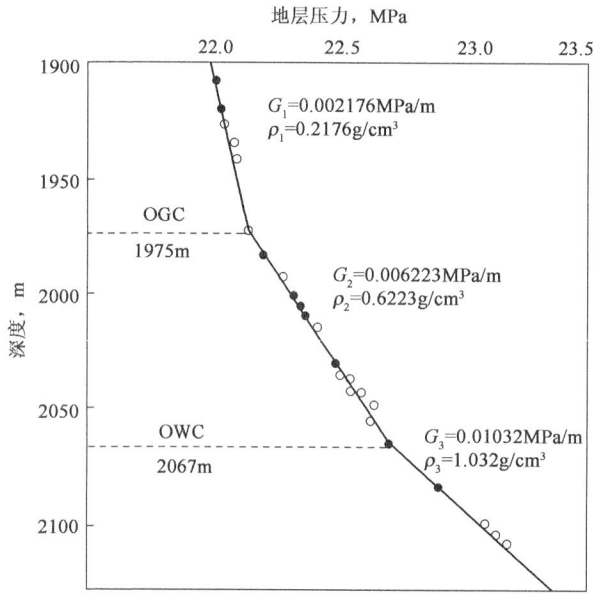

图 1-5-5　WZ10-3-1 井压力梯度图(据吴元燕等,2005)

G_1、G_2、G_3—第一、二、三条直线的梯度;ρ_1、ρ_2、ρ_3—第一、二、三条直线的密度

值得注意的是,这种方法仅适用于相同流体连续段具有一定厚度的油气藏。

(3)利用原始地层压力和地层流体密度资料确定流体界面

对于具有正常压力系统的油藏,在探井钻达油层但未钻穿流体界面时,可以利用测试获得的原始地层压力和地层流体密度资料,近似地确定油藏的油水界面。如图 1-5-6 所示,1 井钻在油藏的含油部位,测得的油层静止压力为 p_o,原油密度为 ρ_o;2 井钻在油藏的含水部分,测得的水层静止压力为 p_w,水的密度为 ρ_w。在油藏压力系统正常的情况下,可根据压力关系推导出油水界面的深度位置。其压力关系为:水井地层压力为油井地层压力、油井底至油水界面向油柱压力,以及油水界面至水井底的水柱压力之和,即

$$p = p_o + \frac{H_{ow} - H_o}{10^3}\rho_o g + \frac{\Delta H - (H_{ow} - H_o)}{10^3}\rho_w g \qquad (1-5-10)$$

式(1-5-10)经整理可得到油水界面的海拔高度为

$$H_{ow} = H_o + \frac{\Delta H \rho_w g - 10^3 (p_w - p_o) g}{p_w - p_o} \qquad (1-5-11)$$

式中　H_o——油井井底海拔高度,m;

H_w——水井井底海拔高度,m;

H_{ow}——油水界面海拔高度，m；

ΔH——油井与水井海拔高度差，m；

ρ_o——油的密度，g/cm^3；

ρ_w——水的密度，g/cm^3；

p_o——油井地层压力，MPa；

p_w——水井地层压力，MPa；

g——重力加速度，$9.8m/s^2$。

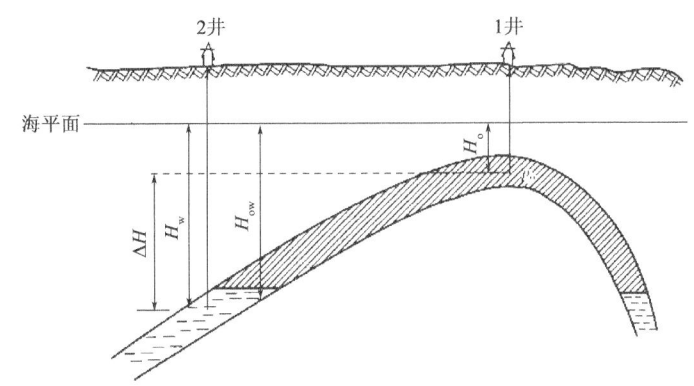

图1-5-6 利用压力和密度资料确定油水界面示意图（据吴元燕等，2005）

从以上可以看出，上述方法可在少井的情况下计算油水界面压力。实际上，即使在构造圈闭上只有1口油井而边部无水井时，也可以利用区域的压力资料以及水的密度资料代替水井压力资料计算油水界面。当然，少井情况下计算的油水界面有一定的误差，仅可作为参考。

在应用上述方法确定了油藏的油水界面位置及其海拔高度以后，可将油水界面投影到构造图上，以便在平面上确定油水边界、圈定油藏的含油面积。将确定的油水界面投影在油层顶面构造图上，即为外含油边界；投影在油层底面构造图上，则为内含油边界。通常的做法是将内、外含油边界均标绘在油层顶面构造图上。此时，含油外边界的海拔高度即为油水界面的海拔高度，而含油内边界的海拔高度则为油水界面的海拔高度减去油层的铅垂厚度（由油层底面投影到顶面所致）。确定了含油内、外边界的海拔高度之后，就可以在油层顶面构造图上，平行于构造等高线绘出含油外边界线与含油内边界线（对于均质油藏而言）。

对于油水垂向过渡段较厚的油藏，在圈定含油面积时必须考虑油水垂向过渡段。此时，应分别确定油底和水顶的海拔高度。水顶与顶面构造图的交线即为外含油边界，油底与底面构造图的交线即为含油内边界（该边界也可投影到顶面构造图上）。

如果油水界面不是水平的，而是倾斜的或不规则的（图1-5-7），此时，就不能简单地按上述方法圈定含油面积。一般需要编制油水界面等高线图，然后将此图分别与油层顶面构造图和油层底面构造图叠合，取同值等高线的交点，并以平滑的曲线将这些交点连接起来，分别获得油藏的含油外边界与含油内边界。如果油水分布非常复杂，则只能以可靠的试油资料为依据，在构造图上分区圈定出含油面积。

2）岩性边界的确定

岩性边界一般指储层岩性发生变化的分界线，在储量计算中常指工业含油边界，边界以内钻的井应具有工业油流。岩性边界就是有效储层与非有效储层的分界线（有效厚度零线）。

岩性边界不等同于砂岩尖灭线，后者为砂岩与泥岩之间的分界线。一般来说，岩性边界位

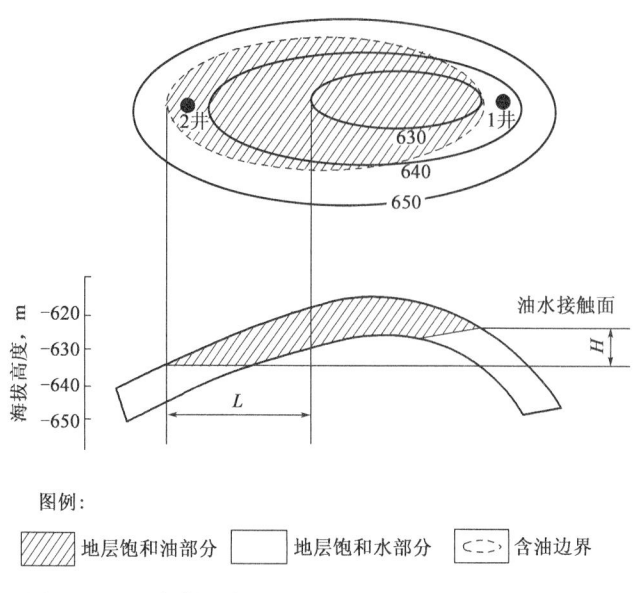

图1-5-7 倾斜油水界面投影示意图(据吴元燕等,2005)
H—油层厚度;L—油水边界长度

于砂岩尖灭线向砂体的一侧,即在砂岩尖灭线与岩性边界之间存在一个非有效砂岩区。因此,岩性边界的确定,一般是先确定储集体的砂岩尖灭线,然后以此为基础确定岩性边界。

理论上应用沉积学和地震岩性学相结合的方法,可以比较有效地描述砂体的宏观空间分布,然后利用试井探边测试就有可能获得比较可靠的岩性边界位置。然而,即使在开发井网条件下,井间及井外岩性边界的定量界定仍是难点。在应用地震方法和试井方法不能准确、定量地圈定岩性边界的情况下,为了计算油、气储量,往往应用井控法来推断井间和井外岩性边界。

(1)井控法确定井间岩性边界

井控法就是首先界定砂岩尖灭线的位置,然后界定岩性边界。砂岩尖灭线处于砂岩尖灭井点与有效砂岩井点之间。该尖灭线与两口井的距离取决于砂岩的展布规律与尖灭规律。一般来说,尖灭距离与砂层厚度和砂岩渗透性有关。如果井点砂层厚度越大、砂岩渗透性越好,则尖灭位置就越远;反之,则越近。

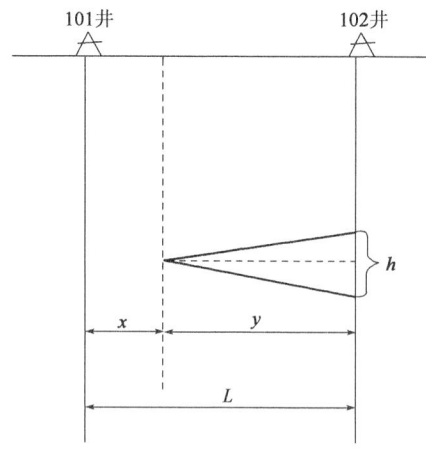

图1-5-8 应用公式计算砂岩尖灭位置图
(据吴元燕等,2005)

20世纪60年代,我国大庆油田的油田地质工作者根据砂层的延伸长度与厚度的关系,利用大量统计资料,建立了在开发密井网条件下计算砂岩尖灭位置的方法(图1-5-8)与计算公式:

$$x = \frac{L}{h+1} \quad (1-5-12)$$

式中 x——砂层尖灭位置到相邻砂层已尖灭井的水平距离,m;

L——相邻两井的水平距离,m;

h——钻遇砂层井中砂岩的厚度,m。

(2)井控法外推岩性边界

当油气藏边界无控制井时,可根据有效层井点外推岩性边界。在开发井网条件下,可按1个或1/2个开发井距外推含油气边界。

在油藏评价时期井距较大时,一般不能用1/2井距外推岩性边界,而应根据同类已开发油田砂岩体大小的统计资料,确定井点外推距离。首先通过盆地沉积相研究确定出砂体的基本形态(注意砂体的宽度、大小,即使同属一种沉积相带也各不相同);然后在老油区,根据盆地的实际资料统计确定其砂体范围;在新油区,预测岩性油藏含油边界,一般条带状和透镜状砂岩体边界井点外推距离不能超过500m。

3)断层边界的确定

在断块油藏中,断层对油气分布起着控制作用,因此断块油藏的含油边界不仅包括油水(气)边界和岩性边界,还包括断层边界。在圈定含油面积时,应充分研究断裂系统与断层的分布,然后根据断层与油水界面等其他界面共同确定。具体方法常采用剖面投影法,如图1-5-9所示。值得注意的是,在应用顶面构造图表示含油边界时,断层的控油范围应考虑油层顶、底面与断层面的交线,应以上述两条线的外线为油层含油边界线。例如,在图1-5-9中,油层位于断层下盘,含油边界应为油层底面与断层的交线;如断层上盘含油,则含油边界为油层顶面与断层的交线。范围应考虑油层顶、底面与断层面的交线,应以上述两条线的外线为油层含油边界线。

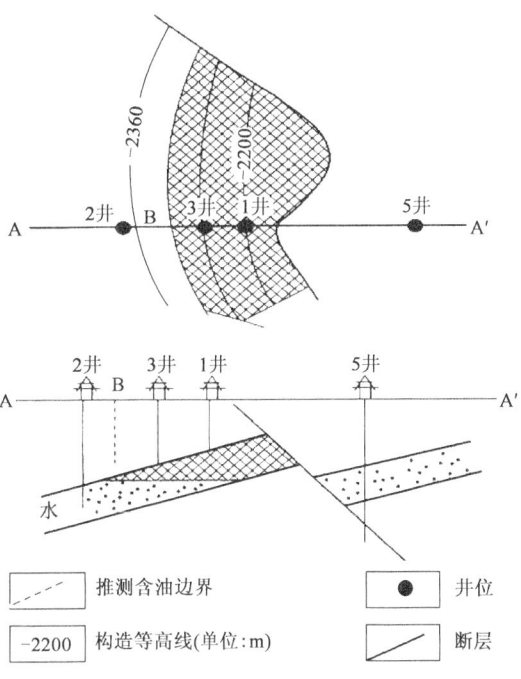

图1-5-9 断层边界的确定示意图
(据陈立官,1983)

4)含油范围的圈定

充分利用地震、钻井、测井和测试等资料,综合研究油、气、水分布规律和油气藏类型,确定流体界面(气油界面、油水界面、气水界面)以及油气遮挡(如断层、岩性、地层)边界,编制反映油气层(储集体)顶(底)面形态的海拔高度等值线图、砂体分布图和有效厚度分布图,圈定含油(气)范围,计算含油(气)面积。

2. 有效厚度

1)有效厚度的概念

油(气)层有效厚度是指达到储量起算标准的含油气层系中具有产油气能力的那部分储层厚度,即工业油(气)井内具有可动油(气)的储层厚度。

有效厚度起算标准是用以计算油(气)储量的最小厚度,是由射孔精度、地球物理测井资料解释的准确程度,以及薄油层在油(气)田开采中的价值和作用等因素确定的。射孔精度采用磁性定位跟踪射孔技术后,精度可达到0.2m。测井解释精度与地质条件有关,一般地区可准确解释到0.4~0.6m的油层,沉积稳定的地区可解释到0.2m的薄油层。所以,国内的单层有效厚度起算标准定为0.2~0.5m。

作为油(气)层有效厚度必须具备两个条件:油(气)层内具有可动油(气);在现有工艺技术条件下可供开采。因此,含油面积以外的非工业油流井不划分有效厚度;在工业油流井中无贡献的储层厚度也不是有效厚度,如水层。

有效厚度与有效储层的差别在于后者为具有渗透性的、含可动流体的储层,其内可以是油气,也可以是水,而有效厚度层为含油(气)的有效储层。

研究有效厚度的基础资料有岩心录井、地层测试、地球物理测井资料。目前国内常用的是地质和地球物理的综合研究方法:以单层试油资料为依据,综合岩心分析制定有效厚度的岩性、物性、含油性下限标准;并通过试油和岩心标定测井,制定出油气层划分的测井标准(包括油、水层标准,油、干层标准和夹层扣除标准);最后,应用测井曲线及其解释参数确定油(气)层的有效厚度。

2) 有效厚度的物性标准

油层的工业产油能力主要受油层物性(油层的有效孔隙度和渗透率)和含油性(含油饱和度)等因素的影响。在这些因素中,有效孔隙度和含油饱和度的乘积反映了油层的储油能力,而渗透率则反映了油层的产油能力。当油层的有效孔隙度、渗透率和含油饱和度达到一定界限时,油层便具有工业产油能力,这样的界限称为有效厚度的物性标准,也称下限值。由于在一般的岩心资料中难以求准油层原始含油饱和度,通常用孔隙度和渗透率参数反映物性下限。实际上,孔隙度和渗透率下限反映的是有效储层(包括有效厚度层、水层)与干层的临界物性界限。

物性下限的确定方法有测试法、钻井液侵入法、经验统计法、含油产状法等。各油田可根据具体地质条件和资料情况选择采用。

(1) 测试法

测试法是根据单层试油成果来确定有效厚度物性下限的方法。具体包括以下两种方法:

①应用单层试油的每米采油指数确定有效厚度的物性下限。首先编绘每米采油指数与空气渗透率的关系曲线(图1-5-10),图中每米采油指数大于零时所对应的空气渗透率值,即为油层有效厚度的渗透率下限。然后应用孔隙度—渗透率关系曲线,根据渗透率下限求取孔隙度下限。

②利用单层试油结果(油—气层或干层)确定有效厚度的物性下限。首先编绘油(气)层和干层的岩心孔隙度与渗透率交会图,然后在图中分别标绘产层与干层的孔隙度分界线和渗透率分界线,分界线值即为有效厚度的物性下限。如图1-5-11所示,图中气层的渗透率下限为 $18 \times 10^{-3} \mu m^2$,孔隙度下限为17%。

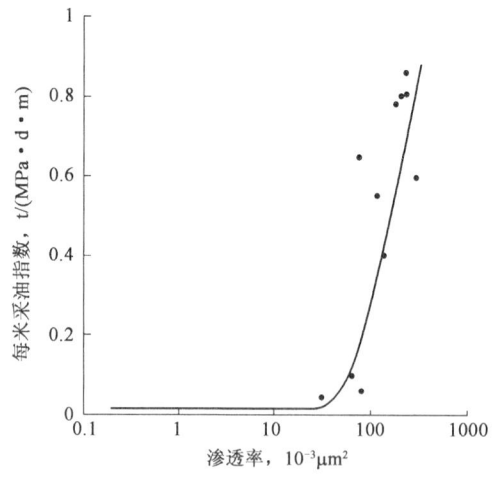

图1-5-10 每米采油指数与渗透率关系曲线
(据吴元燕等,2005)

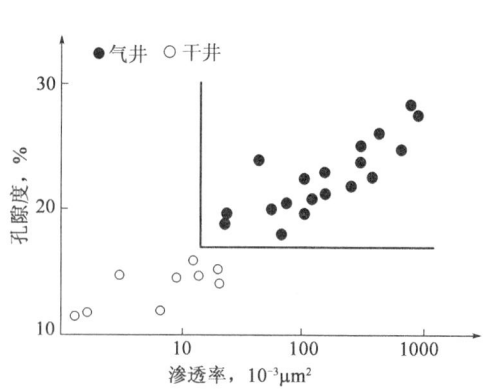

图1-5-11 试油与物性关系图
(据吴元燕等,2005)

(2)钻井液侵入法

应用水基钻井液取心测定的含水饱和度确定有效厚度物性下限,其基本原理为:在水基钻井液取心中,钻井液对有效储层产生不同程度的侵入现象,而对于干层则基本无钻井液侵入。渗透率较高的储油砂岩,钻井液驱替出原油较多,岩心测定的含水饱和度低;渗透率较低的储油岩,钻井液驱替出原油较少,岩心测定的含水饱和度高;当渗透率降低到一定程度,钻井液不能侵入,岩心测定的含水饱和度则是原始含水饱和度,随着渗透率的降低,含水饱和度升高。如图1-5-12所示,含水饱和度与空气渗透率关系曲线上出现两条直线,其交点的渗透率就是钻井液侵入与不侵入的界限。钻井液侵入的储层,反映原油可以从其中流出,此为有效厚度;钻井液未侵入的储层,反映原油不能从其中流出,此为非有效厚度。交点处的渗透率就是有效厚度下限。用上述相同的方法也可以定出孔隙度下限。

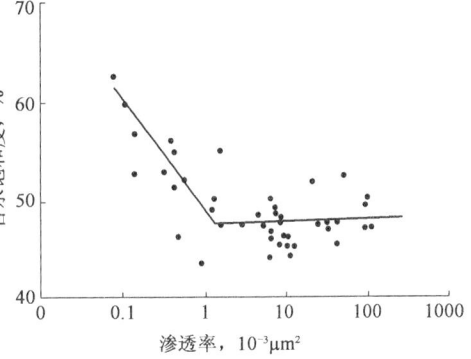

图1-5-12 钻井液侵入法确定渗透率下限（据吴元燕等,2005）

(3)经验统计法

经验统计法是以岩心分析的孔隙度和渗透率为基础,以低孔渗段累积储渗能力丢失占总累积储渗能力的5%左右为界限的一种累积频率统计法(图1-5-13)。该方法的基本前提是渗透率下限值以下的砂层丢失的产油能力很小,可以忽略。对于中低渗透性油田,将全油田的平均渗透率乘以5%,就可作为该油田的渗透率下限。对于高渗透性油田,或者远离油水界面的含油层段,则应乘以比5%更小的数字作为渗透率下限。

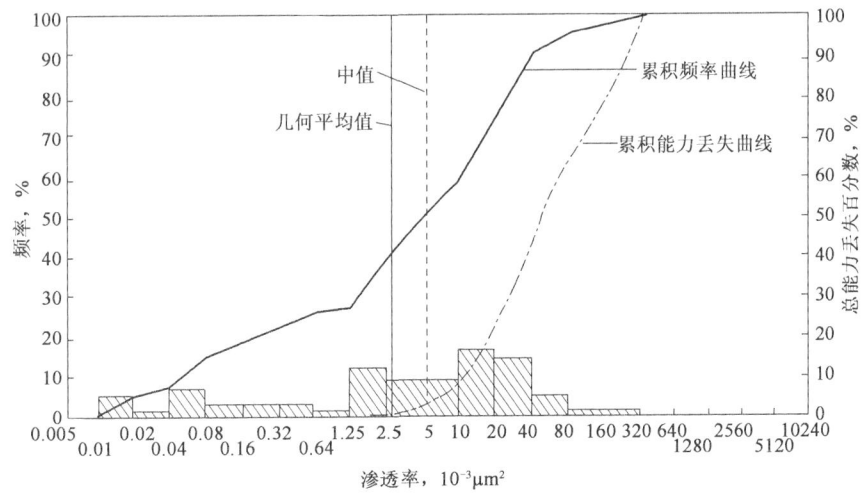

图1-5-13 渗透率直方图及累积能力丢失曲线（据吴元燕等,2005）

(4)含油产状法

含油产状法是在取心井中,选择一定数量的、岩心收获率高的、岩性和含油性较均匀的、孔隙度和渗透率具有代表性的、油水界面以上的层,进行单层试油,通过试油建立岩性、含油性、物性和产油能力的关系,由此来研究有效厚度的物性下限的方法。大庆油田原油具有高黏度、高凝点、高含蜡量等特点,钻井取出的岩心其含油性能较真实地反映油层的原始含油饱和度,因此可应用含油产状作为划分有效厚度的物性界限的依据。

研究表明,油水界面以上的岩心含油产状与岩性、物性及产能之间存在较好的关系:

①砂岩储层颗粒越粗、分选越好、岩性越均匀,则岩心的含油面积越大,含油越饱满;反之,岩心的含油情况变差。例如,在大庆油田,通过对其含油性和岩性关系研究发现:油砂级别的岩性为细砂岩与粗粉砂岩,含油级别的岩性为细粉砂岩,油浸、油斑级则为泥质粉砂岩。

②岩心含油产状的级别随有效孔隙度和空气渗透率的增加而有规律地升高。

③试油资料证明,岩心含油级别高的油层,其产油能力也高。通过对大庆油田产油能力与岩心含油级别分析得出其出油下限为油浸粉砂岩,油井产油量均在 1t/d 以上,具有工业产油能力,而油浸和油斑泥质粉砂岩为非有效层。对于这类油藏,通过试油确定有效层的含油产状级别,并编制油水界面之上不同含油产状的孔隙度与渗透率交会图,最后,根据含油产状级别确定孔隙度和渗透率的下限值。显然,该方法与试油确定的有效层的含油产状级别有很大的关系,若有效层的含油产状级别定得过高,则统计的物性下限偏高;反之,则下限偏低。

3) 有效厚度的测井标准

油层的地球物理性质是油层的岩性、物性与含油性的综合反映,它可以间接反映油层的储油能力和产油能力。因此,可以利用油层岩心、试油、测井等资料建立岩性、含油性、物性与电性间的关系,确定出油层的地球物理参数的界限值,这界限就是有效厚度的测井标准(包括油、水层解释标准,油、干层标准和夹层扣除标准)。对于油、水层解释标准和油、干层标准,属于测井地质学的研究范畴,下面主要介绍夹层扣除标准。

陆相碎屑岩储油层非均质性严重,油层内常夹有泥岩、粉砂质泥岩,有些还夹有钙质条带,这些夹层对储量无贡献,应予扣除。低阻夹层扣除标准的建立一般在微电极或微侧向测井曲线上进行。首先,在取心井中读出岩心有效层中的夹层和非夹层所对应的测井响应数据的界限范围,然后编制夹层图版,以最小误差原则,确定夹层的测井参数标准。对于高阻夹层,目前通常采用微电极、自然电位、短电极以及声波时差等曲线反映的岩性特征来进行综合判断。

4) 有效厚度的划分

油层有效厚度划分的步骤一般为:首先根据物性或测井资料划分出油层,计量油层总厚度,然后从总厚度中扣除夹层的厚度,从而得到油层有效厚度。

利用测井资料划分油层时,其界面的确定应综合考虑能反映油层界面的多种测井曲线,如果各种曲线解释结果不一致,则以反映油层特征最佳的测井曲线为准。例如,大庆油田采用微电极、自然电位、视电阻率三条曲线来量取产层总厚度,具体做法如下:

首先利用收获率高的岩心,确定各类油层相应的地球物理测井曲线的典型特征,并按油层特征和测井曲线形态分类,然后编制出典型曲线,以此典型曲线作为划分油层有效厚度的样板。

对于均匀层,由于其电测曲线形态与理论电测曲线相符,且分层界限又较清晰,故可分别利用自然电位、视电阻率和微电极曲线划分油层的顶、底界限,所得油层总厚度基本相同。对于顶、底渐变层,则以这三条曲线中所量取的厚度最小为准。这是由于各种电测曲线对油层顶、底的过渡性岩类的鉴别能力不同,故所量取的厚度也各异。与岩心资料的对比表明,厚度大的包括了过渡性岩层的厚度。所以,应当以三条曲线中所量取的厚度最小的那条曲线为准,如图 1-5-14 所示。

对于存在高、低阻夹层和薄互层的油层,除量取油层总厚度外,还需扣除夹层的厚度。图 1-5-15 为扣除夹层示意图。对于泥质夹层,通常以自然电位曲线作为判别标志,以微电极和视电阻率曲线作验证,其厚度以微电极曲线所量取的为准。对于高阻夹层则以微电极曲线

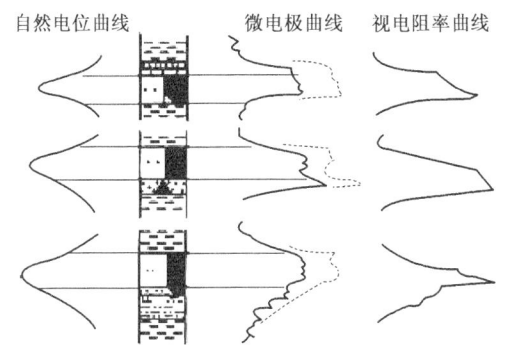

图1-5-14 油层量取方法示意图
（据吴元燕等，2005）

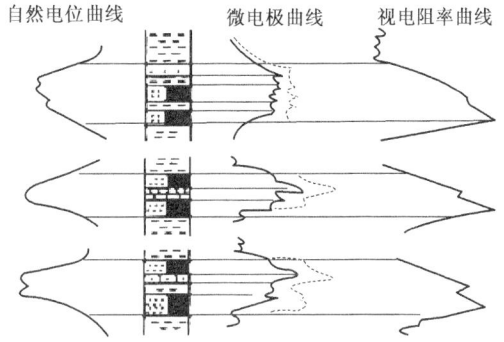

图1-5-15 扣除夹层示意图（据吴元燕等，2005）
1—低阻夹层；2—高阻夹层；3—高、低阻夹层

所显示的尖刀状高峰异常为判别标志，以视电阻率和自然电位曲线作验证，其厚度也以微电极曲线所量取的厚度为准。

值得注意的是，在夹层扣除时要考虑夹层起扣标准。夹层起扣标准是指扣除夹层的起码厚度，与油层有效厚度起算标准一样，是由射孔精度、地球物理测井资料解释的准确程度，以及薄油层在油气田开采中的价值和作用等因素来确定的。目前国内夹层起扣厚度为0.2m。

上述讨论的划分油层有效厚度的方法仅适用于孔隙性的砂岩油层。对渗透率低、泥质含量高的油层，特别是裂缝、孔洞性的碳酸盐岩油层，油层有效厚度的确定非常困难，应当借助其他技术和手段（如井下电视、地层倾角测井、毛细管压力曲线分析、铸体以及扫描电镜等）。

3. 有效孔隙度

有效孔隙度的确定以实验室直接测定的岩心分析数据为基础。对于未取心井，则采用测井资料求取有效孔隙度，并与岩心分析数据对比，以提高其精度。

1）岩心分析孔隙度

岩心孔隙度是岩样孔隙体积与岩样总体积的比值，岩心分析孔隙度的精度与其测定方法有关，不同地层的岩样应选择合适的测量方法。

由于岩样总体积是岩样颗粒体积和岩样孔隙体积之和，所以只要测得上述三个变量中的任意两个量，就可计算出该岩样的有效孔隙度。测量岩样总体积的方法有水银泵法、煤油法、游标卡尺测量法等；测量岩石颗粒体积的方法有氦孔隙度仪法、比重瓶法、浸泡法等；测量孔隙体积的方法有饱和法、流体加和法等。

目前各种分析孔隙度方法的允许误差在±0.5%以内，国内氦孔隙仪测量结果比煤油法大0.2%~0.3%。从误差分析观点来看，小岩样和小孔隙度岩样产生的误差大。所以低孔隙储层除了采用最先进的分析仪器和最好的操作技术外，还应尽量选择大岩样测定孔隙度。

由于地层高压条件下的孔隙度与地面常压下的孔隙度存在差异，而地质储量计算中首先计算出的是油藏内的原始储油量，故应使用地层条件下的孔隙度参数。当采用地面岩心分析资料时，由于钻井取心将砂岩储层取到地面后发生压力释放和弹性膨胀，一般在地面常压下测量的岩心孔隙度要大于地层条件下的孔隙度，因此在计算储量时应将地面孔隙度校正为地层条件的孔隙度。

实验室提供了不同有效上覆压力下的三轴孔隙度，利用这些数据就能够对地面孔隙度进行压缩校正。根据美国岩心公司的研究，三轴孔隙度转换为地层孔隙度的公式为

$$\phi_f = \phi_g - (\phi_g - \phi_3)\varepsilon \qquad (1-5-13)$$

式中　ϕ_f——校正后的地层孔隙度；

ϕ_g——地面岩心分析孔隙度；

ϕ_3——静水压力作用下的三轴孔隙度；

ε——转换因子。

D. Teuw 通过对人造岩心模型的理论计算和实际岩心测试，得出转换因子为

$$\varepsilon = \frac{1}{3}\left(\frac{1+\lambda}{1-\lambda}\right) \qquad (1-5-14)$$

式中　λ——岩石泊松比，为岩石横向应变与轴向应变的绝对值的比值。

为寻求某地区地面孔隙度压缩校正规律，还应制定该地区关系图版或建立相关经验公式。利用这种图版或相关经验公式，可将常规岩心分析的地面孔隙度校正为地层孔隙度。

对于裂缝孔隙型储层必须分别确定基质孔隙度和裂缝、溶洞孔隙度。

2）测井解释方法确定孔隙度

声波测井、中子测井和密度测井是地层岩性和孔隙度的综合反映，测井参数和孔隙度之间存在一定的关系。通过岩心标定测井，建立测井解释模型，进而应用测井资料解释油层孔隙度。

4. 原始含油（含气）饱和度

原始含油（含气）饱和度是指油（气）层在未开采时的含油饱和度 S_{oi}（含气饱和度 S_{gi}）。一般来说，先确定油层束缚水饱和度 S_{wi}，然后计算原始含油（含气）饱和度 $1-S_{wi}$。确定含油（含气）饱和度的方法有岩心直接测定、测井资料解释、毛细管压力资料计算等方法。另外，对于油水同层，使用相渗透率曲线和含水率来确定其含油饱和度。

1）岩心直接测定法

使用油基钻井液取心，测定束缚水饱和度，然后计算出原始含油饱和度。

油基钻井液取心井成本高、钻井工艺复杂、工人劳动条件差。我国一般用密闭取心代替油基钻井液取心。密闭取心采用的是水基钻井液，利用双筒取心加密闭液的办法，以避免岩心在取心过程中受到水基钻井液的冲刷。尽管如此，钻井液仍会短时间接触岩心，故在钻井液中加入适量的酚酞指示剂，对取心部位进行监测化验。凡岩心中的钻井液侵入水量小于含水饱和度绝对值1%的样品为无侵样品；侵入水量小于含水饱和度绝对值2%的样品为微侵样品；凡大于此界限的样品为全侵样品。微侵样品可用于分析原始含水饱和度。

油基钻井液取心和密闭取心都不能避免岩心从井底取至地面后，由于降压脱气对束缚水的微小影响，也无法克服地面岩心暴露在空气中的挥发作用。近些年来，美国应用高压密闭冷冻取心工艺取得了较好的取心效果。这种取心方法是在取心筒内割心至岩心起出井口前，岩心筒始终保持高压密封的条件。岩心到井口后立即放在干冰中冷冻，使油、气、水量保持原始状态。此方法价格高昂，取心收获率仅60%左右。

苏联采用井底蜡封岩心的取心方法也取得了较好的效果。具体做法是在地面用石蜡充满取心筒，在取心过程中，岩心进入熔化的石蜡中，阻止钻井液与岩心接触，多数情况下，地面可取得蜡封好的岩心。

对于低渗透油层，可采用大直径的水基钻井液取心。由于钻井液不能侵入到岩心中心部分，故可得到原始含水饱和度数据。

2) 测井资料解释法

由于油基钻井液取心和密闭取心井一般很少,其饱和度数据也不能代表整个油田,因此,有必要应用测井资料解释原始含油饱和度。采用油基钻井液取心或密闭取心的岩心资料标定测井资料,寻求测井参数和岩心直接测定的原始含油饱和度的关系,建立测井解释模型,进而应用测井资料解释原始含油饱和度。

3) 毛细管压力资料计算法

在没有油基钻井液取心、密闭取心井或测井资料解释原始含油饱和度的情况下,还可以应用实验室毛细管压力资料计算原始含油饱和度。

由于在油藏的自由水面以上,油藏岩石内的残余水是毛细管压力与驱动压力平衡的结果。因此对于同类储层而言,含油气层中的残余水数量则取决于驱动压力,实验室测量(主要是离心法)的毛细管压力曲线正是反映了这种关系。因此,将实验室测量的毛细管压力曲线换算为油藏毛细管压力曲线,便可计算自由水界面之上不同油柱高度的含油饱和度。

4) 油水同层含油饱和度的确定

油水同层分布于油水过渡段内,其内既有可动油,又有可动水。在试油或生产时,表现为油水同出。由于油水同层含油饱和度的变化范围较大,油基钻井液和密闭取心手段都不能反映存在自由水的油水同层的饱和度原始状况,因此油水同层含油饱和度确定是很困难的。油田使用相渗透率曲线和含水率来确定油水同层的含油饱和度。

相渗透率实验提供了某层从产纯油(只有束缚水)到产纯水(只有残余油)的饱和度变化全过程,获得相渗透率与含水饱和度的关系。根据油水共渗体系中的分流方程式,可得到相渗透率与含水率的关系。综合这两种关系,便可得到含水率与含水饱和度变化的关系曲线。

在油水共渗体系中,产水率f_w(产水量与总产液量之比)与油、水两相的相对渗透率及黏度有关,关系式为

$$f_w = \frac{Q_w}{Q_w + Q_o} = \frac{1}{1 + \frac{K_{ro}}{K_{rw}}\frac{\mu_w}{\mu_o}}$$

(1-5-15)

式中 f_w——产水率,%;

Q_w、Q_o——产水量、产油量,m^3/d;

K_w、K_o——水、油相相对渗透率;

μ_w、μ_o——水、油相黏度,mPa·s。

根据含水率与相对渗透率的关系以及大量的相对渗透率实验结果,可以建立不同渗透率类型的含水率与含水饱和度关系的综合曲线图(图1-5-16)。因此,应用油水同层投产初期的试采含水率数据,便可确定其含水饱和度,相应地可确定其含油饱和度。

确定油藏原始含油饱和度的方法较多,必须使用多种方法,相互补充,综合选取采用值。对于具有油基钻井液取心或密闭取心的油田,应以岩心分

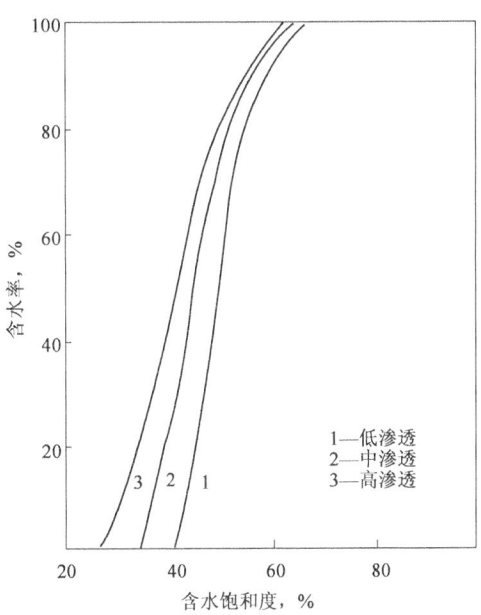

图1-5-16 含水率与含水饱和度综合曲线
(据吴元燕等,2005)

析的束缚水饱和度为依据,制定空气渗透率与含水饱和度关系图版和测井解释图版。一方面通过渗透率查出各取心井的束缚水饱和度,从而计算取心井的原始含油饱和度平均值;另一方面应用测井图版解释所有生产井的原始含油饱和度,然后根据油田地质情况、测井条件以及井所处的构造位置等因素对两种方法计算的结果进行比较,分析各自的精度和代表性,以一种方法为主选取采用值。对于没有油基钻井液或密闭取心井的油田,或勘探程度较低的控制储量的区块,可应用毛细管压力曲线计算含油饱和度,或借用邻近相似油田的测井解释模型,应用测井资料解释含油饱和度。然而,这种方法计算的含油饱和度有一定的误差。

5. 原始体积系数

原始体积系数是指原始地层条件下原油(天然气)体积与地面标准条件下脱气原油(天然气)体积的比值。在油(气)田评价勘探阶段,应在油(气)田不同部位的井中取样或地面配样获得高压物性分析资料求得;对于原油(天然气)性质变化较大的油(气)田,应分别取得有代表性的不同性质的油(气)样做高压物性分析求得。对于原始天然气体积系数,则可依据有关储量参数采用式(1-5-5)求得。

6. 气油比和油密度

石油的原始溶解气油比是指在原始地层条件下取得的油样,经分离后在地面标准条件下计量的气量与油量的比值。在油(气)田评价勘探阶段,从油(气)田不同部位的井中取样做高压物性分析测定。对于凝析油气田和小型油田可借用合理工作制度下稳定生产的气油比。

原油(凝析油)密度,可以通过在油(气)田不同部位取得一定数量有代表性的地面油样分析测定而得。

(三)储量参数的选值

储量参数计算中常常运用多种方法或多种资料,可以获得多种结果。同时在使用某一种方法时,由于油气储集空间的非均质性,在计算单元内不同的位置其参数值不同。因此在储量计算中必须对所计算的参数进行选值。对于应用多种方法(或多种资料)求得的储量计算参数,可选用一种有代表性的参数值作为计算参数;对于同一方法所计算的单元内的参数值,一般选用计算单元内的参数平均值。在平均值的计算中要尽量反映出油田大小、储层性质和原油性质等重要特征,因此,不同的储量参数可选用不同的平均值计算方法。

1. 油层有效厚度平均值

储量计算单元内的油层平均有效厚度,计算方法有算术平均法、井点面积权衡法和等厚线面积权衡法,其选用与油田地质条件和井点分布情况有关。

1) 算术平均法

对于已开发油田,在开发井网较均匀、油层厚度变化不大的情况下,油层平均有效厚度可采用算术平均法,计算公式为

$$\bar{h} = \frac{\sum_{i=1}^{n} h_i}{n} \qquad (1-5-16)$$

式中 $\bar{h}$——平均有效厚度,m;

h_i——单井有效厚度,m;

n——计算单元内具有有效厚度的总井数。

2) 井点面积权衡法

油层平均有效厚度的计算也可采用井点面积权衡法。井点面积即单井控制面积,为该井至邻井距离的 1/2 范围内的面积(图 1-5-17)。各井所能控制的面积大小随井距而异,以每口井所钻遇的厚度代表该井控制面积内的厚度,其计算公式为

$$\bar{h} = \frac{\sum_{i=1}^{n} h_i A_i}{\sum_{i=1}^{n} A_i} \tag{1-5-17}$$

式中　$\bar{h}$——纯含油区平均有效厚度,m;

　　　A_i——各井点的单井控制面积,km²;

　　　h_i——单井有效厚度,m;

　　　n——纯含油区井数。

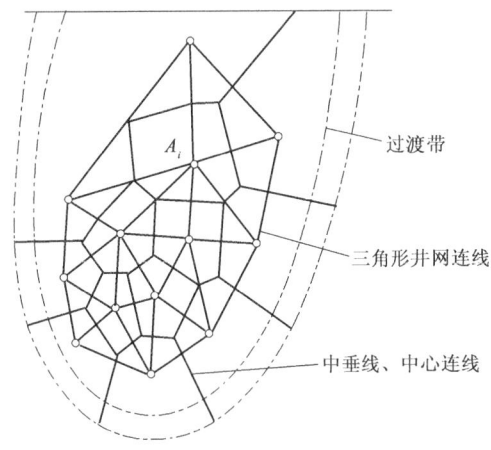

图 1-5-17　井点面积权衡法示意图

3) 等厚线面积权衡法

以有效厚度等值线图为基础,以相邻两条等厚线的面积为权,对计算单元内的有效厚度进行加权平均,该方法主要适用于油田开发阶段,计算公式为

$$\bar{h} = \frac{\sum_{i=1}^{n} \left(\frac{h_i + h_{i+1}}{2}\right) h_i A_i}{\sum_{i=1}^{n} A_i} \tag{1-5-18}$$

式中　$\bar{h}$——平均有效厚度,m;

　　　h_i——第 i 块有效厚度等值线值,m;

　　　A_i——相邻两条等厚线间第 i 块的面积,km²;

　　　n——等厚线间隔数。

2. 油层平均孔隙度

油层平均孔隙度是将油层有效厚度范围内的分析样品数据或测井资料解释值进行平均计算。一般先用厚度权衡法计算单井平均孔隙度,然后应用岩石体积权衡法求取计算单元内的孔隙度平均值。厚度权衡法计算单井平均孔隙度的公式为

$$\bar{\phi} = \frac{\sum_{i=1}^{n} \phi_i h_i}{\sum_{i=1}^{n} h_i} \tag{1-5-19}$$

式中　$\bar{\phi}$——单井平均孔隙度；

　　　ϕ_i——每块岩样分析孔隙度；

　　　h_i——每块岩样控制的厚度，m；

　　　n——样品块数。

岩石体积权衡法计算区块或油田平均孔隙度的公式为

$$\bar{\phi} = \frac{\sum_{i=1}^{n} A_i \phi_i h_i}{\sum_{i=1}^{n} h_i A_i} \tag{1-5-20}$$

式中　$\bar{\phi}$——区块或油田平均孔隙度；

　　　A_i——单井控制面积，km²；

　　　ϕ_i——单井平均孔隙度；

　　　h_i——单井有效厚度，m；

　　　n——井数。

3. 油层平均原始含油饱和度

应用油层有效厚度范围内的岩样分析数据和测井资料解释值计算油层平均原始含油饱和度平均值，计算方法一般采用孔隙体积权衡法，其公式为

$$\bar{S}_{oi} = \frac{\sum_{i=1}^{n} A_i \phi_i h_i S_{oi}}{\sum_{i=1}^{n} h_i A_i \phi_i} \tag{1-5-21}$$

式中　$\bar{S}_{oi}$——单层（或油层组或区块或油藏）的含油饱和度平均值；

　　　A_i——单井含油面积，km²；

　　　h_i——单井有效厚度，m；

　　　ϕ_i——单井有效孔隙度；

　　　S_{oi}——原始含油饱和度。

4. 平均原油体积系数和平均原油密度

在一个储量计算单元内，原油体积系数和原油密度一般变化不大，对实测值进行算术平均即可达到储量计算的精度。在变化较大的情况下，可采用原油体积权衡法进行平均。其中，平均原油体积系数计算应采用地下含油体积权衡，平均原油密度计算应采用地面原油体积权衡。计算公式分别为

$$\frac{1}{\bar{B}_{oi}} = \frac{\sum_{i=1}^{n} A_i \phi_i h_i S_{oi} \frac{1}{B_{oi}}}{\sum_{i=1}^{n} h_i A_i \phi_i S_{oi}} \tag{1-5-22}$$

$$\bar{\rho}_{oi} = \frac{\sum_{i=1}^{n} A_i \phi_i h_i S_{oi} \frac{1}{B_{oi}} \rho_{oi}}{\sum_{i=1}^{n} h_i A_i \phi_i S_{oi} \frac{1}{B_{oi}}} \quad (1-5-23)$$

式中　$\bar{B}_{oi}$——平均原油地层体积系数；
　　　B_{oi}——单井原油地层体积系数；
　　　$\bar{\rho}_{oi}$——平均原油地面密度，g/cm³；
　　　ρ_{oi}——单井原油地面密度，g/cm³。

(四)基于油气藏地质模型的储量计算

基于油气藏地质模型的储量计算就是将油气藏划分成若干个大小相等或不等的单元，确定出各单元的储量计算参数值(即建立油藏参数地质模型)，然后用容积法公式分别计算各个单元的油气储量，最后对各单元的油气储量进行累加便可获得油气藏的储量。在勘探评价时期，由于探井数较少，不足以对储量参数的分布进行平面成图或三维建模，因而主要应用参数平均值计算储量。但井资料较多时，特别是在开发井网完成后，通过该方法来计算储量，可大大提高计算精度，其具体步骤如下(蔡正旗，2011)：

1. 建立地质模型

地质模型的建立就是按一定的间隔将研究区划分成众多的网格，对每个网格点赋予参数值，形成网格化的储量参数分布图，即油藏参数模型。目前常用的地质建模的方法有确定性建模和随机建模。

2. 确定网格储量计算参数

由于在地质建模中获得的是各网格点的参数值，在进行网格储量的计算中，需要对各个网格的储量计算参数进行确定，即将各个网格的网格点的数据进行平均来作为该网格的储量计算参数。其平均的方法同上。由于网格比研究区计算单元小得多，各个网格的网格点的数值相差较小，使用平均值计算的网格储量参数与实际比较接近。

3. 计算储量

基于模型的储量计算方法是先使用前面所求参数计算网格储量，然后将各网格的储量进行累加。其计算公式为

$$N = \sum_{i=1}^{n} (A_i h_i \phi_i S_{oi} \rho_{oi} / B_{oi}) \quad (1-5-24)$$

式中　N——原油地质储量，t；
　　　A_i——第i个含油网格面积，m²；
　　　h_i——第i个含油网格的有效厚度，m；
　　　ϕ_i——第i个含油网格的有效孔隙度；
　　　B_{oi}——第i个含油网格的地层原油体积系数(一般用平均值)；
　　　S_{oi}——第i个含油网格的原始含油饱和度；
　　　ρ_{oi}——第i个含油网格的地面脱气原油密度(一般用平均值)，g/cm³；
　　　n——网格数。

通过上述公式计算的储量,其精度明显高于应用平均值计算的储量。这种方法计算储量的关键是建立符合实际和储量规范要求的地质模型。其模型的精度受地质建模的方法和资料数量的控制,研究区资料数量大,划分的网格数量多,建模方法适合该区的地质特征,模型精度就高,利用此法计算出的储量精度也高。

另外,应用这种方法,还可以得到储量的平面分布图。如图1-5-18所示,含油范围内的每一个网格均有一个储量值。这样,可方便地求出不同断块、不同微相、不同流动单元,或任一指定区域的储量值,从而十分有利于储量评价和油藏管理。

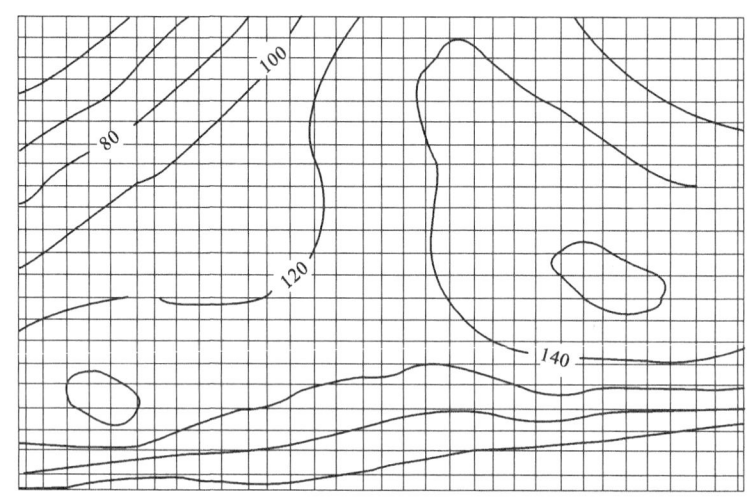

图1-5-18 基于网格的储量分布图(据吴元燕等,2005)

三、油气储量的品质评价

油气储量开发利用的经济效果不仅和油、气储量的数量有关,还取决于储量的质量和开发的难易程度。对于油(气)层厚度大、产量高、原油性质好、储层埋藏浅、油气田所处地区交通方便的储量,与油(气)层厚度薄、产量低、油稠、含水高、储层埋藏深的储量相比,建设同样产能所需开发建设投资必然少,获得的经济效益必然高。因此,分析勘探的效果不仅要看探明多少储量,还要综合分析探明储量的质量(欧成华等,2015,2016)。

油气藏(田)储量的综合评价可以通过以下资料来进行(蔡正旗,2011)。

①储量规模。按可采储量规模大小,将油气藏(田)分为五类(表1-5-1)。

表1-5-1 按储量规模分类(据蔡正旗,2001)

分类	原油可采储量,$10^4 m^3$	天然气可采储量,$10^8 m^3$
特大型	≥25000	≥2500
大型	2500~25000	250~2500
中型	250~2500	2~250
小型	25~250	2.5~25
特小型	<25	<2.5

②储量丰度。按可采储量丰度大小将油气藏(田)分为四类(表1-5-2)。

表 1-5-2　按可采储量丰度分类(据吴元燕等,2005)

分 类	原油可采储量丰度,$10^4 m^3/km^2$	天然气可采储量丰度,$10^8 m^3/km^2$
高	≥80	≥8
中	25~80	2.5~8
低	8~25	0.8~2.5
特低	<8	<0.8

③产能。按产能,即千米井深稳定产量大小,将油气藏(田)分为四类(表1-5-3)。

表 1-5-3　按产能分类(据吴元燕等,2005)

分 类	油藏千米井深稳定产量,$m^3/(km·d)$	气藏千米井深稳定产量,$10^4 m^3/(km·d)$
高产	≥15	≥10
中产	5~15	3~10
低产	1~5	0.3~3
特低产	<1	<0.3

④埋藏深度。按埋藏深度大小,将油气藏(田)分为五类(表1-5-4)。

表 1-5-4　按埋藏深度分类(据吴元燕等,2005)

分 类	油气藏埋藏深度,m	分 类	油气藏埋藏深度,m
浅层	<500	深层	3500~4500
中浅层	500~2000	超深层	≥4500
中深层	2000~3500		

⑤储层物性。按储层孔隙度大小,将储层分为特高、高、中、低、特低五类(表1-5-5);按渗透率大小,将储层分为特高、高、中、低、特低五类(表1-5-6)。

表 1-5-5　储层孔隙度分类(据吴元燕等,2005)

分 类	碎屑岩孔隙度,%	非碎屑岩基质孔隙度,%
特高	≥30	
高	25~30	≥10
中	15~25	5~10
低	10~15	2~5
特低	<10	<2

表 1-5-6　储层渗透率分类(据吴元燕等,2005)

分 类	油藏空气渗透率,mD	气藏空气渗透率,mD
特高	≥1000	≥500
高	500~1000	100~500
中	50~500	10~100
低	5~50	1.0~10
特低	<5	<1.0

⑥含硫量。按原油含硫量和天然气硫化氢含量大小,将油气藏分为高含硫、中含硫、低含硫、微含硫四类(表1-5-7)。

表1-5-7　按原油含硫量、天然气硫化氢含量分类(据吴元燕等,2005)

分　类	原油含硫量,%	天然气硫化氢含量,g/m³
高含硫	≥2	≥30
中含硫	0.5~2	5~30
低含硫	0.01~0.5	0.02~5
微含硫	<0.01	<0.02

⑦原油性质。按原油的性质将油藏分类:a.按原油密度大小,将原油分为轻质、中质、重质、超重质四类(表1-5-8)。b.地层原油黏度大于50mPa·s,称为稠油;原油凝点不低于40℃,称为高凝油;其余称为常规油。

表1-5-8　原油密度分类(据吴元燕等,2005)

分　类	原油密度,g/cm³	分　类	原油密度,g/cm³
轻质	<0.87	重质	0.92~1.0
中质	0.87~0.92	超重	≥1.0

参 考 文 献

安延恺.1985.板块构造演化及其对沉积作用影响的初步研究[J].石油勘探与开发(1):15-21.
蔡正旗.2011.油藏地质学[M].北京:石油工业出版社.
崔廷主.2007.油气田开发地质[M].北京:石油工业出版社.
陈立官.1983.油气田地下地质学[M].北京:地质出版社.
戴启德,黄玉杰.2002.油田开发地质学[M].东营:石油大学出版社.
杜奉屏.1984.油矿地球物理测井[M].北京:地质出版社.
郭少斌.2006.油气综合勘探方法[M].武汉:中国地质大学出版社.
国景星.2008.油气田开发地质学[M].东营:中国石油大学出版社.
何培玲,张婷.2006.工程地质[M].北京:北京大学出版社.
胡明,廖太平.2007.构造地质学[M].北京:石油工业出版社.
刘宝珺.1985.岩相古地理基础和工作方法[M].北京:地质出版社.
刘吉余.2006.油气田开发地质基础.4版[M].北京:石油工业出版社.
黎文清,李世安.1993.油气田开发地质基础.2版[M].北京:石油工业出版社.
李德伦,王恩林.2001.构造地质学[M].长春:吉林大学出版社.
马建良.2009.普通地质学[M].北京:石油工业出版社.
欧成华,陈景山.1998.大芦家地区渐新统东二1亚段典型三角洲前缘微相及储集性研究[J].沉积学报,16(4):85-90.
欧成华,陈景山.1998.砂体分类评价的模糊综合评判[J].西南石油学院学报,20(3):7-11.
欧成华,陈景山.1999.大芦家地区东二1亚段典型三角洲前缘微相纵横向分布研究[J].西南石油学院学报,21(2):28-31.
欧成华,陈景山.1999.沉积相定量识别中的层次分析方法[J].石油与天然气地质,20(3):255-259.

欧成华,李士伦,易敏,等.2002.高温高压下多种气体在储层岩心中的吸附等温线的测定[J].石油学报,22(1):72-76.

欧成华,李士伦,杜建芬,等.2003.煤层气吸附机理研究的发展与展望[J].西南石油学院学报(5):34-38.

欧成华,周涌沂.2005.陕北富县探区长6段储层物性特征三维可视化研究[J].西南石油学院学报,27(4):1-4.

欧成华,刘瑞兰,夏宏泉.2006.Weh油田T2k1组油藏储量分布与挖潜目标选择[J].特种油气藏,13(2):26-29.

欧成华,刘瑞兰,夏宏泉.2006.Weh油田T2k组砂体微相纵横向分布特征研究[J].河南石油,20(3):4-7.

欧成华,刘瑞兰,夏宏泉.2006.基于开发动态资料的断裂核实与校正[J].断块油气藏,2006,13(3):23-25.

欧成华,李传浩,吴清玉.2007.乌尔禾油田中三叠统克上组储层表征方法研究[J].西南石油学院学报,29(2):85-89.

欧成华,董兆雄.2010.柴达木盆地干柴沟—咸水泉地区渐新统—中新统沉积相分布特征[J].地质论评,56(5):653-660.

欧成华,唐海,夏洪泉,等.2011.我国典型陆相特低渗油藏的系统表征方法[J].地质科技情报,30(2):78-84.

欧成华,董兆雄,魏学斌.2011.柴达木盆地干柴沟—咸水泉地区中深层成岩演化及其对储集体性能的影响[J].古地理学报,13(1):85-95.

欧成华,曾悠悠.2011.吸附储层中CO_2封存与强化采气研究展望[J].化工进展,30(2):258-264.

欧成华,张俊成.2011.考虑吸附变形的煤层气分阶段流动模型研究[J],天然气工业,31(3):48-51.

欧成华,蒋书虹,梁成钢,等.2011.柴达木盆地干柴沟—咸水泉地区中深层储集层分布规律[J].特种油气藏,18(4):11-14.

欧成华,张道伟,陈世加,等.2011.柴达木盆地干柴沟—咸水泉地区中深层油气成藏条件分析[J].西北大学学报(自然科学版),41(3):473-479.

欧成华,陈伟,韩耀祖,等.2016.扎格罗斯盆地Buzurgan背斜斜向逆冲断裂褶皱几何解析及运动学模拟.地球科学,41(3):385-393.

欧成华,李朝纯.2017.页岩岩相表征及页岩缝三维离散网络模型[J].石油勘探与开发,44(2):1-10.

欧成华,陈伟,李朝纯,等.2016.扎格罗斯山前Fauqi背斜滑脱生长褶皱的构造几何解析与模拟.中国科学,46(9):1265-1277.

欧成华,李朝纯.2014.用于带水碳酸盐岩气藏气水分布表征的六阶段建模方法[P]:中国,ZL201410419436.4.

欧成华,李朝纯.2014.用于多层砂岩气藏气层品质分类表征的六阶段建模方法[P]:中国,201410422566.3.

欧成华,王星,康安,等.2016.中东碳酸盐岩油气藏地质[M].北京:科学出版社.

漆家福.2006.油区构造解析[M].北京:石油工业出版社.

唐泽尧.1997.气田开发地质[M].北京:石油工业出版社.

谭秀成,邹娟,李凌,等.2008.磨溪气田嘉二段陆表海型台地内沉积微相研究[J].石油学报(2):219-225.

吴元燕.2005.油矿地质学.3版[M].北京:石油工业出版社.

王华.2008.层序地层学基本原理、方法与应用[M].北京:石油工业出版社.

伍友佳.2004.油藏地质学.2版[M].北京:石油工业出版社.

王允诚,吕运能,曹伟.2002.气藏精细描述.成都:四川科技出版社.

于兴修,杨铭,武羡慧.1997.地质学基础[M].银川:黄河出版社.

叶庆全,冀宝发,王建新.1999.油气田开发地质[M].北京:石油工业出版社.

杨寿山.1978.采油地图的绘制与应用[M].北京:石油工业出版社.

朱志澄.2003.构造地质学[M].武汉:中国地质大学出版社.

朱筱敏.2008.沉积岩石学.4版[M].北京:石油工业出版社.

张洪,罗群,于兴河.2002.欧北—大湾地区火山岩储层成因机制的研究[J].地球科学(6):763-766.

张幸福,周嘉玺.2001.陆相复杂断块油田精细油藏描述技术——以港东开发区为例.北京:石油工业出版社.

张万选.1981.论油、气藏的分类及中国油、气藏的主要类型[J].石油学报(3):1-11.

石油与天然气可采储量计算规范:DZ/T 0217—2005.

石油可采储量计算方法:SY/T 5367—2010.

天然气可采储量计算方法:SY/T 6098—2010.

Allen J R L. 1964. Studies in fluviatile sediments: six cyclothems from the Lower Red Sandstone, AngloWelsh Basin[J]. Sedimentology, 3:163-198.

Boutemy Y, Clavier C, Simond R F. 1979. Field studies: a progress report on the contribution of logging[C]//Offshore Europe. SPE 8178.

Blatt H, Middleton G V, Murray R C. 1972. Origin of Sediment Rocks[C]. New Jersey: Prentice-Hall Inc. Inglewood Cliffs, 79.

Cross T A, Baker M R, Chapin M A. 1993Applications of high-resolution sequence stratigraphy to reservoir analysis[J]. Collection Colloques et Seminaires-Institut Francais Du Petrole, 51:11-11.

Fisher W L, Brown L F. 1984. Clastic Depositional Systems: A Genetic Approach to Facies Analysis: Annotated Outline and Bibliography[M]. University of Texas at Austin: Bureau of Economic Geology.

Jacob A F. 1974. Response to Michael T. Roberts and D. R. Spearing[J]. Geology, 2(2):69.

Lambert R B, Berg R R. 1986. Analysis of lower Morrowan Sandstone Reservoirs, South Empire Field Area, Eddy County, New Mexico[J]. Am. Assoc. Pet. Geol. Bull. (United States), 70:3.

Billings M P, Billings M P. 1972. Structural geology[M]. Englewood Cliffs, NJ: Prentice-Hall.

Miall A D. 1977. Fluvial sedimentology[M]. Memoir 5, The AAPG/Datapages Combined Publications Database, Dallas Geological Society.

Miall A D. 1996. The geology of fiuvial deposits[M]. Heidelberg: Springer-Verlag.

Miall A D. 1977. Lithofacies Types and Vertical Profile Models in Braided River Deposits: A Summary[J]. Dallas Geological Society:597-604.

Ou Chenghua(欧成华), Ray R, Li Chaochun, etl al. 2016. Multi-index and two-level evaluation of shale gas reserve quality[J]. Journal of Natural Gas Science and Engineering, 35: 1139-1145.

Ou Chenghua(欧成华), Li Chaochun, Zhi Dongming, etl al. 2017. Coupling accumulation model with gas-bearing features to evaluate low-rank coalbed methane resource potential in the southern Junggar Basin, China[J]. AAPG Bulletin, DOI:10.1306/03231715171.

Ou Chenghua(欧成华). 2015. Fluid typing extends production in Chinese gas reservoir[J], Oil & Gas Journal, 113(2): 54-61.

Ou Chenghua(欧成华), Chen Wei, Ma Zhonggao. 2015. Quantitative identification and analysis of sub-seismic extensional structure system: Technique schemes and processes[J]. Journal of Geophysics And Engineering, 12: 502-514.

Ou Chenghua(欧成华), Wang Xiaolu, Li Chaochun, etl al. 2016. Three-Dimensional Modelling of a Multi-Layer Sandstone Reservoir: The Sebei Gas Field, China[J]. Acta Geologica Sinica (English Edition), 90(1): 801-840.

Ou Chenghua(欧成华), Li ChaoChun, Ma Zhonggao. 2016. 3D Modeling of Gas/Water Distribution in Water-Bearing Carbonate Gas Reservoirs: The Longwangmiao Gas Field, China[J]. Journal of Geophysics And Engineering, 13: 745-757.

Ou Chenghua(欧成华), Chen Wei, Li Chao-Chun. 2016. Using structure restoration maps to comprehensively identify potential faults and fractures in compressional structures[J]. Journal of Central South University, 23: 677-684.

Ou Chenghua(欧成华). 2016. Technique improves exploration, exploitation offshore Myanmar[J]. Oil & Gas Journal, 114(7): 56-61.

Pettijohn F J, Potter P E, Siever R. 1987. Sandy Depositional Systems[M]// Sand and Sandstone. New York: Springer.

Reading H G. 1996. Sedimentary environments: process, facies and stratigraphy[M]. Cambridge: Blackwell Science.

Steno N. 1916. The prodromus of Nicolaus Steno's dissertation concerning a solid body enclosed by process of nature within a solid[J]. University of Michigan Humanistic Study, 11(2): 229-230.

Walther H. 1984. Flows and tensions on networks[M]// Ten Applications of Graph Theory. Netherlands: Springer.

Walker R G. 1982. Facies Models[C]. Geological Association of Canada.

Walker R G. 1976. Facies models 2. Turbidies and associated coarse clastic delosits[J]. Geoscience Canada, 25-36.

Walker T R. 1967. Formation of red beds in modern and ancient deserts[J]. Bulletin of the Geological Society of America, 78: 353-368.

习 题

1. 什么是地层、储层、油(气)层和隔夹层?
2. 简述国际通用地层系统的地层单位和对应的时代单位。
3. 简述地层的接触关系及特征,以及地层界面的识别方法。
4. 简述地层横向对比的方法。
5. 简述油田开展地层精细对比的基本方法。
6. 简述碎屑岩地层划分与对比的步骤与程序,成果图表的编制与应用。
7. 举例说明多旋回碳酸盐岩沉积特征及其小层划分与对比方法。
8. 简述地质构造的基本概念以及根据构造尺度规模可将地质构造分为哪几类。
9. 简述褶皱的基本概念及基本要素、褶曲的基本类型及特征。
10. 简述断层的基本概念及几何要素、断层的主要类型及特征。
11. 简述裂缝的相关概念、主要类型及特征。
12. 地质构造的研究方法有哪些?
13. 如何进行构造平面图和剖面图的编制?
14. 简述沉积相、沉积环境和沉积体系的概念,并对比其异同点。
15. 沉积相主要分为哪三种相组,每类相组各有哪些沉积相类型?列举常见的几种典型沉积相的类型及其特征。
16. 简述沉积相主要的分析方法、手段及操作步骤。
17. 根据岩性,可将储层分为哪些类型?简述每种储层类型的岩性特征。
18. 简述储层孔隙度和渗透率的定义、表达公式、特征分类、测试方法及影响因素。
19. 简述储层流体饱和度的计算方法及影响因素。
20. 如何利用录井资料和测井资料判断油气水层?
21. 简述碎屑岩渗透层主要的识别标志,以及油气水层识别特征。
22. 简述总油气资源量、地质储量、可采储量、剩余可采储量、储采比的概念,并简述我国及国外储量的分级与分类。

23. 简述容积法计算油气藏储量的原理和相关公式。
24. 什么是含油气面积？如何确定含油气面积？
25. 什么是有效厚度？有效厚度的确定方法有哪些？如何确定有效孔隙度？
26. 如何确定原始含油（含气）饱和度？
27. 简述基于油气藏地质模型计算储量的原理及流程。
28. 简述油气藏储量品质评价的主要参数及分级分类标准。

第二章 地质建模基本理论与方法

储层建模包括确定性建模和随机建模两部分。本章首先介绍了建模的发展历史及展望；然后对确定性建模方法进行概要介绍，重点阐述地质统计学方法，包括空间相关性的地质统计分析及克里金方法；最后阐述了随机建模概念、意义及基本原理，介绍了不同的随机模拟方法（包括基于目标的模拟方法和基于像元的随机模拟方法）。

本章第二节、第三节内容是在参考了吴胜和编著的《储层表征与建模》（石油工业出版社，2010）中第六章"储层插值建模"和第七章"储层随机建模"的内容，并结合作者多年来从事油气藏开发地质建模获得的相关成果编撰而成的。

第一节 建模发展历史及展望

储层建模技术的出现首先得从对储层非均质性描述说起。储层非均质性是影响地下流体流动的关键因素，储层中流体的分布与运动完全受不同规模的储层非均质性影响。因此，对储层非均质性的研究始终是油藏描述的一个难题。

在20世纪70年代末至80年代初，斯伦贝谢公司首先研制了油藏描述软件系统，从此，储层宏观非均质性定量研究伴随油藏描述开始了。储层宏观非均质性研究主要包括储层的层内非均质性、层间非均质性以及平面非均质性研究。80年代初，油藏描述的基本方法是以测井资料为主，对关键井进行测井相分析、测井资料归一化、渗透率分析、储集层绘图及参数集总。对储层的非均质性表征通常在油藏描述的基础上，通过常规数理统计参数或变异函数的某些指标或参数进行表征。当时，油藏描述研究主要提供能反映储层纵向连续性的单井综合评价结果，即以成果图和数据表的形式，按一定采样间距逐点地显示出储集层的岩性与基本参数，提供能反映几何形态、储层属性参数在二维、三维空间变化的全油田综合研究成果（包括全油田各种参数的综合数据表，各种计算参数的网格图和等值图）。80年代末，油藏描述进入了多学科油藏描述阶段，此时，油藏描述主要运用测井、地震、油田地质和岩心资料以及生产测试等资料，进行对关键井研究、油田刻度、渗透率估算、参数集成、网格内插和制图。该阶段的油藏描述技术仍然以点的描述为基础，建立的储层地质模型为概念模型或静态模型，虽然在井间相关中引入了地震技术，但不同类型的复杂油气藏都用程式化的软件系统及技术，往往使提供的模型在一定程度上失真或不完善。进入90年代，油藏描述逐渐向多学科一体化发展，地质、物探、测井研究人员与油藏工程师协同工作，发展边缘科学及计算机的"地学平台"，以多种应用数学方法贯穿始终，如应用统计、人工智能、专家系统、随机模拟等。特别是随机模拟方法的出现，使人们对储层非均质性的研究上升到了新的阶段。因此，随机模拟技术是随着油藏描述技术的不断发展而逐渐涌现出来的，它的出现标志着对储层非均质性研究取得了一定程度的进展。

一、国外研究现状

(一)随机模拟技术的发展

国外在 20 世纪 80 年代开始大量进行储层随机建模的研究工作。1987—1999 年,随机模拟技术在欧洲及美国的石油工业中获得巨大的发展,各种方法的理论与应用研究的文献大量问世。从 1994 年开始,仅在国际石油工程师协会(SPE)各种会议上发表的与随机模拟相关的文章,每年几乎都在 30 篇左右,1996 年 SPE 还专门召开了储层建模会议。其他会议和杂志也有大量文献,如 AAPG 杂志及其会议、国际数学地质会议等。1990 年召开的第十三届国际沉积大会拟订的第一个技术讨论题目便是储层沉积学和地质模型(reservoir sedimentary and geologic modelling)。因此储层地质模型从此已属于石油开发地质学的研究范畴,是当前油藏描述的目的和归属,也是油藏描述的重点和难点。

在此时期涌现出一大批模拟储层非均质性的方法,但早期的模拟方法并未很好地解决储层的非均质性。1988 年,A. G. Journel 和 F. G. Alabert 提出了一种随机指示模拟,主要研究储层物性的空间连通性(A. G. Journel 等,1988)。1990 年,两人又对这种方法进行了改进,提出了一种新方法——序贯指示模拟,这种方法计算时间短,与数据的吻合程度高(A. G. Journel 等,1990)。后来,又有人提出了一种源点法(SPM)来生成随机非均质渗透率场,这种方法是通过数据间的关联长度进行的。

早期的模拟都是在细网格下进行的,使得计算速度很慢,因此 L. J. Durlofsky、R. A. Behrens 和 A. Bernath 就提出了一种网格粗化的方法以提高计算速率(L. J. Durlofsky 等,1995)。后来,有人考虑到这种网格法会弱化网格块内的非均质性,由此提出了一种新的网格调整技术。

1994 年,G. Raul del Valle 将分形理论用于裂缝性储层的数值模拟中(G. Raul del Valle,1994),Dominique Berta、H. H. Hardy 和 R. A. Beier 等利用 FGN 模型研究了储层物性的分形分布并将这种分布应用于油藏模拟中(Dominique Berta 等,1994)。J. L. Hand 和 A. K. Chopra 将序贯高斯模拟、序贯指示模拟和截断高斯模拟与传统的储层描述技术进行了比较,认为这几种技术确实比传统的技术更能体现储层结构的复杂性(J. L. Hand 等,1994)。1995 年,Akhil Datta-Gupta、Larry W. Lake 和 Tgray A. Pope 通过序贯模拟退火方法利用岩心和测井数据的空间结构性和示踪剂数据描述了渗透率的非均质性(Akhil Datta-Gupta,1995)。1996 年,Yann Gautier 和 Benoit Noetinger 将重整化技术应用于非均质性储层模拟中,并用此技术对流体流动路径进行了识别(Yann Gautier,1996)。1997 年,Joseph Olarewaju、Saleem Ghori、Alhasan Fuseni 和 Mohammed Wajid 利用分形模拟对裂缝密度进行了随机模拟,克服了传统网格放大带来的误差(Joseph Olarewaju 等,1997)。随机模拟技术在油藏描述中主要用于研究以下两方面的问题。

1. 建立储层格架模型

Bakke 等人在浅海砂岩中方解石隔层空间分布原模型的基础上利用 BP 公司改进的指示模拟程序(SISTR)来模拟目标的几何形态(Bakke 等,1996)。Tyler 在北海油田河流相的储层表征研究是源于 Sbirre 油田的可行性研究,在这里,布尔方法得到了尝试和测试(Clemetsen 等,1990),该方法被地质家和工程师们积极接受并进一步试验和开发。截断高斯模型被用于模拟沉积滨岸的相带(Matheron 等,1987)。Markov 随机域用于描述和模拟三角洲平原环境下的储层结构(Tjelmeland,1992)。

Tjolsen 等通过建立波阻抗与河道砂的关系(低阻抗地区出现河道砂的概率大而高阻抗地区出现河道砂的概率小),将地震资料用于河流相带的随机模拟中(Tjolsen 等,1993)。

Goovaerts 针对实际中应用模拟图像时往往选择一个或者选择第一个模拟图像存在的不足,先根据相带出现的局部概率将各相带布置在节点上生成一相图;然后用一种退火方法——最速下降法后处理来恢复空间连续性和相带间的转移概率。这种后处理后的图像较单一选择的图像要好,单一图像会影响对相带空间分布的不确定性评价(Goovaerts,1996)。

Araktingi 等详细论述了综合地震和测井资料进行储层物性参数的建模方法、步骤,从方法、结果方面比较了基于外部漂移克里金的模拟和基于 Markov – Bayes 标定的协同模拟,认为结合地震资料可减少地质参数分布的不确定性,基于 Markov – Bayes 标定的方法比未经标定的外部漂移方法更能定量反映地震数据对一级变量的局部概率分布的影响(Araktingi,1993)。

Meehan 和 Verma 研究低渗储层时,发现各类砂岩的孔隙度与泥质含量之间具有良好的相关性和交叉变异函数,便考虑对孔隙度采用 Markov – Bayes 模拟,视泥质含量和孔隙度为软数据建立了含水饱和度模型(Meehan 等,1995)。

Doyen(1988)利用协同克里金结合地震和井点处的岩石物理参数来研究孔隙度的分布,并与普通克里金、线性回归的结果作了比较,认为协同克里金方法可以提高孔隙度分布的准确性(Doyen,1989)。

2. 建立断层或裂缝模型

Kelkar 利用分形几何来描述岩石特性的空间相关结构,用重整化技术去掉井数据中的周期效应,局部均值的去掉会使得 Hurst 指数有较窄的分布(Kelkar,1994)。

Gringarten 在考虑了裂缝扩张和相互作用的力学特征的基础上提出了一种模拟裂缝的混杂型方法。该方法主要依赖于裂缝密度,要求事先确定裂缝系、裂缝密度、裂缝密度与长度的关系和裂缝方位,然后对每种方位的裂缝单独进行模拟。模拟中假设裂缝具有矩形特征,定义扫描线密度,同时考虑构造期次和裂缝级数(Gringarten,1996)。

地质统计学在储层建模中应用时所采取的方法,主要是以变差函数为工具。Rajesh 等利用地质统计学方法对成熟老油田复杂地质条件含油储层进行了精细表征(Rajesh 等,2001)。Holden 等对储层的随机结构建模进行了详细分析对比,对断层和层位一致性建模进行了阐述(Holden 等,2003)。Isha 等利用多分辨率小波分析技术显著提高了储层描述的效果(Isha 等,2005)。Darbi 等以某一区块为例,利用人工智能工具建立了断裂储层三维模型(Darbi 等,2010)。Rahim 等以实际案例证明了利用测井曲线响应特征分析储层的流动单元。然而,变差函数只能把握空间上两点之间的相关性,因此难于表征复杂的空间结构和再现复杂目标的几何形态(Rahim 等,2013)。

(二) 多点地质统计学的发展

鉴于变差函数只能把握空间上两点之间的相关性,难于表征复杂的空间结构和再现复杂目标的几何形态,多点地质统计学应运而生。

多点地质统计学应用于随机建模始于 1992 年。该方法综合了基于目标方法的优点,利用训练图像描述空间各点之间的相互关系,显示了很好的应用前景。在 2001 年 Strebelle 提出了一个有效的算法,并将其命名为 Sensim 算法。此后,多点模拟开始走向实用阶段,不断有学者对其进行研究并改进完善。在随后几年中,借鉴图像处理的思想对多点地质统计学的算法进行改进,提出了基于训练图像的分类模板算法 Simpat,并进一步发展出基于约束训练模板得分的 Filtersim 算法及其改进算法,大大提高了该算法的运行效率(Strebelle,2001)。

Sensim 方法是最早发表的、研究最深入的,但是由于是单点概率估计,在对目标体连续性再建方面仍然需要进一步提高。Simpat 方法通过型式拟合的方法进行储集体建模,利用距离函数决定匹配的型式,在一定程度上弱化了单点概率估计的缺陷,目标体连续性问题仍然没有得到很好的解决。此外,由于在距离函数中需要判断型式之间的最小距离,因此当型式包含点的个数较多的时候,计算量急剧增加,从而限制了 Simpat 方法在实际中的应用。Filtersim 对型式进行了聚类,以解决 Simpat 计算速度问题,但这种聚类是以损失某些特别的型式为代价的。Zhang 等提出了一个几何变换的方法,并建立了多个训练图像以获取未取样点条件概率分布函数。训练图像在多点地质统计学中的位置就相当传统两点地质统计学中的变差函数用以描述数据空间结构性(Zhang 等,2006)。Suzuki 等提出了一种新的方法,即实时后处理方法(PRTT),能够直接对前面模拟的数据进行修改(Suzuki 等,2007)。Eskandari 等利用最优化的空间模拟,采用独特的基于生长模式再现的方式,提出了新的 Growthsim 算法(Eskandari 等,2007)。M. Honarkhah 和 Jef Caers 在基于 Filtersim 模式的算法上又提出了综合考虑多个模式之间关系的 Dispat 方法(M. Honarkhah 等,2010)。Liang Yangab、Weisheng Houab 等提出具有全局优化的多尺度迭代的多点统计学算法,即一种基于全局优化的 MPS 算法,称为 GOSIM,它具有更好的模式再现能力(Liang Yangab 等,2016)。

二、国内研究现状

我国的随机模拟技术起步较晚,地质统计学于 1977 年进入我国,逐步为从事矿业地质和矿业开发的工业部门所重视。地质统计学在我国的发展大致分为三个阶段。

(一)起步阶段(1977—1989 年)

在美国学者 H. M. Parker 将地质统计学的基本概念和内容系统地介绍给我国后,1980 年 4 月,中国金属学会冶金地质学会召开了第一届遥感地质、数学地质学术会议。在这期间,出版了许多关于地质统计学的书籍和论文,包括《地质统计学及其在矿产储量计算中的应用》《矿业地质统计学》《线性地质统计学》等。该阶段主要研究普通克里金法,对泛克里金法、对数正态克里金法、因子克里金法也有所研究,线性地质统计学是该阶段研究的主旋律。

(二)广泛应用阶段(1989—1995 年)

1989 年 11 月召开的全国第一届地质统计学学术讨论会标志着第二阶段的开始。1990 年 10 月,西安石油学院与油田合作,成功使用克里金绘图系统绘出了一批地质图片。同年 12 月,武警黄金指挥部汉化开发了加拿大国际地质技术公司(IGC)的 Geolog 软件,该软件中的储量计算系统提供了地质统计学普通克里金法和泛克里金法以及距离反比法。1991 年 8 月,地矿部固体矿产勘察评价自动化系统项目领导小组在北京举办了"地质统计学环境评价软件(GEO-EAS)学习班",该软件应用二维普通克里金法进行环境评价。1991 年 10 月,国家矿产储量管理局在武汉举办"提高矿产地质勘探报告质量研讨班",参会人员绝大多数来自野外第一线。1992 年 4 月,在全国矿产储量委员会的支持下,由陕西省矿产储量管理局组织审查并通过了陕西洛南县驾鹿金矿地质勘探储量报告,此报告是全国第一份采用地质统计学储量计算方法及软件系统提交的储量报告。1995 年 4 月,北京科技大学地质系推出了"三维普通克里金法程序系统"。同年 10 月,全国矿产储量委员会办公室公布了关于"运用地质统计学方法提交地质勘探报告的编写提纲和审查提纲"的试行意见,这标志着地质统计学这一先进的理论、技术在我国已经成熟,得到了国家的承认。在该阶段,对地质统计学的研究更加深入,已经从上一阶段的开发研究与学术交流活动转向生产实践,与地质勘探相结合,研制出了适合国内情况的相关软件。

(三)深入发展阶段(1995年至今)

该阶段进入了有计划的发展应用、深入发展的阶段,地质统计学的技术逐步得到了完善,涉及的方法原理更为广泛,整体理论水平与国际水平接近。除了已经对普通克里金法进行了很有深度的研究外,非平稳线性地质统计学、非参数地质统计学、多元地质统计学,乃至近些年作为地质统计学科前沿的时空域多元信息地质统计学等,全部都有了较为透彻的研究,在应用方面有了实质性的突破。采用地质统计学方法提交地质勘探成果和开发矿山,已经为生产部门所接受,与生产实践结合得越来越紧密。同时开发研制并推出了适用于国内生产需要的软件系统。地质统计学的理论研究与相应的软件开发同时并举,把地质统计学的应用推向深入。在该阶段,地质统计学的技术法规逐步得到完善,与生产实践结合得更加紧密,注重解决实际问题,服务的范围更加广泛,地质统计学的软件系统走向市场。

2001年,吴胜和等为了提高随机建模的精度,降低模拟实现中的不确定性,提出了地质约束条件下的储层随机建模流程(吴胜和等,2001)。2005年,冯国庆、张烈辉等学者通过多点地质统计学方法模拟了某砂岩油藏的岩相分布,模拟结果表明多点地质统计学模拟方法可以很好地再现砂体局部的变异性和非均质性(冯国庆等,2005)。2013年,尹艳树对多点地质统计学原理、方法及应用进行了相关总结(尹艳树,2013)。2015年,向传刚利用多点地质统计学随机模拟的结果与对子井钻遇河道的情况进行对比,以确定水下分流河道宽度(向传刚,2015)。

三、展望

经过多年的发展,储层地质建模技术已经比较成熟和完善,但是对于陆相油藏来说,地下情况非常复杂,所建油藏地质模型完全定量反映定性油藏的各种特征还有一定的难度。因此,今后储层地质模型研究的发展趋势将是向建立更精确的油藏地质模型发展,具体表现在以下七个方面:

①多模型实现的优先。目前随机建模普遍存在的一个问题是:如何筛选可供应用的模型。这也是当前攻关的一个主要方向。常见的方法有:用地质模式来指导;用油藏数值模拟快速算法筛选;用地震反演检验;概率扰动、加权平均以及逐步变形法等。

②非均质预测与表征。储层的非均质性问题一直是储层研究中的一个热点问题,尤其是在井少的情况下,如何用地震资料来研究平面与层间的非均质特征就成了一个很大的问题,关键在于如何用地震资料得出井间与层间的渗透率资料,可以说是当前或今后相当长的时间里要进行攻关的热点问题(熊平,胡望水等,2015)。

③建立高精度的构造地层模型。以高分辨率层序地层学为指导,结合油藏开发中后期大量的三维地震资料和测井资料,建立高分辨率地层格局,进而建立精细的构造地层模型和储层骨架模型,主要包括各级断层的空间分布、组合方式和各小层微构造特征及储集体和隔夹层分布,为剩余油分布的准确判断和定位提供基础。

④剩余油的预测。高效开发油田的储层研究核心就是准确预测剩余油的分布,但这项工作是一个综合性的系统工程,存在的问题很多。从静态上来讲,大多是从微构造、储层非均质、油水界面等方面进行研究。但动态上则多是依据生产数据来进行逐井分析。两者的结合以及井间、四维地震的应用都是其发展方向,可是人们在研究中往往忽视了生产制度与井网布置的影响。

⑤深化建模。依据多种资料,建立储层裂缝模型、流动单元模型、储层大孔道模型等,从更多方面更准确地刻画储层。完善测井资料的裂缝识别方法和技术,提高单井裂缝判别的准确度,有效地利用成像测井、动静资料求取裂缝孔隙度、渗透率,以建立裂缝网络模型;与高分辨率层序地层格局结合,进一步深化研究流动单元的划分原则和方法,精细刻画油藏非均质性,建立动态流动单元模型;储层大孔道是在油田长期注水条件下,油层内部形成的高水相流体渗流优势通道大孔道,造成注入水长期无效或低效循环。必须开展大孔道深入研究,探讨影响大孔道的因素和形成过程,建立大孔道发育模式和大孔道演变模型。

⑥综合一体化建模。多点统计学随机建模是储层建模发展的一个新方向,目前还处于理论研究中,实际应用还需要很多工作。对地质模型不确定性的定量评价是一个重要的研究方向。只有弄清不确定因素对建模结果的影响,才能重点关注这些因素,降低模型的不确定性,降低勘探开发的风险。综合利用不同来源、不同精度和不同时期的资料进行综合一体化建模是当前研究的热点。目前还存在很多亟待解决的问题,例如如何把定性知识应用到定量模型,如何把地质知识库应用到建模中。

⑦解决生产历史拟合。生产数据参与对储层模型的约束,有力地促进了地质与油藏工程研究的紧密结合。由于许多不同的模型具有非常相似的先验和后验累积概率,因而会导致相当不同的油气藏预测结果。相关的研究方法一般可以分为两类:逐步变形法和概率扰动方法等参数优化方法;直接对连续参数进行控制的方法,以整体卡尔曼滤波方法(EnKF)为代表(于兴河,2008)。

第二节 确定性建模

一、确定性建模概述

确定性建模是指利用可靠的井点数据,用插值、外推等方法对井间区域给出确定性的预测,从而计算出井点间的区域,具有确定性和唯一性的储层参数。确定性建模运行结果与运行次数无关,结果是不变的。常用的确定性建模方法主要有以下几种:

①传统的地质学方法:根据地质趋势线插值,包括线性插值、利用趋势面插值、沉积微相控制下的线性插值等。这种方法对储层构造和物性参数(如地层温度、孔隙度、饱和度、地层压力等)分布较为均匀的储层是可行的。对于部分稳定沉积相的渗透率分布也是可行的,如三角洲前缘河口坝、席状砂等。

②开发地震反演:把开发地震数据和岩心分析或者测井得到的孔隙度相结合,得到关系式,从而反演孔隙度,再用孔隙度来推导渗透率。这种方法已经普遍应用。但三维地震法分辨率较低,一般只能对油组或者层系进行分析,不能对具体的砂层进行分析,且预测的储层参数精度较低。目前除常规的三维地震外,正在发展的技术有井间地震、四维地震等。

③计算机建模:距离加权平均法、趋势面法等。这些算法的预测结果是确定性的。但只考虑了井点和预测点之间的距离,没有考虑预测点之间的空间关联性(即储层物性参数相互之间的关系),因此在实际应用中效果并不理想。

20世纪80年代,随着地质统计学的发展,在算法上步入克里金插值阶段。克里金插值相比传统插值方法有很大的进步,它用变差或协方差函数来表述储层参数相互之间的影响。克里金插值根据储层参数在空间三个方向上的各向异性,在计算网格中属性参数值时,在各方向上根据储层的成因特点,采用三个方向上的变程作为约束条件,即用一个椭圆球体作为插值的搜索范围,将长轴方向作为储层发育的优势方向。算法上比简单插值方法更加科学。

确定性建模的优缺点及适用范围如下:

①确定性建模是局部最优估计,它只考虑局部估计值的精度,而未考虑估计值的空间相关性。

②确定性建模给出观测值间的平滑估值,削弱了观测数据的离散性,忽略了井间的细微变化。

③确定性建模只产生一个模型。

④确定性建模掩盖了非均质程度(即离散性),特别是离散性明显的储层参数(如渗透率)的非均质程度,因而不适用于渗透率非均质性的表征。而对于一些离散性不大的储层参数,如孔隙度,应用克里金插值方法研究其空间分布,并用于估计储量,也表现出方便、快速、准确的优越性。

⑤储层建模的对象是各种地质特征,如沉积相分布和相应的特征参数空间分布。其实储层本身是确定的,但是,在资料不完善以及储层结构空间配置和储层参数空间变化复杂的情况下,人们难于掌握任一尺度下储层确定且真实的特征或性质。也就是说,在确定性模型中存在着不确定性,即随机性。

⑥确定性建模可以很好地和地质模式结合,从而较容易满足地质规律。值得一提的是近几年来,对确定性建模方法,尤其是把测井、地震和地质模式结合的研究也逐渐在发展。确定性建模在克服了其原有的缺点后,优点也随之突显。

⑦利用确定性储层地质建模系统可以描述地下复杂的地质环境,将复杂的地质构造情况、地质体的形态和结构以图形的形式表现出来,从而使地质技术人员和管理人员能够真实、直观地认识各种地质现象,这是解决各类地质问题的重要手段。确定性储层地质建模系统可以有效地应用于矿产资源勘查、油气勘探开发、煤田地质勘探、矿山生产和管理、地质灾害治理、水文地质与工程地质、城市环境地质等地质科学各个领域,具有重要的理论和实际意义。

二、数理统计插值方法

常规数理统计方法很多,如三角网插值法、距离反比加权法、径向基函数插值法、多重网格逼近法、离散光滑插值法、样条插值法、最近邻点法、移动最小二乘法等。一般插值方法可分为局部插值与全局插值两大类。局部插值法的特点是每个插值点只影响其周围的局部区域,如距离反比、B样条插值等;全局插值法则基于整体插值点,一般要求解一个线性方程组,变动或改变一个插值点,就会改变整个插值曲面,如薄板样条插值等。

在储层建模中,应用该类方法的前提是地质参数在井间具有数理统计关系(即某种数学函数关系)。如三角网方法的前提是井间参数值是井孔参数与井间距离的线性函数,应用这一函数关系,即可对多井井间(二维剖面、二维平面及三维空间)进行储层参数插值,并建立储层地质模型。当然,这类方法也可整合地震信息进行插值。

不同插值方法的内涵及应用范畴各有差别。在实际应用中,应根据地质参数的空间分布特征、原始数据类以及插值网格结点规模选择合适的插值方法。下面对常用的两种插值算法进行详细说明。

(一)局部插值方法

局部插值的本质是根据插值点周围的若干已知信息及其对插值点的贡献大小(即加权

值),对插值点的未知值进行加权求和[图(2-2-1)],其计算式为

$$Z^*(x) = \sum_{i=1}^{n} \lambda_i Z(x_i) \quad (i = 1,2,3,\cdots,n) \qquad (2-2-1)$$

式中　$Z^*(x)$——插值点的估计值;

$Z(x_i)$——插值点周围某点 x_i 处的观测值;

λ_i——x_i 的权系数。

常用的数理统计局部插值方法有三角网插值法、距离反比加权法等。

1. 三角网插值法

三角网插值有时也称为线性插值。该方法的前提是井间参数值是井孔参数与井间距离的线性函数。算法的基本原理及过程可分为以下两个步骤:

第一步,基于已知数据点及工区边界点进行三角剖分,构建覆盖整个有效工区范围的三角网格。三角形的三个顶点为已知数据点,在三角形的每条边上均认为两顶点间数值的变化是线性的(图2-2-2)。

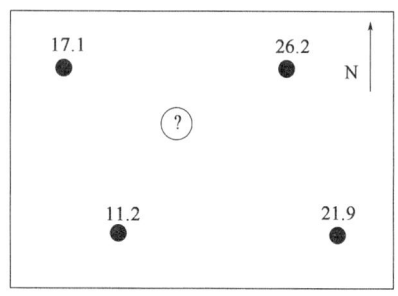

图2-2-1　井间插值信息点示意图

第二步,在一定的网格密度下进行线性内插,生成网格化面(栅格面)。插值算法一般采用双线性插值。如图2-2-3所示,三角形 ABC 为已知点构建的一个三角形面片(A、B、C 为已知点),P 点为待插值点。为了求 P 点值,可先在三角形的两条边 AB、AC 上分别求 D、E 两点值;再通过 D、E 求得 P 点值。

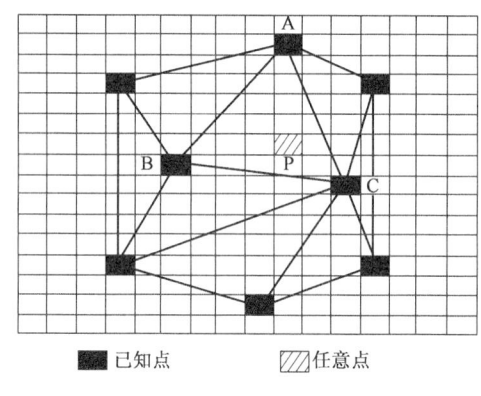

图2-2-2　三角网格构建图解

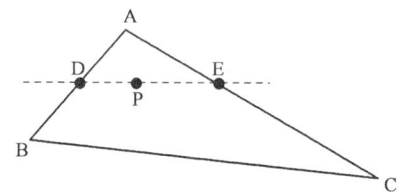

图2-2-3　三角网内插值图解

D 点值为 A、B 两点值的加权线性插值(E 点线性插值方法同 D 点),有

$$\begin{cases} V_D = \lambda V_A + (1-\lambda) V_B \\ \lambda = |AD/AB| \end{cases} \qquad (2-2-2)$$

式中　V_D——D 点值;

V_A、V_B——A、B 两点值(已知值);

λ——A 点对 D 点的权值,为 AD 段与 AB 段长度的比值。

三角网内 P 点的插值为 D、E 两点的线性内插值,插值方程为

$$\begin{cases} V_P = tV_D + (1-t) V_E \\ t = |DP/DE| \end{cases} \qquad (2-2-3)$$

式中　V_P——P 点值；

　　　V_D、V_F——D、E 两点值；

　　　t——D 点对 P 点的权值，为 DP 段长度与 DE 段长度的比值。

根据上述算法流程描述可知，三角网法采用的是线性内插，插值结果不会超过原始数据的取值范围，能很好忠实于原始数据模型；在采样点（井点）密度较大且分布均匀时，插值效果较好。然而，在数据较为稀疏时对插值结果影响较大，插值结果能见到明显的三角网格控制趋势。

2. 距离反比加权法

距离反比加权法的基本原理是：插值点的取值受该点周围已知点影响，其值为各已知点的加权平均，权系数与插值点到各已知点的距离成反比（也就是距离越远的点，其权重越小），表达式为

$$z_p = \sum_{i=1}^{n} \omega_i z_i \Big/ \sum_{i=1}^{n} \omega_i \qquad (2-2-4)$$

其中

$$\omega_i = (d_i)^{-u}$$

式中　z_p——待插值点取值；

　　　z_i——待插值点周围的已知点数值；

　　　n——已知点个数；

　　　ω_i——各已知点对待插值点的权系数，其与各点到该点的距离成反比；

　　　d_i——各已知点到插值点的距离；

　　　u——距离方次参数，该参数控制着权系数随着结点间距离的增加而下降的程度。

u 取较大值时，较近的数据点权重高，对插值结果影响大；u 取较小值时，不同位置已知点权重较为均匀。u 可取值 1、2、4 等，经验表明，一般 $u=2$ 时较为合适。

算法在具体实现时，一般以插值点为中心，按一定的距离搜索窗口范围对已知点进行搜索过滤（图 2-2-4），窗口以外的点将不参与对当前点的插值。因此，采用小的搜索窗口将增强近距离数据的影响，采用大窗口将增强远距离数据的作用。

距离反比加权运算速度快，结果值介于已知点数值范围。该方法在已知点分布较为稀疏的情况应用效果较好，在点分布密集的情况下容易在已知点周围出现"牛眼"现象（图 2-2-5）。

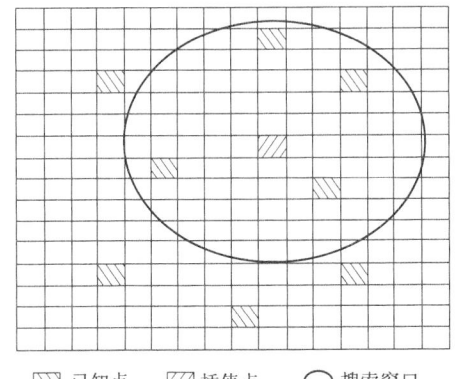

图 2-2-4　距离反比加权法已知点搜索图解

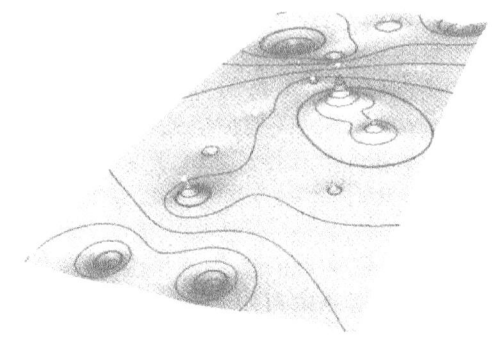

图 2-2-5　点分布密集情况下插值出现的"牛眼"现象

(二) 全局插值方法

常用的全局插值方法有径向基函数插值法、多重网格逼近法、离散光滑插值法等。下面对前两种方法作详细介绍。

1. 径向基函数插值法

在实际工程问题中,往往需要根据一定的采样数据去拟合真实的自然变化规律,如根据井分层点拟合构造层面的空间形态。解决这一类问题就是要对离散的数据建立一个连续的数学模型,通过函数逼近的方式,构建一个插值函数去近似代替一个复杂的或未知解析表达式的函数。

所谓函数逼近,就是用一个简单的函数 $f(x)$ 去近似代替(逼近)另一个函数 $F(x)$。其中,$f(x)$ 称为逼近函数,$F(x)$ 为被逼近函数。如果只知道或是只给出 $F(x)$ 的若干数据点 $(x_i, y_i, (i=0,1,\cdots,n)$,要求构建逼近函数 $f(x)$ 并满足条件:

$$f(x_i) = y_i \quad (i = 0,1,\cdots,n) \tag{2-2-5}$$

这种逼近的问题就是函数插值。逼近函数 $f(x)$ 称为插值函数,$F(x)$ 称为被插值函数。例如,三维构造层面的空间分布可表示为一个连续的数学模型 $F(x)$,而通过钻井获知的井点位置构造高程值即为已知数据点。通过井点值预测构造层面其他位置的高程,就需要通过函数插值的方法去求解。

构建插值函数的一般方法是在某个函数空间 Φ 中,选取若干个函数 $\{\phi_i(x)\}_{n=1}^{n} \subset \Phi$,用线性组合 $\sum_{i=0}^{n} c_i \phi_i(x)$ 作为插值函数。其中,$\phi_i(x)$ 称为基函数。若用基函数 $\{x_i\}_{n=0}^{n} = \{1, x, x^2 \cdots, x^n\}$ 的线性组合,可构建插值函数:

$$f(x) = a_n x^n + a_{n-1} x^{n-1} + \cdots a_1 x + a_0 \tag{2-2-6}$$

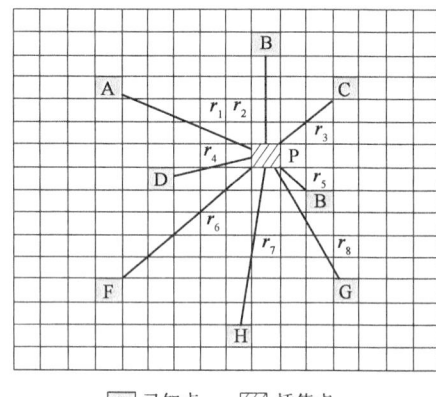

图 2-2-6 径向基函数插值图解

插值函数为代数多项式,称为代数插值。

同理,径向基函数插值即是通过以空间距离为基本变量的基函数构建插值函数进行插值。如图 2-2-6 所示,图中存在 8 个已知点,插值基函数为 $\{\phi(r_1), \phi(r_2), \cdots, \phi(r_8)\}$,插值函数形如:

$$f(x) = c_1 \phi(r_1) y_1 + c_2 \phi(r_2) y_2 + \cdots + c_8 \phi(r_8) y_8 \tag{2-2-7}$$

式中 $r_1, r_2, \cdots, r_8$——插值点到 8 个已知点的径向距离;

$\phi(r_1), \phi(r_2), \cdots, \phi(r_8)$——径向基函数;

$c_1, c_2, \cdots, c_8$——各基函数系数;

$y_1, y_2, \cdots, y_8$——已知点值,如井点处构造深度、孔隙度值等;

$f(x)$——任一点的插值结果。

因此,径向基函数可以看作中心位于特定点(各个插值点)并以空间距离 r 为基本变量的各向同性的函数。径向基函数插值在多个领域有不同的应用。如 1971 年 Hardy 用多重二次径向基函数来处理飞机外形设计曲面拟合问题,取得了非常好的效果;1975 年 Duchon 从样条弯曲能最小的理论出发导出了多元问题的薄板样条。这些从不同领域导出的方法实际上都是径向基函数的插值方法。下面为常用的全域径向基函数。

线性函数：
$$\phi(r) = r \quad (2-2-8)$$

三次方函数：
$$\phi(r) = r^3 \quad (2-2-9)$$

Kriging 方法的 Gauss 分布函数：
$$\phi(r) = e^{-r^2/\sigma^2} \quad (2-2-10)$$

Hady 的多重二次径向基函数：
$$\phi(r) = \sqrt{c^2 + r^2} \;(c^2 = 0.815\pi/4n) \quad (2-2-11)$$

Duchon 的薄板样条函数：
$$\phi(r) = r^2 \ln r \quad (2-2-12)$$

径向基函数插值函数可表示为
$$f(x) = \sum_{i=0}^{n} c_i \phi(\|x - x_i\|) y_i \quad (2-2-13)$$

式中　n——已知点个数；

　　　x_i——各已知点坐标；

　　　$\phi\|x-x_i\|$——径向基函数；

　　　c_i——基函数的权重；

　　　y_i——已知点值。

插值函数中各已知点径向基函数的权重 c_i 可通过已知点建立的线性方程组求解：

$$\begin{bmatrix} \phi_{11} & \phi_{12} & \cdots & \phi_{1n} \\ \phi_{21} & \phi_{22} & \cdots & \phi_{2n} \\ \vdots & \vdots & \vdots & \vdots \\ \phi_{n1} & \phi_{n2} & \cdots & \phi_{n3} \end{bmatrix} \begin{bmatrix} c_1 \\ c_2 \\ \vdots \\ c_n \end{bmatrix} = \begin{bmatrix} x_1 \\ x_2 \\ \vdots \\ x_n \end{bmatrix} \quad (2-2-14)$$

求解此方程组即可得到 $c_i(i=1,2,\cdots,n)$，从而得到 $f(x)$ 的表达式。最终逐次将各未知点代入 $f(x)$，即可求取各未知点处的估计值。

综上所述，径向基函数插值法原理简单，采用不同性质的径向基函数可构建出不同特性的径向基插值函数；同时，径向基函数插值方法对已知点的分布要求较高，一般要求已知数据点分布均匀且稀疏程度适中。该方法的缺点是在没有已知点控制的网格边缘区域可能会出现奇异现象；另外，在求解基函数组合系数时，需要求解一个与已知点数目相同的方程组。所以当已知点数较大时算法效率将显得很低。

2. 多重网格逼近法

多重网格逼近法的基本思路是：将插值过程分解为多次迭代计算，迭代初始过程将从最简单的粗网格开始，后续每次迭代将细化网格大小，在达到最终设置网格分辨率后迭代结束，整个插值计算过程完成。例如，插值网格的最终网格分辨率为 100×100，初始计算可按 2×2 网格插值；第一次迭代将网格细化为 10×10，并对 2×2 网格插值结果重采样，在此基础上进行插值计算；以此类推，第二次迭代按 50×50 网格；第三次按 100×100 网格，迭代插值完成。技术流程图如图2-2-7所示(吴胜和,2010)。

多重网格逼近算法的基本步骤描述如下所述:

第一步,生成初始粗网格,将网格上各个点的值赋为已知数据的平均值。如图2-2-8所示,第一次网格划分时将插值区域四等分,产生了初始粗网格,已知点分别落入四个粗网格单元中。标示"1-A"的网格单元落入四个原始点,则"1-A"网格单元的插值结果为这四个已知点的平均值。其余网格进行同样平均化赋值计算。

第二步,按如下步骤迭代循环,直到满足最终目标网格的插值精度。

将上一次粗网格加密,生成当前细网格,并根据当前网格分辨率对粗网格插值结果进行重采样(细网格按坐标对应落入到某个粗网格,则取该粗网格值作为细网格值)。

对当前细网格各网格进行插值计算:

①对每一个已知点计算并找到离它最近的网格,并将已知点归附到最近网格处;

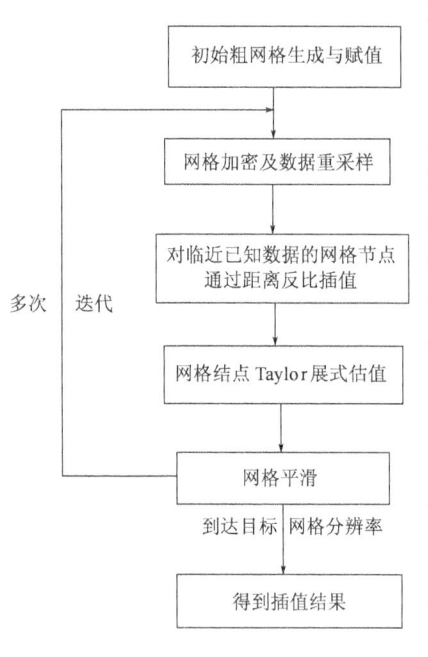

图2-2-7 多重网格逼近流程图

②对附着有已知点的网格,使用距离加权法计算并更新其数值;

③估计各个网格点处的一阶、二阶导数值;

④对每个附着有已知数据点的网格,利用泰勒展开式计算每一个已知点对该网格的估计值,多个估计值最终采用距离加权得到平均估计值;

⑤平滑当前网格。

第一次网格加密如图2-2-9所示。图2-2-8中的"1-A"网格单元又被细分为4个子网格。此时4个子网格值都是根据粗网格"1-A"采样的,赋予相同的值,如"2-A"网格值等于"2-B"网格值。随后,考虑"2-A"网格有2个已知点落入其中,则通过这2个已知点与"2-A"网格中心点的距离加权,得到并更新"1-A"网格值。此时,"2-A"网格值将不再等于"2-B"网格值。对其他附着已知点的网格做同样计算操作后,完成一次网格细化加密计算过程。从该过程可以看出,上一次粗网格模型数据分布的整体性得到了继承,同时有已知数据分布的局部地区模型得到了进一步细化。

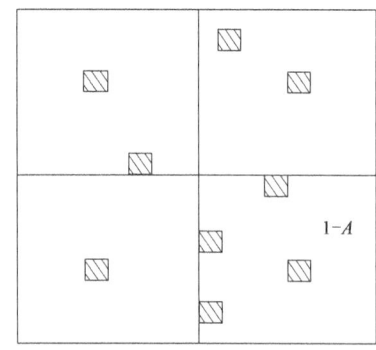

图2-2-8 初始网格

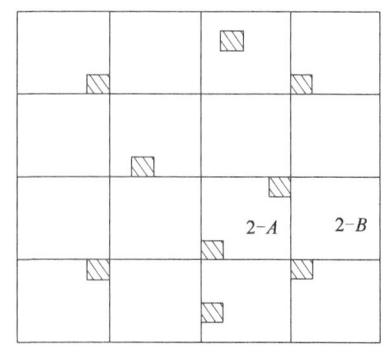

图2-2-9 第一次网格细化迭代

重复多次网格细化与插值计算(图2-2-10、图2-2-11),最终达到插值目标网格分辨率而完成整个插值计算过程,多次迭代计算结果如图2-2-11所示。多重网格逼近方法计算速度快,在数据点分布稀疏的区域,模型整体趋势保持得较好;同时,在已知点分布密集的区域,模型的局部细节与数据吻合程度都能得到保证。该方法可适用于不同疏密程度的数据插值,如地震构造解释数据、等值线数据以及井分层点数据等;经过改进后,还可综合断层多边形数据进行插值。

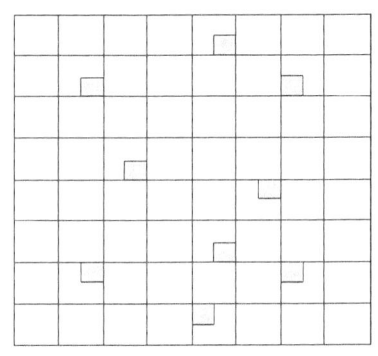
图2-2-10　第二次网格细化迭代

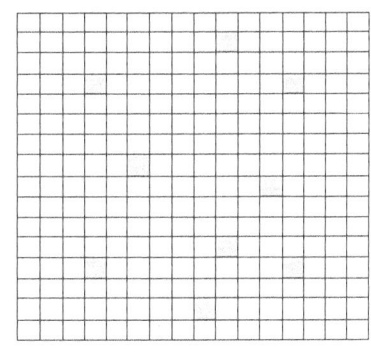
图2-2-11　最后一次网格细化迭代

三、空间相关性的地质统计分析

20世纪50年代初期,南非矿业工程师克里金(D. G. Krige)在矿山工作时观察到金属的分布在空间上并非是纯随机的,而是具有相互联系的。为了准确地估计矿石中金属的含量,就必须考虑样品在矿体中的位置及相互关系。为此,他提出了"根据样品空间位置特征、样品间相关程度不同,对每个样品品位赋予不同的权,进行滑动加权平均,以估计中心块段平均品位"。

法国巴黎国立高等矿业学院G.马特隆教授在克里金的经验和方法基础上,进行了系统的理论总结和提升,出版了专著《应用地质统计学论》,创立了"地质统计学",主要内容包括三大部分,即地质变量空间相关性分析(区域化变量理论)、克里金估值和随机模拟。

地质统计学认为,地质变量为一类在空间上既有随机性又有相关性的变量(即区域化变量),并可应用变差函数或协方差函数来分析地质变量的空间相关性(王仁铎等,1989)。

因此在插值过程中已知点对待估点的贡献(权值)不仅取决于点间的空间距离,更主要的是变量的空间相关性。插值的基本思路是:根据待估点周围的若干已知信息,应用变差函数分析随机变量的空间相关性,据此确定待估点周围的已知数据点的参数对待估点的贡献(即加权值);然后对待估点的未知值作出最优(即估计方差最小)、无偏(即估计误差的数学期望为0)的估计,也就是最佳线性无偏估计(BLUE, best linear unbiased estimator),并提供出估计误差。显然,这种插值方法是在克里金的思路上发展起来的,为了纪念他,G.马特隆教授将这种插值方法定名为克里金方法(孙洪泉,1990)。

在地质统计学中,地质变量空间相关性分析的基本工具为变差函数,其理论基础为平稳随机函数。下面首先介绍随机变量、随机函数的概念及其统计推断方法,继而介绍变差函数的基本概念、原理及其结构分析。

(一) 理论基础

1. 随机变量与随机函数

1) 随机变量

随机变量是指按照一定的概率分布能够取得不同数值的变量。随机变量的空间分布通常依赖于所处的空间位置,同时也随已有信息的变化而变化。

随机变量为一个实值变量,可根据概率分布取不同的的值。每次取值(观测)结果 X_1, X_2,……,为一个确定的数值,称为随机变量 ξ 的一个实现。因此,随机变量是基本事件的函数,依据随机试验的结果而取得不同的数值。

随机变量可分为离散变量和连续变量(侯景儒等,1998)。若随机变量所有可能的值可以一一列举出来,即是有限的,则称该变量为离散型随机变量。离散变量又可称为类型变量、范畴变量,如相类型、构型单元、砂体、流动单元、隔夹层。若随机变量所有可能的取值不能一一列举出来,称该变量为连续型随机变量,如构造深度、砂体厚度、有效厚度、孔隙度、渗透率、含油饱和度,在数值上往往是一个带一定小数位的实数。

随机变量的概率分布可用累积分布函数(cumulative distribution function,CDF)来描述。在有 n 个条件数据的前提下,可得到其条件累积分布函数(cumulative cumulative distribution function,CCDF)。

连续型随机变量的累积分布函数及条件累积分布函数如下:

$$F(u;z) = P\{Z(u) \leq z\} \quad (2-2-15)$$

$$F(u;z|(n)) = P\{Z(u) \leq z|(n)\} \quad (2-2-16)$$

式中 $F(u;z)$——累积分布概率函数;

u——空间位置;

z——任何未知数;

$Z(u)$——任一位置处的随机变量;

$z|(n)$——与 CDF 有关的 n 个已知的数据值的条件。

离散型随机变量的累积分布函数及条件累积分布函数分别为

$$F(u;k) = P\{Z(u) = k\} \quad (2-2-17)$$

$$F(u;k|(n)) = P\{Z(u) = k|(n)\} \quad (2-2-18)$$

式中 k——未知的离散值;

$k|(n)$——K 值取值的 n 个已知数值的条件。

图 2-2-12 为两类随机变量的概率分布函数图。从图中可以看出,随机变量累积概率值总是大于 0 而小于 1,而且随机变量累积概率分布函数是一个递增函数。在连续型随机变量累积分布函数中[图 2-2-12(a)],累积曲线连续而无间断;而在离散型随机变量累积分布函数中[图 2-2-12(b)],累积曲线为折线。随机变量具有数学期望和方差这两个特征值。

(1) 数学期望

数学期望是随机变量 ξ 的整体代表性特征数。

设离散型随机变量 ξ 的所有可能取值为 $x_1, x_2, \cdots\cdots$,其相应的概率为

$$P(\xi = x_k) = p_k, \quad k = 1,2,\cdots \quad (2-2-19)$$

则当级数 $\sum_{k=1}^{\infty} x_k p_k$ 绝对收敛时,称此级数的和为 ξ 的数学期望,记为 $E(\xi)$ 或 $E\xi$:

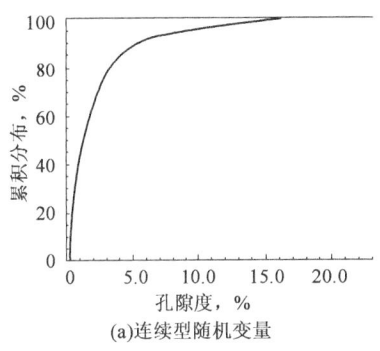
(a)连续型随机变量

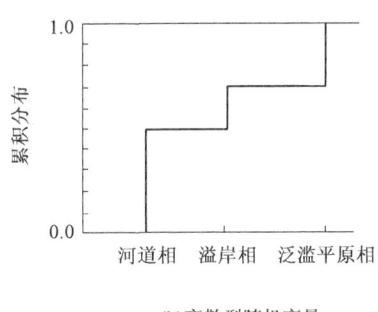
(b)离散型随机变量

图 2-2-12 随机变量累积概率分布图

$$E(\xi) = \sum_{k=1}^{\infty} x_k p_k \qquad (2-2-20)$$

设连续型随机变量 ξ 的可能取值区间为 $(-\infty, +\infty)$，$p(x)$ 为其概率密度函数，若无穷积分 $\int_{-\infty}^{+\infty} xp(x)\mathrm{d}s$ 绝对收敛，则称它为 ζ 的数学期望，记为 $E(\zeta)$：

$$E(\xi) = \int_{-\infty}^{+\infty} xp(x)\mathrm{d}s \qquad (2-2-21)$$

数学期望是随机变量的最基本的数字特征，相当于随机变量以其取值概率为权的加权平均数。从矩的角度说，数学期望是 ξ 的一阶原点矩。

对于一组样本，数学期望可近似表达为下式

$$E(z) = \frac{\sum_{i=1}^{N} z_i}{N} \qquad (2-2-22)$$

式中 z_i——第 i 个样本的数值；
　　　N——样本数。

(2) 方差

方差为随机变量 ξ 的离散性特征数。若数学期望 $E[\xi - E(\xi)]^2$ 存在，则称它为 ξ 的方差，记为 $D(\xi)$ 或 $Var(\xi)$：

$$D(\xi) = E[\xi - E(\xi)]^2 \qquad (2-2-23)$$

其简算公式为

$$D(\xi) = E(\xi^2) - [E(\xi)]^2 \qquad (2-2-24)$$

方差的平方根为标准差，记为 $\sigma(\xi)$，从矩的角度说，方差是 ξ 的二阶中心矩。

2) 随机函数

多个随机变量的集合即为随机函数。随机函数的特征值主要为协方差。两个随机变量 ξ、η 的协方差为二维随机变量 (ξ, η) 的二阶混合中心矩 μ_{11}，记为 $Cov(\xi, \eta)$ 或 $\sigma(\xi, \eta)$：

$$Cov(\xi, \eta) = \sigma(\xi, \eta) = E[\xi - E(\xi)][\eta - E(\eta)] \qquad (2-2-25)$$

其简算公式为

$$Cov(\xi,\eta) = E(\xi \cdot \eta) - E(\xi)E(\eta) \quad (2-2-26)$$

2. 统计推断

在克里金插值或随机建模中,将储层参数(如孔隙度)视为随机变量,克里金插值则希望得到井间各处待预测点(即待估点)的估计值;而在随机建模中,还希望得到待估点的概率密度分布函数。

在统计学意义上,通过已知条件数据推断随机变量在待估点处数学期望和密度分布函数的过程即为一种统计推断。然而,从严格意义上讲,任何统计推断均要求对待估点重复取样,如对某一点的孔隙度进行重复取样,得到多个数据,然后求取其均值、直方图及累积概率密度分布函数。但是,在实际的储层预测中,待估点位置正因为没有实测数据才需要进行预测。为了将经典的统计学应用于地质预测,马特隆教授在前人的基础上提出了区域化变量理论(Regionaljzed Variable Theory)。

1)区域化变量

克里金插值的内涵实际上是"根据邻近点,推断待估点"。但是,这一理论依据何在呢?马特隆教授认为,地质变量可视为区域化变量,即能用其空间分布来表征一个自然现象的变量。一些常规的取样手段(如钻孔)的结果可作为区域化变量的观测值。这些观测值及其所显示的各个局部异常的特点,在一定程度上可以表示出区域化变量在区域上的变化特征和趋势,再加上所表征的自然现象所具有的某种连续性,因此,区域化变量具有空间结构特征。另一方面,由于观测数据本身的特性各异以及观测过程中的误差和随机因素,区域化变量又具有随机性的特点。因此,区域化变量是结构性和随机性的有机结合。

根据这一理论,空间某一点处的观测值可解释为一个随机变量在该点处的一个随机实现;空间各点处随机变量的集合构成一个随机函数,空间位置则作为随机函数的自变量(依赖于多个自变量的随机函数,称为随机场)。

因此,表征空间变异性的问题就转化为研究随机函数在各点处的各个随机变量及其间的相关关系的问题。应用待估点周围的已知数据,对待估点变量的性质进行统计推断(即预测)也就有了理论依据。

2)平稳假设

地质统计学将井间插值或随机建模的问题转化为随机函数的研究问题。然而,地质统计学毕竟还是一种统计学,而任何统计推断均要求随机变量具有统计学意义上的平稳,即平稳假设。在地质统计学中,实际应用的是相对较弱的平稳假设,即二阶平稳或内蕴假设。

(1)严格平稳

严格意义上的平稳即研究区各处随机变量的分布函数相同,表达式为

$$F(u;z) = F(u+h;z)$$

式中　$F(u;z)$——z 变量在 u 处的分布函数;
　　　$F(u+h;z)$——z 变量在 $u+h$ 处的分布函数;
　　　h——矢量距离(称为滞后距)。

待估点的分布函数从区域内所有数据的累积直方图直接推断而得,即将邻近点当成待估点的重复取样。这一平稳要求太严格,不符合地质实际。

（2）二阶平稳

当区域化变量 $Z(u)$ 满足下列两个条件时,则称其为二阶平稳或弱平稳。

① 在研究区内 $Z(u)$ 的数学期望存在,且等于常数,即

$$E[Z(u)] = E[Z(u+h)] = m \tag{2-2-27}$$

式中 m——常数。

式(2-2-27)说明,随机变量在位置 u 处的数学期望与任一相距为 h 处的数学期望相等,均为常数 m。这意味着随机函数在空间上的变化没有明显趋势,围绕 m 值上下波动。这一平稳要求也称为一阶平稳。

② 在研究区内,$Z(u)$ 的协方差函数存在且平稳,即两点之间随机变量的协方差只依赖于它们之间的相对距离(滞后 h),而与绝对位置 u 无关,表达式为

$$\begin{aligned} Cov\{Z(u),Z(u+h)\} &= E[Z(u)Z(u+h)] - E[Z(u)]E[Z(u+h)] \\ &= E[Z(u)Z(u+h)] - m^2 = C(h) \end{aligned} \tag{2-2-28}$$

当 $h=0$ 时,式(2-2-28)变为 $D[Z(u)] = C(0)$,即方差存在且为常数。

（3）内蕴假设

内蕴假设为一种比二阶平稳更弱的平稳假设。当区域化变量 $Z(u)$ 的增量 $Z(u) - Z(u+h)$ 满足下列两个条件时,称其满足内蕴假设或本征假设。

① 在整个研究区内,有

$$E[Z(u) - Z(u+h)] = 0$$

上式意为任意两点处随机变量之差(增量)的数学期望为 0,可以理解为区域内所有两点之间变量值差的均值为 0。

在实际情况中,可能出现 $E[Z(u)]$ 不存在但 $E[Z(u) - Z(u+h)]$ 存在并为零的情况。这一假设意味着,各点处的数学期望可以不一样,即 $E[Z(u)]$ 可以变化,但 $E[Z(u) - Z(u+h)] = 0$。这一平稳要求比二阶平稳中的 $E[Z(u)] = m$ 的平稳要求更弱。

② 增量 $Z(u) - Z(u+h)$ 的变差函数存在且平稳,即只依赖于它们之间的相对距离(滞后 h),而与绝对位置 u 无关,表达式为

$$\begin{aligned} D[Z(u) - Z(u+h)] &= E[Z(u) - Z(u+h)]^2 - \{E[Z(u) - Z(u+h)]\}^2 \\ &= E[Z(u) - Z(u+h)]^2 = 2\gamma(u,h) = 2\gamma(h) \end{aligned} \tag{2-2-29}$$

在实际情况中,可能出现协方差函数不存在但变差函数存在的情况。例如,物理学上著名的布朗运动是一种呈现出无限离散性的物理现象,其随机函数的理论模型就是维纳—勒维(Wiener-Levy)过程(或随机游走过程)。这一函数既不能确定其方差,也不能确定协方差函数,但是其增量却具有有限的方差:

$$D[Z(u) - Z(u+h)] = 2\gamma(h) = A|h| \tag{2-2-30}$$

式中 A——常数。

变差函数 $= \dfrac{A}{2}|h|$,且随着 $|h|$ 线性地增大。

(4)准二阶平稳或准本征假设

值得注意的是,若区域化变量 $Z(u)$ 在整个区域内不满足二阶平稳(或本征假设),但在有限大小的邻域内是二阶平稳(或本征)的,则称 $Z(u)$ 是准二阶平稳的(或准本征的)。

(二)变差函数

1. 概念与内涵

1)概念

变差函数是区域化变量空间变异性的一种度量,反映了空间变异程度随距离而变化的特征。变差函数强调三维空间上的数据构型,从而可定量地描述区域化变量的空间相关性,即地质规律所造成的储层参数在空间上的相关性。它是克里金技术以及随机模拟中的一个重要工具。

$Z(u)$ 是一个随机函数,如果差函数 $Z(u+h) - Z(u)$ 的一阶矩和二阶矩仅依赖于点 $u+h$ 和点 u 之差 h,即 $Z(u)$ 满足内蕴假设,那么定义该差函数的方差之半为变差函数 $\gamma(h)$,或称半变差函数(为简明起见,后文均称变差函数),表达式为

$$\gamma(h) = \frac{1}{2} D[Z(u+h) - Z(u)] \qquad (2-2-31)$$

$$\gamma(h) = \frac{1}{2} E[(Z(u+h) - Z(u) - E[Z(u+h) - Z(u)]^2] \qquad (2-2-32)$$

此处 u 是空间的一个点,h 是其中的一个向量(即矢量距离,称为滞后距)。

假设 $E[Z(u) - Z(u+h)] = 0$,则变差函数可写成

$$\gamma(h) = \frac{1}{2} E[(Z(u+h) - Z(u))^2] \qquad (2-2-33)$$

式(2-2-33)为地质统计学中最常用的基本公式之一。变差函数 $\gamma(h)$ 随滞后距 h 变化的各项特征表达了区域化变量的各种空间变异性质,这些特征包括影响区域的大小、空间各向异性的程度以及变量在空间的连续性。

2)内涵

变差函数 $\gamma(h)$ 随 h 的变化图即为变差函数图(图2-2-13)。其中,横坐标为滞后距 h,纵坐标为变差函数 $\gamma(h)$。图中的实心点为根据空间观测值的计算结果,曲线为根据理论变差函数模型拟合的结果(计算和拟合方法详见本章第三节)。从变差函数图可获得若干关键参数,如变程(range)、块金值(nugget)、基台值(sill)等。

(1)变程

变程是指区域化变量在空间上具有相关性的范围;在变程范围之内,数据具有相关性;而在变程之外,数据之间互不相关,即在变程以外的观测值不对估计结果产生影响。具体来说,假如某种属性在空间上是各向同性的,也就是说,在各个方向上

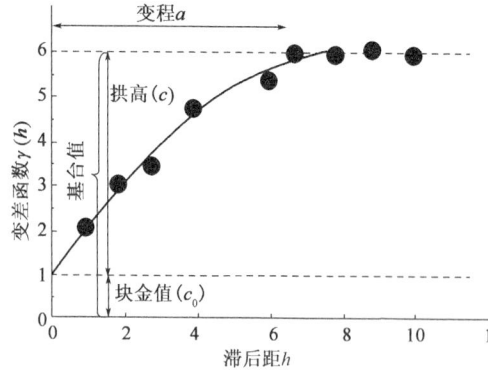

图2-2-13 典型的变差函数图
(据 Journel,1978)

的变化一致,那么,以某一观测点为球心、以变程为半径画一个球体,该观测点和球体内的所有其他数据相关;反之,超出这个范围的数据与这点无关。因此,变程的大小反映了变量空间相关性的大小,变程相对较大意味着该方向的观测数据在较大范围内相关;反之,则相关性较小。

如图 2-2-14 所示,三幅图像的变程不同,则图像的空间相关性也不同。图像(a)变程最小,其空间相关性也最小;图像(c)变程最大,其空间相关性也最大。在对区域化变量进行克里金估计时,变程把所有的观测值分为两类:一类为观测点与待估点的距离小于变程的观测值,此距离与待估点相关,参与克里金估计;另一类为观测点与待估点的距离大于变程的观测值,此距离与待估点不相关,不为估计提供信息。由此可见,变程是地质统计学中一个十分重要的参数。

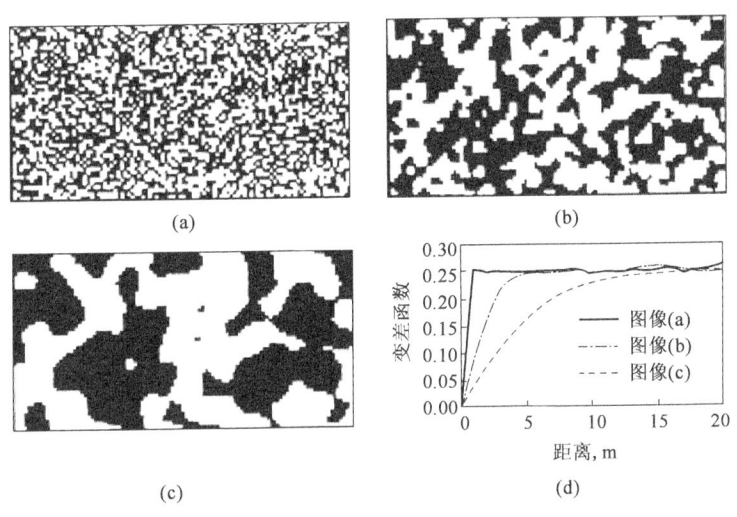

图 2-2-14　具不同变程的克里金插值图像(据 Deutsch,1992)

(2)块金值

变差函数如果在原点间断,这在地质统计学中被称为"块金效应",表现为在很短的距离内有较大的空间变异性。它可以由测量误差引起,也可以来自矿化现象的微观变异性。在取得有效数据的尺度上,这种微观变异性是不可得到的。在数学上,块金值相当于变量纯随机性的部分。如果无论 h 多么小,两个随机变量都不相关,这种情况称为纯块金效应。

(3)基台值

基台值为变量在空间上总变异性的大小,即为变差函数在 h 大于变程的值,为块金值和拱高之和。所谓拱高,为在取得有效数据的尺度上,可观测得到的变异性幅度大小。当块金值等于 0 时,基台值即为拱高。

(4)变差函数与协方差函数的关系

在二阶平稳假设条件下,变差函数 $\gamma(h)$ 与协方差函数 $c(h)$ 均存在且平稳,此时,两者具有如图 2-2-15 所示的消长关系。以块金值为 0 的情况为例,在原点处,$\gamma(h)$ 为 0,且随着 h 增大而增大,到变程 a 处达到基台值;而 $c(h)$ 在原点处的值 $c(0)$ 为变差函数的基台值,且随着 h 增大而减小,到变程 a 处

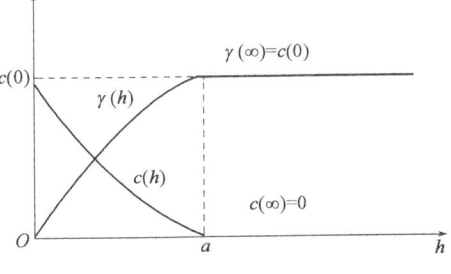

图 2-2-15　变差函数与协方差函数关系示意图(据王仁铎等,1988)

趋于0,关系式为

$$c(h) = c(0) - \gamma(h) \qquad (2-2-34)$$

(5)变差函数在原点的形状

变差函数的形状,特别是在原点处的形状,提供了关于区域化变量的空间连续性和规律性的度量。按变差函数在原点处的形状可分为四种类型,每种类型反映了变量的不同程度的空间连续性:

①抛物线型,也称连续型。变差函数在原点处趋向为一条抛物线[图2-2-16(a)],反映变量具有高度的连续性,如地层厚度。

②线型。变差函数在原点处趋向为一条直线,或者说在原点处有斜向的切线存在[图2-2-16(b)],反映变量具有平均的连续性,表现了一种较连续的空间变异性的特点。

③间断型。变差函数在原点间断,不连续,具有块金常数[图2-2-16(c)],表现为在很短的距离内具有较大的空间变异性。当滞后距变大时,变差函数又可变得连续。

④随机型,或称纯块金效应型。无论h多么小,h总大于a,即无论h多么小,$z(u)$与$z(u+h)$总不相关[图2-2-16(d)]。这种纯块金效应型反映了变量在空间上完全不相关,或者说反映了变量是经典的随机变量。

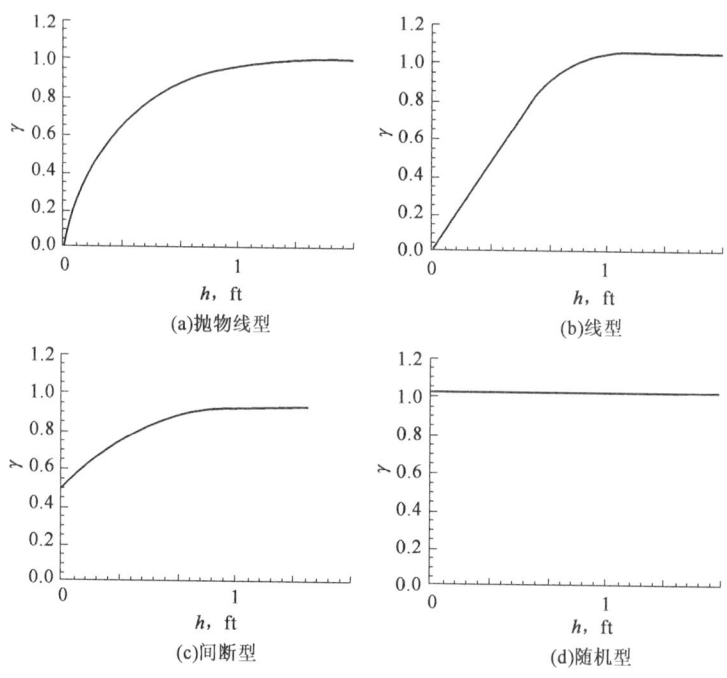

图2-2-16 变差函数在原点处的形状(据王仁铎,1988)

(6)变量的各向异性

通过空间上不同方向变差函数图的比较,可反映变量在不同方向的变化特征。如果各个方向的变差图基本相同,则为各向同性,否则为各向异性。

地质变量各向异性是非均质储层的基本特征。各向异性特征主要通过变程和基台值来反映。如图2-2-17所示,由于两个图像在垂向和水平方向上的变程均有差异,导致图像形态有很大的差别。其中图像(a)的水平变程小于图像(b),其垂向变程又大于图像(b),导致两个图像的目标物体的几何形态截然不同。

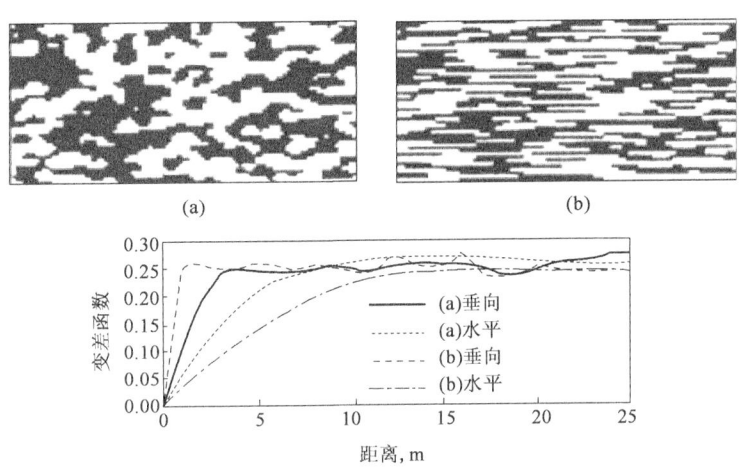

图 2-2-17 各向异性的实例（据 Deutsch,1992）

在大多数沉积环境中,地质变量的相关性在不同的方向是不一样的。在平面上,顺主流线的变程大于垂直主流方向（图 2-2-18）;而由于地质体的侧向规模远大于垂向,因此,垂直变程往往远小于平面各个方向。各向异性又分可为几何各向异性和带状各向异性。

① 几何各向异性。

如果变差函数在空间各个方向上的变程不同,但基台值不变（即变异程度相等）,则称其为几何各向异性（图 2-2-19）。这种情况能用一个简单的几何坐标变换将各向异性结构变换为各向同性结构。

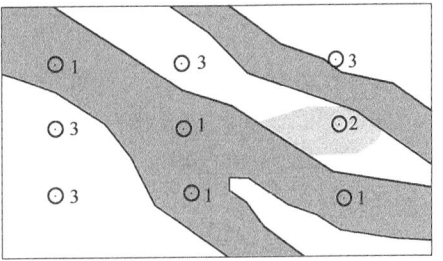

图 2-2-18 地质变量的各向异性示意图
1—河道砂体;2—溢岸砂体;
3—泛滥平原泥页岩

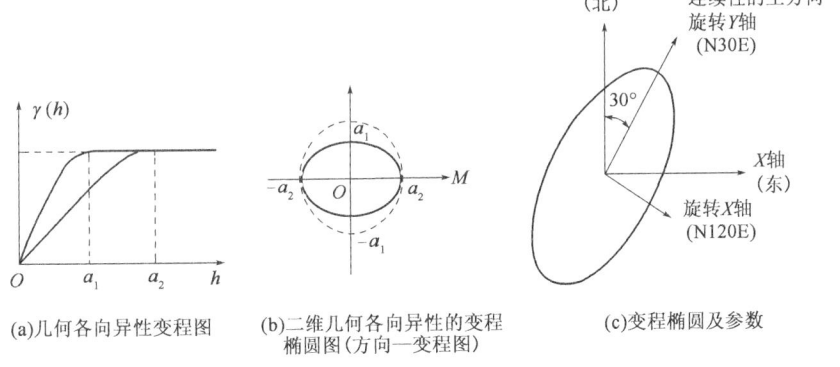

(a)几何各向异性变程图　　(b)二维几何各向异性的变程椭圆图（方向—变程图）　　(c)变程椭圆及参数

图 2-2-19 几何各向异性图（据 Deutsch,1992）

平面上不同方向的变程在 $X—Y$ 坐标系内构成的椭圆形,称为变程椭圆[图 2-2-19(b)],为各向异性的反映。若为圆形,则为变程圆,表示各向同性[图 2-2-19(b)]。在三维空间上,各向异性则表现为变程椭球,各向同性表现为变程球。

对于三维各向异性,一般通过三个方向的变程来表达,即主变程、次变程及垂向变程。主变程方向为变程最大的方向,与此正交的方向为次变程方向（二维上变程最小的方向）。垂向变程一般指铅垂方向的变程,但对于一些沉积体（如前积体）,垂向变程则与铅垂线有一定的交角。

在垂向变程为铅垂方向的情况下,变程椭球呈水平状态。要描述这样一个椭球体,需要主变程方向及大小、次变程方向及大小、垂向变程大小等五个参数,其中独立参数共四个,即主变程方向及大小、次变程大小和垂向变程大小。这也是目前在商业化建模软件所要求设置的变差函数基本参数。

但是,若垂向变程与铅垂线有一定的交角,则变程椭球与水平面斜交。此时,若要描述一个变程椭球,则需要三个方向变程的走向、倾角、大小,共九个参数(表2-2-1)。其中,独立参数有主变程方向、倾角及大小,次变程大小和垂向变程大小。

表2-2-1 变程椭球描述参数

	主 变 程		次 变 程		垂 向 变 程
方向	变程方向的水平投影与正北方向的交角	方向*	与主变程方向正交	方向*	与主变程、次变程方向垂直
倾角	变程方向与水平面的交角	倾角*	同主变程	倾角*	与主变程倾角相加为90°
大小	主变程大小值	大小	次变程大小值	大小	垂向变程大小值

注:*为非独立参数。

②带状各向异性。

如果不同方向的变差函数具有不同的基台值,则称为带状各向异性(图2-2-20),其中变程可以不同,也可以相同。这种情况不能通过坐标的线性变换转化为各向同性,因而结构套合是比较复杂的。

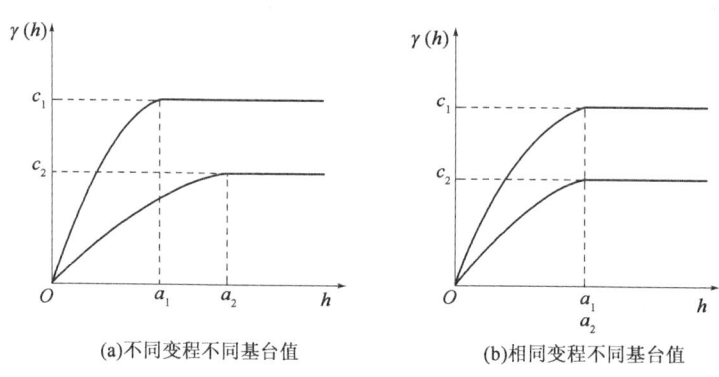

图2-2-20 两个方向带状各向异性图(据王仁铎,1988)

在实际克里金估计时,为了运算方便,需要将各向异性变换为各向同性,以便于在不同方向均可用统一的结构模型计算实际的变差函数值(这一过程是通过计算机自动完成的,不需建模者另行操作)。对于几何各向异性,先根据异向比压缩距离轴,使之成为各向同性的模型。对于带状各向异性,运用模型叠加的方法加以处理。先用压缩距离轴的办法,使其变程变为相同,然后再把具有相同变程的两个球状模型叠加起来,构成一个新的球状模型。

2. 变差函数结构分析

通过有限的区域化变量空间观测值来构建相应的理论变差函数模型,以表征该变量的主要结构特征,即为区域化变量的结构分析。结构分析是地质统计学研究的第一步,也是非常重要的一步。在结构分析的基础上,才能作进一步的克里金估值、条件模拟等。结构分析不仅需要对所研究的区域化变量的地质特征有基本的认识,而且要求在选用各种地质统计学工具方面有一定的技巧和经验。这一方面增加了工作的复杂性,另一方面也使地质学家能加入自己的认识和经验。这也正是克里金技术区别于其他方法的特点所在。结构分析一般包括以下几个方面。

1) 数据准备

数据准备包括区域化变量的选取、数据质量的检查及校正、数据的变换(如对渗透率进行对数变换)、数据的统计(如分相对储层参数计算平均值、方差,作直方图、相关散点图等)、丛聚数据的解串等。

所谓丛聚数据的解串,是指对于空间分布不均的体,通过结构分析,将密集分布的数据通过赋以不同的权值,以降低其对未知数据点估计所产生的影响而进行的数据处理方法。丛聚数据的解串以后,不会因为这些数据聚在一起而过分地增大了它们总的权重。

2) 实验变差函数的计算

实验变差函数 $\gamma^*(h)$ 是指应用观测值计算的变差函数。对于不同的滞后距 h,可算出相应的 $\gamma^*(h)$。在 $h - \gamma^*(h)$ 坐标图上标出各点 $[h, \gamma^*(h)]$,便可得到实验变差函数图。在 $\gamma^*(h)$ 的计算中,可利用的数据对越多,则算出的变差函数的代表性越强,可靠性也越大;如果可利用的数据对太少,则算出的变差函数值不太可靠,也没有多大实际意义。

(1) 一维实验变差函数的计算

实验变差函数的计算公式由式(2-2-35)变换而得。在实际计算时,均沿某一个方向进行计算。因此,一维变差函数的计算公式可表达为

$$\gamma^*(h) = \frac{1}{2N(h)} \sum_{i=1}^{N(h)} [Z(u_i) - Z(u_i + h)]^2 \qquad (2-2-35)$$

式中 $\gamma^*(h)$ ——实验变差函数计算值;

$N(h)$ ——滞后距为 h 时的点对数;

$Z(u_i)$ ——第 i 点的区域化变量值,$i = 1, \cdots, N(h)$;

$Z(u_i + h)$ ——距 i 点距离为 h 处的区域化变量值。

式(2-2-35)表达为:对于选定的 h 而言,实验变差函数值 $\gamma^*(h)$ 为 $[Z(u_i) - Z(u_i + h)]^2$ 的算术平均值的一半。对于某一方向,要选择多个滞后 h (相当于步长);对不同的 h,要分别计算变差函数值 $\gamma^*(h)$。多个 h 与 $\gamma^*(h)$ 便可构成实验变差函数图。一般规定,沿某一个方向的滞后距不能超过列线长度的一半,以保证实验变差函数计算时有足够的数据对。

图 2-2-21 为沿 x 方向有 8 个数据点及对应的值。当 h 为 1 时,对应 7 个点对;当 h 为 2 时,对应 6 个点对;依次类推,当 h 为 4 时(即列线长度的一半),对应 4 个点对。根据式(2-2-35),可计算不同 h 的实验变差函数值,如:

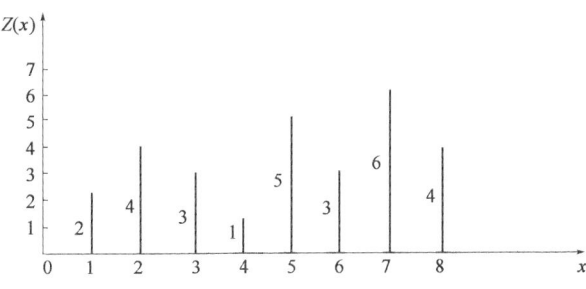

图 2-2-21 一维实验变差函数计算示意图

$$\gamma^*(1) = \frac{1}{2 \times 7} \times (2^2 + 1^2 + 2^2 + 4^2 + 2^2 + 3^2 + 2^2) = \frac{42}{14} = 3$$

（2）二维实验变差函数的计算

在二维情况下，是分不同方向进行一维变差函数计算的。

首先，通过各方向试算，确定主变程方向与次变程方向。主变程方向为变程最大的方向，与此正交的方向为次变程方向（二维上变程最小的方向）。在实际计算时，参考地质背景知识，如主物源或主流线方向为主变程方向，与此正交的方向为次变程方向（图2-2-22）。

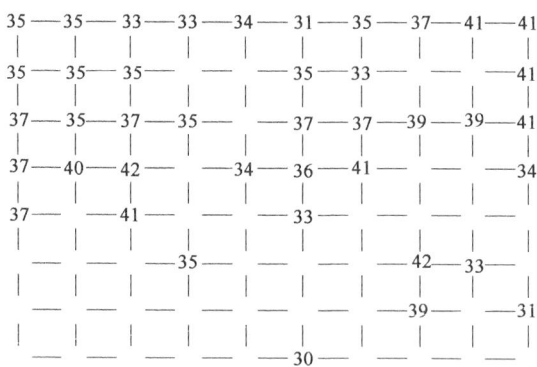

图2-2-22 二维实验变差函数计算时平面数据点分布示意图

然后，确定主变程与次变程的大小。分别沿主变程方向与次变程方向进行一维变差函数计算，确定变程大小。

在实际计算中，为了避免点对太少，往往考虑滞后距容限和角度容限（图2-2-23）：

①滞后距容限。在进行变差函数计算时，允许大于或小于步长一定范围内的点也参与计算，这个范围被称为滞后距容限（图2-2-23），一般用步长的百分数表示。例如，50%的滞后距容限表示距离在0.5~1.5倍步长范围内的点都可以参与一个步长的实验变差函数的计算。

②角度容限。在进行变差函数计算时，允许偏离搜索方向一定角度的数据点参与计算，这个允许偏离的角度称为角度容限（图2-2-23）。

3）理论变差函数的最优拟合

在实验变差函数图中，$\gamma^*(h)$点相对较离散，因而需要拟合出一条最优的理论变差函数曲线。在最优拟合时，应选择合适的理论变差函数模型（曲线方程），同时还需进行结构套合，从而得到一条反映不同层次（或不同空间规模）结构的、统一的、最优的理论变差函数曲线。

（1）变差函数理论模型

常用的理论变差函数模型有以下五种。

①球状模型。

由一个真实变程a和正的方差贡献或基台值c来确定：

$$\gamma(h) = cSph\left(\frac{h}{a}\right) = \begin{cases} c\left[1.5\frac{h}{a} - 0.5\left(\frac{h}{a}\right)^3\right], h \leq a \\ c, h > a \end{cases} \quad (2-2-36)$$

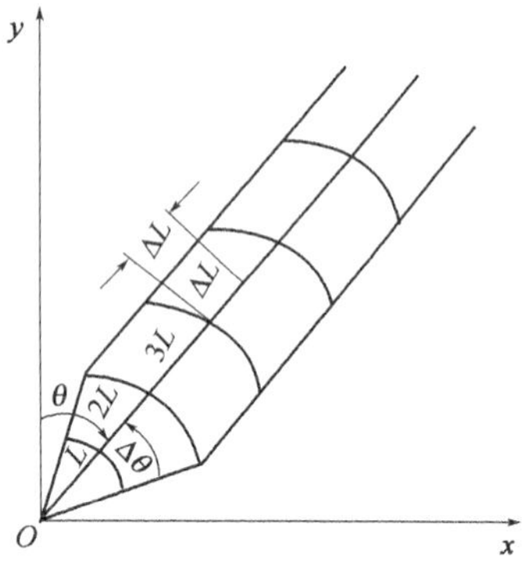

图2-2-23 滞后距容限和角度容限示意图

ΔL—滞后距容限；$\Delta\theta$—角度容限

式中 c——基台值；
a——变程；
h——滞后距。

接近原点处，变差函数呈线性，在变程处达到基台值。原点处变差函数的切线在变程的 2/3 处与基台值相交(图 2-2-24)。

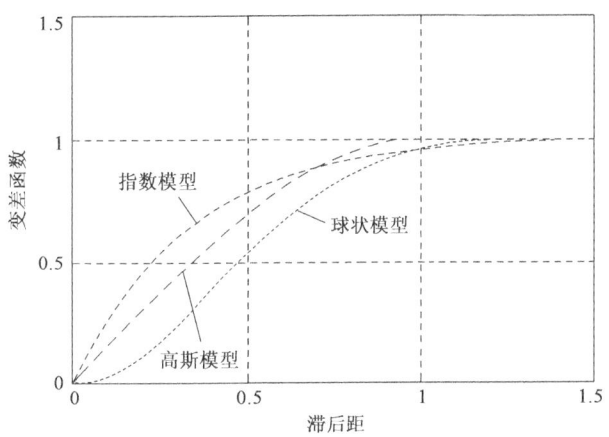

图 2-2-24 三种有基台值的理论变差函数模型

②指数模型。

由一个真实变程 a 和正的方差贡献 c 来确定：

$$\gamma(h) = c\exp\left(\frac{h}{a}\right) = c\left[1 - \exp\left(-\frac{3h}{a}\right)\right] \qquad (2-2-37)$$

变差函数渐近地逼近基台值。在实际变程 a 处，变差函数为 $0.95c$。模型在原点处为直线。

③高斯模型。

由一个真实变程 a 和正的方差贡献 c 来确定：

$$\gamma(h) = c\left\{1 - \exp\left[-\frac{(3h)^2}{a^2}\right]\right\} \qquad (2-2-38)$$

变差函数渐近地逼近基台值。在实际变程 a 处，变差函数为 $0.95c$。模型在原点处为抛物线(图 2-2-24)。高斯模型为一种连续性好但稳定性较差的模型。

④幂模型。

由一个幂值 $0<\omega<2$ 和正的斜率 c 来确定：

$$\gamma(h) = ch^\omega \qquad (2-2-39)$$

幂模型为一种无基台值的变差函数模型，是一种特殊的模型。当参数 ω 改变时，它可以表示原点附近的各种形状(图 2-2-25)。当 $\omega=1$ 时，变差函数为一直线，即为线性模型，这一模型即为著名的布朗运动(其随机函数的理论模型为随机游走过程)的变差函数模型 $r(h) = ch$；当 $\omega \neq 1$ 时，变差函数为抛物线形状，为分数布朗运动(FBM)的变差函数模型。

⑤空洞效应模型。

由到首项的距离 a(旋回特征的大小)和正的方差贡献 c 值来确定：

$$\begin{cases} \lambda(h) = c\left[1 - \cos\left(\dfrac{h}{a} \cdot 2\pi\right)\right] \\ \gamma(h) = c\left[1 - \exp\left(-\dfrac{3h}{a}\right)\cos\left(\dfrac{h}{a} \cdot 2\pi\right)\right] \end{cases} \quad (2-2-40)$$

变差函数并非单调增加,而显示出一定周期性的波动(图 2-2-26)。模型可以有基台值,也可以无基台值;可以有块金值,也可以无块金值。空洞效应(hole effect)在地质上多沿垂方向上出现,如富矿层与贫矿层互层、砂岩与泥岩频繁薄互层等等。

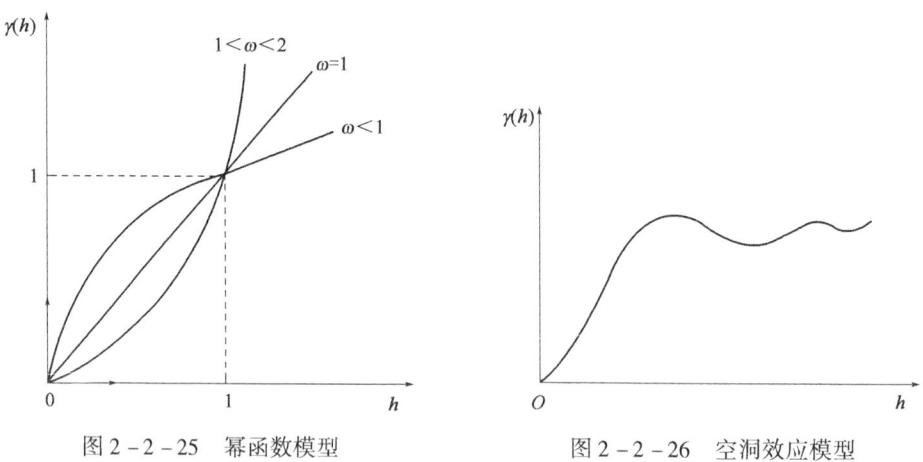

图 2-2-25 幂函数模型　　　　　图 2-2-26 空洞效应模型

图 2-2-27 为一风成砂岩的灰度图(横、纵坐标为网格数)及其对应的垂直和水平方向的变差函数。变差函数是通过灰阶值的正态转换(深色代表细粒、低渗透砂岩)后计算得到的。注意垂直方向上的变差函数表现的重复性。

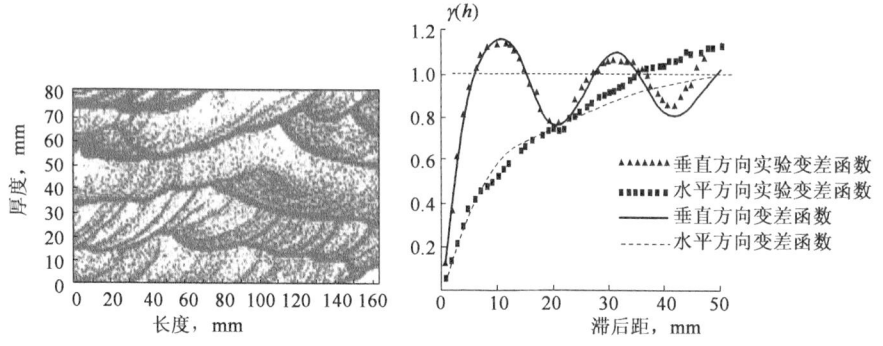

图 2-2-27 风成砂岩的灰度图(左)及其对应的变差函数(右)

(2)结构套合

复杂的区域化变量往往包含各种尺度上的多层次、多方向的变化性。大尺度的变化性总是包含着小尺度的变化性,但却不能从大尺度的变化性中区分出小尺度的变化性。例如,对于 200m 宽的河道,在 $h = 50\text{m}$ 的观测尺度上可以将其与河道间的变化性区分出来,但却无法区分层理和矿物成分的变化性(即无法找出更细微的结构来),它们在 50m 尺度得到的结构上只能作为块金效应出现。若观测尺度为 500m,河道的变化也只能作为块金效应。代表微观变化性的变程极小的球状模型,可近似地看作纯块金效应型。

上述多层次变化反映在变差函数上即为多层次结构。将不同结构组合为统一结构的过程称为结构套合,也就是将不同距离 h 上和不同方向 α 上同时起作用的变化性用分段函数的形

式表达出来。结构套合可以表示为多个变差函数之和,每一个变差函数表示一种特定尺度上的变化性。结构套合的表达式可以写成

$$\gamma(h) = \gamma_0(h) + \gamma_1(h) + \cdots + \gamma_n(h) \qquad (2-2-41)$$

下面以一个例子来说明结构套合的实现过程(侯景儒等,1998)。

某区域化变量在某一方向上的变化性由 $\gamma_0(h)$、$\gamma_1(h)$、$\gamma_2(h)$ 组成。

$\gamma_0(h)$ 表示变量在微观上的变化性,其变程 a 极小,可近似地看成纯块金效应(图 2-2-28),其表达式为

$$\gamma_0(h) = \begin{cases} 0, h = 0 \\ c_0, h > 0 \end{cases} \qquad (2-2-42)$$

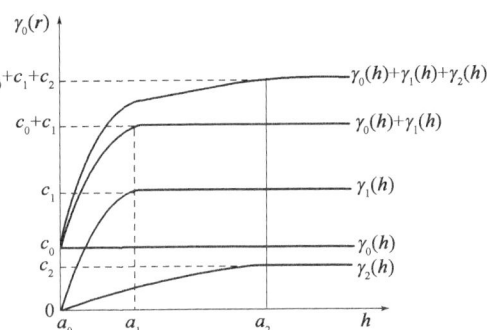

图 2-2-28 变差函数结构套合示意图
(据侯景儒,1998)

$\gamma_1(h)$ 代表矿层及岩层的交互现象,它可以用一个球状模型来表示,其变程 $a_1 = 10m$(图 2-2-28),其表达式为

$$\gamma_1(h) = \begin{cases} c_1\left[\dfrac{3}{2}\dfrac{h}{a_1} - \dfrac{1}{2}\left(\dfrac{h}{a_1}\right)^3\right], 0 \leq h \leq a_1 \\ c_1, h > a_1 \end{cases} \qquad (2-2-43)$$

$\gamma_2(h)$ 代表矿化带的范围,也是一个球状模型,其变程 $a_2 = 200m$(图 2-2-28),其表达式为

$$\gamma_2(h) = \begin{cases} c_2\left[\dfrac{3}{2}\dfrac{h}{a_2} - \dfrac{1}{2}\left(\dfrac{h}{a_2}\right)^3\right], 0 \leq h \leq a_1 \\ c_1, h > a_2 \end{cases} \qquad (2-2-44)$$

于是,总的结构套合是

$$\gamma(h) = \gamma_0(h) + \gamma_1(h) + \gamma_2(h)$$

其具体的表达式就是分段函数的叠加形式:

$$\gamma(h) = \begin{cases} 0, h = 0 \\ c_0 + \dfrac{3}{2}\left(\dfrac{c_1}{a_1} + \dfrac{c_2}{a_2}\right)h - \dfrac{1}{2}\left(\dfrac{c_1}{a_1^3} + \dfrac{c_2}{a_2^3}\right)h^3, 0 < h \leq a_1 \\ c_0 + c_1 + c_2\left[\dfrac{3}{2}\dfrac{h}{a_2} - \dfrac{1}{2}\left(\dfrac{h}{a_2}\right)^3\right], a_1 < h \leq a_2 \\ c_0 + c_1 + c_2, h > a_2 \end{cases} \qquad (2-2-45)$$

相应的变量结构套合的变差函数图如图 2-2-28 所示。

4) 变差函数参数的最优性检验

变差函数是否符合实际,应该进行检验。一种实用的检验方法为交叉验证法,检验标准是各实测点的克里金估计值与该实测值的误差平方平均最小。估计误差的平方与克里金估计方差之比越接近1,说明变差函数与实际的符合程度越高。实际上,这种方法在检验变差函数的同时,也在检验所使用的克里金估计方法的适用性。

5) 变差函数分析中的"陷阱"

在结构分析过程中,应充分考虑研究区的地质特征。在计算实验变差函数之前,应首先了解地质情况;在构建出理论变差函数之后,应对其进行初步的地质解释。一般地,对于同一区域化变量来说,相似的变差函数表明相似的地质成因,而完全不同的变差函数则说明其地质成因截然不同。较大的变程和较小的基台值意味着地质变量具有较大的空间连续性,而且变化平缓。

特别值得注意的是,当储层侧向变化性小于井距时,应用井点数据计算的变程将大于实际变程,从而形成一个"假象"。如图 2 - 2 - 29 所示,河道砂体宽度为 100m,而井距为 200m。若按该图所示的井点数据进行变差函数计算,计算的变程将远大于实际变程。这是变差函数计算时的一个"陷阱",在实际研究工作中应引起足够的重视。在此情况下,不能应用实际井点数据计算平面变差函数,而应选择井距更小的井网进行计算,或者借用与研究区储层特征相似的原型模型的变差函数。

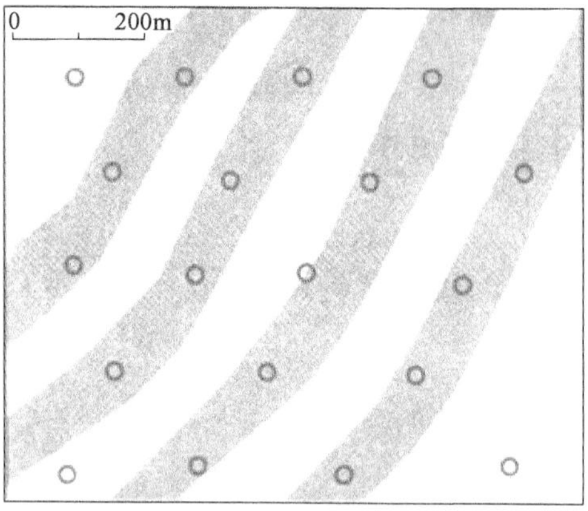

图 2 - 2 - 29 宽度小于井距的条带状河道分布示意图

图 2 - 2 - 30 为变差函数计算的流程图。

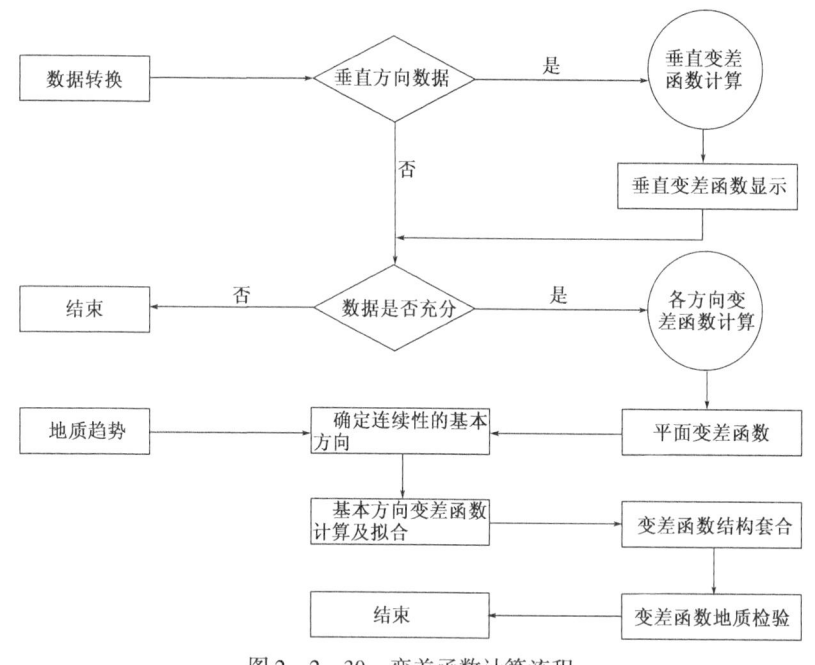

图 2 - 2 - 30 变差函数计算流程

(三) 趋势

趋势指区域化变量值在空间范围内有规律地增加或减小。趋势反映了地质规律性,并对变差函数的计算有很大的影响。

1. 趋势与残差

在区域化变量的二阶平稳假设中,要求随机函数 $Z(u)$ 具有一阶平稳性:

$$E[Z(u)] = m$$

式中 m——不随 u 变化的常数。

然而,在存在趋势的情况下,随机函数的均值并非常数:

$$E[Z(u)] = m(u)$$

其中,$m(u)$是空间位置 u 的函数,不是一阶平稳的随机函数,而是一种非平稳函数。$m(u)$被称为这种非平稳随机函数的趋势(trend)函数或漂移(drift)函数,简称为趋势或漂移。趋势和漂移在数学上有所不同,对于地质研究而言,可将趋势理解为地质体内部的宏观规律,漂移为具有宏观分布规律的外部信息。

在实际应用中,随机函数模型可表达为趋势与残差之和,为此,可将 $Z(u)$ 分成两部分,如式(2-2-46)及图2-2-31所示:

$$Z(u) = m(u) + R(u) \qquad (2-2-46)$$

2. 地质趋势对变差函数的影响

地质趋势可分为垂向趋势、平面趋势等。

1)垂向趋势

垂向趋势为地质参数在垂向上变化的规律性。所有的地质作用都对储层岩石物理性质具有一定的影响,使得储层物性在平面上或垂向上表现为一定的趋势。例如,河道砂体粒度向上变细,导致储层孔隙度具有向上变小的正韵律。图2-2-32为单井向上变低的孔隙度曲线及其对应的变差函数。变差函数受向上变低的孔隙度趋势的影响而不断增加,并突破了基台值 1.0。

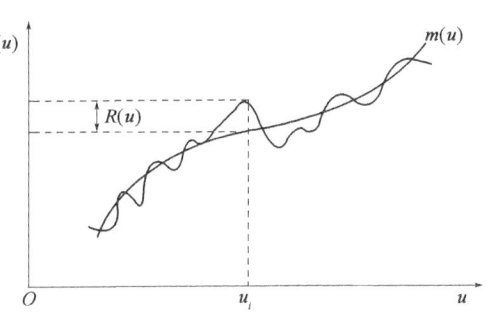

图 2-2-31 趋势与残差分解示意图

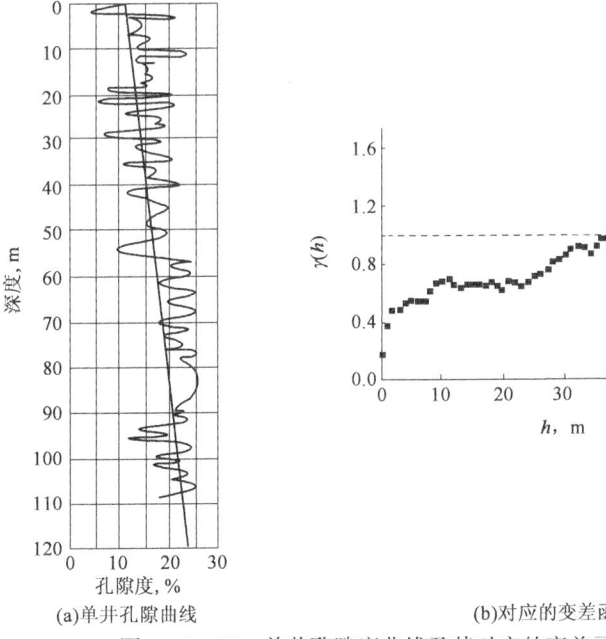

(a)单井孔隙曲线 (b)对应的变差函数

图 2-2-32 单井孔隙度曲线及其对应的变差函数

(据 Deutsch,2002)

2) 平面趋势

平面趋势为地质参数在平面上变化的规律性,它对平面变差函数和垂直变差函数都有重要的影响。平面上某一方向的趋势对该方向变差函数的影响与前述的垂向趋势相似。垂向趋势为一种一维趋势。平面趋势可表达为多个一维趋势的组合,而平面变差函数是分不同方向进行一维计算的。因此,平面趋势对变差函数的影响可表达为多个一维趋势对其的影响。

平面趋势对垂直变差函数也具有重要的影响,使得垂向变差函数不能达到岩石物性的最大变化范围。垂直变差函数在较长的距离范围内表现为变差函数 $\gamma(h)$ 小于基台值 $C(0) = \sigma^2$(图 2-2-33)。从图中可以看出,在有平面趋势的背景下,每一口井的资料难以体现变量的完整变化,也就是说,位于高值区的井(如 A 井)主要表现为高值,而位于低值区的井(如 B 井)主要表现为低值。在这种情况下,垂直变差函数的点在基台值的下部变得很平缓,不能反映变量的完整变化。

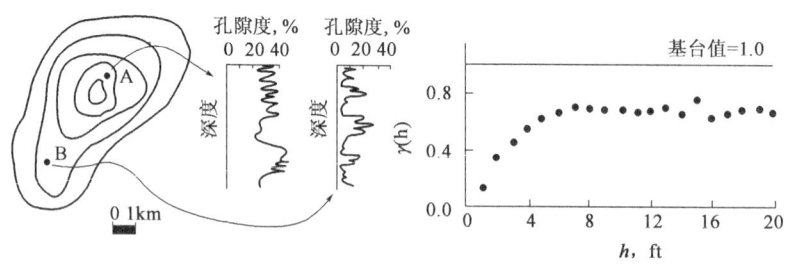

图 2-2-33 具有平面趋势的地质变量及其垂直变差函数(据 Deutsch,2002)

3. 趋势的确定

趋势部分通常是用一个光滑的确定性函数来表示,或用一个趋势模型来表示。

1) 趋势函数

趋势函数为反映趋势分布的光滑确定性函数:

$$m(u) = \sum_{k=0}^{K} a_k f_k(u) \qquad (2-2-47)$$

式中 $f_k(u)$——已知的确定性函数;

a_k——未知的参数,通常用拟合方法根据已知的数据来求取。

理想情况下,应该由所研究问题的物理意义来确定趋势函数 $f_k(u)$。例如,如果认为对于 $z(u)$ 的空间分布起作用的是一个周期性的成分,那么应该考虑具有某种周期和相位的正弦函数 $f_k(u)$,可以通过 KT 线性系统从 z 的数据中估计出来周期部分的振幅,也就是参数 a_k。

在没有任何物理解释的情况下,通常选用 u 的低阶(不大于 2)多项式来表示趋势,其中 $u = (x,y)$。

①一维的线性趋势: $m(u) = a_0 + a_1 x$。

②二维局限于45°方向上的线性趋势: $m(u) = a_0 + a_1(x + y)$。

③二维的二次趋势: $m(u) = a_0 + a_1 x + a_2 y + a_3 x^2 + a_4 y^2 + a_5 xy$。

2) 趋势模型

当趋势不能用函数表达时,可考虑用趋势模型来表示。

趋势模型为反映趋势分布的数值模型,可以是一维(垂向)或二维(平面或剖面)模型,也可以是三维模型。例如,趋势面即为一种二维平面趋势模型。趋势模型可用已知数据通过趋势分析来建立,也可通过地质规律来建立。

4. 变差函数计算中的去趋势处理

地质统计学建模要求变量在研究范围内具有平稳性。因此,如果变量表现出系统的趋势性,必须首先确定这种趋势,并在计算变差函数和地质统计插值或模拟前去除掉,使得变差函数的计算及其后续的估值和模拟都是在去除趋势后的基础上进行的,其后,再将趋势加入到估值和模拟的结果上。

垂向趋势的存在与否可以通过实验变差函数来确定,即变差函数是否持续上升并超过理论基台值(前文已经讨论过)。简言之,这种现象表明随着数据点对之间距离(即滞后距)的增加,数据之间的差异性系统性地增加。通过线性拟合可确定趋势,随后便可进行去趋势处理。

上述情况可用图2-2-34来进行说明。图中,孔隙度随深度的增加表现出明显的趋势。依据这些孔隙度计算出的变差函数(正态转换后)如图2-2-34(b)所示。可以看出,变差函数在基台值1.2以上系统性地显著增加。去除趋势后得到的剩余数据构成了新的属性曲线剖面如图2-2-34(c)所示,依据后者计算的变差函数(正态转换后)如图2-2-34(d)所示,显示出典型的理想变差函数模型形态,在横向距离为7ft处达到理论基台值1。

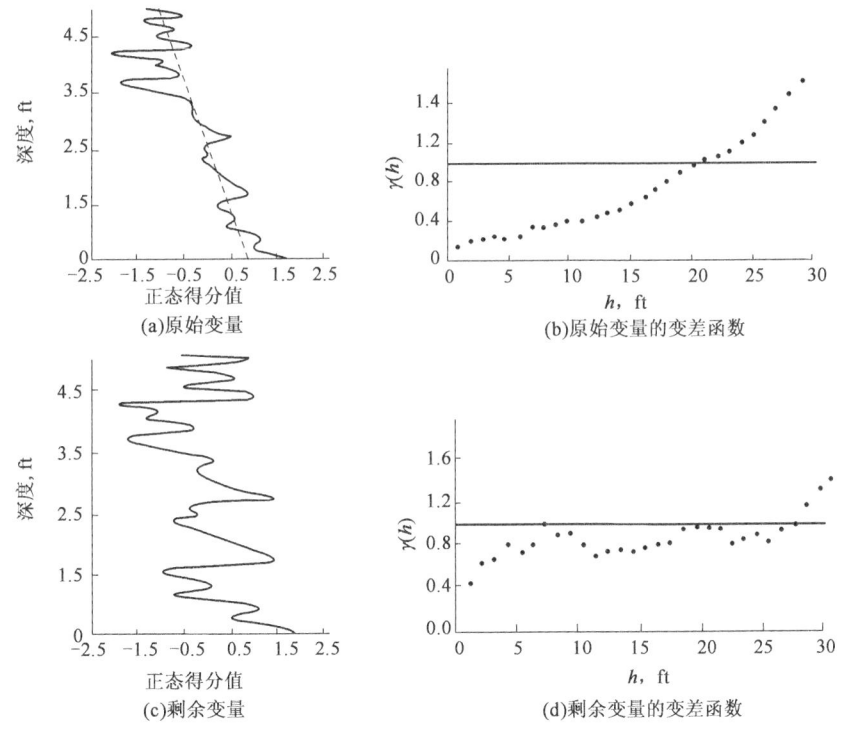

图2-2-34 具有平面趋势的地质变量及其垂直变差函数(据Deutsch,2002)

在单纯应用z数据难于估计内部趋势而又需要推断残差的变差函数或协方差函数时,可考虑差分的方法。如$z(u+h)-z(u)$的一阶差分将过滤掉任何0阶的趋势$m(u)=a_0$,形如$z(u+2h)-2z(u+h)+z(u)$的二阶差分将过滤掉任何一阶趋势$m(u)=a_0+a_2u$等等,依此类推。

四、克里金插值方法

克里金方法(Kriging),也称克里金技术或克里金,是以南非矿业工程师 D. G. Krige 名字命名的一项实用空间估计技术,是地质统计学的重要组成部分。

克里金技术是随着采矿业的发展而兴起的一门新兴的应用数学的分支。它最初起源于矿床估计问题。20 世纪 50 年代初期,克里金在矿山工作时观察到金属的分布在空间上并非是纯随机的,而是在空间上具有相互联系。为了准确地估计矿石中金属的含量,就必须考虑样品的尺寸及其在矿体中的位置。法国巴黎矿业学院马特隆教授(G. Matheron)将克里金的经验和方法上升为理论,即区域化变量理论(regionalied vari – able theory)的雏形,从而为地质统计学理论体系的形成创造了条件。美国斯坦福大学应用地球科学系 A. G. Journel 教授等人在 1978 年出版的专著《矿业地质统计学》对地质统计学进行了系统的叙述,并总结了地质统计学在矿业中应用的实际经验。80 年代,克里金技术在理论和应用上得到了前所未有的蓬勃发展,在石油勘探开发领域也得到了广泛的应用,成为储层和油藏参数(如层厚、孔隙度、渗透率、饱和度和泥质含量等)的空间估计、建模及非均质性分析的有力工具。

这部分先引入克里金估计的概念,然后对各种克里金方法进行简单介绍,最后说明各种方法的应用范畴及其局限性。

(一)克里金估计

克里金估计是一种进行局部估计的方法。它所提供的是区域化变量在一个局部区域的平均值的最佳估计值,即最优(估计方差最小)、无偏(估计误差的数学期望为0)的估计。

克里金估计所利用的信息,通常为一组实测数据及其相应的空间结构信息。应用变差函数模型所提供的空间结构信息,通过求解克里金方程组计算局部估计的加权因子(即克里金系数),然后进行加权线性估计。这样,采用克里金系数进行的局部估计就充分考虑了空间数据的结构性和随机性,从而使克里金方法优越于其他的一些传统的统计方法(如距离平方反比加权和三次样条等)。下面以普通克里金为例说明克里金的估值方法。

设 $x_1, \cdots, x_n$ 为区域上的一系列观测点,$Z(x_1), \cdots, Z(x_n)$ 为相应观测点处的随机变量。区域化变量 $Z(x)$ 在 x_0 处的随机变量 $Z^*(x_n)$ 可采用一个线性组合来估计:

$$Z^*(x_0) = \sum_{i=1}^{n} \lambda_i Z(x_i) \qquad (2-2-48)$$

式中 λ_i ——权系数。

从上式可知,求取 $Z^*(x_0)$ 的关键是利用统计模型确定 λ_i 的值。无偏性和估计方差最小被作为选取 λ_i 的标准:

$$\begin{cases} E[Z^*(x_0) - Z(x_0)] = 0 \\ E\{\{Z^*(x_0) - Z(x_0) - E[Z^*(x_0) - Z(x_0)]\}^2\} \\ \qquad = E[(Z^*(x_0) - Z(x_0))^2] = \min \end{cases} \qquad (2-2-49)$$

从式(2-2-49)可推导出求取 λ_i 的克里金方程组。

首先,从二阶平稳假设出发,可知 $E[Z(x)]$ 为常数,有

$$E[Z^*(x_0) - Z(x_0)] = E\left[\sum_{i=1}^{n} \lambda_i Z(x_i) - Z(x_0)\right] = \left(\sum_{i=1}^{n} \lambda_i\right)m - m = 0$$

可得到关系式:

$$\sum_{i=1}^{n} \lambda_i = 1$$

从估计方差最小出发,可利用拉格朗日乘数法得到

$$\frac{\partial}{\partial \lambda_j}\left[E\left[(Z^*(x_0) - Z(x_0))^2\right] - 2\mu \sum_{i=1}^{n} \lambda_i\right] = 0 \quad (j = 1, \cdots, n) \quad (2-2-50)$$

进一步推导可得到 $n+1$ 阶的线性方程组,即克里金方程组:

$$\begin{cases} \sum_{i=1}^{n} C(x_i - x_j)\lambda_i - \mu = C(x_0 - x_j) & (j = i, \cdots, n) \\ \sum_{i=1}^{n} \lambda_i = 1 \end{cases} \quad (2-2-51)$$

当随机函数不满足二阶平稳,而满足内蕴假设时,可用变差函数 $\gamma(h)$ 来表示克里金方程组:

$$\sigma_E^2 = E[Y_V - Y_V^*]^2$$

$$= E[Y_V^2] - 2E[Y_V Y_V^*] + E[Y_V^{*2}]$$

$$= \frac{1}{V^2}\iint_{VV} E[Y(x)Y(y)]\mathrm{d}x\mathrm{d}y - 2\sum_{i}^{n}\lambda_i \cdot \frac{1}{V}\int_V E[Y(x_i) \cdot Y(x)]\mathrm{d}x + \sum_{i=1}^{n}\sum_{j=1}^{n}\lambda_i\lambda_j E[Y(x_i)Y(x_j)]$$

$$= \frac{1}{V^2}\iint_{VV} C(x,y)\mathrm{d}x\mathrm{d}y - 2\sum_{i=1}^{n}\lambda_i \cdot \frac{1}{V}\int_V C(x_i,x)\mathrm{d}x + \sum_{i=1}^{n}\sum_{j=1}^{n}\lambda_i\lambda_j C(x_i,x_j) \quad (2-2-52)$$

通过求解上述方程组,可得到一系列 $\lambda_i(i=1,\cdots,n)$,据此可求解估计点的克里金估计值。最小的估计方差(即克里金方差)可用下式求解:

$$\sigma_k^2 = C(x_0 - x_0) + \mu - \sum_{i=1}^{n}\lambda_i C(x_i - x_0) \quad (2-2-53)$$

或用变函数表示:

$$\sigma_k^2 = \sum_{i=1}^{n}\lambda_i\gamma(x_i - x_0) + \mu - \gamma(x_0 - x_0) \quad (2-2-54)$$

(二)简单克里金(SK)

在实际应用中,简单克里金是一切克里金方法的基础,在此主要介绍其数学原理。

如果 $E[Z(x)] = m$ 为已知常数,令 $Y(x) = Z(x) - m$,则 $E[Y(x)] = 0$,其协方差 $E[Y(x)Y(y)] = C(x,y)$,所以,求对 Z_V 的估计值现已转化为对 Y_V 的估计,且有

$$Y_V = \frac{1}{V}\int Y(x)\mathrm{d}x = \frac{1}{V}\int Z(x)\mathrm{d}x - m = Z_V - m \quad (2-2-55)$$

其估计量为

$$Y_V^* = \sum_{i=1}^{n}\lambda_i Y_i$$

其中

$$Y_i = Z_i - m \quad (i = 1,2,\cdots,n)$$

因此,只要求得 Y_V 的估计值 Y_V^*,就能得到 Z_V 的估计值 Z_V^*。Y_V^* 是 Y_V 的无偏估计量,且不需要任何条件,这是因为

$$E(Y_V^*) = \sum_{i=1}^{n} \lambda_i E(Y_i) = \sum_{i}^{n} \lambda_i E(Z_i - m) = 0$$

因此 $E(Y_V^*) = E(Y_V)$，即 Y_V^* 是 Y_V 的无偏估计量。

为了求出使估计方差 $\sigma_E^2 = E[Y_V - Y_V^*]^2$ 为最小时的权系数 $\lambda_i (i=1,2,\cdots,n)$，首先要求出估计方差的表达式：

$$\begin{aligned}\sigma_E^2 &= E[Y_V - Y_V^*]^2 = E[Y_V^2] - 2E[Y_V Y_V^*] + E[Y_V^{*2}] \\ &= \frac{1}{V^2}\iint_{VV} E[Y(x)Y(y)]dxdy - 2\sum_{i}^{n}\lambda_i \frac{1}{V}\int_V E[Y(x_i)Y(x)]dx \\ &\quad + \sum_{i=1}^{n}\sum_{j=1}^{n}\lambda_i\lambda_j E[Y(x_i)Y(x_j)] \\ &= \frac{1}{V^2}\iint_{VV} C(x,y)dxdy - 2\sum_{i}^{n}\lambda_i \cdot \frac{1}{V}\int_V C(x_i,x)dx + \sum_{i=1}^{n}\sum_{j=1}^{n}\lambda_i\lambda_j C(x_i,x_j)\end{aligned}$$

所以 $\sigma_E^2 = \overline{C}(V,V) - 2\sum_{i=1}^{n}\lambda_i \overline{C}(x_i,V) + \sum_{i=1}^{n}\sum_{j=1}^{n}\lambda_i\lambda_j C(x_i,x_j)$ (2-2-56)

式中，$\overline{C}(V,V)$ 表示协方差函数在待估域 V 上的平均值。

为了使 σ_E^2 达到最小，按照求极值的方法，对式(2-2-56)的各个 λ_i 求偏导数，并令其为 0，则有

$$\frac{\partial \sigma_E^2}{\partial \lambda_i} = -2\overline{C}(x_i,V) + 2\sum_{j=1}^{n}\lambda_i C(x_i,x_j) = 0 \quad (i=1,2,\cdots,n)$$

于是得到简单克里金方程组

$$\sum_{j=i}^{n}\lambda_i C(x_i,x_j) = \overline{C}(x_i,V) \quad (i=1,2,\cdots,n) \tag{2-2-57}$$

从这个方程组中解出 $\lambda_j(j=1,2,\cdots,n)$，即为所求的简单克里金权系数，它必定满足最小方差无偏估计的要求。

将式(2-2-57)两端均乘以 λ_i，并对 i 从 1 到 n 求和，则有

$$\sum_{i=1}^{n}\sum_{j=1}^{n}\lambda_i\lambda_j C(x_i,x_j) = \sum_{i=1}^{n}\lambda_i \overline{C}(x_i,V) \tag{2-2-58}$$

将方程(2-2-58)代入方程(2-2-56)，则得到简单克里金方差的计算公式：

$$\sigma_k^2 = \overline{C}(V,V) - \sum_{i=1}^{n}\lambda_i \overline{C}(x_i,V) \tag{2-2-59}$$

在方程(2-2-56)与方程(2-2-59)中，估计方差的记号不一样。方程(2-2-56)表示无偏估计量的估计方差，不能保证估计方差最小，故用记号 σ_E^2。方程(2-2-59)是在确保估计方差最小的前提下推导出来的，它是克里金方差，故用记号 σ_k^2。同时，两个方程中的 $\lambda_i(i=1,2,\cdots,n)$ 的意义也不一样。方程(2-2-56)的 λ_i 是未确定的，而方程(2-2-59)中的 λ_i 是确定的。

从方程(2-2-57)中解出 λ_i 之后，即得到 Y_V 的简单克里金估计值：

$$Y_k^* = \sum_{j=1}^{n}\lambda_i Y_j \tag{2-2-60}$$

此时 Z_V 的简单克里金估计量为

$$Z_k^* = m + Y_k^* = m + \sum_{j=1}^{n}\lambda_j(Z_j - m)$$

所以
$$Z_k^* = \sum_{j=1}^n \lambda_j Z_j + m\left(1 - \sum_{j=1}^n \lambda_j\right) \quad (2-2-61)$$

这就是简单克里金法的基本数学原理,在这个基础上,为了适应不同的问题,根据不同的假设,逐渐发展起来多种克里金方法。

(三) 普通克里金(OK)

普通克里金是简单克里金(SK)最常用的变化形式。与简单克里金不同的是,普通克里金的 $E[Z(x)] = m$ 为未知常数。通过限制所有的权值之和为 1,它将均值从 SK 估计值中过滤掉了,因而无需考虑平稳均值的先验知识。普通克里金随机函数 $Z(x)$ 服从二阶平稳假设。由此可推导其中所有的权值之和为

$$\sum_{i=1}^n \lambda_i = 1$$

根据克里金估计方差最小的原则,利用拉格朗日乘数法可推导得到以下 OK 方程组:

$$\begin{cases} \sum_{i=1}^n C(x_i - x_j)\lambda_i - \mu = C(x_0 - x_j) & (j = 1, \cdots, n) \\ \sum_{j=1}^n \lambda_i = 1 \end{cases} \quad (2-2-62)$$

区域化变量 $Z(x)$ 的普通克里金估计值为

$$Z^*(x_0) = \sum_{i=1}^n \lambda_i Z(x_i)$$

在实际的应用中,对一阶平稳假设的理解是正确使用好 OK 方法的一个重要方面。我们知道,一阶平稳假设要求空间随机变量在任何一点的期望值为一个常数。因为我们无法得到某一观测点随机函数的穷尽取样,甚至在某种程度上连重复取样有时都得不到,所以,在实际上,某一点的期望值是无法得到的,因此我们也无法保证期望误差为 0。同样,误差的方差也无法得到,因此也无法使之最小。在 OK 系统中,仅仅是使用了一个可计算误差和误差方差概率模型,并通过平稳假设来建立求取克里金加权系数的方程组来保证其平均估计误差为 0 以及误差方差最小。另一方面,由于基于平稳的假设,如果知道观测数据在空间上具有明显的趋势性,例如对海拔高度的估计,若明显知道观测数据具有从某一方向向另一方向抬高的趋势,就可知其各点的随机函数一阶矩不平稳,很显然就不能采用普通克里金的办法进行估计,在这种情况下,可采用下面介绍的泛克里金技术进行估计,因为在泛克里金估计中考虑了漂移的存在。

(四) 泛克里金(UK)

对于简单克里金和普通克里金来说,随机函数 $Z(u)$ 的一阶平稳性是一个基本假设:

$$E[Z(u)] = m$$

m 是不随 x 变化的常数,但有些随机函数的均值并非常数:

$$E[Z(u)] = m(u)$$

$m(u)$ 是空间位置 x 的函数,不是一阶平稳的随机函数,而是一种非平稳函数。$m(u)$ 称为这种非平稳随机函数的漂移函数,简称为漂移或趋势。

在实际应用中,随机函数(RF)模型是趋势与一个残差的和,所以具有趋势模型的克里金(KT)将 $Z(u)$ 分成两部分:

$$Z(u) = m(u) + R(u)$$

泛克里金估计技术的主要目的是提供一个考虑漂移以后的无偏线性估计量。不同于简单克里金和普通克里金的是,泛克里金需要对漂移函数进行估计,包括对漂移函数解析式的估计和在某一点处漂移函数数值的估计。

趋势部分通常是用一个光滑的确定性函数来模拟,或用拟合方法根据已知的数据来求取函数的未知参数,表达式为

$$m(u) = \sum_{k}^{K} a_k f_k(u)$$

$f_k(u)$是已知的位置坐标的函数,a_k是未知的参数。既然参数a_k是未知的,那么趋势值$m(u)$本身也是未知的。残差部分$R(u)$通常是用均值为0、协方差函数为$C_R(h)$的平稳随机函数来模拟的。

根据趋势模型可以得到泛克里金估计值和线性方程组,这个线性方程组实际上为具有限制条件的正规方程组,称为KT线性系统。KT的估计值为

$$Z_{KT}^*(u) = \sum_{a=1}^{n} \lambda_a^{KT}(u) Z(u_a) \qquad (2-2-63)$$

KT方程组为

$$\begin{cases} \sum_{\beta=1}^{n} \lambda_\beta^{(KT)}(u) C_R(u_R - u_\alpha) + \sum_{k=0}^{n} \mu_k(u) f_k(u_\alpha) = C_R(u - u_\alpha) & (\alpha = 1,2,\cdots,n) \\ \sum_{\beta=1}^{n} \lambda_\beta^{(KT)}(u) f_k(u_\beta) = f_k(u) & (k = 0,1,\cdots,K) \end{cases}$$

$$(2-2-64)$$

其中,$\lambda_\beta^{(KT)}$是KT权值,$\mu_k(x)$是与$(K+1)$的限制条件相对应的$(K+1)$个拉格朗日参数。

理想情况下,应该由所研究问题的物理意义来确定趋势函数$f_k(u)$,例如:如果认为对于$Z(u)$的空间分布起作用的是一个周期性的成分,那么应该考虑具有某种周期和相位的正弦函数$f_k(u)$,可以通过KT线性系统从Z的数据中估计出来周期部分的振幅,也就是参数a_k。

在无法得到有关趋势的形状信息时,如何把Z数据分成趋势部分和残差部分就带有某种程度的任意性;一开始在较大规模上被认为是随机漂移的残差部分$R(x)$;随着数据量的增加,在研究更小规模的变化性时可能会被模拟为趋势部分;在没有任何物理解释的情况下,通常选用u的低阶(≤ 2)多项式来表示趋势。其中,$u = (x, y)$,且一维的线性趋势为

$$m(u) = a_0 + a_1 x$$

二维局限于45°方向上的线性趋势:

$$m(u) = a_0 + a_1(x + y)$$

二维的二次趋势:

$$m(u) = a_0 + a_1 x + a_2 y + a_3 x^2 + a_4 y^2 + a_5 xy$$

习惯上,$f_0(u) = 1, \forall u$。因此$K = 0$的情况对应于具有稳定的但是均值未知的$m(u) = a_0$的普通克里金。

当只有Z数据时,应根据过滤掉趋势$m(u)$的Z数据的线性组合来推断残差的协方差函数$C_R(h)$。例如:形如$Z(u+h) - Z(u)$的一阶差分将过滤掉任何0阶的趋势$m(u) = a_0$;形如$Z(u+2h) - 2Z(u+h) + Z(u)$的二阶差分将过滤掉任何一阶趋势$m(u) = a_0 + a_1 u$;等等。

(五)具有外部漂移变量的克里金

具有外部漂移变量的克里金是KT的扩展形式,趋势模型为$m(u) = a_0 + a_1 f_1(u)$,其中

$f_1(u)$ 项与一个二级(外部)变量相等,二级变量的光滑性被认为与所要估计的主变量 $Z(u)$ 有关。

假设 $Y(u)$ 是二级变量,那么趋势模型是

$$E[Z(u)] = m(u) = a_0 + a_1 Y(u) \quad (2-2-65)$$

$Y(u)$ 反映了 Z 变量的空间趋势(对应于两个参数 a_0 和 a_1)。

Z 变量的估计值和对应的线性方程组与 $k=1$ 时的 KT 估计值[式(2-2-63)]和 KT 方程组[式(2-2-64)]相同,且 $f_1(u) = Y(u)$,则

$$Z_{KT}^*(u) = \sum_{\alpha=1}^{n} \lambda_\alpha^{(KT)}(u) Z(u_\alpha)$$

$$\begin{cases} \sum_{\beta=1}^{n} \lambda_\beta^{(KT)}(u) C_R(u_\beta - u_\alpha) + \mu_0(u) y(u_\alpha) = C_R(u - u_\alpha) \quad (\alpha = 1, \cdots, n) \\ \sum_{\beta=1}^{n} \lambda_\beta^{(KT)}(u) = 1 \\ \sum_{\beta=1}^{n} \lambda_\beta^{(KT)}(u) Y(u_\beta) = Y(u) \end{cases} \quad (2-2-66)$$

式中 $\lambda_\beta^{(KT)}$ ——克里金权值;

μ ——拉格朗日参数。

具有外部漂移变量的克里金能够简单有效地利用二级变量的信息来估计主变量。基本的假设关系必须具有一定的物理意义。例如:如果二级变量 $Y(u)$ 代表的是到一个地震反射面的旅行时,反射面的深度 $Z(u)$ 应该(在平均意义上)与旅行时成比例,因此式(2-2-65)就有意义。但是,如果主变量是渗透率,那么就无法用地震资料的变化性来反映渗透率空间变化性的一般趋势。另外能取代具有外部漂移变量的克里金方法有协同克里金,参见后面内容。

在应用外部漂移算法时,应该满足两个条件:外部变量必须在空间光滑地变化,否则可能导致 KT 线性系统[式(2-2-66)]不稳定;在主变量的所有数据点 u_α 处和要估计的位置 u 处,外部变量都必须是已知的。

注意在 KT 线性系统中,使用的是残差协方差函数,而不是原始变量 $Z(u)$ 的协方差函数,在可以忽略趋势 $m(u)$ 的地区和方向,$m(u)$ 设为0。两个协方差函数应该相等。同时注意在线性系统[式(2-2-66)]中,变量 $Z(u)$ 和 $Y(u)$ 之间的互协方差函数不起作用,这与协同克里金不同。

根据具有外部漂移变量的克里金得到的变量分布图反映了 Y 变量的变化性,它是根据假设[式(2-2-66)]得到的结果,但这并不说明得到的结果就真实地反映了主变量的趋势。

(六) 因子克里金

如果不把随机函数模型 $Z(u)$ 分解成一个确定性的趋势 $m(u)$ 和一个随机组分 $R(u)$,也可以把一个模型看成是由两个或更多个独立的随机组分(在因子分析中也称作因子)构成的,则有

$$Z(u) = Z_0(u) + Z_1(u) + \cdots + Z_L(u) \quad (2-2-67)$$

Z 的协方差函数就是 $(L+1)$ 个组分协方差函数的和:

$$C_Z(h) = \sum_{l=0}^{L} C_l(h) \quad (2-2-68)$$

例如：$(L+1)$个随机函数$Z_l(u)$能够由用于模拟整个Z样品的$(L+1)$个套合协方差函数来模拟。

利用这种假设，可以过滤掉未选择组分的协方差函数的贡献，获得前面$(L+1)$个组分$Z_l(u)$中任意几个组分之和的克里金估计值。例如，从普通克里金方程组中过滤掉前l_0个组分就能得到估计值：

$$\left[\sum_{l=l_0}^{L} Z_l(u)\right]^*_{OK} = \sum_{\alpha=1}^{n} d_\alpha(u) Z(u_\alpha) \qquad (2-2-69)$$

和对应的克里金方程组：

$$\begin{cases} \sum_{\beta=1}^{n} d_\beta(u) C_Z(u\beta - u_\alpha) + \mu_0(u) = \sum_{l=l_0}^{L} C_L(u - u_\alpha) = C_Z(u - u_\alpha) - \sum_{l=0}^{l_0-1} C_l(u - u_0) \\ \qquad\qquad\qquad\qquad\qquad\qquad\qquad\qquad\qquad\qquad\qquad (\alpha = 1, \cdots, n) \\ \sum_{\beta=1}^{n} d_\beta(u) = 1 \end{cases}$$

$$(2-2-70)$$

式(2-2-70)的最后一个方程保证了在$E[Z_l(u)] = 0 (l = 0, \cdots, l_0 - 1)$的条件下估计值[式(2-2-69)]的无偏性。否则，应该考虑其他的无偏性条件。另外，如果所有的因子的均值都为0，就不需要无偏性条件。

注意：任何因子克里金的结果都非常依赖于式(2-2-67)的分解形式，如果这种分解只是根据Z样品的协方差函数进行的，那么因子$Z_l(u)$就是人为的模型式(2-2-68)，而不反映任何重要的物理意义。

(七) 协同克里金(CK)

在前面所讨论的各种克里金方法中，所有的估计方法都是对单变量的估计。事实上，一个数据集往往包括多个变量，即不仅有研究人员感兴趣的初始变量，还有一个或多个二级变量(如测井声波时差或地震波阻抗)。这些二级变量和初始变量往往在空间上是交互相关的，它们包含了初始变量的有用信息，因此在估计中需要加以考虑，协同克里金的方法由此产生。

协同克里金的估计方法利用几个变量之间的空间相关性，对其中的一个或几个变量进行空间估计，可以提高估计的精度。采样点的数目不足的情况在油藏描述中是经常遇到的，井比较少、资料不全不准都是造成这种情况的原因。在被估计变量的观察数据较少的情况下，可利用协同克里金的方法用其相关变量的信息进行弥补，以保证其估计精度。下面讨论一个初始变量和一个二级变量的协同克里金的估计形式。

协同克里金估计的初始变量和二级变量的线性组合形式如下：

$$Z_0^* = \sum_{i=1}^{n} \alpha_i x_i + \sum_{j=1}^{m} \beta_j y_j \qquad (2-2-71)$$

式中 Z_0^*——随机变量Z在位置0处的估计值；

$x_1, \cdots, x_n$——初始变量的n个样本数据；

$y_1, \cdots, y_m$——二级变量的m个样本数据；

$\alpha_1, \cdots, \alpha_n$ 和 $\beta_1, \cdots, \beta_m$——需要确定的协同克里金加权系数。

对于估计误差可用下式表示：

$$R = Z_0^* - Z_0 = \sum_{i}^{n} \alpha_i x_i + \sum_{j}^{m} \beta_j y_j - Z_0 \qquad (2-2-72)$$

式中 Z_0^*——随机变量 Z 在位置 0 处的估计值;

Z_0——随机变量 Z 在位置 0 处的取样值。

协同克里金估计系统的建立和其他克里金系统的建立方法是大同小异的。利用克里金估计的无偏性和最小二乘法可推导出传统的普通协同克里金估计的方程组:

$$\begin{cases} \sum_{i=1}^{n} \alpha_i Cov(x_i x_j) + \sum_{i=1}^{m} \beta_i Cov(y_i x_j) + \mu_1 = Cov(x_0 x_j) (j=1,2,\cdots,m) \\ \sum_{i=1}^{n} \alpha_i Cov(x_i x_j) + \sum_{i=1}^{m} \beta_i Cov(y_i x_i) + \mu_2 = Cov(x_0 y_j) (j=1,2,\cdots,m) \\ \sum_{i=1}^{n} \alpha_i = 1 \\ \sum_{j=1}^{m} \beta_j = 0 \end{cases}$$

(2-2-73)

式中 $x_1,\cdots,x_n$——初始变量的 n 个样本数据;

$y_1,\cdots,y_m$——二级变量的 m 个样本数据;

$\alpha_1,\cdots,\alpha_n$ 和 $\beta_1,\cdots,\beta_m$——协同克里金加权系数;

μ_1 和 μ_2——拉格朗日因子;

$Cov(xy)$——协方差。

协同克里金的统计学推导和计算十分繁琐,而且与 Z 未知量相关性较好的数据对相关性较差的数据(往往是 Y 数据,即二级变量)存在屏蔽效应,因而这种方法在实际中并未被广泛应用。于是,人们发展了具有外部漂移的克里金(前面已提及)和同位协同克里金。

同位协同克里金是协同克里金的一种简化形式,即如果二级变量密集取样时,只保留与估计点同位的二级变量。同位协同克里金的估计值为

$$Z(u) = \sum_{1}^{n} \lambda_i(u) Z(u_i) + \lambda_j(u) Y(u)$$

对应的协同克里金方程组只要求知道 Z—协方差函数 $C_Z(h)$ 和 Z—Y 互协方差函 $C_{ZY}(h)$,后者可以通过以下的模型来近似:

$$C_{ZY}(h) = \beta C_Z(h), \forall h$$

式中,$\beta = \sqrt{C_Y(0)/C_Z(0)} P_{ZY}(0)$,$C_Z(0)$ 和 $C_Y(0)$ 是 Z 和 Y 的方差函数,$P_{ZY}(0)$ 是同位的 Z—X 数据的线性相关系数。

(八)贝叶斯克里金(BK)

H. Omre(1987)把线性贝叶斯理论用于克里金估计技术,构想了一个模型,把用于空间估计的数据分为观测数据和猜测数据,从而提出了贝叶斯克里金估计技术。

在贝叶斯估计中,观测数据是指那些精度比较高但数量比较少的数据,猜测数据是指那些精度比较低但分布广泛的数据。在观测数据比较多的地方,估计结果主要受观测数据的影响,在观测数据比较少的地方,则主要受猜测数据的影响。显然,测井数据和地震数据的关系符合贝叶斯估计中观测数据和猜测数据的关系。因此,可以用贝叶斯估计把两者结合起来进行空间变量的估计。

1. 贝叶斯克里金估计的数学前提

设用 $\{Z(x);x \in A\}$ 表示区域 A 上的一个区域化变量,其相应的随机函数可记为

$$\{Z(x); x \in A\}$$

考虑另外一个定义在区域 A 的区域化变量 $\{m(x); x \in A\}$，对应的随机函数为

$$\{M(x); x \in A\}$$

它们具有以下特征：

$$\begin{cases} E[M(x)] = \mu_M(x), & x \in A \\ Cov[M(x'), M(x'')] = C_M(x', x''), & x', x'' \in A \end{cases}$$

再假设以下两式成立：

$$E[Z(x') \mid M(x); x \in A] = a_0 + M(x'), \quad x' \in A \qquad (2-2-74)$$

$$Cov[Z(x'), Z(x'') \mid M(x); x \in A] = C_{Z|M}(x' - x''), \quad x', x'' \in A \qquad (2-2-75)$$

式(2-2-74)的成立基于认为 $M(x)$ 是对于变量 $Z(x)$ 的期望值的一种猜测，常数 a_0 的引入是为了减弱 $M(x)$ 的误差的影响。式(2-2-75)的成立意味着 $Z(x)$ 对 $M(x)$ 的条件协方差可表示为 $x'-x''$ 的函数，这就要求 $Z(x)$ 对其期望函数是二阶平稳的。由式(2-2-74)，随机函数 $M(x)$ 作为 $Z(x)$ 的一种猜测，可不严格地称为猜测数据，$Z(x)$ 可被称为观测数据。

2. 贝叶斯克里金方程组

和普通克里金方法一样，贝叶斯克里金方程组的建立也基于以下无偏性和估计方差最小这两个条件：

$$\begin{cases} E[Z(x_0) - Z^*(x_0)] = 0 \\ Var[Z(x_0) - Z^*(x_0)] = \min \end{cases}$$

利用拉格朗日乘数法可得到以加权系数为未知数的贝叶斯克里金方程组：

$$\begin{cases} \sum_i a_i [\gamma_{Z|M}(x_i - x_j) + \gamma_M(x_i, x_j)] + \beta_1 = \gamma_{Z|M}(x_0 - x_j) + \gamma_M(x_0, x_j) & (j = 1, \cdots, N) \\ \sum_j a_j = 1 \end{cases}$$

$$(2-2-76)$$

式中 β_1——拉格朗日参数。

3. 变差函数的计算

由于引入了带有不确定性的猜测数据 $M(x)$，贝叶斯克里金估计中变差函数的求取比较复杂。下面略去推导，仅列出公式以供参考：

$$\gamma_{Z|M}(x' - x'') = \frac{1}{2} E\{[Z(x') - Z(x'')]^2\} - \frac{1}{2}[\mu_M(x') - \mu_M(x'')]^2 - \gamma_M(x', x'')$$

$$(2-2-77)$$

(九) 指示克里金 (IK)

指示克里金方法属于一种非参数统计方法。所谓非参数，并不是指随机函数中没有自由参数，而是指这类方法不像其他克里金那样通过参数的均值和方差来进行估值和建立累积概率分布函数。

指示克里金实际上是对原始数据的指示变换值进行克里金估计。所谓指示变换，是指按照一定的原则将原始数据变换为 0 或 1 的过程。它可以在不去掉特异值数据点的条件下，也就是在一定风险情况下给出未知量 $Z(x)$ 的估计量及空间分布。

指示克里金估计和其他克里金方法一样，首先需要进行空间结构分析，计算空间变差函数

(称为指示变差函数),其计算方法同于经典变差函数的计算方法。但是,在计算过程中所使用的不是原始数据点 $Z(x_i)$ 本身,而是给定边界值 z 后的 $Z(x)$ 的指示值 $i(x_\alpha,z)$。这种特殊的处理方式,消除了处理过程中由于特异值的存在而导致内插结果不稳健的缺点,因此,在具体的处理过程中无需预先剔除特异值。

1. 指示变差函数的求取

首先,对原始数据进行指示变换。设在某一储层 D 上取样,并指定阈值(即边界值 z),则可在 D 上的每一个采样点 z 上定义 $Z(x)$ 的指示函数:

$$i(x;z) = \begin{cases} 1, Z(x) \leq z \\ 0, Z(x) > z \end{cases} \quad (2-2-78)$$

此处,$Z(x)$ 是点 x 处的随机变量。显然,指示函数 $i(x,z)$ 对每一个 x 都是以 z 为自变量的阶梯函数。在 D 上的任一区域 A 内,低于边界值 z 的属性值 $Z(x)$ 所占的比例为

$$\phi(A;z) = \frac{1}{A}\int_A i(x;z)\mathrm{d}x$$

作为 z 的函数,$i(x,z)$ 的数学期望可看成累积概率分布函数,而 $\phi(A;z)$ 是所有 $i(x,z)$ 在 A 上的平均值。因此,$\phi(A;z)$ 可看成累积概率分布函数。

指示变差函数的计算公式如下:

$$\gamma_i(h;z) = \frac{1}{2}E\{[i(x+h;z) - i(x;z)]^2\} \quad (2-2-79)$$

式中 $\gamma_i(h;z)$ ——指示变差函数;

h——滞后距离;

z——阈值;

$i(x+h;z)$ 和 $i(x;z)$ ——分别为两个点 $x+h$ 和 x 上以 z 为阈值的指示值。

2. 指示克里金估计算法

指示克里金就是利用克里金方法取得累积概率分布函数 $\phi(A;z)$ 的估计量 $\hat{\phi}(A;z)$。设区域 A 及其周围有 N 个观测值 $Z(x_i)i=1,\cdots,N$,则有相应的 N 个指示值 $i(x;z)(i=1,\cdots,N)$,估计量 $\hat{\phi}(A;z)$ 可以写成

$$\hat{\phi}(A;z) = E[i(x;z) \mid x \in A;(N)] \quad (2-2-80)$$

其中,(N) 表示 $Z(x_1),\cdots,Z(x_n)$。可把估计量 $\hat{\phi}(A;z)$ 看成是指示值 $i(x_i;z)$,$(i=1,\cdots,N)$ 的线性组合:

$$\hat{\phi}(A;z) = \sum_{\alpha=1}^{N}\lambda_\alpha(z)i(x_\alpha;z) + \left[1 - \sum_{\alpha=1}^{N}\lambda_\alpha(z)\right]\hat{F}(z) \quad (2-2-81)$$

式中 $\hat{F}(z)$ ——累积分布函数 $F(z)$ 的估计量,权系数可通过求解简单克里金求得。

对属性值 $Z(x)$ 的估计也就是求取已知 N 个观测点存在的条件期望值:

$$\hat{Z}(x) = E[Z(x) \mid N] = \int Z\mathrm{d}f(z \mid N)$$

$$\approx \sum_{k=0}^{L}\hat{Z}_K(x)[\hat{F}(Z_{k+1} \mid N) - \hat{F}(Z_k \mid N)]$$

式中 $\hat{F}(Z_k|N)$ ——累积分布函数在点 Z_k 处的估计值。

在实际应用中,进行指示变换的阈值的选取一般可取 5%、25%、50%、75%、95% 的分位数。原则上,对于每一个阈值都应该计算相应的变差函数,为了节省计算时间,往往把所有的变差函数取相同的一个函数。最佳的选择是 $\gamma_1(h;z_m)$,其中 z_m 是中位数,即大约 50% 的指示值为 0,其余 50% 的指示值为 1。这一方法即为中值指示克里金。

指示克里金作为一种非参数克里金方法,也是一种非线性克里金方法。实际上,非线性克里金是将线性克里金(如 SK、OK)应用于原始数据的非线性变换,所使用的非线性变换决定了非线性克里金的类型。如指示克里金是对原始数据的指示变换值进行克里金估计,另外还有对数正态克里金(对数据的对数转换进行克里金估计)、多元高斯克里金(对数据的正态得分变换进行克里金估计)、秩克里金(对数据的秩或均匀变换进行克里金估计)、析取克里金(对数据的某种多项式变换进行克里金估计)。

克里金方法是一种实用、有效的插值方法。它优于传统方法(如三角剖分法、距离反比加权法等),在于它不仅考虑到被估点位置与已知数据位置的相互关系,而且还考虑到已知点位置之间的相互联系,因此更能反映客观地质规律,估值精度相对较高,是定量描述储层的有力工具。

(十) 各种克里金方法的应用范畴

各种克里金方法的原理不一样,它们用于估计时,会产生不同的效果和作用。因此,各种克里金方法有其应用范畴。

简单克里金和普通克里金方法是两种最基本的方法,都基于平稳假设,对于一般的变化不大的地质数据能给出比较满意的光滑的结果。对于简单克里金,需预先知道目标区的平稳均值(m),而普通克里金无需预先知道平稳均值(通过限制克里金的权值之和为 1 而把均值从 SK 估计值中过滤掉了)。

泛克里金考虑了区域化变量的空间漂移性,所形成的网格化数据能突出局部异常,特别在研究区的边缘,能很好地给出光滑且符合地质特点的图形(如单斜的状态),而不是像某些方法那样在边缘出现极值的情形,这样的处理结果可能更为石油地质学家所接受。

协同克里金能利用空间变量的相关性,应用多种信息(如井数据、地震数据等)协同进行估计,能极大程度地利用各种资料,但数学推导和计算复杂。对于几种最常用的协同克里金类型来说:传统的普通协同克里金由于限制二级变量的权值之和为 0,从而使二级变量的影响变得很小;标准的普通协同克里金,由于限制主变量与二级变量具有相同的均值从而简化了估计方程组;如果所有的估计点都有二级变量时,可采用同位协同克里金,这种方法适用于二级变量密集采样的情况。

贝叶斯克里金技术能把两种不同精度的资料通过数学的方法有效地结合起来,而不是不加区分地简单地叠加在一起,因为这两种数据在可信度上是不一样的。这种方法把这两种数据分别称为观测数据和猜测数据,前者数目少而精度高(如测井数据),后者分布广而精度低(如地震数据)。在观测数据多的地方采用观测数据,少的地方采用猜测数据进行补充,为油藏描述有效地利用不同精度的数据提供了一条有利的途径。

指示克里金方法是一种非参数统计方法,它在不需要舍弃特异值数据的条件下进行有效的空间估计。由于不需要考虑原始数据的空间分布使其应用范围极为宽广。这种方法的特点是它以概率的形式考虑了特异值的存在,其他的克里金方法由于加权平均的原因,整体估计结果有一种光滑的性质。指示克里金有助于克服这一缺点。另一方面,由于指示克里金方法的结构模型由指示变换数据而不是原始数据计算而来,所以这种方法不受特异值的影响,结果非常稳健,因此比较适合于处理空间变化比较大的物性参数(如渗透率的空间估值),估计结果能绘制出比较光滑的图形。另外,在数据不满足某种分布假设时,还可以采用另外一些非线性克里金方法,如原始数据服从对数正态分布的对数正态克里金,对不服从正态分布的数据进行标准正态变换的多元高斯克里金,对原始数据进行秩变换的秩克里金以及析取克里金等。

(十一)克里金方法应用的局限性

总的来说,克里金方法是一种实用的、有效的插值方法。但是,在实际应用中,也要注意克里金方法应用的局限性:

①在一些情况下,变差函数很难求准,从而使得基于变差函数的克里金估计失去了实际应用价值。当观测点的距离大于实际变程时,会由于观测尺度太大而出现块金效应(即块金效应的尺度效应)。这时,难于了解观测点间的变化特性。例如,在一个 200m 的井网区内,储层孔隙度的横向变化的实际变程为 100m,这时便难以了解井间孔隙度的变化,其变差函数在 200m 的尺度上呈现为块金效应。在井点较少时(如某一方向只有 2、3 口井),则可利用的数据对太少。一方面,算出的变差函数点太少而难以拟合理论变差函数曲线;另一方面,算出的变差函数值也不甚可靠。

②克里金插值为局部估计方法,对估计值的整体空间相关性考虑不够,它保证了数据的估计局部最优,却不能保证数据的总体最优。因为克里金估值的方差比原始数据的方差要小,当井点较少且分布不均时可能会出现较大的估计误差,特别是在井点之外的无井区误差可能更大。

③克里金插值法为光滑内插方法,为减小估计方差而对真实观测数据的离散性进行了平滑处理,虽然可以得到由于光滑而更美观的等值线图或三维图,但一些有意义的异常带也可能被光滑作用而"光滑"掉了。所以,有时克里金方法被称为一种"移动光滑窗口"。因此,在应用克里金方法进行井间插值和储层建模时,首先应根据实际地质情况和资料情况考虑克里金方法的适用性。如在井点较多,或既有一定的井点资料又有高质量地震资料,而且不要求研究参数的细微变化时,可应用克里金方法进行储层预测和建模研究。

第三节 随机建模

随机建模是储层地质建模的两大途径之一。本章主要阐述随机建模的概念、意义及基本原理;介绍不同的随机模拟方法,包括基于目标的随机模拟方法、基于像元的随机模拟方法(序贯高斯模拟、截断高斯模拟、序贯指示模拟、分形模拟方法、多点统计随机模拟等);最后简单介绍随机建模的关键环节。

一、随机建模概述

(一)随机建模概念及意义

1. 随机建模的概念

地下储层本身是确定的,在每一个位置点都具有确定的性质和特征;但地下储层又是很复杂的,它是许多复杂地质过程(沉积作用、成岩作用和构造作用)综合作用的结果,具有复杂的储层内部构造及储层参数的空间变化。在储层表征中,由于用于描述储层的资料总是不完备的,因此人们又难以掌握任一尺度下储层的确定且真实的特征或性质,特别是对于连续性较差且非均质性强的陆相储层来说,更难于精确表征储层的特征。这样,由于认识程度的不足,储层描述便具有不确定性。这些需要通过"猜测"而确定的储层性质,即为储层的随机性。由于储层的随机性,储层预测结果便具有多解性。因此,应用确定性建模方法作出的唯一的预测结果便具有一定的不确定性,以此作为决策基础具有风险。为此,人们广泛应用随机模拟方法对储层进行建模和预测。

Haldorsen(1990)分析了将随机技术应用于描述确定性储层的六个原因:①用于表征储层空间展布、内部(几何)结构和岩石性质在各个范围变化的资料不完备;②储集体和相的空间排列复杂;③难以掌握相对于空间位置和方向上岩石性质的变化和变化形式;④不了解岩石物性与用来求取平均值的岩石体积的关系(比例问题);⑤静态储层资料(井点岩心、测井资料及地震资料)多于动态资料(时间变化效应、岩石结构影响采出的过程等);⑥随机模拟方便快捷。

所谓随机建模,是指以已知的信息为基础,以随机函数为理论,应用随机模拟方法,产生可选的、等可能的储层模型的方法。这种方法承认控制点以外的储层参数具有一定的随机性。因此采用随机建模方法所建立的储层模型不是一个,而是多个,即一定范围内的几种可能实现(所谓的可选的储层模型),以满足油田勘探开发决策在一定风险范围的正确性的需要,这是与确定性建模方法的重要差别。对于每一种实现(即模型),所模拟参数的统计学理论分布特征与控制点参数值统计分布是一致的。各个实现之间的差别则是储层不确定性的直接反映。如果所有实现都相同或相差很小,说明模型中的不确定性因素少;如果各实现之间相差较大,则说明不确定性大。

由此可见,随机建模的重要目的之一便是对储层的不确定性进行评价。另外,随机模拟可以超越地震分辨率,提供井间岩石参数米级或十米级的变化,因此,随机建模可对储层非均质性进行高分辨率的表征。在实际应用中,利用多个等可能随机储层模型进行油藏数值模拟,可以得到一簇动态预测结果,据此可对油藏开发动态预测的不确定性进行综合分析,从而提高动态预测的可靠性。

随机模拟与克里金插值法有较大的差别,主要表现在以下三个方面:

①克里金插值法为局部估计方法,力图对待估点的未知值作出最优(估计方差最小)、无偏(估计值均值与观测点值均值相同)的估计,而不专门考虑所有估计值的空间相关性;随机模拟方法首先考虑的是模拟值的全局空间相关性,其次才是局部估计值的精确程度。

②克里金插值法给出观测点间的光滑估值(如绘出研究对象的平滑曲线图),而削弱了真实观测数据的离散性(插值法为减小估计方差,对真实观测数据的离散性进行了平滑处理),从而忽略了井间的细微变化;而条件随机模拟结果在光滑趋势上加上系统的随机噪声,这一随机噪声正是井间的细微变化。虽然对于每一个局部的点,模拟值并不完全是真实的,估计方差甚至比插值法更大,但模拟曲线能更好地表现真实曲线的波动情况(图2-3-1)。

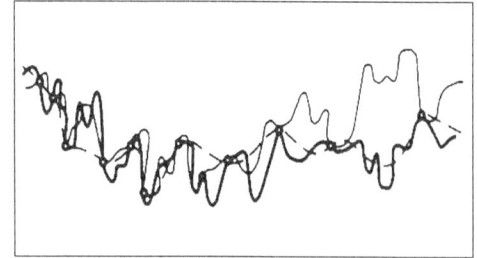

图2-3-1 随机模拟与克里金插值法的比较(据王仁铎,1989)

③克里金插值法(包括其他任何插值方法)只产生一个储层模型,因而不能了解和评价模型中的

不确定性;而随机模拟则产生许多可选的模型,各种模型之间的差别正是空间不确定性的反映。

2.随机建模的意义

随机建模的意义主要表现在以下三个方面。

1)储层预测的不确定性评价

应用随机建模的方法,可给出多个预测结果(随机模拟实现),并对预测结果中的不确定性因素进行定量的评价。

对于每一个建模目的层,通过提取三维空间各网格在多个模拟实现中某指定沉积微相的出现频率,可获取该层指定沉积微相的三维概率分布模型。该模型中每一个网格的数值反映了指定沉积微相出现于该网格的确定性程度。按照某一概率截断值(确定性程度截断值),可以获得该指定沉积微相在某一概率条件下的三维分布模型。图2-3-2为某小层十次随机模拟得到的河道相的三维概率分布模型。图中反映了河道相在三维空间不同位置的概率(确定性程度),如概率为0表明某位置为非河道相,概率为1表明某位置为河道相,概率为0.6则表明某位置60%的可能性为河道相。应用不同的截断值对其进行截断分析,可得出该小层在不同概率范围的河流相的分布。图2-3-3分别为该小层河流相概率大于0.5、大于0.7、大于0.9、为1的河道分布模型。

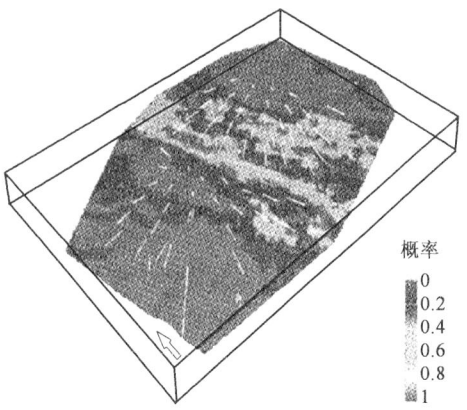

图2-3-2 某小层十次随机模拟得到的河道相的三维概率分布模型

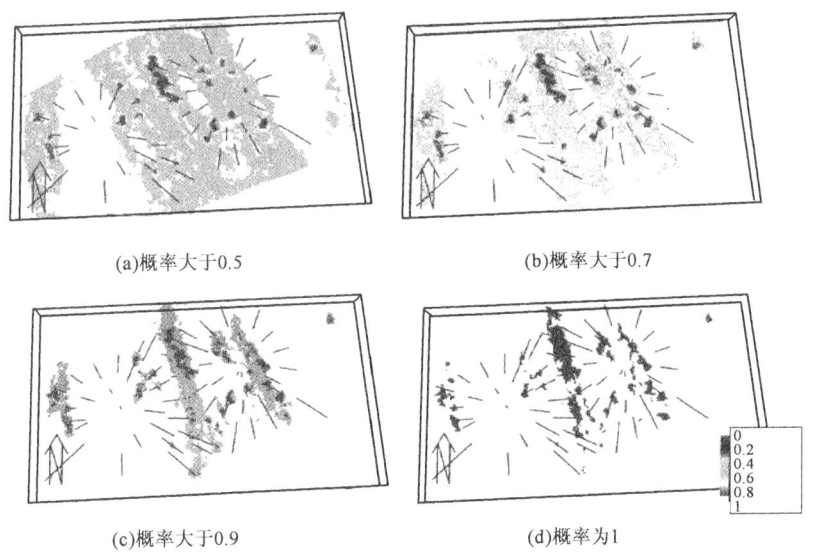

(a)概率大于0.5　　(b)概率大于0.7

(c)概率大于0.9　　(d)概率为1

图2-3-3 某小层不同概率范围的河流相分布模型

2)储量的不确定性评价

将一簇模拟实现用于三维储量计算,则可得出一簇储量结果。它不是一个确定的储量值,而是一个储量分布。

每一套随机模拟实现均是一套三维油藏地质模型,包括三维构造模型、沉积微相模型、孔隙度模型、渗透率模型、含油饱和度模型等。对于三维模型众多网格中的任一网格,均有一个有效网格值、有效孔隙度值、含油饱和度值、原油密度值和原油体积系数值等,不同网格的值在空间上是变化的。因此,基于三维模型储量计算的容积法计算公式为

$$N = \sum_{i=1}^{n} A_i E_i \phi_i S_{oi} \rho_{oi} / B_{oi} \qquad (2-3-1)$$

式中　N——原油地质储量,t;

A_i——第 i 个含油网格大小,m^3;

E_i——第 i 个网格的有效性,取值 1(有效)或 0(无效);

ϕ_i——第 i 个含油网格的有效孔隙度;

B_{oi}——第 i 个含油网格的地层原油体积系数(一般用平均值);

S_{oi}——第 i 个含油网格的原始含油饱和度;

ρ_{oi}——第 i 个含油网格的地面脱气原油密度(一般用平均值),g/cm^3;

n——有效网格数。

针对随机建模的每一个模拟实现,可得到一个储量计算结果;对于多个(如100个)模拟实现,则获得多个(如100个)储量计算结果。图2-3-4为某研究区一个层段20个模拟实现的储量直方图分布。从图中可以看出,储量分布呈正态分布,最大储量为 $1700 \times 10^4 t$,最小储量为 $1300 \times 10^4 t$,平均储量为 $1500 \times 10^4 t$,标准偏差 $70 \times 10^4 t$。这说明,虽然地下油气储量是一定的,但由于地质的复杂性及资料的不完备,人们对地下储量的认识具有不确定性。在这种情况下,人们可能对地下储量估计过高或过低,但通过随机建模可对储量进行客观的评价。

评价方法可分为两种:其一,客观地计算储量的最大值、最小值、平均值及标准偏差(图2-3-4);其二,通过编制储量的累积概率分布曲线,分析其在某一概率条件下的储量值(图2-3-5)。从图2-3-5中可看出,油藏储量至少有 $1800 \times 10^4 t$,但最多不会超过 $5200 \times 10^4 t$;储量为 $2500 \times 10^4 t$ 的概率是90%,为 $3300 \times 10^4 t$ 的概率是50%,为 $4000 \times 10^4 t$ 的概率是10%。

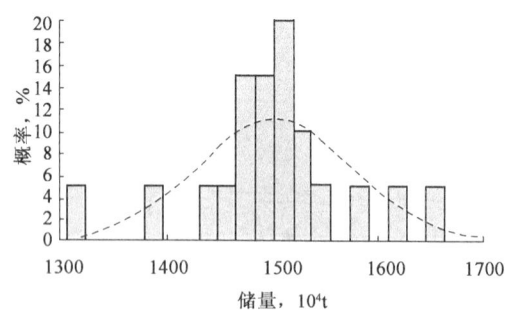

图2-3-4　某研究区一个层段的储量直方图分布

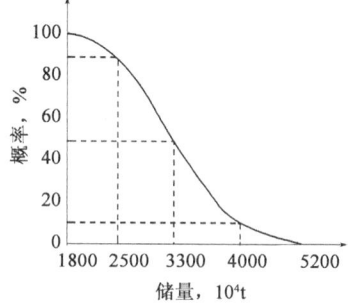

图2-3-5　某油藏储量的累积概率分布曲线

3)油藏开发动态的不确定性评价

虽然随机建模的每个模拟实现都是等可能的,均与条件数据吻合,但其间确实存在差别,因此它们的流动响应及导致的油藏开发动态也有差别。

严格来说,可通过对所有的随机模拟实现进行油藏数值模拟,以分析和评价油藏开发动态的不确定性。然而,这一工作量巨大。因此,往往通过下述方法进行分析。

首先,通过快速数模(如流线法),对所有随机模拟实现进行排序(依据动态参数,如连通性),并编制累积概率分布图(图2-3-6)。图中,横坐标为随机模拟实现的序号,从左到右按连通性增强排列,纵坐标为概率。

然后,在累积概率分布图中分别选取概率为10%(或25%)、50%、90%(或75%),分别代表连通性弱、中、强的随机模拟实现;对这些模拟实现通过粗化之后进入模拟器进行油藏数值模拟,得到三种分别代表悲观、中观和乐观的开发动态预测结果。这样,便可了解或预测不同风险条件下的开发状况。

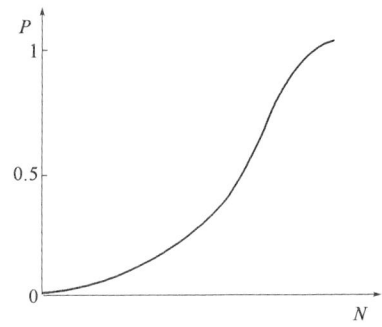

图2-3-6 随机模拟实现排序的累积概率分布图

(二)随机模拟的原理

1. 基本原理

随机模拟是以随机函数理论为基础的。随机函数由一个区域化变量的分布函数和协方差函数(或变差函数)来表征。随机模拟的基本思想是从一个随机函数 $Z(u)$ 中抽取多个可能的实现,即人工合成反映 $Z(u)$ 空间分布的可供选择的、等可能的高分辨率实现,记为 $\{Z_l(u), u \in A\}$ $(l=1,\cdots,L)$,代表变量 $Z(u)$ 在非均质场 A 中空间分布的 L 个可能的实现。若用观测的实验数据对模拟过程进行条件限制,使得采样点的模拟值与实测值相同(即忠实于硬数据),就称为条件模拟,否则为非条件模拟(王家华等,2011)。

以基于像元(网格)的随机模拟为例,其过程可分为两大环节,即条件累积分布函数的求取及抽样模拟。首先求取某网格的累积条件分布函数[图2-3-7(b)],然后通过随机抽样,得到该网格的模拟值[图2-3-7(c)]。

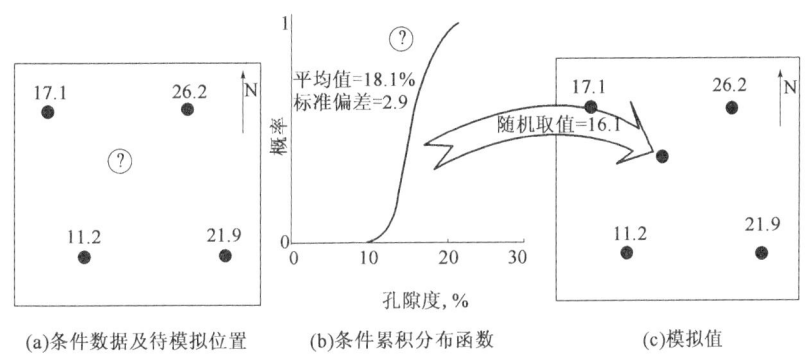

(a)条件数据及待模拟位置　　(b)条件累积分布函数　　(c)模拟值

图2-3-7 基于像元的随机模拟简单图示(据Srivastava,1994,有修改)

1)条件累积分布函数

对于三维网格系统的每一个网格,在进行模拟前,首先要确定该网格的条件累积分布函数。式(2-3-2)、式(2-3-3)分别为连续变量与离散变量的条件累积分布函数表达式:

$$F = (u;z|(n)) = P\{Z(u) \leq z|(n)\} \qquad (2-3-2)$$

$$F = (u;z|(n)) = P\{Z(u) = z|(n)\} \qquad (2-3-3)$$

式中　n——条件数据;

u——离散变量的类型(如相类型)。

概率分布函数的建立有以下两种途径。

(1) 参数化建模

这里的参数不是指储层参数,而是指概率模型的特征值,如高斯分布的均值和偏差。在建立密度分布函数时,首先假定其符合某种概率模型类别,然后通过推断模型特征参数,确定分布函数。例如,假定随机变量符合高斯分布,则只需推断出均值和偏差两个参数,便可建立该网格的概率分布函数(图2-3-8),并可将该函数很容易变换为条件累积概率分布函数(图2-3-9)。

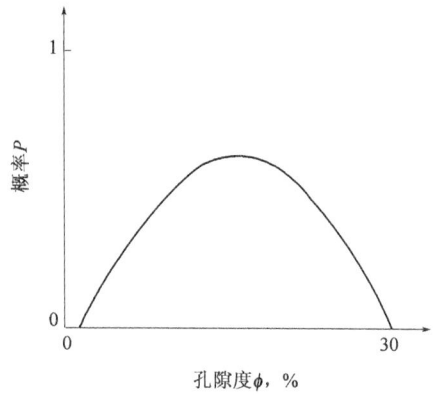

图2-3-8 随机变量的概率分布函数曲线(CDF)

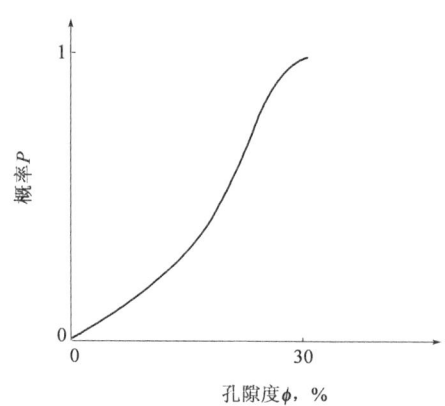

图2-3-9 随机变量的累积概率分布函数曲线(CCDF)

高斯分布是最简单的概率分布模型之一。由于其简便性,在随机建模中应用得最为广泛,事实上也是最早应用的概率模型。因为只要知道均值和偏差,就可建立概率分布函数,而均值和偏差可通过克里金方法来求得。其中,克里金估值当作均值,而估值方差的平方根则作为偏差。这也是克里金方法广泛用于随机建模的根本原因。

当然,应用这一方法的前提是首先要确认实际的概率分布是否符合假定的概率模型,如是否符合高斯分布。一般可通过直方图分析,判别其分布特征。如果不符合高斯分布,而又希望应用高斯模型,则需要将原始变量通过正态得分变换变为高斯分布。而且对于变异性强的参数(如渗透率)还需首先进行对数变换,然后进行正态得分变换。随机模拟结束后,再对模拟结果反变换为实际的储层参数值。

(2) 非参数化建模

在建立密度分布函数时,不假定其符合任一概率模型,无需推断模型特征参数,而是通过各变量的概率直接推断其分布函数。

这一方法适用于离散变量或离散化之后的连续变量。如对于研究区内的三种相(相A、相B、相C),针对某网格,首先求取三种相的概率,然后将其拟合成一条概率分布曲线(图2-3-10)。显然,指示克里金是进行非参数化建模的首选方法。

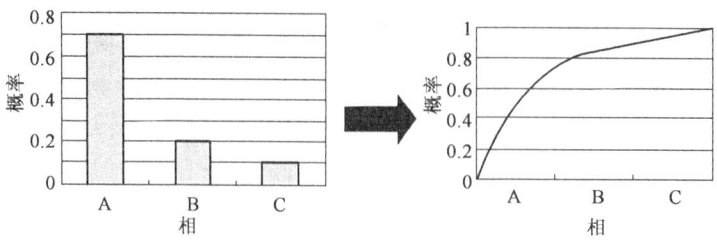

图2-3-10 离散化变量概率分布及累积概率曲线

2) 随机模拟

针对某网格,在得到该网格的 CCDF 之后,通过抽样便可得到该网格的一个实现。以图 2-3-7 为例,针对待模拟点的 CCDF[图 2-3-7(b)],在纵坐标上任取一个随机数(0~1),该随机数在 CCDF 曲线上对应的分位数即该网格的模拟实现值。改变随机数(由计算机自动操作),又可得到另一个模拟实现值。对三维空间的所有网格均进行 CCDF 的求取及模拟抽样,便可得到一个三维模拟实现,即随机建模的一个模型。

因此,随机模拟是一个抽样过程,抽取等可能、来自随机模型的各个部分的联合实现。式(2-3-4)代表变量 $Z(u)$ 空间分布的 L 个可能的实现。每个实现即为一个随机图像。

$$\{Z_l(u) \mid u \in D\}, l = 1, \cdots, L \qquad (2-3-4)$$

显然,随机建模的精度取决于 CCDF,而模拟过程只是描述多解性的一种方法。CCDF 曲线越平缓,模拟实现的取值范围越大,说明多解性越强,极端情况下为一条从 0 值开始的 45°的斜线[图 2-3-11(a)],为纯随机情况;反之,CCDF 曲线越陡,模拟实现的取值范围越小,说明多解性越弱,极端情况下为一条垂线时[图 2-3-11(c)],所有的模拟实现都是同一值,此时为确定性取值(即确定性建模)。

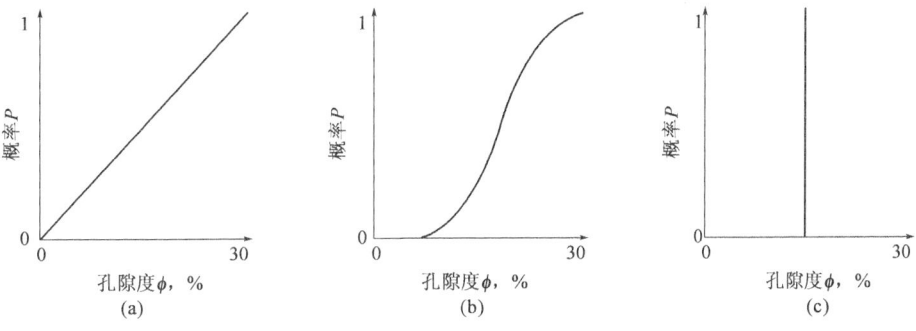

图 2-3-11 CCDF 曲线形态对随机建模结果的影响

因此,随机建模的关键是求准 CCDF。为了提高随机建模的精度,地质建模人员应尽可能地应用多学科信息,缩小随机变量的取值范围(相当于使 CCDF 曲线变陡),减小多解性。值得注意的是,不能毫无依据地人为缩小取值范围。

2. 随机模型

随机模型是指具有一定概率分布理论、能表征研究现象随机特征的统计模型。Haldorsen 和 Damseleth(1990)将随机模型分为三类,即离散模型、连续模型和混合模型。Deutsch 和 Journel(1992)将随机模型分为两大类,即基于目标的随机模型和基于像元的随机模型。

1) 根据研究现象的随机模型分类

根据研究现象的随机特征,随机模型分为两大基本类型:离散模型(discrete models)和连续模型(continuous models)。

离散模型主要用于描述具有离散性质的地质特征,如沉积相分布、砂体位置和大小、泥质隔夹层的分布和大小、裂缝和断层的分布、大小、方位等。示性点过程(marked point process)、截断随机域(truncated random fields)、马尔柯夫随机域(markov random fields)、二点直方图(two-point histogram)等属离散随机模型。

连续模型主要用于描述连续变量的空间分布,如孔隙度、渗透率、流体饱和度、地震层速度、油水界面等参数的空间分布。高斯域(gaussian fields)、分形随机域(fractal random fields)等属于连续随机模型。

另外,离散模型和连续模型的结合即构成混合模型,也称二步模型:第一步应用离散模型描述储层的大规模非均质特征,如沉积相、砂体结构或流动单元;第二步应用连续模型描述各沉积相(砂体或流动单元)内部的岩石物理参数的空间变化特征。这种建模方法即为二步建模方法。

2) 根据基本模拟单元的随机模型分类

根据随机模拟的基本模拟单元,可将随机模型分为两大类:基于目标的随机模型和基于像元的随机模型。

目标,也称为对象,是指离散地质变量,如沉积相、流动单元等。在基于目标的随机模拟中,基本模拟单元为目标体,即将目标体直接投放于空间,而不是一个一个网格赋值。示性点过程属于此类。

像元或像素(pixel)是 picture element 的缩写,相当于网格化储层格架中的单个网格。在基于像元的随机模拟中,基本模拟单元为像元,即一个一个网格赋值。这类模型既可用于连续性储层参数的模拟,也可用于离散地质体的模拟。这类模型包括高斯域、截断高斯域、指示模拟、分形随机域、马尔柯夫随机域、二点直方图、多点统计等。

值得注意的是,基于像元的随机模拟既可对连续变量进行模拟,也可对离散变量(目标体)进行模拟,只是基本模拟单元与基于目标的方法有差别。前者是一个一个网格赋值,后者是将目标体直接投放于空间,两者不能混淆。

3. 模拟算法

模拟算法指的是模拟过程中的数学规则。根据随机模拟中模拟抽样过程的差异,模拟算法可分为多种,其中应用较多的有序贯模拟、误差模拟、概率场模拟、退火模拟、迭代模拟等(Deutsch 等,1992)。

1) 序贯模拟

序贯模拟(sequential simulation),也称为顺序模拟,其总体思路是沿着随机路径序贯地求取各结点的条件累积分布函数(CCDF),并从中提取模拟值。其中,用于求取 CCDF 的条件数据不仅包括原始的样品点,还包括已模拟好的点。这一模拟算法的主要目的是充分利用更多的条件数据来恢复变量的空间相关性;同时,由于每个模拟实现的模拟路径是随机的,因而应用的条件数据不同,从而更有利于评价不同实现之间的差异(即不确定性)。

随机函数 $Z(u)$ 的序贯模拟过程可分为以下几步:

① 随机地选择一个待模拟的网格结点;
② 估计该结点的 CCDF;
③ 随机地从 CCDF 中提取一个分位数作为该结点的模拟值;
④ 将该新模拟值加到条件数据组中;
⑤ 重复①~④步,直到所有结点都被模拟到为止,从而得到一个模拟实现 $Z_l(u)$。

其中,在 $u=1$ 处,变量的 CCDF 由 n 个原始样品数据来求取,然后从 CCDF 中随机地提取一个分位数作为该结点的值互 Z_{l1}。在下一个结点($u=2$)处,将上一个结点的模拟值加到原始条件数据中,使得求取 CCDF 的条件数据由原来的 n 个增加到 $n+1$ 个,从 CCDF 中取 Z_{l2},再将该值加入到下一个结点的模拟,条件信息容量又增加了1,从而变为 $n+2$。这样,一步一步

地按顺序对所有 N 个结点进行随机模拟,即可得到一个模拟实现 $Z^{(l)}(u)$。在这种序贯模拟过程中,需要确定 N 个累积条件分布函数,更精确地讲就是:

$$P\{Z_1 \leq z_1 \mid n\}$$
$$P\{Z_2 \leq z_2 \mid n+1\}$$
$$P\{Z_3 \leq z_3 \mid n+2\}$$
$$\cdots\cdots$$
$$P\{Z_N \leq z_N \mid (n+N)-1\}$$

序贯模拟方法可用于高斯随机模拟和指示随机模拟,其差别主要是 CCDF 的求取方法不同。在序贯高斯模拟方法中,所有的 CCDF 都假设为高斯分布,其均值和方差由克里金方程组来给出;而在序贯指示模拟中,CCDF 是由指示克里金插值并通过非参数化建模得出的。另外,马尔柯夫—贝叶斯模拟方法和指示主成分模拟方法也应用了序贯模拟思路。

在计算机实现中,如果严格按照序贯模拟原理,那么确定的 CCDF 数据越来越多,因而条件信息容量从 n 增加到 $n+N-1$,计算过程也将越来越复杂。在实际应用中,由于较近的数据往往屏蔽了较远数据的影响,因此只保留较近的数据作为求取 CCDF 的条件信息。但是,搜寻半径不能过小,条件数据的范围必须大到足以体现变差函数。一种解决方法是采用多级网格的概念,即用两步或多步来模拟 N 个结点:第一步,用粗网格来体现大变程的变差函数;第二步,对余下的网格用小的条件数据的范围来模拟。在序贯模拟中,模拟 N 个结点的顺序最好是随机的。因为,如果 N 个结点是按行访问的,将会沿行出现人为的效应。

2) 误差模拟

克里金估值的平滑效应是由于缺乏误差部分而引起的。在克里金估计中,为了达到最优估计而使其方差最小化,实际上是去除了误差部分。误差模拟的主要思想就是要恢复误差。

将一个随机函数 $Z(u)$ 看作估计值和误差项的和:

$$Z(u) = Z^*(u) + R(u)$$

误差模拟实际上是通过将随机函数 $Z(u)$ 的克里金光滑估值 $Z^*(u)$ 与模拟误差相加而产生条件模拟实现,使其既忠实于原始数据及数据构型,又能反映点间的细微变化,表达式为

$$Z_c^{(l)}(u) = Z^*(u) + R^{(l)}(u) \qquad (2-3-5)$$

这种思路很简单,但需要满足两个相当严格的条件:

① 误差成分 $R(u)$ 必须是独立的,或至少要与估计值 $Z^*(u)$ 正交。实际上,误差值 $R^{(l)}(u)$ 是单独进行模拟,然后加到估计值 $Z^*(u)$ 上的。

② 随机函数的模拟误差 $R(u)$ 必须与真正的误差 $R^{(l)}(u)$ 具有相同的空间分布,或至少具有同样的协方差函数,那么模拟值才能与真实值 $Z(u)$ 具有相同的协方差函数和相同的方差。

对于条件①,如果估计值 $Z^*(u)$ 是 $Z(u)$ 在数据的某一空间的正交投影,则误差 $Z^*(u)-Z(u)$ 与估计值 $Z^*(u)$ 正交,条件①是可以满足的。如果 $Z^*(u)$ 是 $Z(u)$ 的简单克里金估计,条件①也可满足。

然而,由于误差的协方差函数是未知的,所以条件②很难满足。即使随机函数模型 $Z(u)$ 是平稳的,误差项却并不一定平稳,因为在不同位置所使用的数据构型通常是不一样的。解决的办法是利用完全相同的数据构型进行模拟估计,从而得到误差值。更确切地说,考虑某一非条件模拟的实现 $Z^{(l)}(u)$,在所有结点处和实际位置处都有模拟值,这一实现具有与随机函数模型 $Z(u)$ 同样的协方差函数。保留在 n 个原始数据点处的模拟值 $Z^{(l)}(u_\alpha)(\alpha=1,\cdots,n)$,利用这些数据应用估计方法进行计算,这就得出了估计值 $Z^{*(l)}(u)$,模拟误差为 $R^{(l)}(u) =$

$Z^{(l)}(u) - Z^{*(l)}(u)$。将其加到利用实际数据值得到的真实估计值 $Z^{*}(u)$ 之上,便得到一个条件模拟实现:

$$Z_c^{(l)}(u) = Z^{*}(u) + [Z^{(l)}(u) - Z^{*(l)}(u)] \quad (2-3-6)$$

式中,下标 c 表示条件模拟。如果估计方法是精确的,在实际数据点处是忠于原来数据的,即若 $Z_c^{(l)}(u_\alpha) = Z^{*}(u_\alpha)$,则对于任何的 $a, a = 1, \cdots, n$,有 $Z_c^{(l)}(u_\alpha) = Z_c^{*}(u_\alpha) = Z(u_\alpha)$,$Z_c^{(l)}(u)$ 的变差函数与原始 $Z(u)$ 的变差函数是一样的。

在实际应用中,误差模拟可分为以下几步(图 2-3-12 表示了应用误差模拟对某一储层的孔隙度进行条件模拟的步骤):

①应用原始数据[图 2-3-12(a)]进行克里金插值估计,得到估计值 $Z^{*}(u)$[图 2-3-12(b)]。

②进行非条件模拟,得到一个模拟实现 $Z^{(l)}(u)$[图 2-3-12(c)]。它具有与实际观测值一样的直方图和空间连续性,但它是一个非条件模拟,因其不忠实于井点处的观察值。这一非条件模拟结果可用很多方法来生成。

③在模拟实现 $Z^{(l)}(u)$ 中,提取观察点处的非条件模拟值(这些值与原始数据的数值不同,但具有相同的数据构型),应用与上次克里金估计相同的协方差函数,对其进行克里金插值估计,得到新的估计值 $Z^{*(l)}(u)$[图 2-3-12(d)]。

④比较两次估计值 $Z^{*}(u)$ 和 $Z^{*(l)}(u)$,得出模拟残差 $Z^{(l)}(u) - Z^{*(l)}(u)$[图 2-3-12(e)],其中,观察点的残差为 0。

⑤将模拟残差 $Z^{(l)}(u) - Z^{*(l)}(u)$[图 2-3-12(e)]与原始的克里金估计值[图 2-3-12(b)]相加,即得到一个忠实于井点观察值的条件模拟实现 $Z_c^{(l)}(u)$[图 2-3-12(f)]。

3) 概率场模拟

概率场是指随机函数 $Z(u)$ 的取值概率的分布场。概率场模拟也称为 P 场模拟。P 场模拟通过产生空间相关的概率值的场,使得在每个结点处从 CCDF 取值时不是随机取值,而是按照概率场中该结点的概率值来进行取值的。P 场模拟的一个重要特征是 CCDF 仅靠原始数据求取,且仅计算一次并保存起来作为各次模拟实现所用。这主要是为了节省运算机时。P 场模拟的主要优点就在于它的快速简单。

对于随机函数 $Z(u)$,P 场模拟可分为如下几步:

①应用 n 个原始数据(连续、指示或类型变量)求取 CCDF 的 $F(u;|z(n))$,它仅计算一次并储存起来,用于不同的模拟实现。图 2-3-13(a)反映了垂向上渗透率分布的 CCDF,可通过数据的正态得分变换的高斯克里金法得到,或由指示数据实现的指示克里金方法获取。

②通过非条件模拟得到 P 场实现 $\{P^{(l)}(u), M \in A; l = 1, \cdots, L\}$。图 2-3-13(b)为一个 P 场实现。P 场在[0,1]区间平稳均匀分布,其协方差函数模型是从数据均一化的样品协方差函数推导而来的。它们能由任何快速模拟算法产生,如转向带、分形或随机移动平均法。

③利用每一个 P 场实现从预先存储的 CCDF 中提取实现[式(2-3-7)]。图 2-3-13(c)为应用(b)的取值概率从(a)的 CCDF 中提取的渗透率分布,表达式为

$$Z^{(l)}(u) = F^{*-l}(u; p^{(l)}(u) | (n)) \quad (2-3-7)$$

在上述过程中,P 场实现不是条件的,但最终的模拟实现 $z^{(l)}(u)$ 是条件的(即忠实于原始数据)。在原始数据点 u_α 处,CCDF 函数 $F(u_\alpha z|n)$ 的方差为 0,中心位于数据值 $z(u_\alpha)$ 处,因此

不管概率值 $P^{(l)}(u_\alpha)$ 多大，CCDF 函数将总是返回数据值，即 $z^{(l)}(u_\alpha)=Z(u_\alpha)$。图 2-3-13(c) 为应用(b)的取值概率从(a)的 CCDF 中提取的渗透率分布。P 场模拟与前述的序贯模拟的思路正好相反。在序贯模拟中，从 CCDF 中取值是随机的，但用于求取 CCDF 的条件数据不仅仅为原始数据，而是序贯地加入各结点处的模拟值，使得条件数据足够密集，可正确反映短程相关性。在 P 场模拟中，CCDF 仅靠原始数据求取，但通过应用 P 场来控制从 CCDF 的取值方式以保证模拟实现的空间相关性。因为在 CCDF 中仅靠原始数据求取的情况下，如果 CCDF 的取值还是随机的，则可能导致两个相距很近的结点具有十分相似的 CCDF，但其模拟值却相差很大。在 P 场中，不同结点处的概率来自同一个概率场或随机函数 $P(u)$ 的实现，因而具有空间相关性。

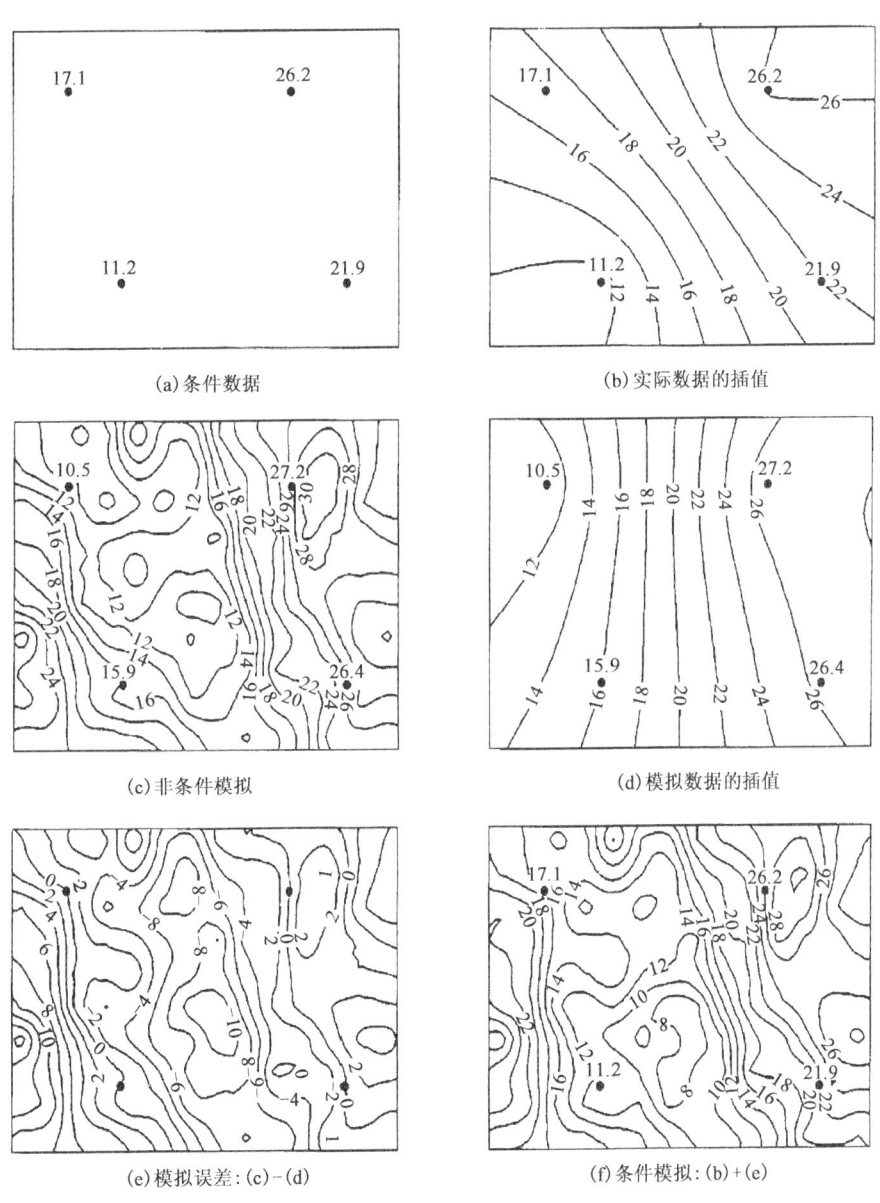

图 2-3-12　误差模拟的简单图示（据 Srivastava,1994,有修改）

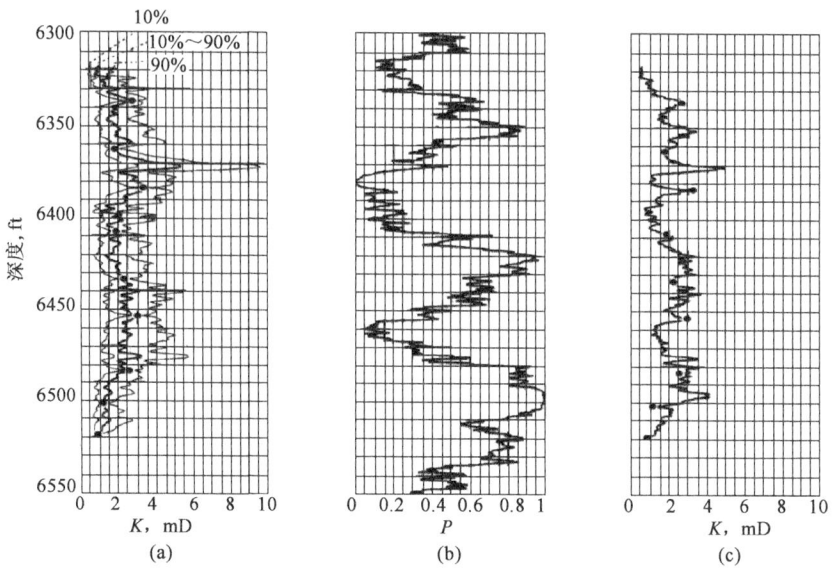

图 2-3-13 一维 P 场模拟的实例

4) 退火模拟

退火模拟,也称模拟退火,最初用于组分优化问题,其目的是在具有很多成分的系统中找出最优排序,使得系统整体能量或目标函数最小。退火模拟与热动力平衡类似,特别类似于金属冷却和退火。在高温状态下,分子能自由运动,分布紊乱而无序,但随着温度缓慢地降低,分子有序排列形成晶体(代表系统的最低能量状态)。玻耳兹曼(Boltzman)的概率分布 $P\{E\} \sim e^{-E/kT}$ 表达了在温度为 T 的热平衡状态系统下所具有的能量呈概率形式分布。k 为玻耳兹曼常数,是把温度和能量关联起来的常数。

Metropolis 等把这一原理用来模拟分子的运动。一个系统从能量状态 E_1 到能量状态 E_2 变化的概率 $P = e^{-(E_1-E_2)/kT}$。如果 $E_2 < E_1$,则系统将总在变化,而且一般总是取有利的方向,但有时也取不利的方向。这种原理就叫 Metropolis 原理。一般地,任何类似于退火热动力过程的优化方法都叫退火模拟方法。

退火模拟的基本思路是对于一个初始的图像连续地进行扰动,并依赖每次扰动是否使得图像更接近目标而决定是否接受或拒绝某次扰动,直到它与一些预先定义的包含在目标函数内的特征相吻合。在退火模拟中,有两个关键问题:一是目标函数,二是如何决定接受还是拒绝某一次扰动。

目标函数类似于真实退火过程中的吉布斯(Gibbs)自由能,故也叫能量函数。它表达了每次模拟实现的空间特性与希望得到的空间特性之间的差别。空间特性可以是:单变量分布图(如直方图);变差函数或指示变差函数;主变量和二级变量(如地震资料)的相关关系或它们之间的条件分布;岩相(或其他离散变量)的几何形态、体积含量、垂向层序(如向上变细)、交错层理等;以及上述各项的任意组合。

如对于变差函数来说,目标函数为模拟实现的变差函数和预先定义的变差函数之间的差别,可表达为

$$O = \sum_h \frac{[\gamma^*(h) - \gamma(h)]^2}{\gamma(h)^2} \qquad (2-3-8)$$

式中 $\gamma^*(h)$——模拟实现的变差函数；

$\gamma(h)$——预先定义的变差函数。

O 表达了它们的差别，即能量。当能量为 O 时，表示模拟实现忠实了预先定义的变差函数。

退火模拟的第二个关键问题是如何决定接受还是拒绝某一次扰动。接受扰动的概率分布由玻耳兹曼概率分布给出：

$$P_{accept} = \begin{cases} 1, & O_{new} \leq O_{old} \\ e^{-(O_{new}-O_{old})/t}, & O_{new} > O_{old} \end{cases} \qquad (2-3-9)$$

在该分布中，所有理想的扰动（$O_{new} \leq O_{old}$）都被接受。对于不理想的扰动（$O_{old} > O_{new}$），接收与否则取决于一个指数分布的概率。指数分布中的参数 t 类似于退火中的"温度"。温度越高，接受一次不理想的扰动的概率越大。

温度 t 不能降得太快，因为降得太快会使模拟实现陷入局部优化中，而且不再收敛；但是也不能降得太慢，因为如果降得太慢，收敛速度也太慢。确定如何控制温度 t 的过程被称为"制定退火计划"。

C. V. Deutsch 等（1992）提出了一种经验方法，主要思想是给出较高的初始温度，当已经接受了足够多次的扰动或尝试了多次扰动之后，通过一个乘法因子降低温度。当很难继续减小目标函数值时，停止运算。该方法用六个参数来表达某一退火计划，并给出最佳的参数选择（表 2 - 3 - 1）。

表 2 - 3 - 1　建议的模拟退火计划（据 C. V. Deutsch 等，1992）

退火计划	t_0	λ	K_{max}	$K_{接受}$	S	ΔO
淬火	0.0	0.0	—	—	—	0.001
极快冷却	0.5	0.01	10	2	3	0.001
快速冷却	1.0	0.05	50	5	3	0.001
一般冷却	1.0	0.10	100	10	3	0.001

表 2 - 3 - 1 中，t_0 为初始温度；λ 为降低因子，$0 < \lambda < 1$；K_{max} 为在一个温度下进行扰动的最大次数（通常取结点数的 100 倍），当达到 K_{max} 时，用 λ 来降低控制参数（乘以 λ）；$K_{接受}$ 为扰动被接受的次数，在每一控制参数下，当接受了 $K_{接受}$ 次（结点数的 10 倍）后，用 λ 来降低温度（乘以 λ）；S 为停止数目，如果有 S 次达到 K_{max}，那么算法停止（通常 S 为 2 或 3）；ΔO 为标志收敛的最低目标函数值。

在储层表征和建模中，退火模拟方法可直接用于随机模拟，也可用于模拟实现的后处理。一般可通过下列几个步骤来完成：

①产生一幅初始的参数场。这一参数场可以是用其他模拟方法产生的，或从单变量分布函数上随机取值放在网格结点上形成的；如果有二级变量，也可由散点图的条件分布中提取数值作为初始值。

②建立目标函数，设置初始温度和退火计划。

③扰动初始的参数场，如交换两个不同的网络结点上的参数值。

④如果目标函数降低的话，接受扰动；如果目标函数增加，则以一定的概率接受扰动（真

实退火过程的玻耳兹曼概率分布)。

⑤持续扰动过程,并降低接受不理想扰动的概率(降低玻耳兹曼概率分布的温度参数),直到目标函数足够低,在以后的迭代中没有任何改进为止。

图 2-3-14 为退火模拟的一个简单实例。在该例中,试图使最终图像忠实于泥岩的平均长度(如 60m)和平均厚度(如 10m)。能量函数可计为

$$O = (模拟的平均长度 - 60) + (模拟的平均厚度 - 10)$$

在模拟过程中,先生成一个初始图像,然后通过不断的扰动使得最终的目标函数或能量函数为 0,使最终模拟图像中泥岩的平均长度和厚度忠实于预先设置的目标。当然,该例与实际的退火模拟相比有较大的简化,如目标函数太简单、没有用条件数据等,但说明了退火模拟的基本思路。

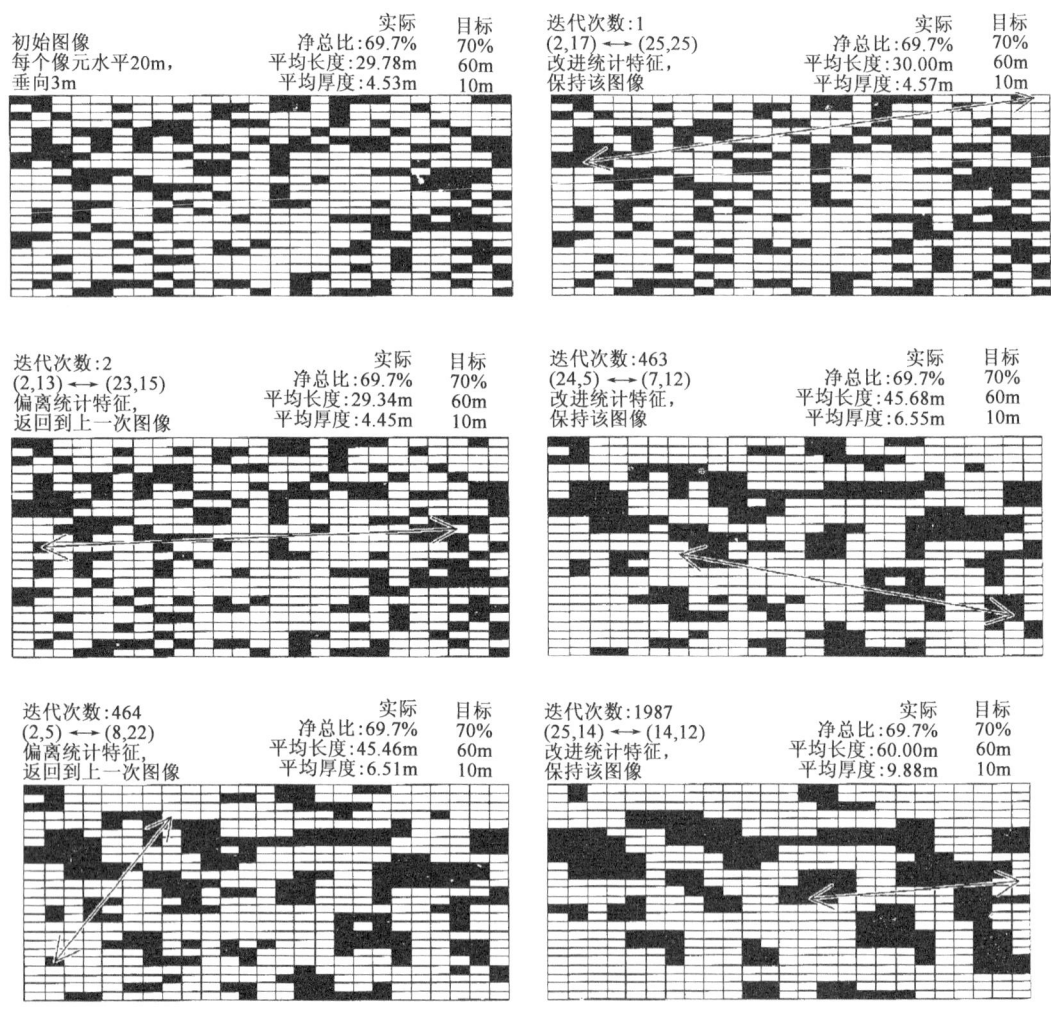

图 2-3-14 退火模拟的简单图示(据 Srivastava,1994,有修改)

5) 迭代模拟

迭代模拟的主要思路与退火模拟的基本思路相似,即通过对原始图像进行持续扰动而建立模拟的图像。然而,它们有两方面重要的区别:其一,迭代算法忠实的统计学特征仅为直方

图和变差函数;其二,迭代过程并不拒绝某一扰动,而是接受所有的扰动,希望每次修改都向好的方面发展。

基于吉布斯取样法的迭代模拟可分以下几个步骤:

①产生一个变量(连续变量或类型变量)的初始图像,通常完全是随机噪声,但具有正确的直方图。

②预先设置指示克里金权值(可来自训练图像),用于在各次迭代过程中计算每个结点的CCDF。计算方法采用指示克里金方法,其中,权值为一套常数,邻域指示数据在各次迭代、各个结点处有差别。

③沿着一条随机路径访问所有的结点。在每个结点处,去掉现有的数值,用新的从该结点的 CCDF 中提取的模拟数值来代替。

④在访问所有结点之后,计算图像的区域统计参数(直方图和变差函数)。如果这些参数被认为已经足够接近目标了,就停止迭代,否则回到第③步。

通常需要多次迭代才能获得符合目标的图像,但没有任何理论保证迭代一定收敛(C. V. Deutsch,1996)。然而,这种方法十分快速,因为在各次迭代中应用常数权值计算 CCDF,使得整个计算和迭代过程快速简便。

(三)随机建模方法分类

随机建模方法是指根据随机模型和算法而产生模拟结果的技术或程序。从实用角度入手,综合考虑模型和算法,笔者对随机建模方法进行了综合分类(表 2-3-2),将随机建模方法分为两大类:基于目标的方法和基于像元的方法。

表 2-3-2 主要随机模型、算法及方法

随机建模及性质	随机建模方法 / 模拟算法	序贯模拟	误差模拟	概率场模拟	优化算法（退火模拟及迭代算法）	模型性质
基于目标的随机模拟	示性点过程（布尔模型）				示性点过程模拟（布尔模型）	离散
	随机成因模型				沉积过程模拟	离散
基于像元的随机模拟	高斯域	序贯高斯模拟	转向带模拟	概率场高斯模拟	（退火模拟可用作后处理）	连续
	截断高斯域		截断高斯模拟		（退火模拟可用作后处理）	离散
	指示随机域	序贯指示模拟		概率场模拟	（退火模拟可用作后处理）	离散/连续
	分形随机域		分形模拟		（可应用退火模拟）	离散/连续
	马尔柯夫随机域				马尔柯夫模拟	离散/连续
	随机游走				随机游走模拟	离散
	多点统计				多点统计模拟	离散

1. 基于目标的方法

基于目标的方法以目标物体为基本模拟单元,为基于目标的随机模型与优化算法的结合。

基于目标的方法通过对目标几何形态(如长、宽、厚及其之间定量关系)的研究,在建模过程中直接产生目标体。通过定义目标的不同几何形状参数以及各个参数之间所具有的地质意义上的关系,再现储层的三维形态。该方法包括两类:基于目标体结果的方法和基于目标体形成过程的方法。

1) 基于目标体结果的方法

这类方法主要通过示性点过程模型和优化算法的结合,进行目标体(如沉积相、隔夹层、断层、裂缝等)的随机模拟。

早期的基于目标体结果的方法主要采用布尔模型,如 Matheron 认为概率模型符合泊松(Poisson)点过程,即认为目标中心点位置符合齐次泊松点过程(homogeneous Poisson process)。随后,Chessa 等对齐次泊松点过程提出了改进措施,即在无井区模拟采用非齐次的泊松点过程,从而满足了井间与井点分布具有差异的要求。为了表征不同储层成因单元的相互关系,又提出了采用 Gibbs 点过程来描述砂体间相互关系的方法。在目标形态再现方面,Syversvee 给出了再现泥岩顶底曲线特征的算法并对多井钻遇同一目标进行了考虑,通过引入泥岩配置参数,描述泥岩为多口井钻遇的情况,从而再现多井钻遇同一目标的问题。C. V. Deutsch 等提出了基于目标的层次模型(Fluvsim)。在该方法中,使用基于目标的模拟方法模拟了河道、溢岸、决口扇及泛滥平原等四种相的联合分布。

Jones 提出了基于流线分布建立河流相储层模型的方法。他通过一系列指示主要流动方向的线段来模拟沉积作用的流动趋势特征,利用古水流轨迹建立了指示河流流动方向的流线,局部随机修改方位角就可以再现河流流动方位变化特征。Patterson 通过计算河流中线曲率,利用通用示性点过程结合流线的模拟对点坝位置及倾向模拟进行了探索性研究。

上述基于目标体结果的方法均可归属于广义的示性点过程方法,其中经典的基于点过程的模拟方法使用经典的点模型刻画地质体的分布,而使用流线的方法则可以产生较为连续的目标体。另外,这类方法还可对目标体内的界面进行模拟,属于目前正在发展的基于界面的随机建模方法的范畴。

2) 基于目标体形成过程的方法

这类方法是基于随机成因模型和优化算法,从模拟目标体的沉积过程来刻画非均质储层的建模方法,可称为基于过程(process – based)的随机模拟方法。

法国地质统计学中心开发了一个结合地质统计学和沉积学的储层模拟程序。模型刻画了河道及与之相关的沉积物随时间在空间的变化,纵向上通过相比例来进行模型约束。该模拟方法是基于沉积过程的模拟,但同时又通过随机方法来控制河道的演化过程(如侧向迁移、决口、改道等)。由于利用了沉积动力学和河床演变学的研究成果,所以产生的河道形态较为真实。图 2 – 3 – 15 为该方法的一个三维模拟实现。

2. 基于像元的方法

基于像元的方法为基于像元的随机模型与各种算法的结合,如将序贯模拟算法应用于高斯域模型则为序贯高斯模拟方法,将序贯模拟算法应用于指示模拟中则为序贯指示模拟方法等。基本模拟单元为网格化储层格架中的单个网格,既可用于连续性储层参数的模拟,也可用于离散地质体的模拟。基本思路是首先建立待模拟网格的 CCDF，然后对其进行随机模拟，即从 CCDF 中随机地提取分位数，便得到该网格的模拟实现。根据建模方法所应用的统计学特征，又可将其分为两点统计学方法和多点统计学方法。

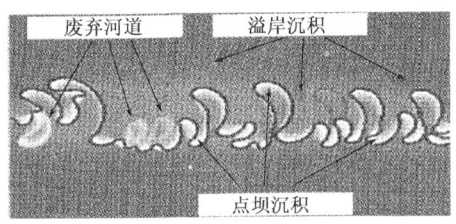

图 2-3-15 基于过程的模拟方法产生的一个曲流河沉积的实现
（据 S. Lopez 等，2004）

1）两点统计学方法

两点统计学的含义是通过若干个点对来对变量的统计特征进行分析，变差函数即为两点统计学的最常用工具。

对于基于变差函数的随机建模方法，其共同的特点是 CCDF 均可应用克里金方法来求取。这些方法包括高斯模拟、截断高斯模拟、指示模拟等。另外，基于两点统计学的方法还有分形模拟及随机游走模拟等。

2）多点统计学方法

多点统计是相对于两点统计而言的，可理解为应用多个点来对变量的统计特征进行分析，这样更能把握目标体的形态及空间分布特征。在多点地质统计学中，应用训练图像代替变差函数表达地质变量的空间结构性（详见后文）。

二、基于目标的随机模拟方法

这一部分主要介绍基于目标体结果的方法，主要为示性点过程和优化算法的结合。首先介绍点过程与示性点过程的基本概念，然后介绍示性点过程模拟的基本原理。

（一）点过程与示性点过程

1. 点过程

点过程（point processes）是指一个空间区域内的离散点的随机集合，属于随机几何学的范畴。值得注意的是，此处所说的"过程"，不是指随时间演化的动态过程，而可以理解为"分布"。最简单的点过程是随机点的均匀分布。由 n 个相互独立、均匀分布在同一个紧致集中的点构成的点过程，称为二项式点过程。在建模中所应用的主要为泊松点过程和吉布斯点过程。

泊松点过程具有如下特征：①点数的泊松分布，即在一个有限的波雷尔集中，点的数目是具有泊松分布的随机变量。根据其均值特征，可将其分为平稳的泊松点过程（均值为一个常数 λ）、广义的泊松点过程[（均值为一个变量 $\gamma(x)$）]（图 2-3-16）。②独立的分散性。在 k 个互不相交的波雷尔集中，点的数目构成了五个独立的随机变量。

吉布斯点过程具有如下特征：点数的吉布斯分布；点在空间上的分布可以相互关联或排斥。

除点过程外,还有线过程(一个空间区域内的离散线的随机集合,也称纤维过程)、面过程(一个空间区域内的离散面的随机集合)。其中,线过程可用于描述如河道砂体等带状物体中心线的空间分布,而面过程可用于描述如断层、裂缝等面状物体的空间分布。

在一般的论述中,除特殊说明外,将点过程、线过程和面过程统称为点过程(广义的点过程)。

2. 示性点过程

对于一个点过程,在其上的每一个点赋予一个特征时,就称为示性点过程(marked point processes)。可用一个随机序列来表示:

$$\Psi = \{[x_n; m(x_n)]\}$$

图2-3-17反映了一个简单的示性点过程。该图标示了森林中松树的位置及树干直径。其中,森林中松树的位置分布即为一个点过程,而同时在各松树位置上"标注"树干的直径,即为示性点过程。

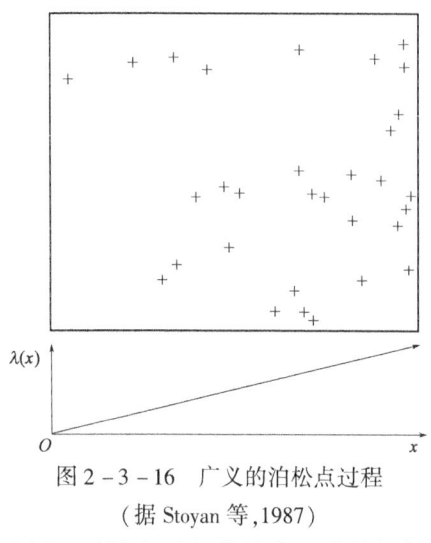

图2-3-16 广义的泊松点过程
(据Stoyan等,1987)

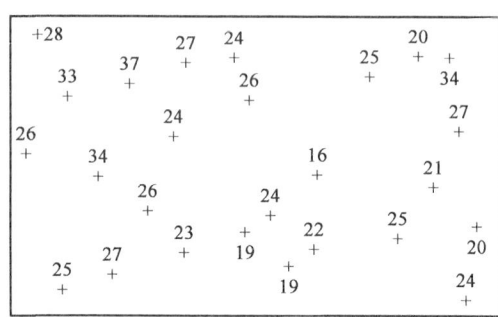

图2-3-17 森林中松树的位置及树干直径
(据Stoyan等,1987)

因此,示性点过程的基本思路是根据点过程的概率定律按照空间中几何物体的分布规律,产生这些物体的中心点的空间分布,然后将物体性质(如物体几何形状、大小、方向等)标注于各点之上。

从地质统计学角度来讲,示性点过程要研究物体点及其性质在三维空间的联合分布。设X_k为描述类型k的几何尺寸(形状、大小、方向)参数的一个随机变量,几何尺寸可以由一个参数化的解析表达式来定义;$I_k(u,k)$是表示第k类几何属性在位置u处出现与否的随机函数,当u属于X_k时则为1,反之为0。示性点过程即是通过X_k、$I_k(u,k)$($k=1,2,\cdots,K$)的联合分布,确定中心点在此处的物体几何形状、大小等属性。

根据不同的点过程理论,物体中心点在空间上的分布不同。常用以下两种点过程模型:

①布尔模型(Boolean model),可看成示性点过程的简单情形,其种子点过程为泊松过程,种子的位置相互独立。当目标位置相互独立、目标密度(单位储层体积内目标平均个数)为常数时,可以认为目标中心点位置符合平稳泊松点过程。以此为基础的模拟方法适合模拟砂岩背景上存在小尺度泥岩隔层这类现象,或者在泥岩背景上存在小尺度孤立砂岩的现象。当目标位置相互独立,但目标密度具有一定分布趋势时,可以认为目标中心点位置符合广义泊松点过程。

②一般的示性点过程,为比布尔模型更为复杂的示性点过程,其种子点过程多由吉布斯点过程产生,而且种子的位置具有关联性(如河道砂体与天然堤具有关联性)和排斥性。

(二)示性点过程模拟

示性点过程模拟涉及三个主要环节:目标体几何形态、目标体定位、目标体形态和定位联合分布的优化。

1. 目标体几何形态

从示性点过程的理论来看,模拟过程是将目标体投放于三维空间,也就是将目标体投放于背景相中。因此,在模拟前,首先要确定背景相、目标体类型及形态(包括形状、方向、规模等)。

1)背景相与目标体

背景是相对于目标而言的。例如,将一幅画挂在墙上,墙就是背景,画就是目标。在研究冲积体系中的河道、溢岸和泛滥平原的分布时,泛滥平原可作为背景相,而河道和溢岸则作为目标相,因为河道和溢岸是在泛滥平原背景上发育而成的。又如,在三角洲中,分流河道和河口坝可作为目标相,而湖相泥岩则作为背景相;而在研究砂体中的非渗透夹层时,则可将砂体作为背景相,夹层作为目标相;在研究断层、裂缝分布时,可将地层作为背景相,断层和裂缝作为目标相。

2)目标体形状

目标体形状可以设置规则形状,如矩形体、扇形体、条带体、椭球体、半椭球体、锥体等,也可以自定义为各种不规则形状。以河流相为例,单一河道砂体可定为条带体(横截面为顶平底凸形);天然堤为窄带状体,附在河道凹岸;决口扇为不规则的扇形体(图2-3-18)。

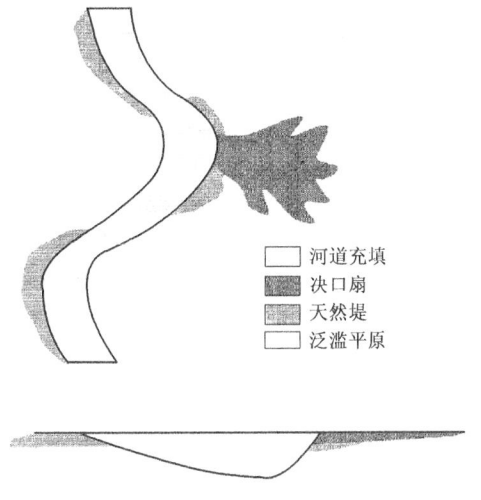

图2-3-18 河流相砂体形态示意图
(据 C. V. Deutsch 等,2002,有修改)

河道主流线的弯曲程度可用正弦曲线来表达(图2-3-19),主要参数包括波长、幅高等。

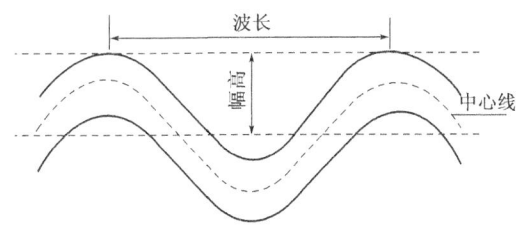

图2-3-19 河道形态的正弦曲线图解

3)目标体方向

目标体方向为其走向方向,即主流线方向。不同的目标体可设置不同的方向。目标体方向需通过地质分析来获得。对于某一目标体主流线方向的范围,可应用高斯分布来表达,即用一个均值和偏差来表达其方向范围。如(90±15)表示主流线平均方向为正东,偏差为15°。

4) 目标体规模

目标体的规模指其长度、宽度、高度(厚度等)。其中,长度和宽度需通过研究区的地质分析和原型模型的类比分析来获取;厚度可通过研究区井资料的统计分析来获取。对于某一目标体的规模范围,如对于河道宽度范围,也可应用高斯分布来表达,即用一个均值和偏差来表达其规模范围。

2. 目标体定位

在示性点过程模拟中,目标点位置可通过以下规则来确定。

1) 密度函数

在相建模中,目标点密度(即各相体积比例)为模拟层内各目标体的体积含量,在空间上的分布可以是均匀的,也可以根据地质规律赋予一定的分布趋势。

体积比例可来源于条件数据分析,如多井统计、地震资料分析等。地震数据和生产数据通常是精度较低的范围较大的数据,可以用不同的方式来表示这些信息,其中的一种方法是计算这些地震数据反映某种沉积相的概率,记为 $P_k(u_v)(k=1,\cdots,K;\forall u_v \in A)$,表示位置 u_v 处沉积相 k 的概率,u_v 为储层 A 中的任意一点。

2) 关联函数

关联函数表达各相的组合关系及井间的连通关系。

各相的组合关系包括相递变关系,与其成因关系密切,如天然堤总是依附在河道侧缘。井间的连通关系可通过实际资料的地质分析来获取,主要有:通过井间动态监测资料确定的井间砂体的连通关系;通过层序地层学研究确定的等时界面及洪(湖)泛泥岩的分布;通过高分辨率地震资料分析确定的主流线及相分布;通过合理的地质推理确定的井间相连通关系(如沿主流线方向的两口井的河道相可进行确定性对比和连通)。在随机建模中,考虑这些连通关系相当于加入了确定性的信息,实质上是应用确定性信息约束随机建模过程。

3) 排斥原则

排斥原则表达了同相或不同相物体之间不可接触的最小距离。例如,对于两条平行分布的宽河道砂体而言,其主流线之间可限定一定的最小距离,以免互相叠置。但是,对于叠置河道砂体,则不能进行限制。

3. 目标体形态和定位联合分布的优化

实际的目标点位置与目标体形态的联合分布是十分复杂的,难于一次模拟成功。因此,往往应用优化算法(如退火模拟)对目标体分布进行"逐步逼近",即用各种参数分布和相互作用的多种组合进行迭代,直至最终得到一个满意的随机图像为止。基本思路如下所述:(以分流河道砂体模拟为例,如图 2-3-20 所示)

①确定背景相和目标体,如在模拟三角洲平原的相分布时,可选择将分流河道间泥岩作为背景相,而将分流河道砂体及漫溢砂体作为模拟目标体。

②针对目标相随机地选择一些位置点,并给定其形态使之满足适当的大小、各向异性和方向。

③检查各位置点及其形态,并通过多次增加、取消或替换的过程使模拟形态与先验条件信息相吻合。

④检查各种相分布是否达到已知比例(或目标函数值)。如果达到已知比例,则认可此次模拟过程;否则,回到上一步继续进行。

作为一种基于目标的模拟方法,示性点过程具有其独有的优点:使用灵活,一些先验的地质知识容易作为条件信息加入到模型中去(如各相比例、砂体宽厚比、各种相空间分布规律等),这样就可以最大限度地综合地质家的认识,这相当于人机交互式的建模过程。另外,从数学上来说,空间数据不要求服从某种分布。

然而,示性点过程建模要求很强的先验地质知识,如目标体几何尺寸、形态、方位等参数,而这些参数仅仅依靠稀疏的井点数据又难以得到。事实上,即使是很好的露头也难以完全确定这些参数的可靠的分布。因此,如何最大限度地获取这一先验地质知识并有效地整合到模型中去,是提高建模精度的关键。

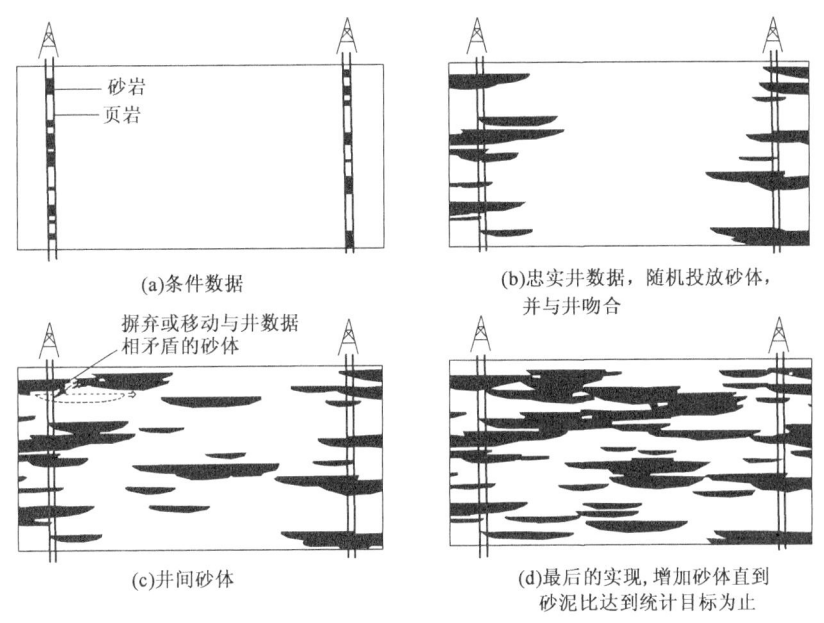

图 2-3-20　示性点过程模拟的简单图示(据 Srivastava,1994)

三、基于像元的随机模拟方法

基于像元的随机模拟方法的基本思路是首先建立待模拟网格的 CCDF,然后对其进行随机模拟,即从 CCDF 中随机地提取分位数得到该网格的模拟实现。由于求取 CCDF 的随机模型不同,发展了多种方法,主要有高斯模拟方法(包括序贯高斯模拟、截断高斯模拟等)、指示模拟方法(主要为序贯指示模拟)、分形模拟方法、多点统计随机模拟方法等(吴胜和等,1999)。

高斯模拟是应用广泛的连续性变量的随机模拟方法,在应用过程中应注意以下两点:

①高斯模型不大适合各向异性很强(特别是极值分布具方向性)的连续性变量的随机模拟。在这种情况下,应采取相控建模方法。

②高斯模拟结果强烈地依赖于变差函数,而变差函数参数的准确求取并非易事。从地质上看,其难点有二:一是当工区井点数较少或某一方向井点数较少时,会由于点数太少而难于

建立变差函数模型；二是当工区砂体分布不稳定、砂体宽度小于井距时，数据构形已反映不了井间储层的实际变化，这时，由井点数据求取的变差函数（如果能建立变差函数模型的话）则不能用于储层建模。这实际上是所有基于变差函数的随机模拟办法的共同问题。在此情况下，应借用与研究区储层特征相似的原型模型的变差函数模型。

(一) 序贯高斯模拟

高斯模拟可以采用多种算法，如序贯模拟、误差模拟、概率场模拟等。实际中经常应用序贯模拟，即序贯高斯模拟。序贯高斯模拟仅用于连续变量（如孔隙度、渗透率、含油饱和度等）分布的随机模拟，条件数据为井数据和地震数据。

1. 基本方法

高斯随机域是最经典的随机函数。该模型的最大特征是随机变量符合高斯分布（正态分布）。对于随机函数 $Z(u)$，在 n 个已知数据点的条件下，$Z(u_0)$ 的 CCDF 是正态的且具有以下特征：均值或条件期望与其克里金估计值一致；条件方差就是克里金方差。

因此，对于高斯模拟来说，CCDF 可用克里金方法来求取。由于 CCDF 的正态性，整个模拟过程被极大地简化，求解 CCDF 就被简化为解一系列克里金方程组。当然，大多数地质数据并非经典高斯分布的。在实际应用中，首先将区域化变量（如孔隙度、渗透率）进行正态得分变换（变换成高斯分布），模拟后，再将模拟结果反变换为区域化变量。

序贯高斯模拟为一种应用高斯概率理论和序贯模拟算法产生连续变量空间分布的随机模拟方法。模拟过程是从一个像元到另一个像元序贯进行的，而且用于计算某像元 CCDF 的条件数据除原始数据外，还考虑已模拟过的所有数据。从 CCDF 中随机地提取分位数便可得到模拟实现。

连续变量 $Z(u)$ 的条件模拟的基本步骤如下：

①对 Z 数据（如测井解释的孔隙度数据）进行正态得分变换。确定代表全研究区 Z 样品数据的 CDF（如果 Z 数据分布不均，则应先对其解串），将 Z 数据进行正态得分变换，转换成标准正态分布函数的 Y 数据，并检验正态得分变换后的 Y 数据是否符合双元正态性（即任何数据对的双元 CCDF 必须是正态的）。如果符合，则可使用高斯模拟方法；否则应考虑其他随机模型。

②确定随机路径，每次访问每个网格结点一次（不必是规则的）。每个结点 u 保留一定数量的邻域条件数据，包括原始 Y 数据和先前模拟的网格结点 Y 值。

③应用正态得分的变差函数模型和克里金方法，确定该结点处随机函数 $Y(u)$ 的 CCDF 函数的参数（均值和方差），并求取 CCDF。

④从 CCDF 随机地提取一个分位数，即为该结点的模拟值 $Y^{(l)}(u)$。

⑤将模拟值 $Y^{(l)}(u)$ 加载到已有的条件数据组。

⑥沿随机路径进行下个结点 u' 的模拟，一直到每个结点都走到为止。一旦所有位置 u 都被模拟，就可获得一个随机模拟实现。

⑦对 $Y(u)$ 的随机模拟实现进行反变换，得到变量 $Z(u)$ 的模拟实现结果。

整个序贯模拟过程可以按一条新的随机路径重复以上步骤，以获取一个新的实现。对于单纯用井数据的序贯高斯模拟方法，输入参数主要为井数据（如测井解释的孔隙度数据）、变差函数参数（变程、块金效应等）等。如果是相控建模，还需输入三维相模型并且对于每一类相均应输入相应的变量统计参数和变差函数参数。

2. 具有趋势的随机模拟

如果连续变量具有明显趋势,则在模拟过程中应充分考虑。事实上,绝大多数地质变量在空间上都有一定的分布趋势。对于有趋势分布的地质变量,其空间分布不符合平稳假设。缩小研究范围使得地质变量在局部区域符合平稳假设,或者降低平稳假设条件,是解决有趋势的地质变量随机模拟的两种基本方法。泛克里金能够自动估算变量的趋势,可以对具有趋势的地质变量进行较好的局部估值,但需要对趋势事先作准确的估计,而且计算较为复杂。最好的解决办法是:首先依据地质认识将该趋势求出(确定性的方法),从原始数据中减去趋势,然后应用去除趋势后的残差数据进行随机模拟,最后将趋势数据回代到模拟结果中,就可以得到实际的未知变量的模拟值。实际上,常常可以通过岩性、物性等资料确定地质变量的趋势。

3. 整合地震信息的协同模拟

在地震信息(如波阻抗)与模拟变量(如孔隙度)具有相关性的情况下,可整合地震信息进行随机模拟。常用的方法为同位协同模拟。

同位协同模拟的基础为同位协同克里金。它与基本序贯高斯模拟方法的差别是:

①CCDF 函数的参数(均值和偏差)是通过同位协同克里金求取的,而不是基本的简单克里金或普通克里金。

②条件数据除井数据外,还有地震数据,并要求井震数据的相关方程和相关系数(在求解协同克里金方程组时需要)。图 2 - 3 - 21 为地震振幅与砂岩厚度的关系示意图。

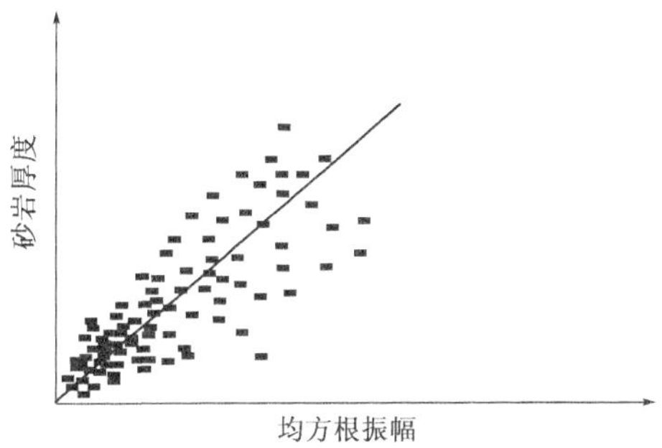

图 2 - 3 - 21 均方根振幅与砂岩厚度关系图

4. 多地质变量的协同模拟

在实际建模过程中,由于各地质变量之间存在一定的相关性,往往先模拟出变异性小的地质变量的分布,然后通过协同模拟的方法模拟与其相关的另一变量的分布。鉴于渗透率的变异性较大,而且渗透率与孔隙度具有一定的相关性,因此往往采用协同模拟方法,先模拟出孔隙度的分布,然后以孔隙度分布(类似上述的地震信息)作为外部变量对渗透率分布进行模拟。

另外,由于油水界面之上的含油饱和度与渗透率往往存在一定的关系,也可采用协同模拟的方法,先模拟出渗透率的分布,然后以渗透率分布(类似上述的地震信息)作为外部变量对含油饱和度分布进行模拟。

(二)截断高斯模拟

截断高斯随机域属于离散随机模型,用于分析离散型变量或类型变量。模拟过程是通过一系列门槛值及截断规则对三维连续高斯分布进行截断而建立类型变量的三维分布。

1. 基本思路

在空间 D,有 n 种排序的相,$F_1, F_2, \cdots, F_n$。设 $\{Y(x) \mid x \in D\}$ 是一个定义在空间 D 上的平稳高斯随机函数(高斯场),均值为 0,方差为 1。t 为截断平稳高斯场的门槛值,相对于 n 种相,有 $n-1$ 个门槛值。门槛值可以是常数,也可以是根据地质规律给出的门槛趋势,如门槛值

与深度的函数,或门槛值与平面位置的函数。门槛值对平稳高斯场的截断,可用下式表示:

$$F_i = \{x \in D \mid t_{i-1} < y(x) \leq t_i\} \quad (2-3-10)$$

式(2-3-10)表明,连续的高斯场被门槛值截断为离散的相,其中,在 t_{i-1} 和 t_i 之间的高斯场归属于 F_i 相。

在截断高斯模拟中,由于目标体的分布取决于一系列门槛值对连续变量的截断,因此,模拟实现中的相分布将是排序的,即被模拟的类型变量的顺序是固定的。如图2-3-22所示,相1、相2和相3依次分布。相1与相2接触,相2与相3接触,而相1不可能与相3直接接触。由此可见,这一方法适合于相带呈排序分布的沉积相模拟,如三角洲(平原、前缘和前三角洲)、呈同心分布的湖相(滨湖、浅湖、深湖)、临滨(上临滨、中临滨、下临滨)等的随机模拟。

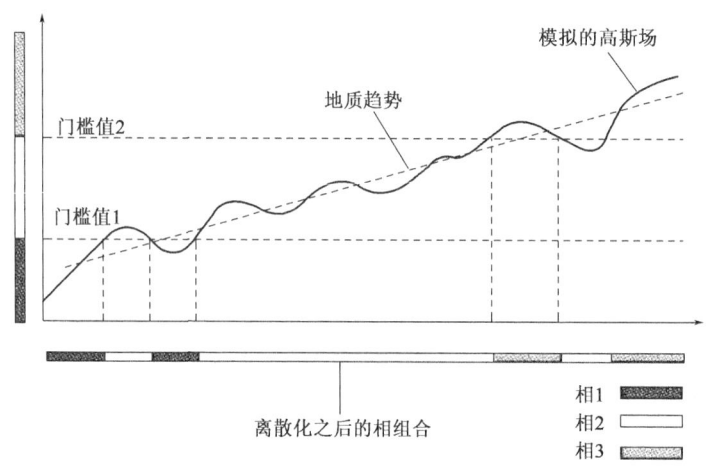

图2-3-22 连续高斯域的截断示意图

截断高斯模拟包括三个主要环节:通过相比例曲线确定门槛值;根据门槛值对条件数据进行高斯变换,并通过误差模拟得到高斯场;通过门槛值对高斯场进行截断,从而得到相分布模型。下面重点讨论前两个环节。

2. 门槛值的确定

门槛值主要通过相比例分布的统计而获得。确定门槛值的原则是保证不同相在研究区域内应占据的比例 $P_i(i=1,2,\cdots,n)$。分以下两种情况讨论。

1)沉积相平稳分布情况下门槛值的确定

若沉积相空间分布具有平稳性,P_i 不随位置变化而变化,门槛值 t_i 也不随位置变化而变化,即门槛值为常数。如图2-3-23所示,在井柱剖面上,两个门槛值 t_1 和 t_2 为常数,不随深度变化。

在此情况下,门槛值可直接通过研究区域内不同相占据的比例 $P_i(i=1,2,\cdots,n)$ 而获得(图2-3-24)。首先,根据各相的比例,绘制沉积相累积概率分布图,其中,横坐标为高斯分布值(均值为0,方差为1),纵坐标为各相累积比例;然后,根据累积比例值的分位数(累积比例值与曲线的交点在横坐标的投影)确定门槛值的分布,如相 F_1 比例的分位数为 t_1,相 F_1 和相 F_2 的累积比例的分位数为 t_2,相 F_1 至相 F_{n-1} 的累积比例的分位数为 t_n-1。

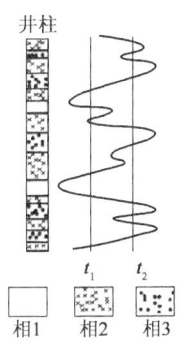 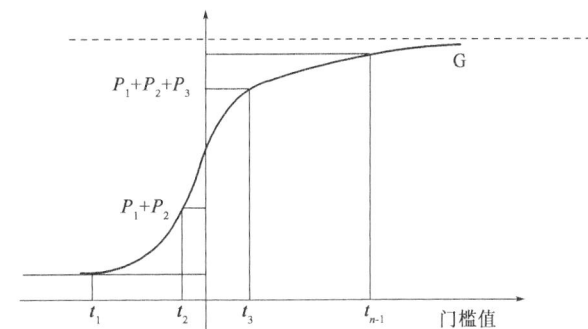

图 2-3-23 沉积相平稳分布情况下的门槛值(据王家华等,2001)

图 2-3-24 沉积相平稳分布情况下的门槛值的求取示意图

2）沉积相非平稳分布情况下门槛值的确定

在沉积相空间分布具有非平稳性的情况下，P_i 随位置(垂向或平面)变化而变化，门槛值 t_i 也随位置变化而变化。如图 2-3-25 所示，在井柱剖面上，两个门槛值 $t_1(h)$ 和 $t_2(h)$ 随深度变化而变化。

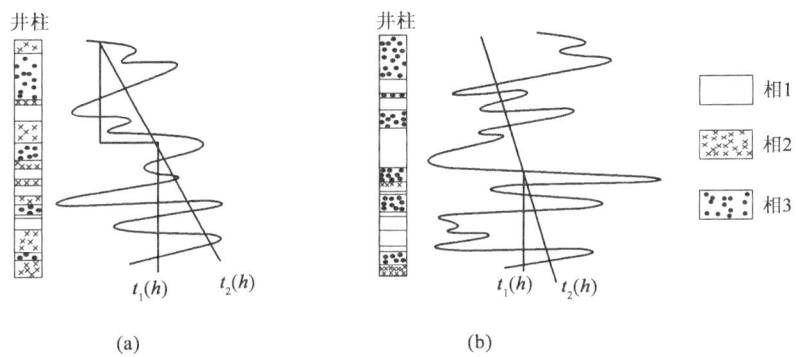

图 2-3-25 门槛值随深度变化示意图(据王家华等,2001)

在这种情况下，需要制作相比例曲线以确定门槛值函数。所谓相比例曲线，是指各相累积比例随某一空间方向的变化，如沿垂向的变化或沿平面某方向的变化。图 2-3-26 为五口井的垂向相分布及计算的垂向相比例曲线。在垂向相比例曲线图中，横坐标为相累积比例，纵坐标为归一化厚度。一般地，平面上各井的目的层段厚度可能有差别，而垂向相比例曲线需要统一的垂向刻度，为此，需要对各井进行归一化，通过伸缩变换，归一化为等长井段。然后，按照一定步长统计各相的累积比例。同理，还可制作平面某一方向的相比例曲线(图 2-3-27)。横坐标为归一化距离，纵坐标为相累积比例。

由于在垂向上和平面上相累积比例不同，因此，截断值也随垂向和平面位置不同而变化。综合垂向和横向比例曲线，可得到三维比例曲线，继而得到空间不同位置的门槛值。

3. 高斯场的随机模拟

在截断高斯模拟中，主要应用误差模拟方法进行高斯场的随机模拟，从而得到一系列高斯场模拟实现。基本步骤如下：

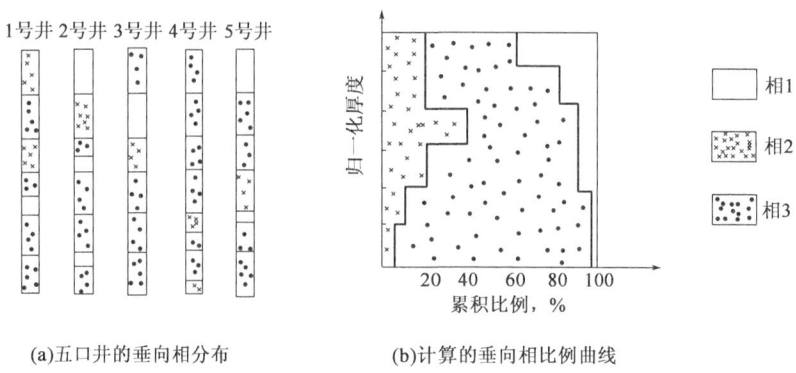

(a)五口井的垂向相分布　　(b)计算的垂向相比例曲线

图 2-3-26　五口井的垂向相分布及计算的垂向相
比例曲线(据王家华等,2001)

①井位观测数据的变换。根据门槛值,将单井不同深度的相变换为 0~1 的值,如应用图 2-3-23 对单井相进行变换(在平稳条件下)。据此,进行变换后变量的误差模拟(以下步骤即为误差模拟过程)。

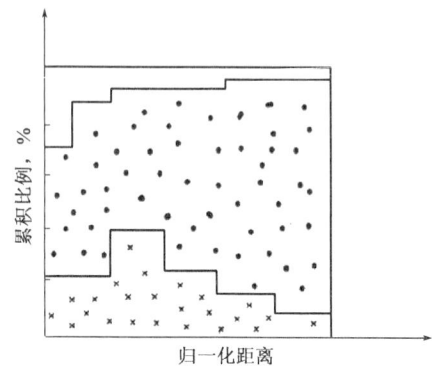

图 2-3-27　平面化比例曲线示意图
(据王家华等,2001)

②根据井点的变换数据进行克里金插值,得到一个确定性的变换值插值分布。

③应用与克里金插值相同的统计参数进行非条件模拟,建立非条件化的高斯场。

④根据观察点处非条件模拟值,进行克里金插值。

⑤将第③步的非条件化高斯场与第④步的克里金插值模型相减,得到模拟残差。其中,观察点的残差赋为0。

⑥将模拟残差加到第②步的克里金插值模型中,便得到条件化的高斯场。

⑦根据门槛值,对条件化的高斯场进行截断,便可得到相分布的一个模拟实现。

重复上述第③步至第⑦步,便可得到一系列的相模拟实现。

截断高斯域可扩展到多元截断高斯域,其离散性质由 N 个高斯域截断线性组合来定义,因此可能模拟几何形态复杂的类型变量的分布,在此不再详述。

截断高斯模拟的一个十分有意义的特征,可有效地结合层序地层学原理进行相建模研究,尤其适合于在勘探评价阶段井数较少的情况下建立储层相模型。如根据沉积物供给与可容空间控制沉积体分布的原理,应用沉积角度 α 可有效地恢复沉积物向海阶进、垂向叠置和向陆阶进的储集体分布状况(图 2-3-28)。

(三) 序贯指示模拟

序贯指示模拟是既可用于离散的类型变量,又可用于离散化的连续变量类别的随机模拟。该方法的基础为指示克里金和序贯模拟算法。

1. 类型变量的模拟

1) 指示模拟的关键环节

(1) CCDF 的求取

与高斯类方法不同的是,该方法无需假设原始样本服从正态分布,而是给出一系列的门槛值,估计某一类型变量低于某一门槛值的概率,并拟合成 CCDF。

对于三维空间的每一网格(像元),首先通过指示克里金估计各类型的条件概率,并归一化,使所有类型变量的条件概率之和为 1。然后,根据某网格的各类型变量的条件概率,确定该处的 CCDF。

(2) 随机模拟

对于三维空间的每一网格(像元),随机提取一个 0~1 之间的随机数,该随机数在 CCDF 中所对应的变量即为该像元的相类型。如图 2-3-29 所示,任意提取的随机数为 0.68,其在 CCDF 中对应的分位数为 A 相,则待估点的模拟相类型为 A 相。这一过程在其他各个像元进行运行,便可得到研究区内相分布的一个随机变量。

与指示克里金不同的是,某一网格的相取值不是根据概率值的大小,而是通过 CCDF 的随机抽样而得到的。

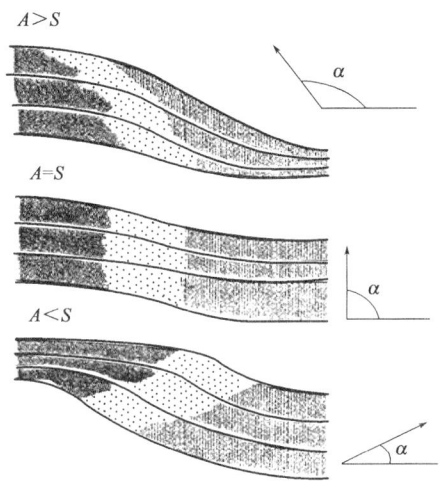

$\alpha > 90°$,表示向陆阶进;
$\alpha = 90°$,表示垂向叠置;
$\alpha < 90°$,表示向海阶进

图 2-3-28 层序地层学原理在断高斯模拟中的应用

A—可容空间;S—沉积物供给;α—沉积角度

2) 指示模拟的基本方法

指示模拟可以采用多种算法,如序贯模拟、概率场模拟等。常用方法为序贯指示模拟。

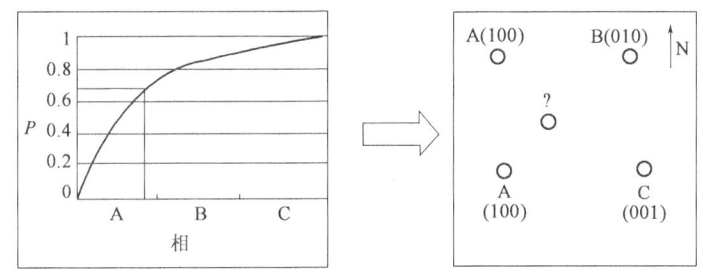

图 2-3-29 序贯指示模拟的取值示意图

类型变量 $s_k(k=1,\cdots,K)$ 序贯指示模拟的基本步骤如下:

①将类型变量 s_k 进行指示变换,变换成指示变量。

②计算每种指示变量 $i(uS_k)$ 的指示变差函数,如果 Z 数据有丛聚效应,则先进行数据解串。

③设定通过所有网格结点一次的随机路径。在每个结点 u,保留一定数量的邻域条件数据,包括原始数据和先前模拟的网格结点值。

④用指示克里金计算三维空间每个结点的估计概率值 $P_k^*(u \mid (*))$,$k=1,\cdots,K$。

⑤确定 K 个类型的任意次序(如 1,2,$\cdots$,K),并归一化,使所有类型变量的条件概率之和

为1,以确定位置 u 处的 CCDF。

⑥在条件累积概率分布函数中随机提取一个随机数 $P(0～1$ 之间),该随机数 P 在 CCDF 的分位数即为位置 u 处的模拟类型。

⑦用新模拟信息更新所有的 K 指示数据系,并沿随机路径进行下一个结点 u' 的模拟,一直到每个模拟结点都走到为止。一旦所有位置 u 都被模拟,就可获得一个随机模拟图像。

整个序贯模拟过程可以按一条新的随机路径重复以上第③步至第⑦步,便可获取一个新的模拟实现。

序贯指示模拟的输入参数主要为井数据(相数据)、各类型变量的体积含量以及各类型变量的指示变差函数模型。

3) 整合地震信息的指示模拟方法

(1) 考虑局部相比例的指示模拟

上述序贯指示模拟为经典的序贯指示模拟方法,其中各相的比例是面向全部网格的,也就是说,在模拟不同的网格结点时各相比例是不变的。很显然,这种算法具有局限性。

通过从地震数据提取信息,为每一个模拟结点提供一个局部相比例。在上述序贯指示模拟的第④步,通过应用具有局部相比例的指示克里金替代简单指示克里金求取 CCDF,可大大改善模拟效果。

(2) 同位协同指示模拟

通过同位协同指示克里金与序贯模拟的结合,也可整合地震信息进行相模拟。与经典的序贯指示模拟方法不同的是前述步骤的第④步,通过应用同位协同指示克里金替代简单指示克里金求取 CCDF,从而可大大改善模拟效果。

2. 连续变量的模拟

连续性变量 $Z(u)$ 通过一系列门槛值离散成一系列类型变量 s_k,然后对各个不同的类别求取不同的指示变差函数模型,并分别建模。

就某一位置而言,每个门槛值都对应一个指示克里金方程组。实际上,在变量变化范围内,可用 K 个门槛值 $Z_k(k=l,\cdots,K)$ 对该范围进行离散化,因此在每处要解 K 个方程组才能求出离散的累积函数 $F(Z_k;x\mid(n))$。在 $[Z_k,Z_{k+1}]$ 之间的累积概率函数值可以通过线性插值或其他方法而求得。模拟步骤如下:

①将连续性变量用 K 门槛值指示转换成指示变量。为得到一个连续变量 $Z(u)$ 的空间分布,首先应将其离散化,即离散化成 K 个互相排斥的类 $s_k:(Z_{k-1},Z_k)$,$k=1,2,\cdots,K$。

②计算每组指示变量 $i(u;s_k)$ 的指示变差函数,如果 Z 数据有丛聚效应,应先进行数据解串。

③进行序贯模拟。

沿着随机路径在每一个需要模拟的结点,通过指示克里金方法求出位置 u 处 K 个类型的概率值,并建立 CCDF:

$$F^*(u;z_k\mid(n)) = P^*\{Z(u)\leq z_k\mid(n)\}, k=1,2,\cdots,K \quad (2-3-11)$$

在 CCDF 中,连续变量 $Z(u)$ 的类 $(Z_{k-1},Z_k)(k=1,2,\cdots,K)$ 必须按顺序排列。通过类间插值可对所有的阈值 $Z\in[z_{\min},z_{\max}]$ 提供连续的光滑处理。

在位置 u 处,随机抽取一个随机数 $P^{(l)}\in[0,1]$,然后求取 CCDF 的 $P^{(l)}$ 的分位数,该分位数即为位置 u 的模拟类型:

$$Z^{(l)}(u) = F^{*(-1)}(u; P^{(l)} \mid (n)) \qquad (2-3-12)$$

使得

$$F^{*}(u; Z^{(l)}(u) \mid (n)) = P^{(l)} \qquad (2-3-13)$$

应用模拟值对指示数据集进行更新,并沿着随机路径对另外的位置使用指示模拟的方法直到所有的结点模拟完毕。这样就得到了一次模拟实现图像 $\{Z^{(l)}(u); u \in A\}$。

④使用新的随机路径重复以上步骤,可得到另一个模拟实现 $\{Z^{(l')}(u); u \in A, l' \neq l\}$。

指示模拟最大的优点是可以模拟各向异性的复杂地质现象及连续性分布的极值。对于具有不同连续性分布的变量(如沉积相),可给定不同的变差函数,从而可建立各向异性的模拟图像。另外,指示模拟除可以忠实于硬数据(如井数据)外,还可忠实于软数据(如地震、试井数据)。

然而,指示模拟也存在一些问题。其一,模拟结果有时并不能很好地恢复输入的变差函数;其二,在条件数据点较少且模拟目标各向异性较强时,难于计算各类型变量的变差函数;其三,像所有基于变差函数(两点统计学)的随机模拟一样,该方法不易恢复目标体的几何形态,由于未考虑像元间的交互相关性而使模拟实现中的相边界不太光滑,出现星星点点的分布现象。

(四)分形模拟

1. 基本原理

分形(或分形几何)是 Mandelbrot 提出的用于描述自然界许多复杂和不规则形态的数学方法。分形理论认为,任何一个无限复杂的、不可微(分)的形态或结构,如云彩的变幻、山脉的起伏、海岸线的曲折等,在其内部存在某种自相似性(即局部与整体相似),或者说整体与任何一个局部虽然都是无限复杂的,但又都是相似的(Mandelbrot,1991)。

分形分布与欧几里得空间物体充满整个空间的情况不同,它并不充满整个空间。在 d 维欧几里得空间内,大小为 rL 的物体充满规模为三的空间的数量可表达为

$$N = r^{-d}$$

以 $r = 1/2$ 为例,$d = 1$ 时,$(1/2)L$ 的两个线段充填长度为 L 的线条;$d = 2$ 时,四个边长为 $2/L$ 的小正方形充填边长为 L 的大正方形;$d = 3$ 时,八个边长为 $2/L$ 的小立方体充填边长为 L 的大立方体。

分形分布并不充满整个空间,其特征可用物体数量密度与形态规模的关系来描述:

$$N = r^{-D}$$

式中 N——分割形态的次数;

D——分形维数(小于 d)。

用边长为原边长一半($r = 1/2$)的小三角形去充填大三角形,但只充填大三角形 3/4 的面积。这一过程以更小的规模重复进行(重复 $N = 3$ 次),便得到如图 2-3-30 所示的谢尔宾斯基地毯形态。这时,分形维数为

$$D = -\ln N/\ln \gamma = \ln 3/\ln 2 = 1.585$$

图 2-3-30 谢尔宾斯基地毯

分形维数表征了分形形态的间断特征。在分形几何应用中,通常用间断指数(intermittent exponent)(或称赫斯特指数,hurst exponent)来表征其分形特征。间断指数 H 为欧几里得维数

d 与分形维数 D 之差,即

$$H = d - D \qquad (2-3-14)$$

式(2-3-14)中,欧几里得维数 d 为 2,分形维数 D 为 1.585,则间断指数 H 为 0.415。

间断指数可用多种方法来求取,如 R/S 分析、谱分析、变差函数、盒子计数法等,在此不予详述。

2. 储层参数的分形随机模拟

Hewett 首次将分形几何应用于储层参数分布的描述。他认为,井筒数据(岩石物性参数)的分形特征可用分数高斯噪声(FGN)或分数布朗运动(FBM)来描述。它们实际上都是幂函数模型的变差函数,即任一规模上变量的方差与其他规模上变量的方差呈正比,其比率取决于分形维数(或间断指数)。这就是分形几何的统计自相似性,即任何规模上变量的变化与任何其他规模上变量的变化相似,而不像简单自相似性那样简单地放大或缩小。

分数高斯噪声的变差函数可记为

$$\gamma(h) = \frac{1}{2} V_H \delta^{2H-2} = 2 - \left(\frac{|h|}{\delta}\right)^{2H} + 2\left|\frac{h}{\delta}\right| - \left(\frac{|h|}{\delta} - 1\right)^{2H} \qquad (2-3-15)$$

式中 V_H——常数(近似为方差);

   δ——平滑因子(测量的分辨率);

   h——滞后距;

   H——间断指数(赫斯特指数)。

分数布朗运动的变差函数可记为

$$\gamma(h) = V_H h^{2H} \qquad (2-3-16)$$

式中 V_H——常数;

   h——滞后距。

分形条件模拟一般采用误差模拟方法,其模拟实现为光滑估值加上随机噪声。根据误差模拟的原理,整个模拟过程由两大部分组成:插值和非条件模拟。

在分形模拟中,可用任何一种方法,如用中值法进行插值,然后加上基于分形的误差而产生两口井间的剖面分布。插值更多的是使用克里金方法。其中,基于分形变差函数的克里金方法称为分形克里金。它与一般的克里金方法的差别是应用分形变差函数来求取克里金权值,据此进行井间插值。由于分形分布的特征,即在不同规模的自相似性,使得该方法在预测井间细节方面有其独到的优势。

Painter 在分形随机模拟中引入了 Levy 稳态概率分布,避免了高斯分布的假设,可用于成层性很强的地层条件下随机变量的分形模拟(Painter,1995)。

3. 裂缝网络的分形预测

应用分形方法研究裂缝网络分布的基本假设是:物质破裂后的裂缝分布,在不同规模上,具有自相似性。学者们自 1985 年便开始对裂缝的分形分布进行研究,并认为三维裂缝分形维数在 2.5 左右。裂缝的分形维数一般采用"盒子计数法"进行计算(Barton 等,1985)。通过计算大盒子中不同尺寸 l 的小盒子的数量来求取分形维数。例如,在二维裂缝分布的分形维数计算中,将不同大小的网格叠置在裂缝照片或裂缝分布图上,然后计算包含裂缝的盒子的数量。将与裂缝网络相交的盒子数目 N 与盒子大小的倒数函数 $1/l$ 标绘在双对数坐标图上,其斜率就等于分形维数 D(图 2-3-31)。

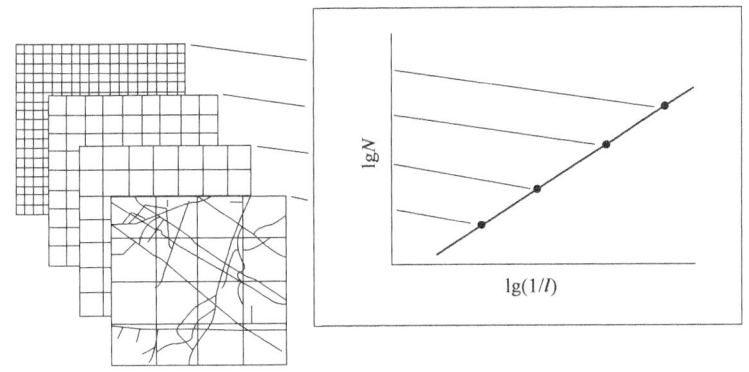

图2-3-31 裂缝组系中裂缝分形维数的计算图解

裂缝网络模型的建立一般采用迭代函数系统方法(iterated function system),简称 IFS 方法。这是一种建立裂缝图像的方法。该方法对初始点群进行一系列迭代数值变换。在每次迭代中,应用该系统中的函数,对点群进行转换、映射、旋转、收缩、扭曲。在多次迭代之后,当图像中的点群符合分形目标时,便终止迭代,从而得到最终裂缝分布图像。图2-3-32为应用 IFS 方法产生的裂缝图像,迭代前的初始形状为四边形。在计算中应用了裂缝概率 P_f 的参数,对分形维数进行调整,以产生更符合实际的裂缝图像。

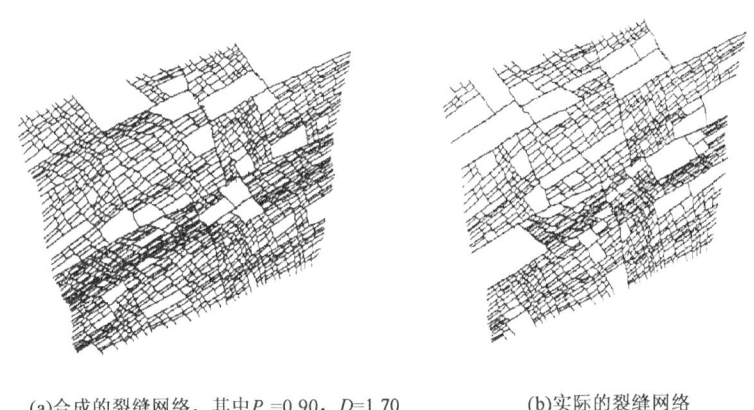

(a)合成的裂缝网络,其中 P_f=0.90,D=1.70　　　　(b)实际的裂缝网络

图2-3-32 应用分形方法产生的裂缝图像与实际裂缝分布的对比(据 Acuna,1991)

(五)多点统计随机模拟

1. 多点地质统计学的提出

多点地质统计学是相对于传统的两点地质统计学而言的。变差函数是传统地质统计学中研究地质变量空间相关性的重要工具。然而,变差函数只能把握空间上两点之间的相关性,即在二阶平稳或本征假设的前提下空间上任意两点之间的相关性,因而难以表征复杂的空间结构和再现复杂目标的几何形态(如弯曲河道)。图2-3-33为三种不同的空间结构黑色图元和白色图元的空间分布,图2-3-33(a)至图2-3-33(c)在横向上(东西方向)[图2-3-33(d)]和纵向上(南北方向)[图2-3-33(e)]的变差函数十分相似,这说明应用变差函数不能区分这三种不同的空间结构及几何形态。因此,基于变差函数的传统地质统计学插值和模拟方法难于精确表征具有复杂空间结构和几何形态的地质体。

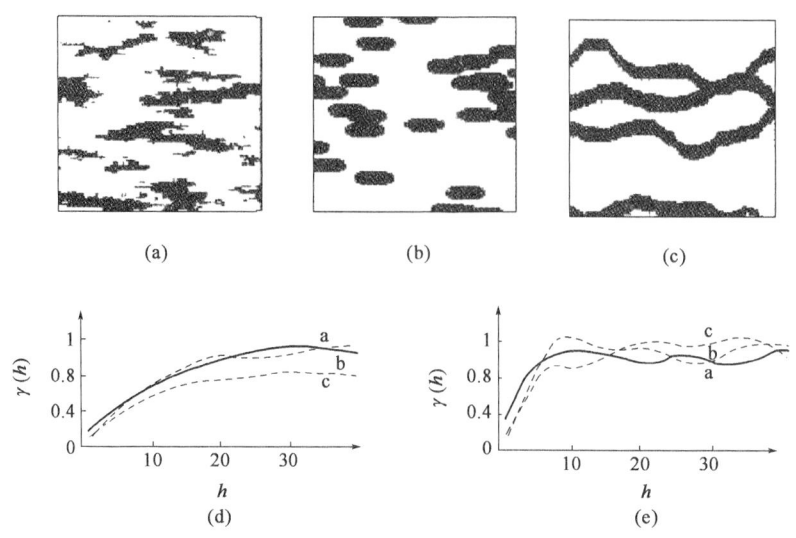

图 2-3-33 变差函数不能充分反映空间各向异性(据 Caers 等,2002)

现有的储层随机建模的另一途径为基于目标的方法,即以目标物体为基本模拟单元进行离散物体的随机模拟(Haldorsen 等,1990)。主要方法为示性点过程,它根据先验地质知识、点过程理论及优化方法(如退火模拟)表征目标地质体的空间分布,因此这种方法可以较好地再现目标体几何形态。但这种方法也有其不足:每类具有不同几何形状的目标均需要有特定的一套参数(如长度、宽度、厚度等),而对于复杂几何形态,参数化较为困难;由于该方法属于迭代算法,因此当单一目标体内井数据较多时,井数据的条件化较为困难,而且要求大量机时。

鉴于传统的基于变差函数的随机建模方法和基于目标的随机建模方法存在的不足,多点地质统计学方法应运而生。在多点地质统计学中,应用训练图像代替变差函数表达地质变量的空间结构性,因而可克服传统地质统计学不能再现目标几何形态的不足。同时,由于该方法仍然以像元为模拟单元,而且采用序贯算法(非迭代算法),因而很容易忠实于硬数据,并具有快速的特点,克服了基于目标的随机模拟算法的不足。因此,多点地质统计学方法综合了基于像元和基于目标的算法优点,同时在一定程度上克服了已有的缺陷。

2. 基本概念

鉴于两点统计学只能考虑空间两点之间的相关性的不足,多点统计学着重表达多点之间的相关性。多点的集合则用一个新的概念——数据事件(data event)来表述(Strebelle 等,2001)。

1)数据事件与数据样板

考虑一种属性 S(如沉积相),可取 K 个状态(如不同相类型),即 $\{s_k, k=1,2,\cdots,K\}$,则一个以 u 为中心、大小为 n 的数据事件 d_n 由以下两部分组成:

①由 n 个向量 $\{h_a, a=1,2,\cdots,n\}$ 确定的几何形态(数据构型),也称为数据样板(data template),记为 τ_n;

②n 个向量终点处的 n 个数据值。

图 2-3-34 为不同的数据样板构形,除单点构形处都是由一个中心点和不同的向量及数值组成。

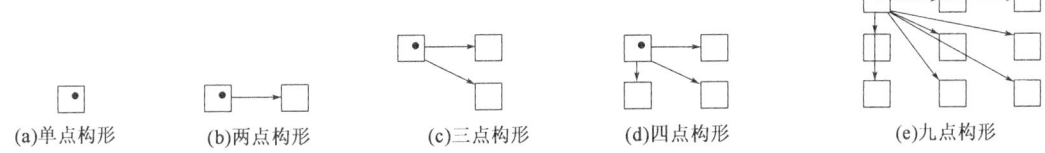

(a)单点构形　(b)两点构形　(c)三点构形　(d)四点构形　(e)九点构形

图2-3-34　不同的数据样板构形

数据样板 τ_n 中心处 u 的值为未知值,其指示变换为

$$I(u;k) = \begin{cases} 1, & s(u) = s_k \\ 0, & 其他 \end{cases} \quad (2-2-17)$$

同样

$$I(u_a;k_a) = \begin{cases} 1, & s(u_\alpha) = s_{k\alpha} \\ 0, & 其他 \end{cases} \quad (2-2-18)$$

τ_n 的子样板 τ_n' 由 τ_n 的诸向量的任一子集所构成。与 τ_n' 对应的数据事件为 d_n',$n' \leq n$。

2) 多点统计

多点统计则可表述为一个数据事件 $d_n = \{s(u_\alpha) = s_{k\alpha}, a = l, \cdots, n\}$ 出现的概率,即数据事件中 n 个数据点 $s(u_1),\cdots,s(u_n)$ 分别处于 $s_{k1},\cdots,s_{k\alpha}$ 状态时的概率,也可表述为几个数据指示值乘积的数学期望:

$$p\{d_n\} = P\{S(u_\partial) = s_{k\partial};\partial = 1,\cdots,n\} = E\left[\prod_{\partial=1}^{n} I(u_\partial;k_\partial)\right] \quad (2-3-19)$$

3) 训练图像及其扫描

在实际建模过程中,上述多点统计或概率难于通过稀疏的井资料来获取,而需要借助于训练图像。训练图像为能够表述实际储层结构、几何形态及其分布模式的数字化图像。对于沉积相建模而言,训练图像相当于定量的相模式,它不必忠实于实际储层内的井信息,而只反映一种先验的地质概念,如图2-3-35为一个反映河道(黑色,编号为 u_2 和 u_4)与河道间(白色,编号为 u_1 和 u_3)分布的训练图像。一个给定的数据事件的概率则可通过应用该数据事件对训练图像进行扫描来获取。

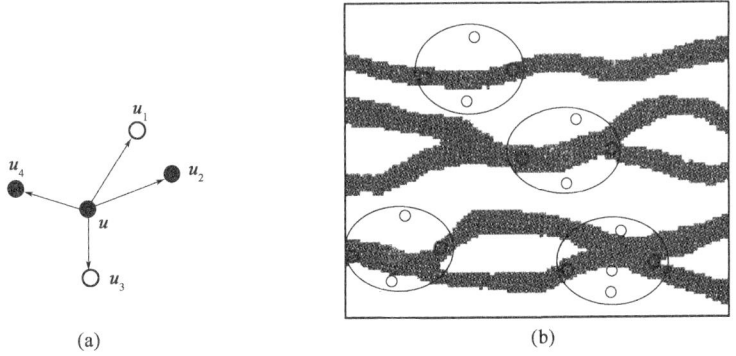

图2-3-35　数据事件与训练图像示意图(据Caers等,2002)
(a)数据事件:由中心点 u 和邻近四个向量构成的五点数据事件;
(b)训练图像:反映河道(黑色)与河道间(白色)的平面分布,图内四个圆环表示数据事件对训练图像扫描的四个可能的重复

对于任一给定的数据样板 τ_n 和一个训练图像 T,定义侵蚀的训练图像 T_n 为诸点的集合,使得以 u 为中心的数据样板 τ_n 中所有 n 个结点都在训练图像 T 内。侵蚀的训练图像 T_n 的大小用 N_n 表示。而在应用任一给定的数据样板 τ_n 对一个训练图像 T 进行扫描的过程中,当训练图像中一个数据事件与数据样板的数据事件 d_n 相同时,称为一个重复。这样,在平稳假设的前提下,数据事件 d_n 在侵蚀的训练图像中的重复数 $c(d_n)$ 与侵蚀的训练图像大小 N_n 的比值,则相当于该数据事件 d_n 出现的概率,即多点统计。其表达式为

$$p\{s(u_\partial) = S_k, \partial = 1, \cdots, n\} \approx \frac{c(d_n)}{N_n} \qquad (2-3-20)$$

任何基于像元的随机模拟算法均要求获取待模拟点的条件概率分布函数,即对于任一未取样点,需要确定在给定 n 个条件数据[记为 $s(u_\alpha) = s_{k\alpha}, a = 1, \cdots, n$]情况下,属性 $s(u)$ 取 K 个状态中任一个状态的概率。在多点统计模拟中,该概率可记为 $P\{s(u) = s_k \mid d_n\}$,其中,d_n 为由 n 个条件数据联合构成的数据事件。根据贝叶斯条件概率公式,该概率可表示为

$$P\{S(u) = s_k \mid d_n\} = \frac{P\{s(u) = s_k, s(uo) = s_k, \partial = 1, \cdots, n\}}{P\{s(u_\partial) = s_k, \partial = 1, \cdots, n\}} \qquad (2-3-21)$$

式(2-3-21)中,分母为条件数据事件 $s(u_\alpha) = s_{k\alpha}, a = 1, \cdots, n$ 出现的概率,可从式(2-3-19)获取;分子为条件数据事件及未取样点 u 取 s_k 状态的情况同时出现的概率,相当于在已有的 $c(d_n)$ 个重复中 $s(u) = s_k$ 重复的个数与侵蚀的训练图像大小 N_n 的比值,记为 $c_k(d_n)/N_n$。因此,局部条件概率分布函数可表达为

$$P\{s(u) = s_k \mid s(u_\partial) = s_k, \partial = 1, \cdots, n\} = P(u; s_k \mid d_n) \approx \frac{c_k(d_n)}{c(d_n)} \qquad (2-3-22)$$

因此,通过扫描训练图像,可获取未取样点处的条件概率分布函数。如图 2-3-35 所示,图 2-3-35(a)为模拟目标区内一个由未取样点及其邻近的四个井数据组成的数据事件,当应用该数据事件对图 2-3-35(b)的训练图像进行扫描时,可得到四个重复,即 $c(d_n)=4$。其中,中心点为河道(黑色)的重复为 3 个,即 $c_1(d_n)=3$;而中心点为河道间(白色)的重复为 1 个,即 $c_2(d_n)=1$。因此,该未取样点为河道的概率可定为 3/4,而河道间的概率为 1/4。

条件概率分布函数的求取比基于变差函数的方法简单得多。简单性是因为它完全依赖于训练图像。训练图像来源于:①露头、现代沉积原型模型;②基于目标的非条件模拟;③沉积模拟;④地质人员勾绘的数字化草图。在随机建模时,对于同一地质体,可给出多个训练图像(反映不同规模的非均质或同一规模不同解释情况的非均质)。

4) 多重模拟网格

数据搜索邻域(样板)不应取得太小,否则不能反映大尺度的结构;但又不能太大,否则搜索时间太长。如果既想捕获大尺度的结构信息,又希望样板不要太大,可以采用多重模拟网格的方法。

多重模拟网格包括 G 个逐步细化的网格。在第 g 级($1 \leq g \leq G$)网格系统,每个网格的大小是最粗网格($g=1$)的 $(2^{g-1})^{-1}$。第 g 级数据样板为

$$\tau_n^g = \{h_\partial^g = 2^{g-1}h_\partial, \partial = 1, \cdots, n\} \qquad (2-3-23)$$

不同级次数据样板的构形一样,只是规模不同。当第 g 级模拟完成后,其各网格模拟值被冻结起来,作为细化网格的条件数据(图 2-3-36)。

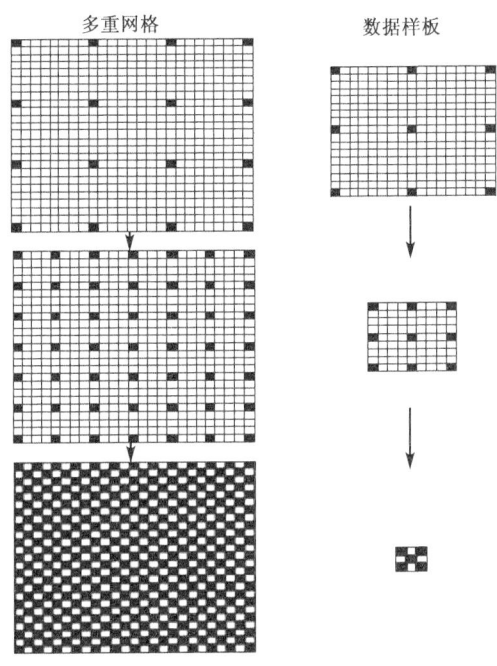

图 2-3-36　多重网格示意图

3. 多点地质统计学随机建模方法

1) 方法概述

多点地质统计学应用于随机建模始于1992年,包括两大类方法:迭代的和非迭代的方法。迭代的方法主要有:

①退火模拟方法,从训练图像中得到多点统计参数,据此建立目标函数,并应用退火模拟方法进行随机模拟;

②基于吉布斯取样的后处理迭代方法,首先基于传统变差函数进行随机模拟,然后根据从训练图像中得到的各待模拟点的局部条件概率,应用基于吉布斯取样的迭代方法,对已有的模拟实现进行迭代修改(后处理),以恢复多点统计特征;

③基于神经网络的马尔柯夫蒙特卡洛方法(Caers等,1998),首先对从训练图像得到的多点统计参数进行神经网络训练,然后应用马尔柯夫蒙特卡罗模拟(MCMC)产生模拟图像。

以上方法均为迭代算法,主要受到迭代收敛的局限,因而其应用也受到了限制。

Guardiano和Srivastava于1993年提出了一种直接的(非迭代)算法,从训练图像中直接提取局部条件概率,并应用序贯指示模拟方法产生模拟实现(Guardiano等,1993)。由于该算法为非迭代算法,不存在收敛的问题,因而算法简单。但由于在每模拟一个网格结点时均需重新扫描训练图像,以获取特定网格的局部条件概率,因此严重影响计算速度,难以进行实际应用。2001年,Strebelle和Journel将算法加以改进,应用一种动态数据结构(即搜索树)一次性存储训练图像的条件概率分布,并保证在模拟过程中快速提取条件概率分布函数,从而大大减少了机时(Strebelle等,2001)。基于此提出了多点统计随机模拟的Snesim算法(Strebelle等,2001,2002)。随后,Apart和Caers提出了一个形式模拟的算法,称为Simpat算法(Apart等,2003)。目前,多点统计随机建模算法仍在发展,并逐渐走向实用。

2）Snesim 方法

Snesim 方法为 Single normal equation simulation(单一标准方程模拟)的简称,其建模基本步骤如下：

①建立训练图像。

②准备建模数据,将实测的井数据标注在最近的网格结点上。

③应用自定义的与数据搜索邻域相联系的数据样板 τ_n 扫描训练图像,以构建搜索树。

④确定未取样点条件概率。在每一个未取样点 u 处,使得条件数据置于一个以 u 为中心的数据样板 τ_n 中。令 n' 表示条件数据的个数,d_n' 为条件数据事件。从搜索树中检索 $c(d_n')$ 和 $c_k(d_n')$ 并求取 u 处的条件概率分布函数。

⑤序贯模拟。从 u 处的条件概率分布中提取一个值作为 u 处的随机模拟值,该模拟值加入到原来的条件数据集中,作为后续模拟的条件数据;沿随机路径访问下一个结点,并重复第④和⑤步,如此循环下去,直到所有结点都被模拟到为止,从而产生一个随机模拟实现。

⑥改变随机路径,产生另一随机模拟实现。

图 2-3-37 和图 2-3-38 分别为某区沉积微相多点统计随机建模的训练图像和一个模拟实现。图中黑色代表河道微相,灰色代表溢岸微相,无色代表河道间微相。从图可以看出,模拟实现反映了训练图像的结构性,同时基本再现了微相砂体的几何形态,并完全忠实于井信息。

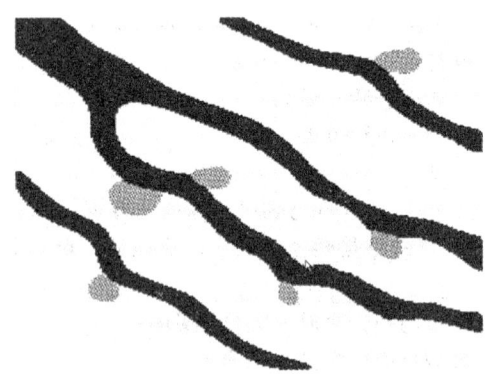 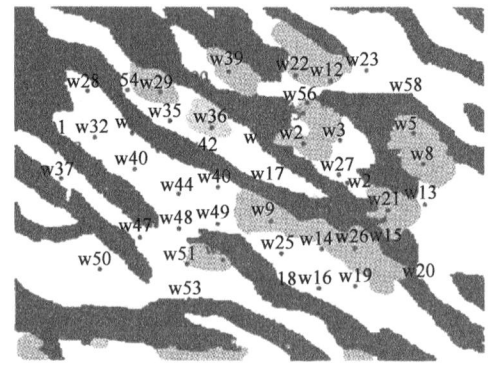

图 2-3-37　某研究区训练图像　　图 2-3-38　某研究区多点统计随机建模的一个模拟实现

Snesim 算法与传统的地质统计学随机模拟方法(如序贯指示模拟方法)的本质差别在于未取样点处条件概率分布函数的求取方法不同。前者应用多点数据样板扫描训练图像以构建搜索树,并从搜索树中求取条件概率分布函数(上述第①步和第③步);而后者通过变差函数分析并应用克里金方法求取参数条件概率分布函数。正是这一差别,使多点地质统计学克服了传统两点统计学难于表达复杂空间结构性和再现目标几何形态的不足。然而,Snesim 算法仍存在一些问题。

一是训练图像的平稳性问题。目前的多点统计学要求训练图像平稳,对于非平稳地质特征如何处理,Zhang 和 Caers 提出了一个初步解决方案,通过旋转和比例压缩将非平稳训练图像变为平稳训练图像,并建立多个训练图像以获取未取样点条件概率分布函数(Zhang 等,2002)。但是,这一方法仍是一种简单化的解决途径,可以解决具有明显趋势而且用少量定量指标(如方向和压缩比例)能够表达的非平稳性,而对于无规律的局部明显变异性,尚需要更为有效的解决方案。

二是目标体的连续性问题。目前的 Snesim 算法为序贯模拟算法,每个未取样点仅访问一次,已模拟值则"冻结"为硬数据。这一方法虽然保证快速且易忠实于硬数据,但可能导致目标体的非连续性。如在图 2-3-38 中,河道砂体存在间断现象。

3) Simpat 算法

Simpat 算法是 Arpat 在 2005 年设计的一种多点地质统计学随机建模方法。Arpat 认为地下储层可以被看成是地质模式集合构成的一幅图像,因而储层预测过程就是地下储层图像重建的过程。地质模式由多个空间点构成的数据事件或者数据模式来表征,因此可以利用相似性方法比较待估点处数据事件与训练图像中的数据模式之间的相似性,并用最相似的数据模式整体替换待估点处数据事件,从而模拟和再现储层地质模式,建立地下储层空间结构特征(Arpat,2005)。根据计算机视觉及图像处理方面的理论,模式之间的相似性可以通过距离函数 $d(x,y)$ 来度量。在 Simpat 算法中,采用曼哈顿距离函数来计算相似性,数据事件与模式之间的距离函数为

$$d(dev_T(u), pat_T^k) = \sum_{\partial=0}^{nT} | dev_T(u+h_\partial) - pat_T^k(h_\partial) | \qquad (2-3-24)$$

式中　$dev_T(u+h_\alpha)$——待估点 u 处的数据事件;

$pat_T^k(h_\alpha)$——训练图像内的数据模式。

一旦完成相似性计算,就可以根据相似程度决定模拟结点处存在的数据模式,并用数据模式替换模拟结点处数据事件。当所有结点模拟完成后,就建立起储层地质模型。

Simpat 算法遵循序贯模拟思路,其建模步骤如下:

①利用数据样板对训练图像进行扫描,提取所有的单一模式。

②应用聚类分析,按照相似性的原则将所有样式进行分类。

③定义一条顺序随机访问路径。

④在每一个未取样位置,计算周围数据构成的数据事件与训练图像内的数据模拟的相似性,选择最相似的数据事件作为模拟结果;当前网格最相似的模型确定以后,对 CCDF 数据进行模拟。数据事件要符合以前确定的模型。

⑤模拟转入下一个结点,直到所有的结点都被访问,完成一次模拟实现。在这种算法中,多重网格模拟时不传递硬数据而传递概率值。

4) 多点统计模拟中整合地震信息的方法

目前,综合地震信息进行多点统计建模的方法主要包括以下三大类。其一,对地震信息进行地质解释,将其转换为一种训练图像,同时应用硬信息和原型模型得到一个训练图像,然后应用一个联合数据事件对两个训练图像进行扫描,以获取未取样点的综合条件概率。这一方法目前存在的主要问题是当软数据类型较多时,扫描训练图像所得的重复数太少,从而影响条件概率的推导。其二,分别应用井信息和地震信息计算条件概率,然后将两个概率综合为一个条件概率。这一方法的前提条件是两类数据是独立的,或即便不要求独立但必须求取它们对综合条件概率贡献的权重。其三,应用类似于同位协同克里金的方式求取综合条件概率,将多点统计方法求取的基于硬信息的概率替换克里金方法求取的概率。这一方法要求地震信息的承载小(与模拟网格相同),而且硬信息和软信息对综合概率的权重仍取决于克里金方差。

多点地质统计学能够更好地对地质形态进行重建,也可用于连续变量的模拟,显示了其强大的功能和很好的发展前景。但是,该方法的应用与推广还需要进一步研究和论证。除上述

随机模拟方法之外,还有一些不常用的方法,如马尔柯夫随机域、随机游走、二点直方图、基于高斯模型的转向带法、矩阵分解方法等,在此不予详述。

四、随机建模关键环节

随机建模的基本环节或基本步骤与确定性建模相似,均包括数据准备、构造建模、储层建模、图形显示等基本环节,同时均可进行三维体积计算,在进入数模器之前均应进行模型粗化。但是,两者仍有所差别,关键差别在于在随机建模中需要选择随机模拟方法、确定统计特征参数、应用确定性信息约束随机模拟过程、验证和优选随机模拟实现等。

(一)选择随机模拟方法

随机模拟方法很多,但没有一种万能的方法能解决所有沉积类型的建模问题。不同的随机模型有不同的地质适用性及应用范畴。如对于相模拟来说,如果预知相的几何构形(几何形态和组合方式),则示性点过程为首选方法;对于具有排序分布的相组合来说,截断高斯模拟方法最为适合;如果既不知几何构型,相组合又无排序现象,则应选用序贯指示模拟。对于参数模拟来说,基于高斯分布的方法很难控制极值分布的连续性,而指示模拟方法很适合解决这类问题。因此,应该根据研究区的地质特征(地质概念模式)对随机模拟方法进行选择。

为了产生能够反映不同特征的数值模型,在储层建模中,应综合应用多种方法。例如,首先利用示性点过程或其他离散模型得到不同岩相的分布,然后针对不同岩相应用连续模型(如高斯方法模拟连续的岩石物性的分布),再应用退火模拟的方法局部校正岩石物性以便与试井数据相吻合;如果储层内存在对流体渗流影响较大的裂缝,还可应用分形方法或示性点过程对裂缝分布进行模拟。

(二)确定统计特征参数

统计特征参数是随机模拟所需要的重要输入参数,其数值在很大程度上决定着模拟实现是否符合客观地质实际。因此,正确确定统计特征参数是随机模拟成败的关键。对于不同的随机模拟方法,模拟输入的统计特征参数有所不同。如示性点过程要求的统计特征参数主要为砂体(或相)的形态特征(如形状、长宽比、宽厚比)、产状特征、砂泥比等;高斯域的统计特征参数主要为变差函数和概率密度函数特征值等;指示模拟的统计特征参数主要为指示变差函数和概率密度函数特征值;分形模拟的统计特征参数主要为分形维数(或间断指数)和不同规模的方差。

一般地,当模拟目标区井点较多时,统计特征参数可通过井点数据来求取。然而,在井点较少的情况下,一般很难把握储层性质和参数的地质统计特征,尤其是平面变差函数(包括平面分形变差函数)。实际上,当模拟目标区内实际的变程 h 小于最小井距时,则单纯应用井点数据计算的平面变差函数反映不了最小井距内储层特征或参数的变异性。因此,必须通过地质类比分析,即通过对原型模型(与模拟目标区储层特征相似的露头、开发成熟油田的密井网区或现代沉积环境的精细储层模型)的解剖,把握模拟目标区储层(性质)参数的地质统计特征。

(三)应用确定性信息约束随机模拟过程

应用随机模拟建立储层地质模型可以得到多个等可能的实现,这是由随机模拟的算法决定的,也反映了储层地质模型的不确定性。为尽量减少储层建模过程中的不确定性,应当采用确定性的地质信息对随机建模过程进行约束,即确定性建模与随机建模相结合。

值得注意的是,与确定性建模相比,随机建模并没有提高建模精度,只是提供了一套非均质油藏不确定性评价的手段和方法。相反,在随机建模过程中,如果不注重确定性信息的应用,随机建模精度反而会低于确定性建模。这一点往往容易被忽视。在实际应用中,造成确定性信息未有效应用的原因主要有两个方面:①随机建模前没有进行充分的储层地质研究,未获取有效的确定性信息及相关地质认识,如通过储层沉积学分析确定的不同构形单元的定量规模、组合模式、沉积主流线方向,高精度层序地层学分析的等时界面及湖泊泥岩的分布,高精度地震资料以及井间动态资料分析的多井砂体连通关系,等等;②由于随机建模算法不能完全有效地整合所有的确定性信息,造成建模结果中出现了不应有的不确定性,建模者对此应有清醒的认识。

为此,为了提高随机建模的精度,一方面要对建模目标区进行深入、细致、充分的储层地质研究,获取目标区的地质认识和确定性信息;另一方面,要切实理解和掌握建模方法原理和应用范畴,特别是现有建模方法所能整合地质认识和确定性信息的程度,必要时要进行人机交互建模。

(四)验证和优选随机模拟实现

对于产生的模拟实现,为了进行合理的油藏数值模拟和油藏开发管理,应对其进行验证,判别它们是否符合地质实际。如果不满意,则应检验模拟方法、特征参数,并重新模拟;如果满意,则对随机实现进行优选,选出一些被认为最符合地质实际或生产数据的模拟实现,通过粗化之后进入模拟器进行油藏数值模拟,或直接用于生产应用(油藏评价或油藏开发管理)。然而,为了储层不确定性评价,只需对模拟实现进行检验,不必对其进行优选。

验证和优选模拟实现的标准主要有:

①随机图像是否符合地质概念模式;

②随机实现的统计参数与输入参数的接近程度;

③模拟实现是否忠实于真实的数据,主要判别它与未参与模拟的硬数据是否吻合,如抽稀的井数据、试井反映的砂体连通性数据等;

④模拟实现是否符合生产动态,可通过简单的二维油藏数值模拟或局部的三维数模的历史拟合情况来进行判别。

参 考 文 献

冯国庆,陈浩,张烈辉. 2005. 利用多点地质统计学方法模拟岩相分布[J]. 西安石油大学学报(自然科学版),20(05):9–11.

侯景儒. 1982. 地质统计学及其在矿产储量计算中的应用[M]. 北京:地质出版社.

侯景儒. 1982. 矿业地质统计学[M]. 黄竞先,译. 北京:冶金工业出版社.

侯景儒,尹镇南,李维明. 1998. 实用地质统计学[M]. 北京:地质出版社.

孙洪泉. 1990. 地质统计学及其应用[M]. 徐州:中国矿业大学出版社.

王家华,高海余,周叶. 1999. 克里金地质绘图技术:计算机的模型算法[M]. 北京:石油工业出版社.

王家华,张团峰. 2001. 油气储层随机建模[M]. 北京:石油工业出版社.

王仁铎,胡光道. 1988. 线性地质统计学[M]. 北京:地质出版社.

王仁铎,胡光道. 1989. 线性地质统计学[M]. 北京:地质出版社.

吴胜和. 2010. 储层表征与建模[M]. 北京:石油工业出版社.

吴胜和,金振奎,黄沧钿. 1999. 储层建模[M]. 北京:石油工业出版社.

吴胜和,张一伟,李恕军. 2001. 提高储层随机建模精度的地质约束原则[J]. 中国石油大学学报(自然科学版),25(1):1-5.

向传刚. 2015. 运用多点地质统计学确定水下分流河道宽度及钻遇概率[J]. 断块油气田,22(02):164-167.

熊平,胡望水,史向明. 2015. 储层地质模型研究历程及发展趋势[J]. 西部探矿工程,27(5):25-26.

尹艳树. 2013. 多点地质统计学原理、方法及应用[M]. 北京:地质出版社.

于兴河. 2008. 油气储层表征与随机建模的发展历程及展望[J]. 地学前缘,15(01):1-15.

Araktingi U G. 1993. Geolift: An Interactive Geostatistical Modeling Application[J]. SPE Computer Applications, 5(2):17-23.

Barton C C, Larsen E. 1985. Fractal Geometry of Two-Dimensional Fracture Networks at Yucca Mountain, Southwestern Nevada. Fundamentals of Rock Joints: Proceedings of the International Symposium on Fundamentals of Rock Joints, 77-84.

Bakke N E, Ertresvag E T, Naess A, et al. 1996. Application of Seismic Data and Sequence Stratigraphy for Constraining a Stochastic Model of Calcite Cementation[C]. European 3-D Reservoir Modelling Conference. SPE-35487.

Berta D, Hardy H H, Beier R A, et al. 1994. Fractal Distributions of Reservoir Properties and Their Use in Reservoir Simulation[C]. International Petroleum Conference and Exhibition of Mexico, 10-13 October, Veracruz, Mexico, SPE-28734.

Clemetsen R, Hurst A R, Knarud R, et al. 1990. A Computer Program for Evaluation of Fluvial Reservoirs[M]. Netherlands: Springer.

Caers J, Journel A G. 1998. Stochastic Reservoir Simulation Using Neural Networks Trained on Outcrop Data[C]// SPE Annual Technical Conference and Exhibition, 27-30 September, New Orleans, Louisiana. SPE-49026.

Damsleth E, Tjolsen C B, Omre H, et al. 1992. A Two-Stage Stochastic Model Applied to a North Sea Reservoir[J]. Journal of Petroleum Technology, 44(4). SPE-20605.

Darabi H, Kavousi A, Masihji M. 2010. 3D fracture modeling in Parsi oil field using artificial intelligence tools[J]. Journal of Petroleum Science and Engineering. 71:67-76.

Datta-Gupta A, Lake L W, Pope G A. 1995. Characterizing heterogeneous permeable media with spatial statistics and tracer data using sequential simulated annealing[J]. Mathematical Geology, 27:763-787.

Deutsch C V, Journel A G. 1992. GSLIB: Geostatistical Software Library and User's Guide. Oxford :Oxford University Press.

Deutsch C V, Journel A G. 1992. The Application of Simulated Annealing to Stochastic Reservoir Modeling[J]. SPE Advanced Technology, 2(2):222-228.

Doyen P M, De Buyl M H, Guidish T M. 1989. Porosity from seismic data, a geostatistical approach[J]. Exploration Geophysics, 20: 245-245.

Durlofsky L J, Behrens R A, Jones R C, et al. 1995. Scale up of heterogeneous three dimensional reservoir descriptions[J]. Oil Field, 1(3): 53-66.

Eskandari K, Srinivasan S. 2007. Growthsim: A Multiple Point Framework for Pattern Simulation[C]. EAGE Conference on Petroleum Geostatistics. DOI: 10.3997/2214-4609.201403113.

Goovaerts P. 1996. Stochastic simulation of categorical variables using a classification algorithm and simulated annealing[J]. Mathematical Geology, 28(7): 909-921.

Gringarten E. 1996. 3-D geometric description of fractured reservoirs[J]. Mathematical Geology, 28(7): 881-893.

Guardiano F B, Srivastava R M. 1993. Multivariate Geostatistics: Beyond Bivariate Moments[M]// Geostatistics Tróia'92. Netherlands: Springer, 133-144.

Gautier Y, Nœtinger B. 1996. Preferential Flow-Paths Detection for Heterogeneous Reservoirs Using a New Renormalization Technique[J]. Transport in Porous Media, 26(1):1-23.

Hand J L, Yang C T, Chopra A K, et al. 1994. Ability of Geostatistical Simulations To Reproduce Geology: A Critical Evaluation[C]. SPE Annual Technical Conference and Exhibition, 25 – 28 September, New Orleans, Louisiana. SPE – 28414.

Haldorsen H H, Damsleth E. 1990. Stochastic modeling (includes associated papers 21255 and 21299)[J]. Journal of Petroleum Technology, 42(4), SPE – 20321.

Holden L, Mostad P, Nielsen B F, et al. 2003. Stochastic StructuralModeling[J]. Mathematical Geology, 35: 899 – 914.

Honarkhah M, Caers J. 2010. Stochastic Simulation of Patterns Using Distance – Based Pattern Modeling[J]. Mathematical Geosciences, 42(5):487 – 517.

Hird K B, Kelkar M G. 1994. Conditional Simulation Method for Reservoir Description Using Spatial and Well – Performance Constraints[J]. SPE Reservoir Engineering, 9(2):145 – 152.

Isha Sahni, Roland N. Home. 2005. Multiresolution Wavelet Analysis for Improved Reservoir Description[C]. SPE 87820, 53 – 69.

Journel AG, Alabert F G, Journel A B, et al. 1988. Focusing on spatial connectivity of extreme – valued attributes: stochastic indicator models of reservoir heterogeneities[J]. AAPG Bull, 73:3.

Journel A G, Alabert F G. 1990. New Method for Reservoir Mapping[J]. Journal of Petroleum Technology, 42(2): 212 – 218.

Matheron G, Beucher H, Fouquet C D, et al. 1987. Conditional simulation of the geometry of fluvio – deltaic reservoirs[C]. SPE 16753.

Mandelbrot B B. 1991. The fractal geometry of nature[M]. Birkh auser Verlag.

Meehan D N, Verma S K. 1995. Improved Reservoir Characterization in Low – Permeability Reservoirs with Geostatistical Models[J]. SPE ReservoirEngineering, 10(3):157 – 162.

Olarewaju J, Ghori S, Fuseni A, et al. 1997. Stochastic Simulation of Fracture Density for Permeability Field Estimation[C]. Middle East Oil Show and Conference, 15 – 18 March, Bahrain, SPE – 37692.

Painter S. 1995. Random fractal models of heterogeneity: The Lévy – stable approach[J]. Mathematical Geology, 27(7):813 – 830.

Raul d V G. 1994. Numerical Simulation of Fracture Rocks and Wave Propagation by Means of Fractal Theory[C]. International Petroleum Conference and Exhibition of Mexico, 10 – 13 October, Veracruz, Mexico, SPE – 28731.

Rajesh J P, Edwards E P, Whitney E M. 2001. Geostatistical characterization of the Carpinteria Field, California[J]. Journal of Petroleum Science and Engineering, 31:175 – 192.

Rahim K, Reza R, Reza M, et al. 2013. Analysis of the reservoir electrofacies in the framework of hydraulic flow units in the Whicher Range Field, Perth Basin, Western Australia[J]. Journal of Petroleum Science and Engineering, 111:106 – 120.

Suzuki S, Strebelle S. 2007. Real – time post – processing method to enhance multiple – point statistics simulation[C]. https://pangea.stanford.edu/departments/ere/drop – box/scrf/documents/reports/20/SCRF2007_Report20/SCRF2007_suzuki_strebelle.

Strebelle S, Journel A. 2001. Reservoir Modeling Using MultiplePoint Statistics[C]//. SPE Annual Technical Conference and Exhibition, 30 September – 3 October, New Orleans, Louisiana, SPE – 71324.

Strebelle S. 2002. Conditional Simulation of Complex Geological Structures Using Multiple – Point Statistics[J]. Mathematical Geology, 34(1):1 – 21.

Tjelmeland H, Holden L. 1993. Semi – Markov Random Fields[M]// Geostatistics Tróia 92. Netherlands: Springer, 479 – 491.

Tjolsen C B, Damsleth E, Bu T. 1993. Stochastic Relative Permeabilities Usually Have Neglectable Effect on Reservoir Performance[J]. Journal of Petroleum Technology, SPE – 26473.

Yang L, Hou W, Cui C, et al. 2016. GOSIM: A multi – scale iterative multiple – point statistics algorithm with global optimization[J]. Computers & Geosciences, 89:57 – 70.

Zhang T, Switzer P, Journel A. 2006. Filter – Based Classification of Training Image Patterns for Spatial Simulation [J]. Mathematical Geology, 38(1):63 – 80.

习　题

1. 数理统计插值与克里金插值有何异同点？
2. 数理统计局部插值与全局插值有何区别？
3. 在进行地质统计学建模时，为什么要有平稳假设？
4. 什么是变差函数？如何进行变差函数结构分析？
5. 什么是变程？变程各向异性的地质意义是什么？
6. 克里金插值方法的基本原理是什么？
7. 为什么说简单克里金和普通克里金是基本的克里金？
8. 基于指示变换的克里金方法的基本原理是什么？意义何在？
9. 各种克里金方法的应用范畴是什么？克里金方法的局限性有哪些？
10. 什么是随机建模？它与克里金插值有何差别？
11. 简述参数化建模与非参数化建模、条件模拟与非条件模拟的差别。
12. 序贯模拟与概率场模拟的本质差别是什么？误差模拟、退火模拟的内涵是什么？
13. 如何正确理解基于目标的方法与离散变量的建模方法？
14. 示性点过程模拟、序贯高斯模拟、截断高斯模拟、序贯指示模拟、分形模拟、多点统计模拟的基本原理是什么？各种建模方法有何优缺点？
15. 如何理解随机建模的关键环节？

第三章 地质建模策略及实现过程

开展了油气藏地层、构造、沉积、储层、储量研究,在获取了相关数据并绘制了相关图件的基础上,依据掌握的确定性建模和随机建模理论与方法,即可采用流行的储层建模软件,建立地层结构与构造模型、沉积相模型、储层属性模型、储层裂缝模型、储量分布模型等油气藏三维地质模型,通过可靠性检验,修正完善建立的各类地质模型,按照油藏工程及数值模拟的要求开展地质模型粗化,形成油藏工程及数值模拟研究所需的地质参数场(图3-0-1)。

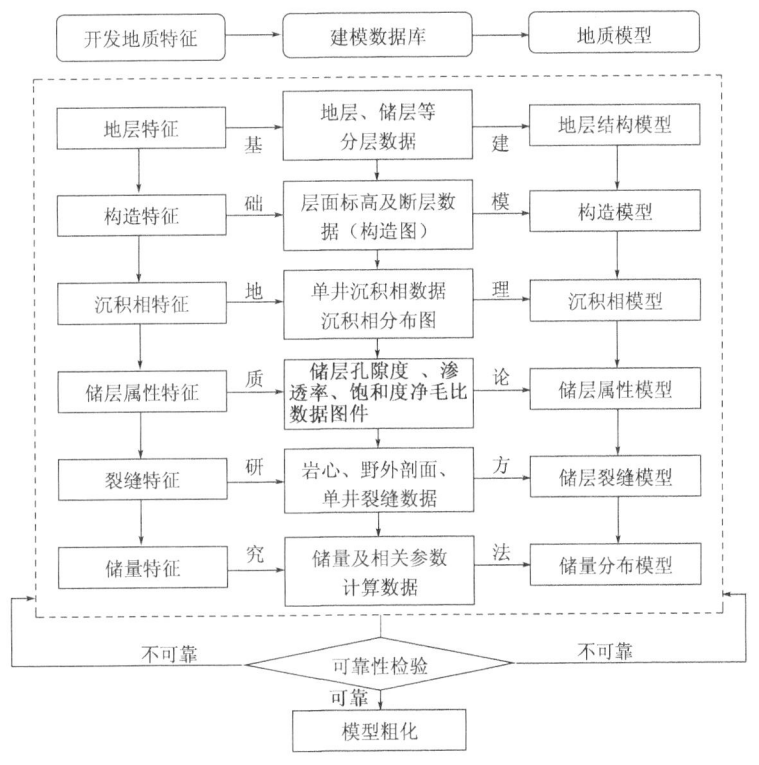

图3-0-1 油气藏开发地质建模的基本技术路线(据欧成华等,2014,2016,修改)

本章内容参考了常用储层建模软件的操作手册,特别是斯伦贝谢公司 Petrel 平台的用户指南,借用了 Petrel 平台的部分操作界面,引用了吴胜和编著的《储层表征与建模》(石油工业出版社,2010)第八章的部分内容,编写过程中还吸纳了作者多年来从事油气藏开发地质建模获得的相关成果(欧成华等,2014,2016)。

第一节 主要地质建模软件

当前国内外广泛应用的油气藏开发地质建模软件主要有 Petrel、RMS、GOCAD、GridStat、$(RC)^2$、FastTracker、EarthVision、PowerModel 等。本节将对这些建模软件作简要介绍。

一、Petrel 平台

Petrel 平台是 Schlumberger 公司研发的以三维地质模型为中心的一体化油藏工作平台。Petrel 平台使用了国际石油勘探开发领域的先进技术,包括断裂系统自动提取、复杂构造建模、多点相建模、裂缝系统分析、全三维可视化显示和解释、不确定性分析、模型自动更新工作流等功能,以其友好的界面、强大的显示功能、无缝的数据整合为研究人员提供了多用户、多学科协同工作环境(视频 3-1-1)。Petrel 平台操作界面借鉴了标准微软用户界面中的元素,用以表示工作流、不同工作流间数据的传递,以及各类工作参数的设置等(图 3-1-1、视频 3-1-2)。当用户第一次打开 Petrel 平台时,可以看到以下组成部分:

① Ribbon 功能区:根据所选的学科领域(Home 选项卡下的 Perspective),功能区会按照域选项卡的顺序列出相关工作流的工具,而按照逻辑顺序建立起来的 Ribbon 功能区也能够准确捕捉到用户的工作流;

② Panes 面板:数据加载、浏览及管理工区目录;

③ Display Window 显示窗口:在二维及三维窗口中,对数据进行查看、交互式处理;

④ Status Bar 状态栏::显示计算进程的信息。

Petrel 平台分基础地质系统、地质建模系统、油藏工程系统、钻井设计系统等功能模块(图 3-1-2),在基础地质系统和高级核心系统的支持下,每个模块均可独立运行,用户可以根据工作需求合理组合所需的功能模块(视频 3-1-3)。

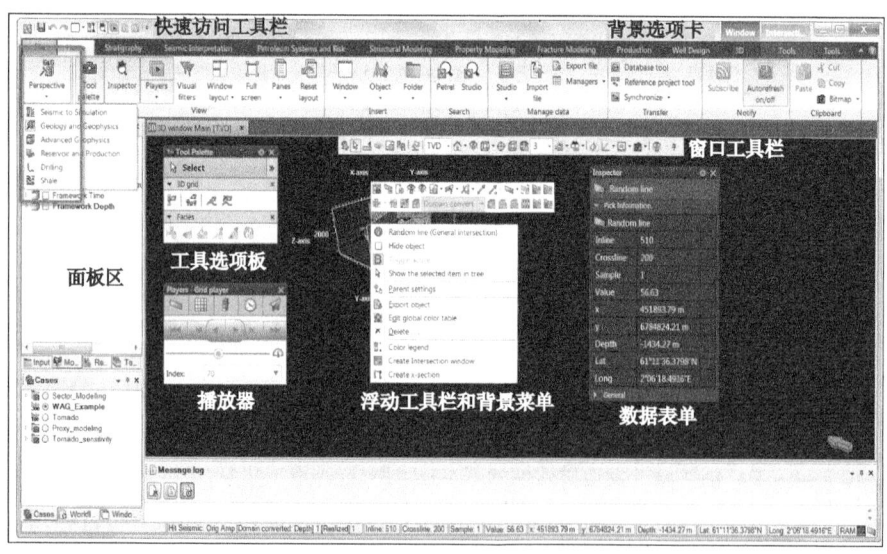

图 3-1-1　Petrel 平台用户操作界面

视频 3-1-1　Petrel 平台介绍

视频 3-1-2　Petrel 平台基本工作流程

视频 3-1-3　Petrel 平台功能模块介绍

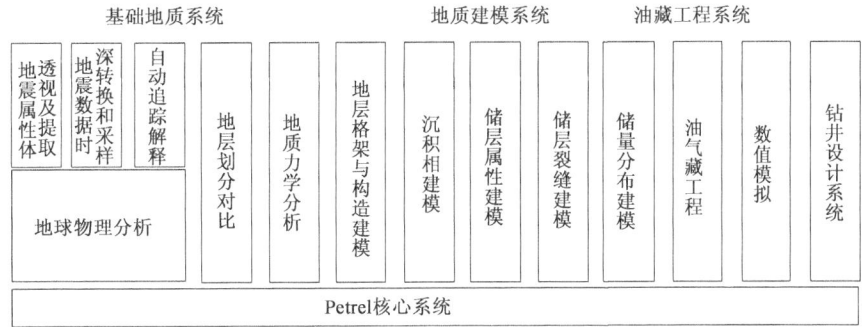

图 3-1-2 Petrel 平台系统功能模块图

(一) 基础地质系统

基于 Petrel 平台核心系统基础上的基础地质系统(Geoscience Core),是开展基础地质研究,如地球物理分析解释、地层划分与对比、构造分析、地质力学分析等的基本工具。主要包括地球物理分析模块、地层划分对比模块、地质力学分析模块等。

1. 地球物理分析模块

地球物理分析主要是通过地震解释模块来实现的,包括地震属性体透视及提取、地震数据时深转换和采样、自动追踪解释等功能,与地震资料处理技术整合优化地震工作流程,可实现地震解释与建模的无缝链接。

1) 地震属性体透视及提取

地震属性体透视及提取为用户提供高效的地震数据可视化解释功能,快速显示振幅、相位等各种地震属性体,并通过属性值滤波的方式,在三维空间内透视、快速凸显目标,提取各种地震属性,围绕河道或特殊岩体产生外形包络,直接计算目标体的厚度及范围。用户可以综合地震数据体、反射层及测井资料分析修改目标体,从而加深对储层的了解,减少非确定性因素。提取出的异常沉积体可以采样进地质模型,更好地辅助地质建模工作。

地震属性提取支持几十种地震属性的提取。通过属性提取研究人员可以获得更清晰的构造特征和地层特征,从而可更充分地利用地震信息进行油藏分析。目前,Petrel 平台提供的地震属性提取方法包括地震信号处理、复杂地震属性提取、构造属性提取、地层学地震属性提取(图 3-1-3)。

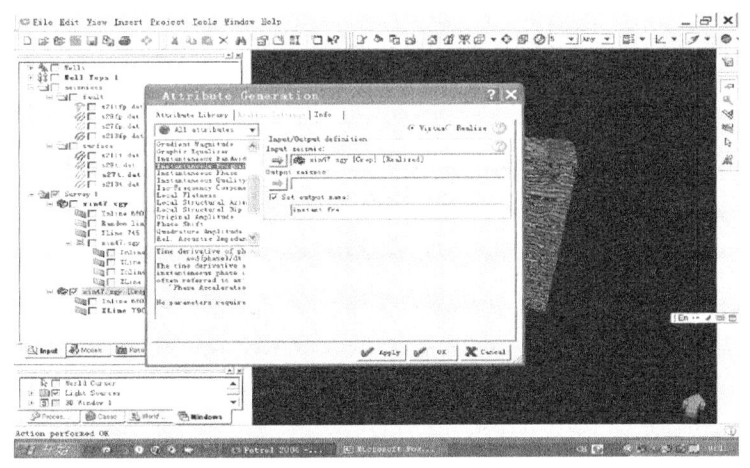

彩图 3-1-3

图 3-1-3 Petrel 平台地震属性提取界面

2) 地震数据时深转换和采样

地震数据的时深转换是通过域转换模块实现的,域转换(Domain Conversion)模块提供了建立速度场和进行时深转换的功能。在 Petrel 平台系统中,应用标准技术建立速度模型(图 3-1-4),可以实现地震解释成果、散点、多边形线、网格等数据的时深转换;可以对二、三维地震数据进行时深转换;可以对三维地质模型进行时深转换(图 3-1-5)。由于对地质模型进行时深转换时是对三维网格所有节点逐点进行时深转换,因此对整个断层模型可以进行精确的时深转换,从而很好地保障了模型内部各部分之间的一致性和完整性。这种算法处理正、逆断层同样容易,而且能够将层位与井分层联系起来。

地震采样(Seismic Sampling)可以对地震属性数据体进行重新采样(图 3-1-6)。将地震体采样进地质模型,使地震体与所建的三维地质模型网格相连接,转换为与三维构造网格相匹配的属性模型,使地震属性体更好地服务于后期的相建模和属性建模,进一步提高储层预测精度。

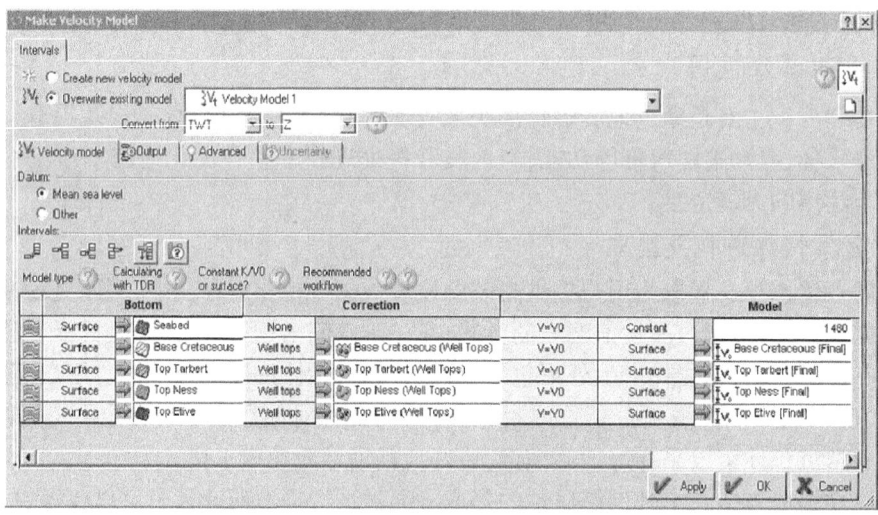

图 3-1-4　Petrel 平台速度模型界面

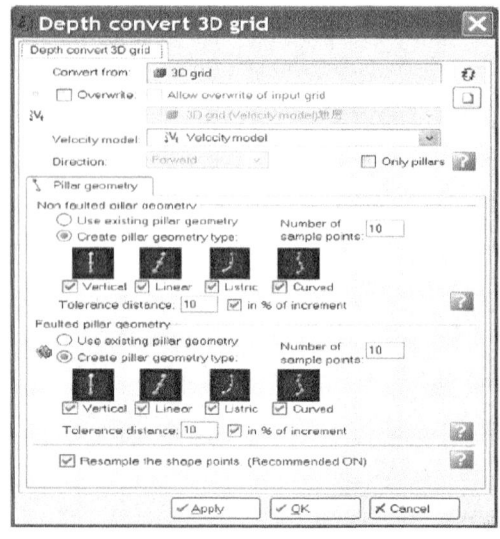

图 3-1-5　Petrel 平台时深转换界面

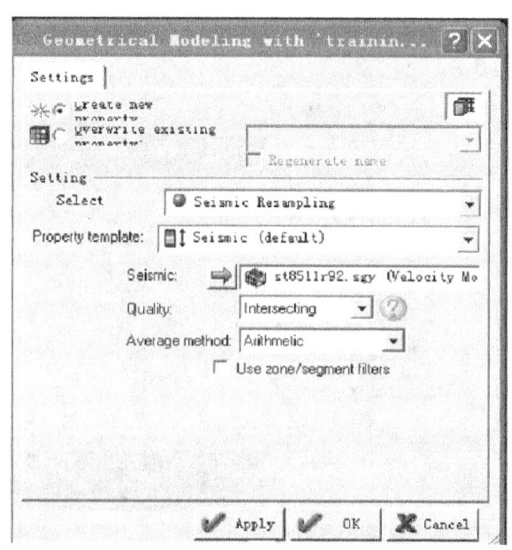

图 3-1-6　Petrel 平台地震属性重采样界面

3) 自动追踪解释

自动追踪解释（automated structural interpretation）通常称为"智能"蚂蚁追踪技术（Ant Tracking），斯伦贝谢推出了断裂系统自动分析及识别系统。该系统的原理是：在地震数据体中播撒大量的"蚂蚁"，在地震属性体中发现满足预设断裂条件的断裂痕迹的蚂蚁将"释放"某种信号，召集其他区域的"蚂蚁"集中在该断裂处对其进行追踪，直到完成该断裂的追踪和识别，而其他不满足断裂条件的断裂痕迹将不进行标注（图3-1-7）。最后，通过该技术，获得一个低噪声、具有清晰断裂痕迹的数据体，并在此基础上实现断层的自动追踪解释。

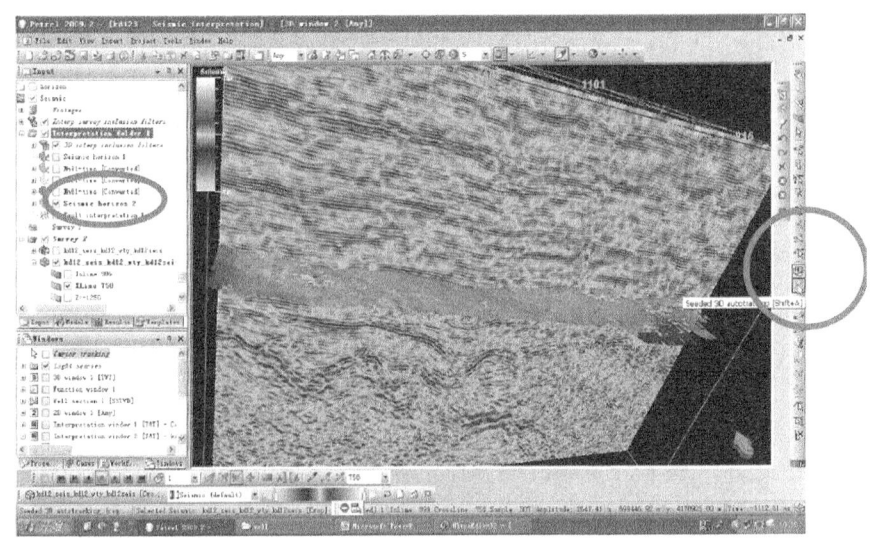

彩图3-1-7

图3-1-7　Petrel平台自动追踪解释界面

2. 地层划分对比模块

快速显示单井、多井数据，支持以地震数据、建模数据以及油藏数模属性为背景与井数据进行更好的对比。地层对比窗口与用户的工作环境是动态连接的，使数据间的交互功能更加方便（图3-1-8）。在井对比窗口中可编辑或生成新的井分层或进行小层岩性划分，同时可在三维浏览窗中观察产生的变化，反之亦然，这样就可快速地修改地质模型。如：以蝌蚪图的形式显示倾向和方位角，从工区数据库中调用井数据，在地震数据上实时显示井分层，显示合成地震记录，井曲线编辑，交互解释离散属性曲线，沿设计的井轨迹产生伪测井曲线，编辑测井曲线或利用曲线的计算功能生成新的测井曲线等。应用该模块可满足新井资料的快速分层与微相解释，以及新井数据的加载需要，同时也可满足对新井资料的数据质量控制要求。

3. 地质力学分析模块

VISAGE地质岩石力学核心模拟器可以模拟储层应力与应变变化对渗透率与孔隙度场的影响。同数值模拟器ECLIPSE相结合，可以更准确、更真实地预测井动态及油藏条件，更好地进行井位优选与生产管理。Petrel平台全新的油藏地质力学工作流可以帮助用户检查模拟网格质量与适应性，通过3D嵌入模型进行岩石力学属性初始化，量化并应用边界条件参数，调用VISAGE模拟器计算应力与应变（图3-1-9），最后在Petrel平台中进行结果显示，并进行工程设计与分析。

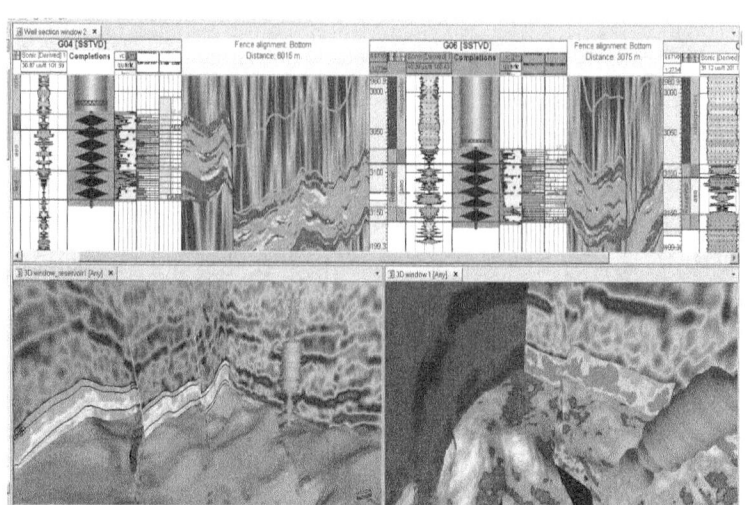

图 3-1-8　Petrel 平台二维和三维视图窗进行综合分析和对比界面

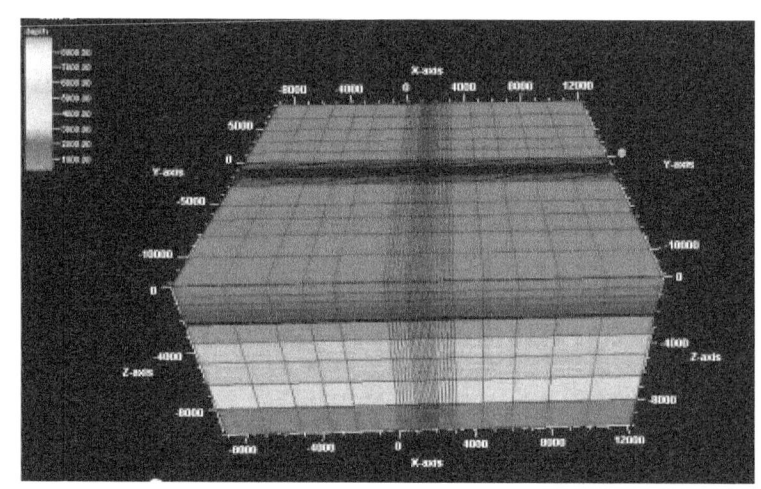

图 3-1-9　Petrel 平台 VISAGE 地质岩石力学计算界面

(二) 地质建模系统

1. 地层格架与构造建模

构造建模可构建储层空间构造结构特征,构造模型包括断层模型和层面模型。

1) 断层模型

Petrel 平台具有完整的断层建模工作流程,可采用 Fault Sticks、Fault Polygons、Surfaces 三种方法生成断层。断层的倾角、方位角、长度和形状借助于 Key Pillar 来定义,3D 网格图中的每条断层都是由 Key Pillar 定义的。断层可能是交叉的、分叉的或垂直截断的,但在建模过程中必须连接起来。当所有断层都用 Key Pillar 描述清楚并被正确地连接了,模型就建好了。

断层属性建模允许用户直接产生断层传导率乘数,或通过建立断层属性模型、渗透率模型、计算乘积等产生断层传导率,定量描述断层的传导性。其结果可用于油藏数值模拟和对断裂影响的直观评估。

对于构造相对复杂的地区,能够通过创建 Pillar,快速建立一个部分或完全阶梯状断层样式的精确构造框架。图 3-1-10 即为在 Petrel 平台用构造框架工具建立盐丘模型的实例。运用行业中普遍应用的建模运算法则,将井信息与地震解释成果应用到 3D 模型当中,实现用于数值模拟的地质模型的快速创建。基于地震解释、构造框架和建模之间无缝衔接,用户可以对涉及的任意环节的工作进行修改,以获得对复杂油藏更精确的控制。

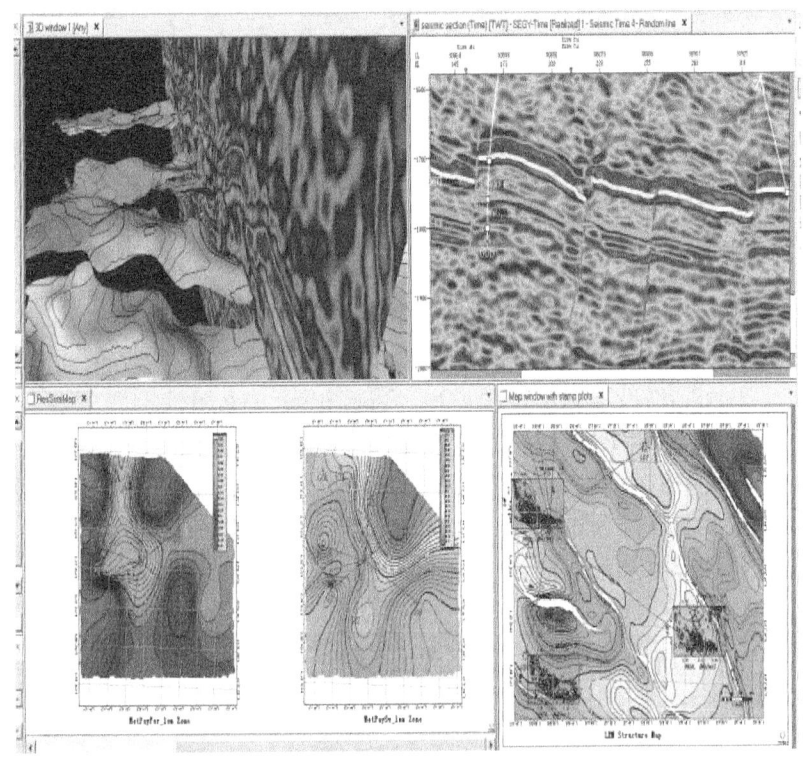

彩图 3-1-10

图 3-1-10　Petrel 平台利用构造框架工具建立盐丘模型界面

2) 层面模型

利用测井数据、钻井数据及地震资料解释的层面数据,通过 Petrel 平台中随机建模函数或插值法,应用分层数据生成等时层面的顶、底面模型(即层面构造模型),然后将各个层面模型进行整合,即可建立三维空间格架,而断层和层面模型的组合就是构造模型。

Petrel 平台局部构造模型更新工具允许用户在不完全否定先前解释成果的前提下,通过伸缩地层和内部层位来修改网格结构,用于整个网格的调整或者局部网格的更新(针对布井工作和新井数据的引入);相应的附加工具允许对指定的网格单元属性更新,同时确保与周边的模型的高度连贯性,保留历史拟合模型的局部变化。局部模型更新工具允许新数据的融合,不改变周围地区已模拟好的历史匹配成果(图 3-1-11)。

2. 沉积相建模

Petrel 平台具有先进的储层砂体预测方法,在储层相关知识(沉积体系、沉积模式、成因单元规模等)与井点和地震信息(井点分层、微相解释、波阻抗反演、砂体追踪)约束下,通过应用"确定+随机"的模拟方法,建立储层砂体成因单元—沉积微相空间分布的定量模型(序贯指示模拟、截断高斯模拟、克里金模拟等),可满足各阶段井间储层预测的需要。

彩图3-1-11

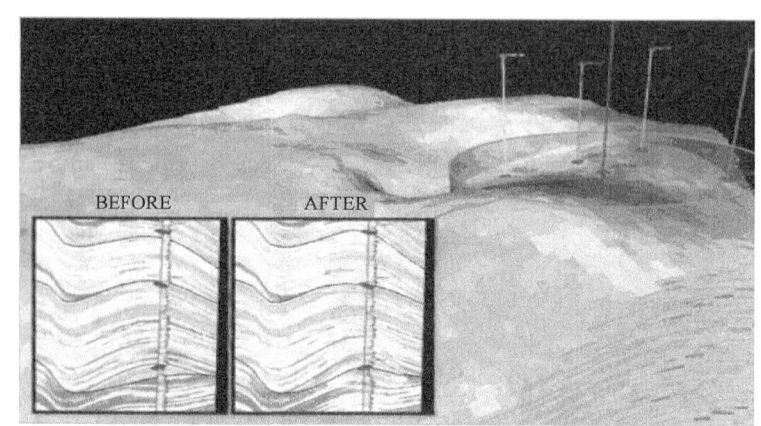

图3-1-11 Petrel平台采用模型更新工具融合数据结果图

Petrel平台提供了一个宽广的建模运算方法,允许用户针对不同的数据源和实际地质情况选择特定的算法。相建模技术有确定性和随机性两类方法供用户选择,包括指示克里金、目标体建模、序贯指示模拟、截断高斯模拟和多点相模拟。近些年来,随机算法获得了极大的改进,更好地尊重实际井数据。在相建模过程中,通过几何趋势建模技术生成的趋势体对相的分布进行约束控制,对自适应性河道建模尤为适用。如图3-1-12所示,运用多点相模拟结果显示了一个河道和相关联的朵状体的分布范围,最终将河道属性转换成一个模拟目标,并通过透视涂抹工具实现与朵状体的耦合及可视化。

彩图3-1-12

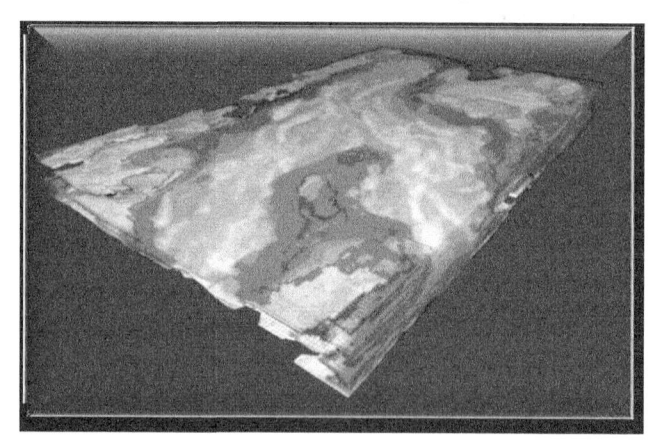

图3-1-12 采用多点相模拟一个河道和相关联的朵状体的分布范围

针对井稀少的地区,通过关联井信息和地震属性数据获得的区域概率约束体,实现对岩性属性建模的约束控制,如图3-1-13所示,在油藏模型中运用趋势建模过程使岩石属性分布能得到更好的控制。对于物性建模,除了传统的地质统计学算法外,增加了快速克里金、高斯随机模拟算法。尤其是趋势建模技术的引入,能够整合包括概率曲线、地质图件、地震属性趋势等在内的多种第二属性来约束第一属性特征的分布。

通过建立一个真实、共享的地质模型,运用所涉及的各种数据信息和相关知识(包括岩性特征、被模拟系统的油藏连通性),从而帮助科研人员更好地认清地下情况。

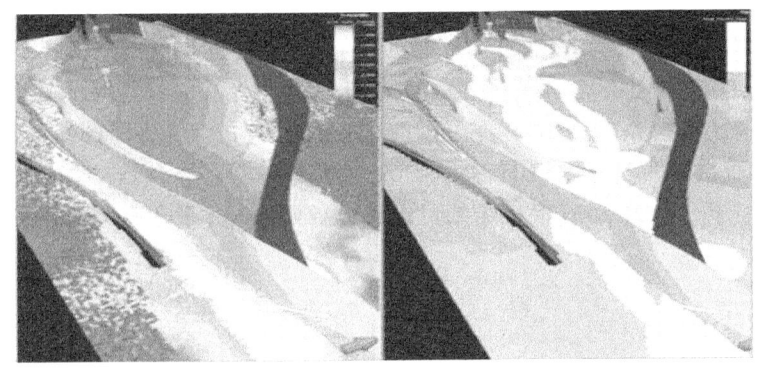

彩图 3-1-13

图 3-1-13　在油藏模型中运用趋势建模

3. 储层属性建模

储层属性建模可利用测井数据、钻井数据和趋势数据对储层物性进行模拟,定量描述储层参数的空间变化。确定性和随机建模可以采用岩相模型等作为属性模型的约束条件,从而建立能够反映地下储层非均质性的孔隙度、渗透率、饱和度等参数模型,加入云变换、区域化变量均值及协同克里金等方法,使参数的模拟更加精确。此模块可满足储层参数模型的精细描述。

4. 储层裂缝建模

Petrel 平台可以对不同类型、不同成因机制的裂缝数据进行裂缝显示、分析和整合(如碳酸盐岩、页岩和基底储层的主要特征),用于在 3D 网格中明确控制裂缝随机分布的关键特征参数。裂缝网络的搭建综合了离散性裂缝和隐性裂缝,是一种去除了离散化缺陷的新的建模方法。Petrel 平台将以离散性数据形式来描述裂缝,并建立离散裂缝模型(图 3-1-14)。其主要的宗旨是:基于地质概念,充分利用地震解释、断层和成像测井的裂缝知识,通过类比野外露头建立的裂缝概念模型,可预测裂缝成因的地震属性等,并将这些资料转换成裂缝强度等参数,建立三维的裂缝模型。根据建立的储层地质模型,分析裂缝的封堵特征,从而使裂缝传导系数由定性提升为定量。对于裂缝的认知可以帮助我们更加充分地了解和预测油藏特征。根据所建立的精确的裂缝模型,可以充分了解相邻网格的空间相关性。

彩图 3-1-14

图 3-1-14　离散裂缝模型

5. 储量分布建模

在对现今油藏精细描述的基础上,Petrel 平台提供含油气系统综合分析与成图工具建立储量分布模型。根据所建立的三维储层模型,可计算地层体积、储层总体积及不同相(或流动单元)的体积、储层孔隙体积及含烃孔隙体积、油气体积及油气储量、连通体积及可采储量,也可根据现今的烃源岩和储集层构造设定生烃和油气运移参数,进行油气充注的快速评价工作。

Petrel 平台与专业的含油气系统模拟软件结合可以实现模型数据的无缝双向共享,即 Petrel 平台现今模型数据可以直接导入 PetroMod 软件内,设置生烃、运移等各类参数,模拟地质时期油气的生成、运移和聚集(图 3-1-15),模拟结果可以整体导回 Petrel 平台内,进行下一步的精细综合研究。

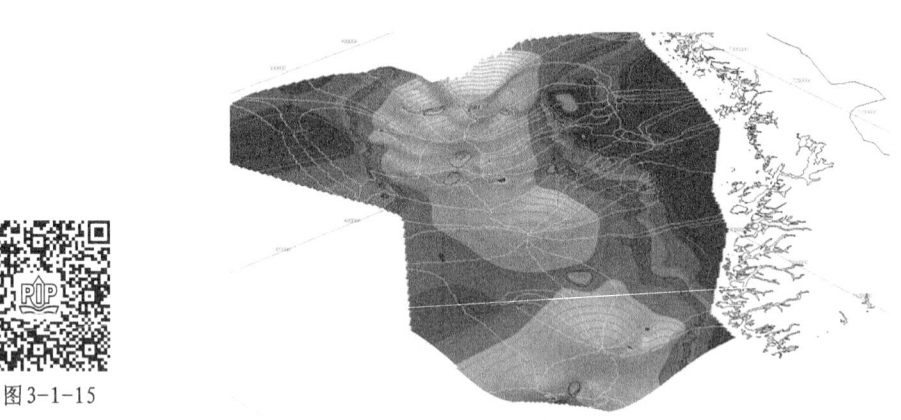

彩图 3-1-15

图 3-1-15　油气模拟图(红色显示液态聚集,黄色显示气态聚集)

在含油气系统综合研究的基础上,综合其他专业的研究成果,可以对勘探风险进行综合分析。通过将各类不同专业的研究成果图件转化为概率图,最终完成对勘探成功综合概率图的制作。如图 3-1-16 所示,通过各种盆地油气系统因素综合判断勘探成功率,为勘探决策提供依据。

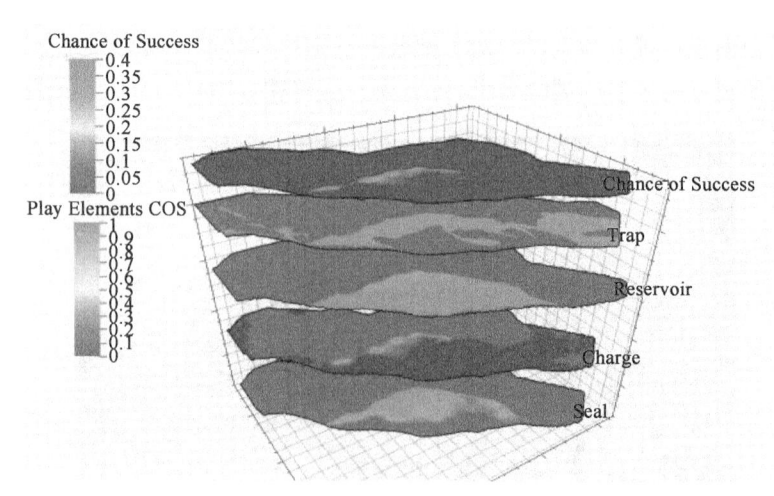

彩图 3-1-16

图 3-1-16　通过各种盆地油气系统因素综合判断勘探成功率

(三)油藏工程系统

Petrel 平台油藏工程核心模块 Petrel RE 为油藏工程工作流提供了一个理想的、基于模型的研究环境。这将使数据更加清晰、透明,同时也为油藏模拟前处理和后处理提供了一个功能强大的易用界面,提供了全新的一体化油藏数值模拟前后处理平台,在地质模型基础上直接建立 ECLIPSE 数值模拟模型,加载流体属性、完井数据、生产历史数据以及井事件等,设计不同地质及开发条件下的方案,选择适当的 ECLIPSE 模拟器进行模拟运算,预测和分析模拟结果(图3-1-17)。将 ECLIPSE 模拟结果直接以流线形式显示出来,并计算出相应的分配系数。这种功能是非常有用的,尤其是在历史拟合、地质模型筛选与水驱优化管理中。

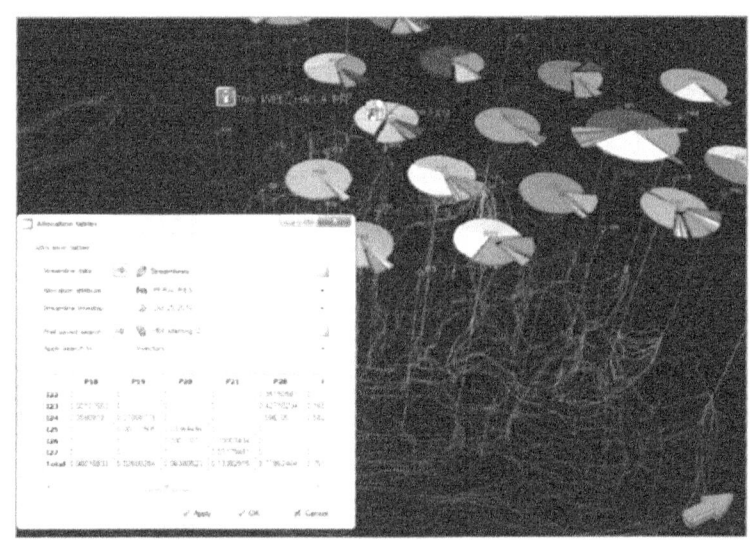

彩图3-1-17

图3-1-17　直接以流线形式显示基于 ECLIPSE 的模拟结果

Petrel 平台提供了多种网格粗化及属性粗化技术,包括各种类型的平均粗化方法(算术调和、调和算术、算术几何、几何算术、Cardwell – Parsons)以及基于流动的渗透率粗化方法、张量渗透率粗化方法(图3-1-18)。可进行高级地质模型网格及属性粗化,确保精细地质模型到粗化模拟模型的一致性,从而形成标准的油藏数值模拟模型。利用 Petrel RE 中局部网格加密技术,可以快速对井轨迹或射孔附近区域、surface 面附近(如油水界面)区域、断层周围以及不规则区域内(基于多边形 polygon 圈定范围)进行网格加密。加密可以采用均匀加密,也可以采用渐变的局部网格加密(井或 surface 周围),从井眼开始网格尺寸以线性或对数级递增,从而实现对地质构造及地层非均质性的精细描述、裂缝精细描述及水平井轨迹准确表征,从而更好地模拟近井地带的地层非均质性和大幅度压降变化、底水锥进现象以及凝析油析出和滞留等。

Petrel 平台全新的油藏优化工作流(Reservoir Optimization)提供了三种优化方法:Simplex、Neural Net 及 Simplex Non – Linear。通过定义目标函数(如累积产量、净现值、油气水产量关系、稳产时间、含水率、采收率等),可以帮助优化油藏数值模拟模型中的开发方案,从而达到开发指标的最优化。而在 Petrel RE 历史拟合分析模块里,用户可以方便、快捷地对数百次油藏模拟运算结果进行比较分析,量化历史拟合质量,识别可能的最佳历史拟合模型。历史拟合质量可与地质构造信息叠加显示,能快速识别出模型在历史拟合中的问题所在,从而锁定下一步历史拟合所需调整的目标。与 Petrel 平台完全整合,可以回到地质建模过程快速对地质模型进行调整,并基于调整后的地质模型对所有数模模型重新进行模拟运算。

Petrel 平台运算结果成图与分析工作流可以帮助用户快速有效处理大量数据,创建高质量成果图,用来进行结果分析或汇报。灵活的曲线图形拆分可以根据结果变量或者井名一次性生成多个甚至上千个曲线图形。例如模拟结果中共有700口井,选择日产量,并通过井名进行劈分,可以同时创建出700张单井日产量曲线图(图3-1-19),并可直接在Petrel平台中保存与重复使用。

彩图3-1-18

图3-1-18 多种网格化和粗化技术

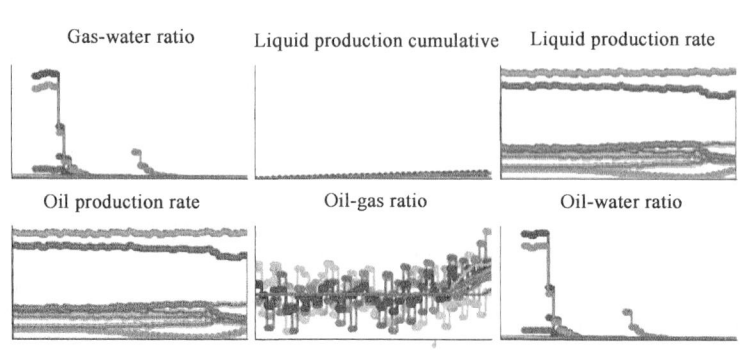

彩图3-1-19

图3-1-19 模拟结果显示案例图

(四)钻井设计系统

在Petrel RE 3D环境中,依据所获得的信息,如构造、储层特征、岩相划分及油藏模拟等结果,直接提出井位部署方案,产生井轨迹坐标,指导钻井生产(图3-1-20)。同时可对设计井轨迹和实钻井轨迹、井曲线进行可视化显示。根据地震剖面、属性模型、储量丰度平面图和剩余油分布等进行井轨迹设计。手动设计井轨迹,在三维窗口进行井位设计时,对于狗腿度过大的井段会提示警告,并突出显示,从而使得设计出的井轨迹更加符合实际钻井要求;自动优化设计井轨迹,基于靶点和目标平台位置,根据钻井费用、风险及狗腿度限制,对井轨迹进行自动优化设计。同时可以基于地质体自动优化生成井轨迹,提供多分支井快速设计功能。

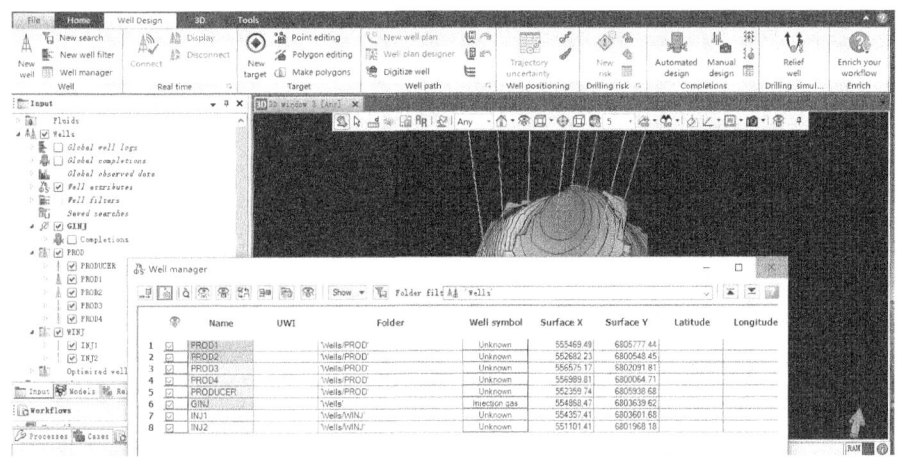

图3-1-20 利用Petrel平台进行精确的井位设计

二、RMS软件

RMS地质建模软件是ROXAR公司的代表性软件,兼容了Storm在沉积相模拟方面的优点,具有一体化综合研究功能,综合了地震、测井、油藏动态、地质知识库等多方面信息与知识,应用地质统计学、层序地层学、现代沉积学和随机理论来对油藏地质及其动态进行综合研究。它既为地质学家提供了一个用随机模拟和确定模拟方法对油藏构造格架、沉积相、岩石物性等参数进行精细描述的工具,又为油藏工程师提供了完整的有关描述地下储层地质特征的油藏数值模拟模型。它的功能涵盖了井对比、构造/断层建模、沉积微相建模、物性建模、数模网格设计和粗化、动态流线分析、一体化的三维三相黑油数值模拟、裂缝模拟、断层封堵分析、井轨迹设计等内容,是一个能够真正地将地震、测井、地层对比、沉积相研究、油藏数值模拟结合为一体进行综合研究的三维精细储层建模工具。

(一)软件模块介绍

1. RMSbase(基础模块)

通过它来完成模块间的信息互相存取,以及数据体三维、二维的显示和编辑,并控制网络环境下总的用户数。另外RMS软件同其他模块一起具有以下扩展功能:

①数据分析:可以完成单变量和多变量统计分析、数据趋势分析、几何和统计变换,以及变差函数的生成。

②工作流程管理:可以让用户交互式地生成、编辑、修改工作流程。

③IPL(内部编程)语言:IPL为用户提供了一种类似于C语言的内部编程语言,有经验的用户可以以批处理方式完成建模工作。

2. RMSwellstrat(2D/3D井交互对比模块)

井对比模块增加了新的数据类型wellpick,可以对分层数据输入输出;还可以在三维和二维空间进行对比。

3. RMSgeoform(构造建模模块)

RMSgeoform可以完成断层建模(包括正断层、逆断层、铲状断层和Y—断层)、构造层面的时深转换、建立层序地层网格系统、3D/2D图形的编辑和打印等功能。

4. RMSgeomod(确定/随机建模模块)

该模块进行沉积相的确定性建模及辫状河、孤立砂体等的随机建模,可选多井约束或 1D/2D 趋势数据作为约束;还能完成相控基础上的岩石物性参数建模。

RMSgeoplex(随机建模高级模块)主要完成以下功能:

①沉积相建模:包括海陆过渡相、进(退)积三角洲、叠积河道、曲流河、浊积体等各种复杂的沉积环境;可选多井、地质趋势或地震属性作为约束进行随机模拟;

②相控属性建模:可在相控基础上,利用地震和其他属性约束模拟岩石物性等参数在三维空间的分布;

③储量计算:可以分层、分块或在用户定义的范围计算储量。

RMSindicators(序贯指示模拟)主要完成以下功能:

①沉积相建模:包括海陆过渡相、进(退)积三角洲、叠积河道、曲流河、浊积体等各种复杂的沉积环境;可选多井、地质趋势或地震属性作为约束进行随机模拟;

②相控属性建模:可在相控基础上,利用地震和其他属性约束模拟岩石物性等参数在三维空间的分布;

③储量计算:可以分层分块或在用户定义的范围计算储量。

5. RMSstream(动态流线分析模块)

RMSstream 具有一种可用来对油藏的开发动态进行快速和早期评估的三维一相数值模拟器,通过生成可视化的 3D 流线,能完成地质模型筛选、驱替效果研究,以及优化井位和分析断层连通情况等工作。

6. RMSsimgrid(数值模拟网格设计及粗化)

该模块包括 LGR(局部网格加密)及 Segment(分段)网格设计、网格质量检查、齐全的参数粗化(包括基于流动的参数粗化算法),以及数模结果的后处理等功能,ECLIPSE、VIP 等数模软件的动态、静态计算结果能够方便加载到 RMS 中进行后处理。

7. RMSflowsim(三维三相黑油模型)

RMSflowsim 是一个三维三相黑油数值模拟器,它与 RMS 完全结合到了一起,主要具有以下特点:

①智能粗化,也就是用户给出粗化的原则(如井轨迹穿过的网格不粗化、井点附近的网格小、远离井点处大等),而不必关心具体的粗化过程;

②交互产生、修改 PVT 数据、相渗曲线等,图形界面简单、易于掌握;

③动态数据的定义(射孔、完井、开/关井等)灵活、方便;

④前后处理功能全面、强大;

⑤带有数据合法性检查功能,保证运行收敛;

⑥随机模型的智能筛选。

8. RMSwellplan(井轨迹设计模块)

该模块可以进行靶区设计(包括靶区的 3D 显示、几何约束和地质边界的定义)、井轨迹设计(在测量方案和用户定义的钻井约束基础上自动生成井轨迹),可以进行水平井、分支井等各种复杂的井轨迹设计。

9. RMSfaultseal(断层封堵计算模块)

该模块可对断层的泥比率、渗透率、传导率放大倍数等参数进行计算,在计算时不但考虑到地质因素的影响,还考虑到黏土滑抹以及断层沿走向的滑动、脆裂作用和胶结作用等成岩作用的影响。计算结果可以直接被 RMSflowsim 和 RMSstream 模块使用,也可以输出给 ECLIPSE 和 VIP 等数模软件使用。

10. RMSfracperm(裂缝模拟模块)

FracPerm 是一个基于 Windows 的裂缝随机模拟程序。用户可以根据裂缝成因的不同,选择合适的算法产生裂缝趋势模型,包括与断层的距离、曲率或应力计算等模型;然后利用趋势和井点对裂缝离散网络进行随机模拟。它能快速地评价裂缝的储层连通性。FracPerm 模拟的最终结果是经过井点试井渗透率校正且包含裂缝影响的有效渗透率模型,或裂缝孔隙度和裂缝渗透率模型,支持单孔和双孔介质的数值模拟。

(二)软件功能介绍

1. 通用功能

①数据分析。可以完成单变量和多变量统计分析、数据的几何和统计变换,以及变差函数的生成。

②工作流程管理。可以让用户交互式地生成、编辑、修改工作流程,从而达到节约时间、实现标准化管理、提高效率的目的。

③IPL 语言。为用户提供了一种类似于 C 语言的内部编程语言,有经验的用户可以以批处理方式完成建模工作。

2. 其他功能

①RMSuncertainty 不确定性管理系统。主要功能是:最经济地规划油田可开发周期次数,在油藏开发中、后期获得最大采收率;规划适当规模的地面基础设施;确定影响生产效果的关键问题。主要特征是:对整个项目进行系统的不确定性分析;动静结合的一体化不确定性分析;分析工具多样,包括多种二维和三维分析工具;操作简单灵活,通过图形界面直接建立不确定性工作流程;高级功能和脚本编写功能,为决策者提供充分的发挥空间。

②GeoFrame 与数据库连接功能。利用 RMS 的数据库连接代理接口,可直接读取 OpenWorks 及 GeoFrame 工区数据。

③RMSstructure 功能。RMS 9.0 的构造模拟功能为地层框架建模新一代产品。采用全新的思路,使构造模拟更为方便、快捷和精确。断层模拟只需四步:数据加载、断面模拟、断层切割关系模拟、断层质量检测。断层模拟不再需要断层网络的控制,而是根据断面数据直接进行模拟,自动产生断层模型,同时方便手动或交互处理。在断层模拟的基础上,层面模拟也只需一步完成。断层模拟功能更为强大,除模拟简单的正、逆断层外,可以不必考虑断层的几何形态,这样就能建立更为复杂的断层,如叠瓦状 Y 字形断层。模型显示和编辑功能也得到了很大改善。

三、其他地质建模软件

(一)GOCAD 软件

GOCAD 由美国 T-SURF 公司开发,是目前中国市场优秀的随机建模软件之一,可运行于

SUN、WINDOWS 等多种操作系统。GOCAD 是以工作流程为核心的新一代地质建模软件,达到了半智能化建模的水平,具有功能强、界面友好、易学易用,并能在几乎所有硬件平台上(Sun,SGI,PC-Linux,PC-Windows)运行的特点。该软件研发中除采用 J. L. Mallet 教授提出的离散光滑插值技术(DSI),还采用了适应能力很强的三角剖分和四面体剖分技术,并独立地开发了软件中的地质统计学部分。自1990年诞生后,得到了国外的许多石油公司和地球物理公司的支持,从最初的简单构造建模,发展到今天复杂构造建模、复杂三维模型网格生成、储层岩石物理属性模型、岩相模型等,取得了飞速的发展。可以说,以 GOCAD 为代表的先进地质建模软件大大提高了地质建模的效率和精度,可以满足对复杂地质区域的建模要求。

GOCAD 建模思想是建立在工作流程之上的,以地质建模的内在规律和程序为基本框架,为地质师和油藏工程师提供了充分的发挥想象力的空间,使人的地质思想得以准确融合到地质建模过程中,使整个建模过程始终以地质为本。GOCAD 构造建模能处理任何复杂的构造模型,并能方便地对三维构造模型和三地质网格模型进行编辑及更新,用户能方便地对油藏进行动态跟踪。GOCAD 基于流程的属性体建模方法包含几十种地质统计算法,功能强大、使用灵活,并能方便地引入约束条件,将地质师和油藏工程师的认识以及大量油藏信息引入到属性体建模中。GOCAD 除了具有核心的地质建模功能外,软件的可视化功能及地质解释功能也非常强大,能进行地质解释、绘制油藏剖面和各种平面图。GOCAD 主要由 GOCAD Base Module、Velocity Modeling、Geologic Interpretation 和 Reservoir Modeling 组成。许多模块由 EDS 公司与 ChevronTexaco 等石油公司联合研发,具有很高的实用性。

(二)GridStat 软件

GridStat 是应用地质统计学的原理研制成的一种先进的并具有独到之处的油藏描述软件,起源于美国德士古石油公司 Texaco 技术部,是公司生产和研究人员手头必备的工具。该软件经过十多年的开发和应用,发展成为商业软件,由应用电脑工程公司负责全球的销售和维护。

(三)(RC)^2 软件

(RC)^2 是油藏描述研究与咨询公司(Reservoir Characterization Research & Consulting, Inc)研制的一款油藏地质建模软件。主要包含数据库准备、随机地震反演、空间数据和变差函数模型分析、断层模型建造、裂缝油气藏建模、地质统计建模、模型运算、三维图形可视化、网格粗化、快速多相黑油流体流线模拟器等模块。

(四)FastTracker 软件

FastTracker 软件可建立复杂的构造模型、地质模型、储层模型,并在三维模型内方便地设计井的轨迹,同时沿井轨迹抽取相应未钻井的多种属性;可粗化网格以满足数值模拟使用;同时具有丰富灵活的多种二维、三维显示窗口。FastTracker 带有 MonteCarlo 风险评估系统,可借助软件特有的自动建立的动态工作流程和实时更新能力快速更新模型,充分发挥地质学家们丰富的知识和经验,迎接复杂地质条件的挑战。FastTracker 软件可从三维空间上定量地表征储层的非均质性,通过计算相应的变异函数,利用地质统计学的方法计算各种储层属性体(包括岩性数据体、含流体饱和度数据体、泥质含量数据体、孔隙度数据体等),从而有利于油田勘探开发人员进行合理的油藏评价及开发管理。每一个三维空间网格均赋有相类型、孔隙度值、含油饱和度值等参数,通过三维空间运算可计算出实际的含油砂体体积、孔隙体积和油气体积,并可经过网格粗化后直接传给数模软件。同时可利用 MonteCarlo 方法分析最有利的含油气区,提供下一步的布井方案。

表 3－1－1　各地质建模软件基本功能对比一览表

比较项目		GridStat	(RC)²	RMS	GOCAD	Petrel	FastTracker	EarthVision	PowerModel
输入		几乎可以接受所有软件数据	接受常用软件数据	可以接受常用软件数据	几乎可以接受所有软件数据	可以接受常用软件数据	一般	一般	接口单一
质量控制		功能强大	具备一般的质控	具备一般的质控	质控强	质控强	几乎没有	有	有
测井解释		有	无	无	无	简单	无	无	无
地震反演	时深关系调整	强／手段多	较强	无	无	有	无	无	无
	合成记录	有	有	无	无	有	无	无	无
	子波提取	有	有	无	无	有	无	无	无
	基干模型反演	有	有	无	无	有	无	无	无
	基干地震道反演	有	有	无	无	无	无	无	无
地震解释	层位追踪	手工／自动	无	无	手工／自动	手工／自动	无	无	无
	断层追踪	手工	无	无	手工／自动	手工／自动	无	无	无
	体雕刻	无	无	无	有	无	无	无	无
	属性分析	有	无	无	有	有	无	无	无
地质解释	地层对比	有	有	有	有	有	无	无	无
	岩相解释	有	有	有	有	有	有	无	无
时深转换		可以利用各种资料建立速度场	可以利用各种资料建立速度场	有	可以利用各种资料建立速度场	可以利用各种资料建立速度场	无	一般	无
网格划分方式		矩形网格	矩形网格	矩形网格PIBI	矩形网格/三角/PIBI	矩形网格/角点	矩形网格/角点	矩形网格/角点	三角网格/Sgrid
构造建模	断层模型	只能处理少量断层,功能不完善	功能不完善	功能完善	逆掩断层,铲状断层,Y形断层,非通透断层,平移断层	分支断层,交叉断层,削截断层,逆掩断层及交切的逆断层	一般	一般	逆掩断层,铲状断层,Y形断层,非通透断层,平移断层
	层面模型	锯齿状	锯齿状		盐丘模型等	盐丘模型等			
	地层网格	锯齿状	锯齿状		锯齿状,平滑	锯齿状,平滑			Sgrid

— 221 —

续表

比较项目			GridStat	(RC)²	RMS	GOCAD	Petrel	FastTracker	EarthVision	PowerModel
属性建模	相建模		指示克里金,指示模拟	布尔模拟,截断高斯模拟	示性点过程	目标模拟算法,序贯指示模拟,截断高斯模拟	指示克里金,序贯指示模拟,标点过程模拟,截断高斯模拟,多点相模拟等	基于目标模拟算法	无	序贯指示模拟,基于目标的贝叶斯模拟
	随机模拟		条件模拟,协条件模拟,非条件模拟,沉积相模拟	序贯高斯模拟,P域高斯模拟,序贯指示模拟,P域指示模拟,分形随机模拟,云变换	有	序贯高斯模拟,协模拟,块模拟,贝叶斯模拟,P域指示模拟	连续高斯模拟,序贯高斯模拟	序贯高斯模拟,带有趋势模拟的序贯高斯指示模拟	无	序贯高斯模拟,云变换
	确定性插值		普通克里金,协克里金,同位协克里金,趋势克里金	克里金,漂移克里金,同位协克里金,指示随机克里金	有	克里金,协克里金,贝叶斯克里金,块克里金,块克立方,常数,Script,最近点	平均,克里金,快速克里金,高斯随机任意模拟算法	直接内插法,三维克里金,外漂移克里金,非稳定克里金,趋势克里金或同位协克里金	最小张力法,简单/普通克里金,非稳定克里金,外漂移的克里金,趋势克里金,同位协克里金	简单,普通克里金,同位协克里金,贝叶斯
	地震数据约束		没有专门的模块	有专门的模块	没有专门的模块	有专门的模块	有专门的模块	有	有(但较差)	有
	裂缝建模		有	有	有	有	有	无	无	无
	储量计算		有	有	有	有	有	有但不太方便	有但不太方便	有
	不确定性分析		强	有	有	有	有	一般	有	有
	数据体运算		有	有	有	有	有	多井	多井	少井,多井
	图形显示		功能全/非常美观							
	适用条件		少井,多井	少井,多井	少井,多井	少井,多井	少井,多井	多井	多井	少井,多井
	网格粗化		较强	较强	较强	较强	较强	较强	较强	输出 VIP
	井位设计		有	有	有	有	有	有但不太方便	有但不太方便	无
	运行平台		UNIX/Windows	UNIX/Windows	UNIX/Windows	UNIX/Windows/Linux	Windows	Windows	Windows/UNIX	PC Windows
	生产商		美国 ACE	美国 Veritas	挪威 Roxar	美国 EDS	斯伦贝谢	英国 Volumetrix	美国 DGI	美国 Landmark

(五) EarthVision 软件

EarthVision 为确定性的空间地质建模软件,软件模块中有简单的确定性储层建模部分。在建立复杂地质构造的三维实体地质模型方面颇有独到之处,可用于识别目的层,描述储油层特征,优化油田开发,计算石油储量。该软件用于建立油田的三维地质构造模型和属性模型,可绘制精确描述层位面与断层几何形态的构造图,绘制与三维空间一致的剖面图,精确计算油田石油储量,准确认识油田的储油层特征,调整井位的最佳布置,获得最佳布置效果。

(六) PowerModel 软件

Landmark 公司于 2002 年 10 月向石油工业界正式推出其全新的、具有革命性突破的新一代地质建模软件——PowerModel。该软件采用了多项专利技术,完全克服了传统建模软件的普遍缺陷,从真正意义上实现了传统解释、地质建模、钻井设计、油藏模拟、经济评价和风险分析等整个油气勘探开发业务流程的空间数据和过程的有机整合。

常用油气藏地质建模软件的基本功能及优缺点详见表 3-1-1。

第二节 建模数据库

当前流行的各种地质建模软件都预留了不同类型输入数据的接口,能输入目前油气藏开发地质研究形成的各类数据。下面以 Petrel 平台为例,介绍油气藏开发地质建模所需的数据类型、常用的输入数据、数据集成及质量检查。

一、数据类型介绍

Petrel 平台对数据格式的要求不是很严格,只要有规律的文本格式文件几乎都能加载,带空格和 Tab 分界的数据都能通过普通 ASCII 浮点数据读取。常用的数据类型包括:

①Point data (XYZ data):井头数据点,分层数据,地震解释的点,地质对比的断点或者等值点,测井解释成果数据,以及有或没有 Z 值的 X-Y 坐标定义有效点等。如果合适,点可以以线的形式输入或在输入后转换成线。

②Line data (XYZ data):地震解释的 2D、3D 地震线,从地震体解释的断层(Fault Polygons 和 Fault Sticks),数字化的构造等高线、储层属性参数等值线等,区域边界线,或者是来自别的二维图形系统的多边形(有或没有 Z 值)等。Lines 能以点的形式输入或在输入后转换成点。

③Wells:井数据包括 Well Header (包含井名和井深,井坐标位置等),Deviation Survey(井轨迹),Well Logs(测井曲线)和 Well Tops(分层数据),以及测井逐点解释成果数据等。如果 Well Header 不存在就必须在软件中创建一个。

④SEG-Y:2D 和 3D 地震数据体都能以 SEG-Y 格式输入,没有限制该地震体文件的大小,计算机硬盘才是限制的因素。

⑤2D Grids 和 3D Grids:任何以网格形式组织的 2D 点阵都能被输入,例如包括基于地震的 Horizons 或 Well Tops、Trend Maps、Porosity、Isochore 等;以前版本生成的平面图、断层面等。由 Cells 定义的 3D 网格内的每个 cells 中都被赋予一些属性值,能够输入来自建模或数模的各种格式的数据类型,Petrel、Gslib、VIP、ECLIPSE、CMG 等生成的属性数据,Petrel 平台模拟的断层模型等。

⑥Bitmaps：BMP、JPG、PCX、TIFF 和 TARGA 等格式的图片。
⑦Functions：做一个循环函数载入供 Petrel 使用。
⑧Production data：各种生产测试数据、生产动态数据等。
Petrel 平台主要的输入、输出数据格式详见表 3－2－1。

表 3－2－1　Petrel 平台主要的输入、输出数据格式

序号	格式名称	输　入	输　出	数据类型
1	Bitmap image(BMP,JPG,PCX,TIFF,TGA)	Import	Export	Image
2	Bitmap Log(A2D)	Import		BitmapLog
3	Bitmap image(BMP,JPG,PCX,TIFF,TGA)	Import	Export	BitmapLog
4	Black Oil Fluid Model(Keywords)	Import		BlackOil
5	Charisma fault sticks(ASCII)	Import	Export	Polygons
6	Charisma lines (ASCII)	Import	Export	Polygons
7	CheckShots format(ASCII)	Import	Export	Points
8	CMG grid (grdecl) (ASCII)	Import	Export	3D－Grid
9	CMG properties(ASCII)	Import	Export	Property
10	Comment Well Log(ASCII)	Import	Export	CommentLog
11	Completion logs	Import		WellTrace
12	CPS－3 (GeoFrame)lines(ASCII)	Import	Export	Polygons
13	CPS－3 grid (ASCII)	Import	Export	Surface
14	CPS－3grid(GeoFrame)(ASCII)	Import		Surface
15	CPS－3 lines (ASCII	Import	Export	Polygons
16	Cross Plot X,Y (ASCII)	Import	Export	CrossPlot
17	EarthVision grid (ASCII)	Import	Export	Surface
18	ECLIPSE Grid (Binary)	Import	Export	3D－Grid
19	ECLIPSE / FrontSim data	Import		PillarGrid
20	ECLIPSE/FrontSim data and results	Import	Export	PillarGrid
21	ECLIPSE Extended Grid(egrid, fegrid)	Import	Export	3D－Grid
22	ECLIPSE Fault Data (ASCII)	Import	Export	Fault
23	ECLIPSE Fault Transmissibility Data (ASCII)		Export	BaseFault
	ECLIPSE Gradients(Binary)	Import		Summary
24	ECLIPSE Grid keywords(grdecl) (ASCII)	Import	Export	3D－Grid
25	ECLIPSE properties(ASCII)	Import	Export	Property
26	ECLIPSE properties(Binary)	Import		Property
27	ECLIPSE Summary RSM(Excel)	Import		Summary
28	ECLIPSE Unified Summary(ASCII and Binary)	Import		Summary
29	ECLIPSE Well Completion Data (ASCII)		Export	3D－Grid
30	ECLIPSE Well Connection Data (ASCII)		Export	3D－Grid
31	ECurtain (XML)		Export	IntersectPlane
32	Function X,Y (ASCII)	Import	Export	Function

续表

序号	格式名称	输 入	输 出	数据类型
33	General lines/points(ASCII)	Import		
34	GRF File (ASCII)	Import		ModelsTree
35	Gslib properties (ASCII)	Import	Export	Property
36	Historic Summary Data FlatFormat (ASCII)	Import		Summary
37	IESX 2D Seismic Lines (ASCII)	Import	Export	Polygons
38	IESX3D Seismic Lines(ASCII)	Import	Export	Polygons
39	IESX Fault polygons(ASCII)	Import	Export	Polygons
40	IESX Fault sticks (ASCII)	Import	Export	Polygons
41	Irap classic grid (ASCII)	Import	Export	Surface
42	Irap classic grid (Binary)	Import	Export	Surface
43	Irap classic layer(Binary)	Import	Export	Surface
44	Irap classic lines (ASCII)	Import	Export	Polygons
45	Irap classic lines (Binary)	Import	Export	Polygons
46	Irap classic points(ASCII)	Import	Export	Points
47	Irap RMS well (ASCII)	Import	Export	WellTrace
48	Kingdom 2D Seismic Lines(ASCII)	Import	Export	Polygons
49	Kingdom 3D Seismic Lines(ASCII)	Import	Export	Polygons
50	Kingdom Fault Sticks (asCharisma) (ASCII)	Import	Export	Polygons
51	MDT Data (DLIS)	Import		WellTrace
52	MDT Data (LAS 3.0)	Import		WellTrace
53	Multiple well logs (ASCII)	Import		WellTrace
54	Multiple wellpaths/deviations (ASCII)	Import		WellTrace
55	OFM vol Data (ASCII)	Import	Export	Summary
56	Open Petrel Format(Binary)	Import	Export	3D
57	Open RMS Format (Binary)	Import	Export	3D
58	Petrel fault model (ASCII)	Import	Export	Fault
59	Petrel format (Binary)	Import	Export	All
60	Petrel Points with Attributes(ASCII)	Import	Export	Points
61	Petrel Summary Data(ASCII)	Import	Export	Summary
62	Petrel Well Tops (ASCII)	Import	Export	Well
63	Petro Works SM1 WellFormat	Import		WellTrace
64	Point Well Data format(ASCII)	Import	Export	Points
65	Production logs	Import		WellTrace
66	Relative permabitlitypoints (ASCII)	Import		RelPerm
67	Rescue format	Import	Export	3D
68	SCAL Keywords	Import		SatFuncRegion
69	SEG-Y seismic data	Import	Export	Seismic

续表

序 号	格式名称	输 入	输 出	数据类型
70	Seismic data in ZGYbricked format	Import	Export	SeismicOcttree
71	Seisworks fault sticks(ASCII)	Import		Polygons
72	Seisworks horizon picks(ASCII)	Import	Export	Polygons
73	SIMOPT Observed Survey(ASCII)		Export	Property
74	Simple well & log (ASCII)	Import		WellTrace
75	Streamlines (Binary)	Import		Streamlines
76	VIP Fault Transmissibility Multiplier Data (ASCII)		Export	BaseFault
77	VIP grid (grdecl) (ASCII)	Import	Export	3D
78	VIP Init/Restart (ASCII)	Import		Property
79	VIP properties (ASCII)	Import	Export	Property
80	VIP Summary ASCII (.plt)	Import		Summary
81	VIP Well Completion Data(ASCII)		Export	3D-Grid
82	VIP Well Connection Data(ASCII)		Export	3D-Grid
83	Wavelet (ASCII)	Import		Wavelet
84	Well Design Trajectory Transfer (DO)	Import	Export	WellTrace
85	Well Design X,Y,Z (ASCII)	Import	Export	WellTrace
86	Well Event Data (ASCII)	Import		WellTrace
87	Well heads	Import	Export	WellTrace
88	Well logs (ASCII)	Import	Export	WellTrace
89	Well logs (DLIS)	Import		WellTrace
90	Well logs (LAS 3.0)	Import		WellTrace
91	Well Observed Data (ASCII)	Import		WellTrace
92	Well path/deviation(ASCII)	Import	Export	WellTrace
93	Well Simulation GeneralFormat (ASCII)		Export	3D-Grid
94	Well Tubing Data (ASCII)	Import		WellTrace
95	Zmap+fault traces (ASCII)	Import		Polygons
96	Zmap+grid (ASCII)	Import	Export	Surface
97	Zmap+lines (ASCII)	Import	Export	Polygons
98	Zmap+points (ASCII)	Import		Points

二、常用的输入数据

(一)有关井数据

1. 井头数据

井头数据主要指钻井信息,包括井名称、井别、井口坐标、补心海拔、完井深度(表3-2-2)、完井时间及井身轨迹(表3-2-3)等。这些数据可从完井地质报告中得到,目前大部分油田单位已将其建成了数据库。

表 3-2-2 井头文件实例格式

井名	X 坐标,m	Y 坐标,m	补心海拔,m	完井直深,m	完井斜深,m	最大倾斜角,(°)
A	20537783.7	4282900.9	7.5	3770.7	3860	18.86
B	20536818.2	4282921.8	6.3	3705.3	3800	25.07
C	20537164.5	4283101.7	6	3574.6	3660	26.1
D	20536948.7	4283034.5	5.7	3647.2	3655	6
E	20537694.3	4283180.3	5.5	3780.8	3792	8.45
F	20535842.2	4282433.7	5.7	3726.8	3735	4.5
G	20538772.2	4283325.5	5.8	3795.3	3803	3.3
H	20537323.6	4282701.6	5.2	3790.6	3797	3.15

注：Petrel 平台中点击 Import file——well heads(数据输入格式：well head)。

表 3-2-3 井轨迹(井斜)文件实例格式(仅附部分数据)

斜深,m	海拔高度,m	直深,m	X 校正量,m	Y 校正量,m	方位角,(°)	倾斜角,(°)
3010.587	-2856.68	2856.681	495.9663	331.2948	54.93	25.02
3010.74	-2856.82	2856.82	496.0192	331.3319	54.93	25.02
3010.892	-2856.96	2856.958	496.072	331.3689	54.93	25.02
3011.045	-2857.1	2857.096	496.1247	331.4059	54.93	25.02

注：Petrel 平台中，在生成的 Wells 文件中输入井斜数据(格式为 Well Path/Deveation)。

2. 井轨迹数据

在建模软件中加载了井信息数据后，应对井信息及轨迹逐一进行细致检查，特别是进行可视化检查。例如为了检查井轨迹的准确性，如图 3-2-1 所示，首先从三维视窗中查看井轨迹的整体形态[图 3-2-1a]；然后在导入井分层数据后，逐层与现场已有井位底图[图 3-2-1b]进行对比检查，确保数据无误。

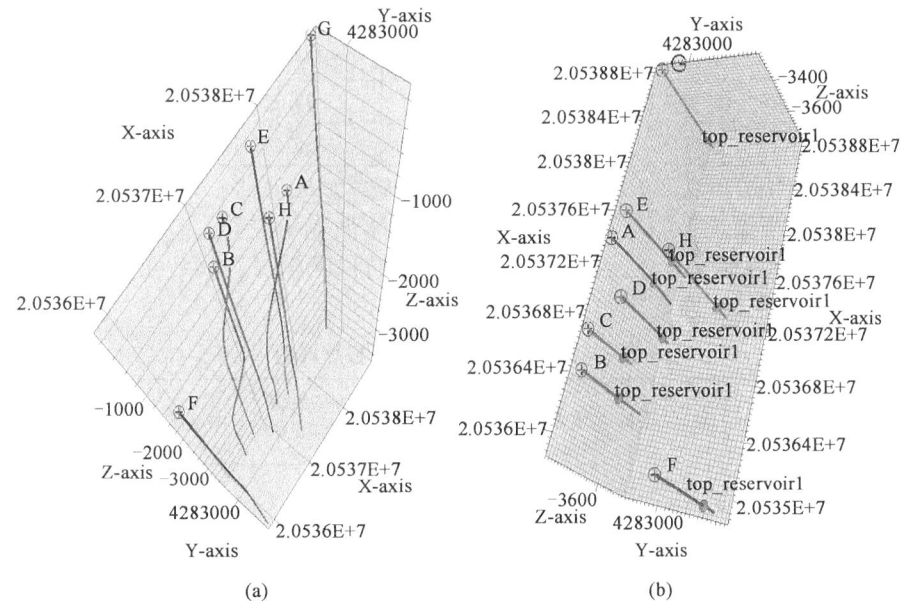

图 3-2-1 井轨迹在三维视窗下的显示及层位显示

3. 测井原始曲线数据及解释成果数据

测井作为研究井筒周围地层、岩石及流体特征的重要技术手段,包括电法测井、声波测井、放射性测井、地层倾角测井、气测井、生产测井以及随钻测井等多个类别。测井原始或逐点解释曲线数据是按每米8个数据点记录而成的连续曲线数据格式(图3-2-2,表3-2-4)。数据文件格式种类较多,如716格式、Las格式等。目前Las格式已成为测井行业数据标准,应用非常广泛。

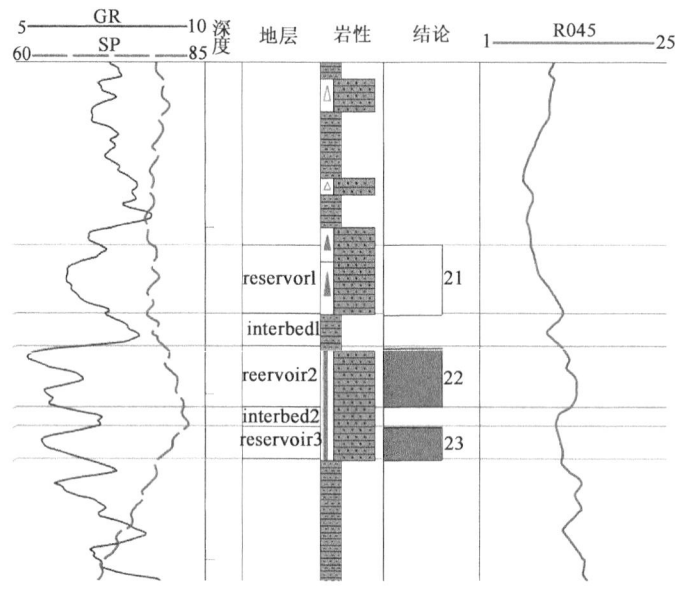

图3-2-2 测井曲线数据和解释成果的图形显示

表3-2-4 测井曲线原始数据样例

DEP(MD)	Rt	AC	SP	GR
3400.0000	5.1703	374.2136	35.5975	127.0
3400.1250	5.2997	374.2136	35.7233	127.1
3400.2500	5.1703	374.2136	35.5975	127.6

注:如有测井综合解释的孔隙度、渗透率、含油饱和度资料,按相同格式加上。

测井解释成果数据常见的数据记录方式是分层数据表格形式,为单油(气)层的平均数据,分段记录了测井解释成果,包括每个单油(气)层的顶底深度、层名、孔隙度、渗透率、含油饱和度、油水层解释结论、净毛比、岩相等(表3-2-5)。

表3-2-5 测井解释成果数据样例

井号	层名	顶深,m	底深,m	孔隙度,%	渗透率,mD	含油饱和度,%	净毛比	岩相	解释结论
F	reservoir1	3641	3645.15	10.58	0.87	8.71	0	粉砂岩	干层
F	interbed1	3645.15	3647.1	3	1	0	0	泥岩	夹层
F	reservoir2	3647.1	3650.8	14.39	2.63	36.72	1	细砂岩	油层
F	interbed2	3650.8	3651.95	3	1	0	0	泥岩	夹层
F	reservoir3	3651.95	3654	16.2	3.49	45.78	1	细砂岩	油层

(二)地质数据

1. 分层数据

分层数据包括地层分层及油(气)层分层。地层分层指各井的油(气)层组、油(气)层、单油(气)层的等时划分对比数据,为建立等时地层结构的基础。油(气)层分层数据指各个单油(气)层的顶底深度,为绘制油砂体分布图及储层微构造图的基础。

地层分层数据的录入有两种方式:第一,收集整理已有的研究成果,并导入建模工区复查;第二,直接在一体化的建模软件系统中进行地层划分与对比,获得分层数据(表3-2-6)。

表3-2-6 分层数据文件实例格式

组	段	油层组	油层	单油层名	顶深,m	底深,m	井名	备注
沙河街组	沙三段	沙Ⅲ	沙Ⅲ中	reservoir1	3641	3645.15	F	储层
				interbed1	3645.15	3647.1	F	夹层
				reservoir2	3647.1	3650.8	F	储层
				interbed2	3650.8	3651.95	F	夹层
				reservoir3	3651.95	3653.9	F	储层

Petrel平台中:在Insert窗口下选择new well tops,点击生成well tops1(可以改名)文件夹,点击Import file,加入地质分层数据[格式:Petrel well tops(ASCII)],编写数据格式为文本格式。

2. 等厚图

可以将手工绘制或建模软件绘制的等厚图数值化成表3-2-7所示的格式,并输入建模软件重新绘制等厚图件。

表3-2-7 等厚图数据文件实例格式

X坐标,m	Y坐标,m	厚度,m
20535030.77	4281584.50	20
20535023.00	4281584.78	20
20535022.71	4281584.79	20
20535302.42	4281584.50	30
20535293.00	4281586.34	30
20535290.74	4281586.76	30
20535283.00	4281588.30	30

3. 属性平面图

可以将手工绘制或建模软件绘制的净毛比、孔隙度、渗透率、流体饱和度等图件数值化成表3-2-8所示的格式,并输入建模软件重新绘制相关储层属性图件。

表3-2-8 等厚图数据文件实例格式

X 坐标,m	Y 坐标,m	某属性值,m
20535030.77	4281584.50	10.6
20535023.00	4281584.78	10.6
20535022.71	4281584.79	10.8
20535302.42	4281584.50	10.8
20535293.00	4281586.34	11.0
20535290.74	4281586.76	11.0
20535283.00	4281588.30	11.0

4. 断点数据

断点数据主要来源于单井断点解释。断点为井轨迹与断层面的交点。其数据记录内容主要包括 X 坐标、Y 坐标、断点海拔高度等(表3-2-9)。

表3-2-9 断点数据文件实例格式

X 坐标,m	Y 坐标,m	海拔高度,m
21674358.00	5120924.00	-1123.70
21674358.00	5120924.00	-1133.20
21674358.00	5120924.00	-1144.80

断点数据可以通过 General Point/line 的方式输入,输入后需要做如下处理:首先检查断点是否大致在一个面上,剔除部分距离该断面较远的点;通过 Make Surface 形成一个断面,然后对该断面进行平滑和上下切除处理;把该断面转换成线(Along I/J Direction);利用断层建模功能把转换的线转变成 Key Pillar。

5. 岩心数据

岩心数据包括岩心照片、岩心描述以及岩心钻孔分析数据等,是岩性解释、沉积相划分、含油气性解释、储层质量评价以及隔夹层识别等的第一手资料。该资料主要用于测井解释,也可用于建模作为参数截止界限控制。

6. 沉积相数据

沉积相数据一般包括单井沉积相数据及绘制而成的沉积相平面分布图。单井沉积相数据一般都较少,绝大多数情况下只有取心井有。沉积相平面分布图是基于沉积相分析方法编制而成的。

通过数值化沉积相平面分布图可以获得沉积相边界数据。沉积相边界为应用测井曲线和地震资料识别的侵蚀不整合界面、沉积间断面及其对应的整合面、最大水退界面和最大水进界面。相边界线数据包含两部分:一是整个区域的外边界,它可以是当前工区的外围或人工限定的一个边界,所有平面沉积相解释工作都是在这个边界内完成的;二是真正意义上的相带线,它由用户在地层切片上根据属性值的差异判断沉积相边界而拾取获得。所有的相边界线需形成闭合区域,每一个闭合区域为一个相带区域。相边界线数据如图3-2-3所示。

7. 动态数据

动态数据主要为单井测试及井间动态监测数据,反映的储层信息包括两个方面:其一为储层连通性信息,可作为储层建模的硬数据,其二为储层参数数据,因其为井筒周围一定范围内的平均值,精度相对较低,一般用于地质模型校验。

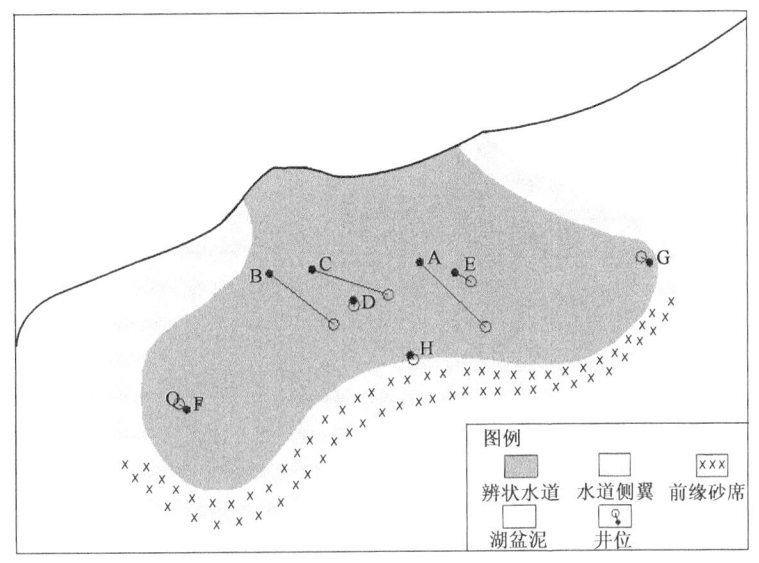

图 3-2-3 沉积相边界线数据

(三) 地震数据

1. 地震体数据

地震体数据是地震数据体中提取或特殊处理得到的地震属性数据,包括:SEGY 数据体(可接受 2D/3D 地震数据体,同时地震反演的数据也可以输入到 Petrel 平台中);层位解释线(Petrel 可以接受多种地震解释格式);相关坐标数据。

SEGY 格式的地震属性数据主要指的是可反映储层岩相及储层参数变化的各类地震属性数据体,如速度、波阻抗、振幅、分频数据等。地震属性数据为储层建模的软数据(soft data),可用作沉积相及储层参数建模的趋势控制(图 3-2-4)。

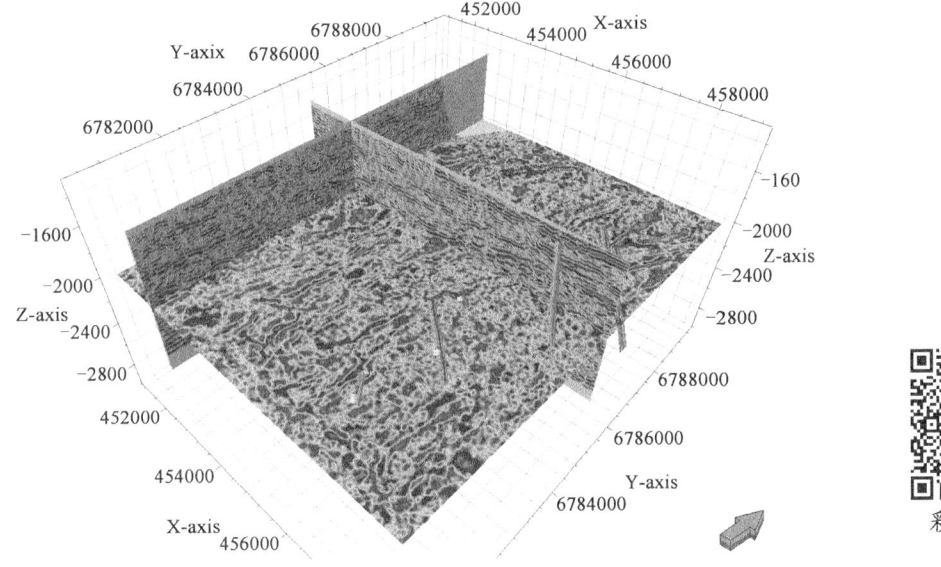

彩图 3-2-4

图 3-2-4 SEGY 格式的地震属性数据体三维视图

2. 地震解释的断层数据

地震解释的断层数据一般包括断层及断层多边形两类。断层为地震剖面上解释的断层线,为一组顺断面的三维线条;断层多边形表示断层面与各构造层面的交线,为表示断层上下盘的两条多边形或一条闭合多边形(图3-2-5)。

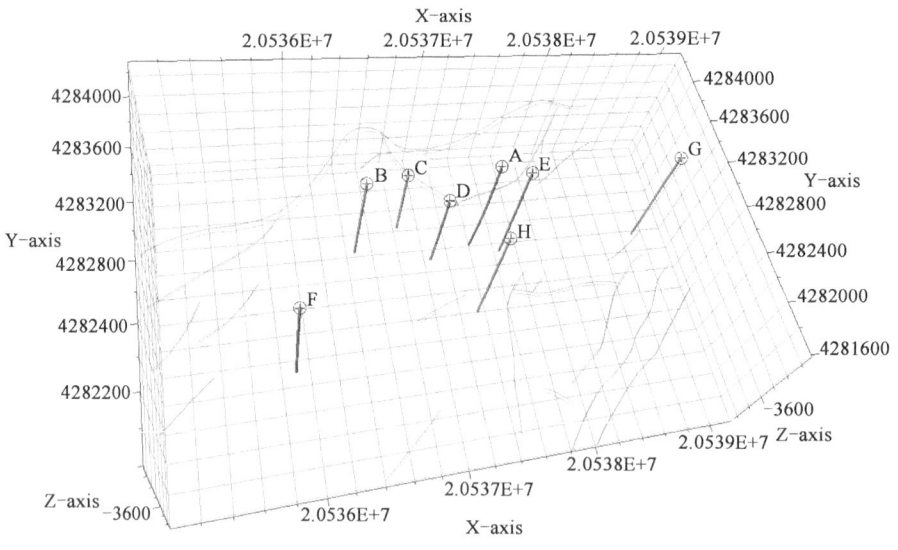

图3-2-5　地震解释断层多边形三维视图(坐标单位:m)

3. 地震解释的构造层面等高线数据

通过地震解释成果获取的油气藏组或段一级的顶(底)面构造图,常常成为油气藏开发地质构造建模的基础。一般需要将地震解释的构造层面等高线数据数值化成线数据输入建模软件(图3-2-6),以此为趋势约束,并利用油(气)层对比获得的分层数据重新构建油藏目标层的构造模型。

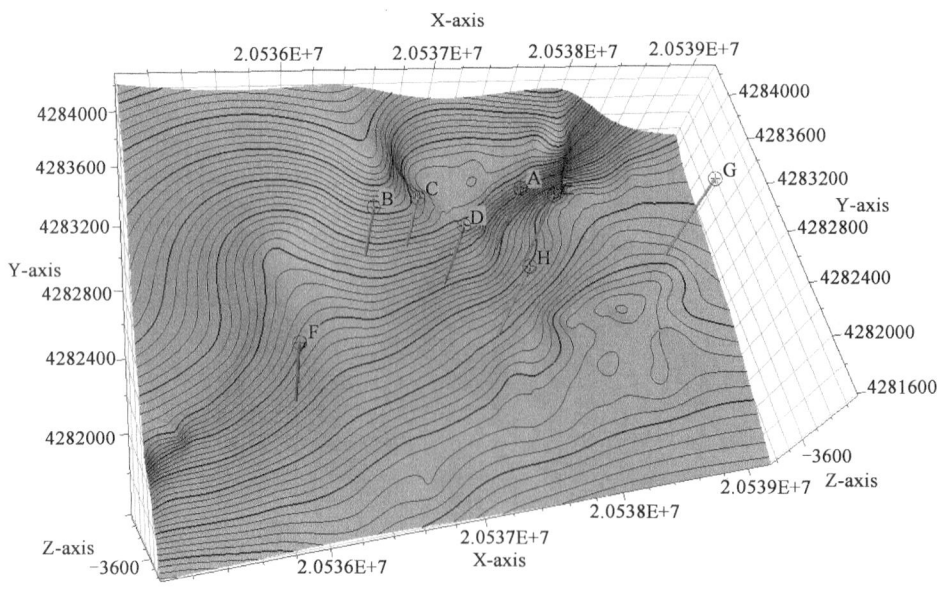

图3-2-6　地震解释构造层面等高线三维视图(坐标单位:m)

三、数据集成及质量检查

数据集成是多学科综合一体化储层表征和建模的重要前提。集成各种不同比例尺、不同来源的数据(井数据、地震数据、动态数据、二维图形数据等),形成统一的储层建模数据库,以便于综合利用各种资料对储层进行一体化分析和建模。

对不同来源的数据进行质量检查也是储层建模的十分重要的环节。为了提高储层建模精度,必须尽量保证用于建模的原始数据,特别是井点硬数据的准确性和可靠性,应用错误的原始数据进行建模不可能得到符合地质实际的储层模型。因此,必须对各类数据进行全面的质量检查。如井位坐标及井身轨迹是否正确,测井解释的储层孔隙度、渗透率、饱和度等参数是否准确,地层分层方案是否合理,岩心—测井—地震—试井解释结果是否吻合等。地质建模数据准备常见问题见表3-2-10。

表3-2-10 地质建模数据准备常见问题(据吴胜和,2010)

数据类型	常见错误及问题
井数据	井口X、Y标值处理错误,X坐标一般为八位数字,Y坐标为七位,也经常省略前两位B带号,分别变为六位和五位。数据准备及录入过程中,容易将X、Y坐标值颠倒或是出现数值错误
	钻井海拔、补心高度错误。此类数据的准确性经常被忽视,特别是在部分井补心高度缺失、不明的情况下,不能简单用邻井数据替代,应进一步落实
	井名称定义混淆。例如,不同时期井名称命名规则可能不同,给收集整理数据造成麻烦或数据错误
	井斜数据不准确及校正方法问题。收集的工区井斜数据最好为原始的井斜角或方位角格式。如果为X/Y/Z数据格式,应落实其数据来源的井斜校正方法。例如,最小曲率法与平均角法均可校正得到X/Y/Z数据;但在井斜角较大的情况下,最小曲率法更为准确
地质数据	数据编辑、录入错误。出现数值偏差甚至地层顶底颠倒的错误
	孔隙度、渗透率、含油(气)饱和度等储层参数数据单位的量纲不统一
	孔隙度、渗透率及含油(气)饱和度等参数存在错误。如,不同专业软件中对无效值的定义不同,建模过程中经常会将其他软件格式中的无效值当有效数值接受
	测井曲线、砂体段、沉积相及储层参数应保证数据的匹配一致性
	同一级次砂体或沉积相由于划分标准不统一,在不同井段出现厚度的较大差异
	将砂体分层(砂体顶底深度)当作地层分层数据
	分层数据深度值类型混淆,如测深(MD)、垂深(TVD)、海拔深度(Z值)
	地质分层方案不合理,不符合地质规律与模式,具体表现为:多井地层对比剖面不协调,构造层面出现与构造趋势不吻合的凹凸点,地层厚度分布差异太大等

第三节 地层结构与构造建模

构造模型反映储层的空间格架,由断层模型和层面模型组成。构造建模主要内容包括三个方面:第一,通过地震及钻井解释的断层数据,建立断层模型;第二,在断层模型控制下,建立各个地层顶底的层面模型;第三,以断层及层面模型为基础,建立一定网格分辨率的等时三维地层模型。后续的储层属性建模及图形可视化都将基于该网格体模型进行。

目前主流建模软件大多采用一体化的构造建模流程,即将断层建模、层面建模以及地层建模作为一个技术整体,三者间在模型数据间共享,操作过程上需经过有机整合(图3-3-1)。本节先介绍构造与地层模型建立过程中三个重要模型(断层模型、层面模型以及三维网格化地层模型)的相关理论知识(吴胜和,2010),然后具体介绍 Petrel 平台构造与地层建模基本过程。

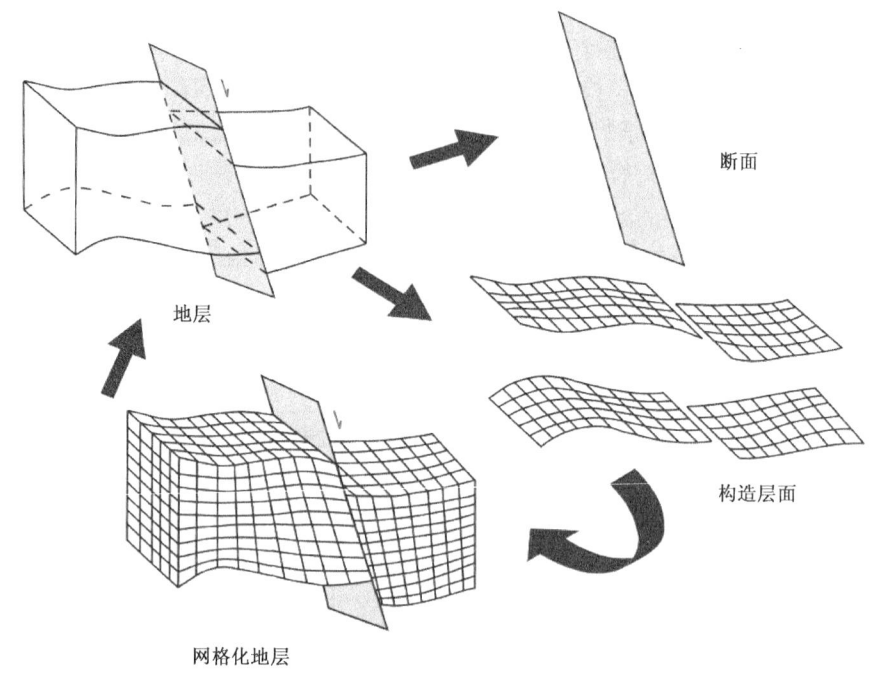

图3-3-1 构造建模工作内容示意图(据吴胜和,2010)

一、断层模型的建立

断层模型为一系列表示断层空间位置、产状及发育模式(截切关系)的三维断层面。主要根据地震断层解释数据(包括断层多边形、断层 Stick,以及井断点数据),通过一定的数学插值,并根据断层间的截切关系对断面进行编辑处理。

一般断层建模包括建模准备、断面插值、断面模型编辑等主要环节。

(一)建模准备

收集整理工区断层数据信息,包括断层多边形、断层 Stick、井断点数据等,并根据构造图(剖面和平面)落实建模工区内每条断层的类型、产状、发育层位及断层间的切割关系等。

(二)断面插值

断面插值过程就是将数据准备阶段整理、导入的断层数据,通过一定的插值方法计算生成断层面(图3-3-2)。插值过程一般需要选择井断点数据作为校正条件(插值结果必须与断点吻合),同时需要设置断面 Pillar 条数、Pillar 控制点个数、光滑程度、垂向延伸长度等参数。

空间三维曲面一般可采用三角网、结构化网格面等多种方式来构建。在一体化的构造建模系统中,一般采用由 Pillar(骨架线条)控制的样条曲面来构建断面。如图3-3-3所示,单个断面由若干纵向的 Pillar 组成,每条 Pillar 又由数个关键点控制其形态(一般2~5个关键点)。Pillar 的条数与控制点个数越少,描述的断面形态越简单。较多的 Pillar 条数与控制点可描述更复杂的断面形态。

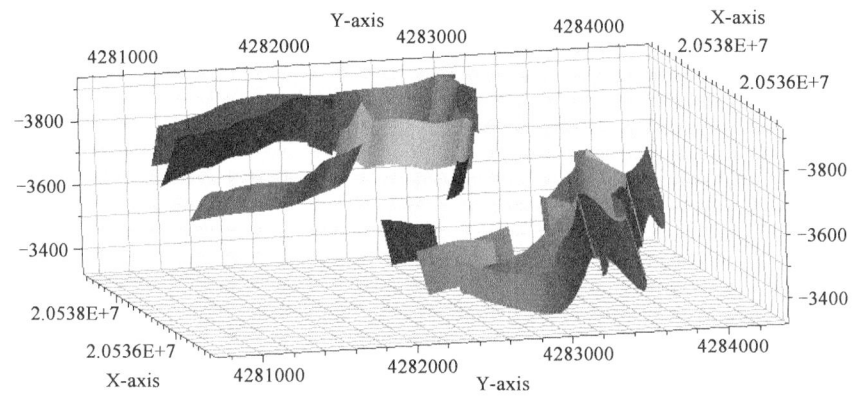

彩图3-3-2

图3-3-2 工区断面插值结果三维视图

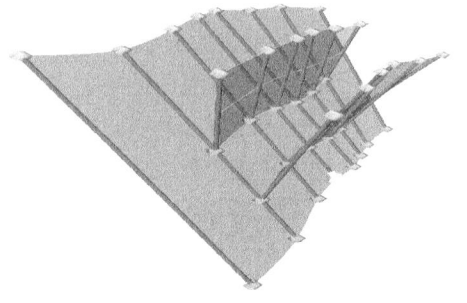

彩图3-3-3

图3-3-3 断面及断面Pillar结构示意图

(三)断面模型编辑

断面模型编辑的主要目的,一是调整断面形态,使其与各类断层描述信息协调一致(如铲式断层等);二是设定断层间的切割关系,如简单相交、Y形相交断层等,可通过编辑断面Pillar来实现(图3-3-4)。正确编辑、处理断面形态及断层间接触关系是非常繁琐的工作环节,特别是在断层条数多、接触关系复杂的情况下。不同商业化建模软件的断面模型编辑功能各有所长,优秀的建模软件能轻松、高效地帮助人们完成此项工作。

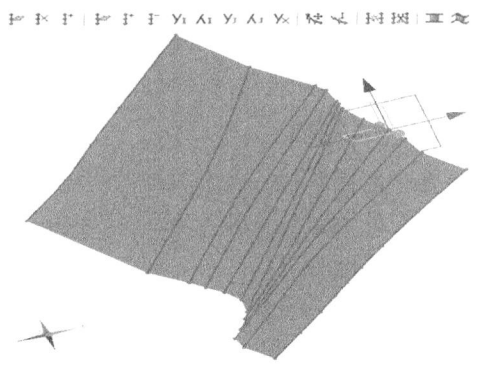

彩图3-3-4

图3-3-4 断面编辑示意图

不同建模软件在断层建模技术方面存在一定的差异。应详细参考所使用建模软件的技术手册,对相关技术要求应充分掌握。

二、层面模型的建立

构造层面模型为地层界面的三维分布,叠合的构造层面模型即为地层格架模型。层面建模的一般步骤包括骨架网格的创建、关键层面的插值建模、层面内插等三个环节,即首先创建骨架网格,然后根据地震解释层面数据建立关键层面(一般为油组或砂组)的模型,最后在关键层面控制下依据井分层数据内插小层或单层层面。

(一)骨架网格的创建

骨架网格为一套综合断层模型及平面网格剖分方案的三维网格格架,由网格化断面、上/中/下三个骨架网格面构成。建立骨架网格的目的是为层面与地层建模建立一套辅助的角点网格支撑系统。层面与地层模型将在该网格系统的支持下建立,这与修建房屋时搭建的脚手架及房梁有同样的作用。

骨架网格的建立从创建中面骨架网格开始。建立过程中,需要将断层面中线投影在二维视图中,并设置网格大小、I/J/K 网格趋势线、块分割线、网格边界线等,如图 3-3-5(a)所示。设置完成后,即可得到如图 3-3-5(b)所示的中面骨架网格剖分结果。该结果决定了后续层面插值及地层建模的平面网格大小及网格形态。另外,中面骨架网格创建参数非常丰富,例如对油藏数模网格时,可将断层按 Z 字形处理;按块设置网格个数或进行局部加密网格等。

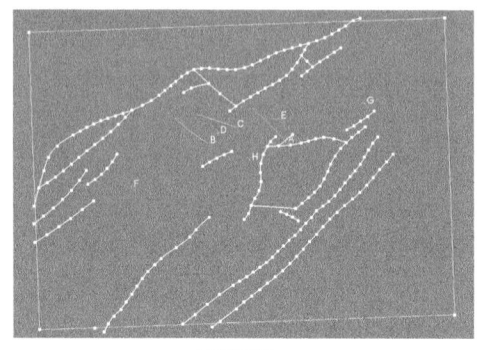 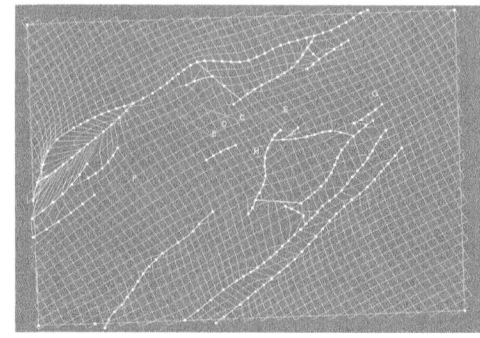

(a)特征线　　　　　　　　　　　　(b)网格剖分结果

图 3-3-5　中面骨架网格剖分的各类特征线及网格剖分结果

彩图 3-3-5

中面骨架网格创建成功后会自动生成顶、底骨架网格面及网格化断面。其中,顶、底骨架剖面连接了各断面的顶、底位置。网格形态是根据中面骨架网格及断层面 Pillar 趋势变化而来的。

(二)关键层面的插值建模

关键层面主要是指地震解释的级别较高的层面,一般为油组或砂组。这些界面一般能较好地进行识别与解释。这些关键层面模型的建立,可作为内部小层或单层层面内插建模的趋势控制。

关键层面的建模数据主要为地震层面数据和井分层数据,通过数据插值而建立模型。算法的关键是能有效地整合井分层数据与地震层面数据。插值算法既可为数理统计方法(如样条插值法、离散光滑插值法以及多重网格收敛法等),也可为克里金方法(如具有外部漂移的克里金方法、贝叶斯克里金方法等)。

层面插值中一般需要设置如下参数:

层面设置:选择插值层面,并设置层面之间的接触关系,包括整合型、超覆型、前积—剥蚀型、不连续型等。

原始数据选择：选择参与插值的井分层点以及地震层位解释数据，等等。

断层影响范围设置：真实的地下断层错断位置在垂向上为一定宽度的断裂破碎带，而构造建模一般以断面的形式来近似表示断层，也就是说层面是直接与断面相交。由于地震层位解释数据在断层附近的准确性不高，因此在建模过程中，需要在断面附近设置一定距离的数据无效域，表示该区域的地震数据可信度不高，插值过程将不予考虑，同时该区域将按周围有效区的层面趋势延伸插值到断面位置，如图3-3-6所示。

其他参数：包括选择插值算法、设置平滑次数等。

插值参数设置完成后，即可得到如图3-3-7所示的插值结果。

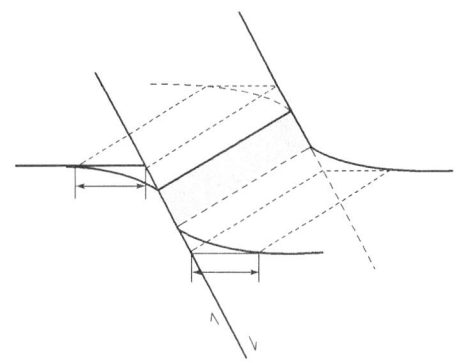

图3-3-6 断层影响范围示意图
（据吴胜和，2010）

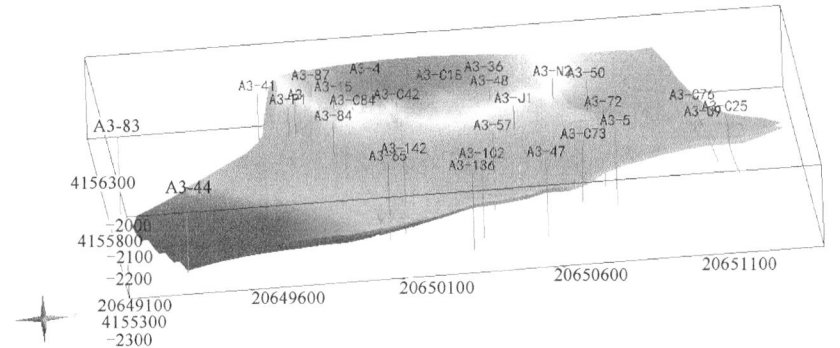

图3-3-7 关键层面插值结果示意图

彩图3-3-7

（三）层面内插

在关键层面建立之后，可以将其作为顶、底趋势面，对其内部的小层或单层进行层面内插，建立各层的层面构造模型。插值方法可为样条插值法、最小曲率法等。

由于地层内部的层面与顶、底趋势面的接触关系可能不同，导致顶、底趋势面对内插层面的控制方式有所不同。因此，在内插前需要首先判别地层的发育型式，确定地层层面之间的接触关系。

根据层序地层学原理，在油藏范围内，地层分布型式可分为比例式、波动式、超覆式、前积式、剥蚀式和组合式六种类型。

1. 比例式

比例式是指地层内部层面与顶、底面呈整合接触，虽然地层厚度在各处有差别，但各地层单元的厚度比例在各处相似，即变化趋势是一致的（图3-3-8），这种型式称为比例式。这类型式的地层是在基本稳定的沉积背景上形成的，横向的厚度变化主要由不同部位沉降幅度和（或）沉积速度的差异造成的。在油藏范围内，这种分布型式最为广泛，其极端型式为等厚式，即各处各地层单元的厚度基本相似。层面内插时，应选择"从顶底到中间"的层面内插方式。

2. 波动式

波动式指地层内部层面与顶、底面呈整合接触,但地层内部各地层单元的最大厚度沿某一方向迁移,呈波动变化。这主要是受地壳波状运动的影响控制,最大沉降区有规律地转移,导致各层最大厚度带有规律地转移(图3-3-9)。层面内插时,也应选择"从顶底到中间"的层面内插方式(即顶、底面共同作为趋势面)。

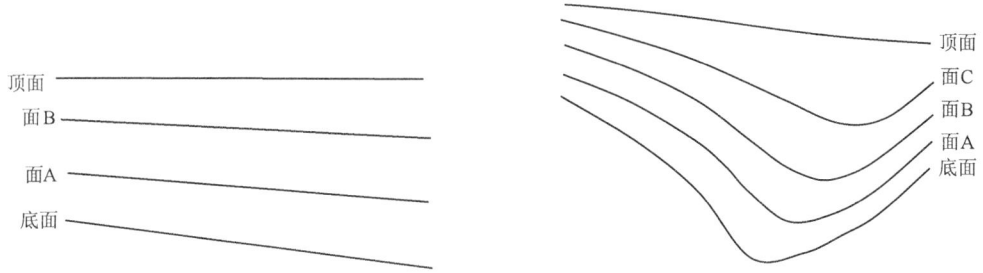

图3-3-8 比例式地层分布型式(据吴胜和,2010)　图3-3-9 波动式地层分布型式(据吴胜和,2010)

3. 超覆式

超覆式指地层内部层面与底面斜交,而与顶面平行,由地层向盆地边缘(或盆内凸起)超覆而形成(图3-3-10)的地层型式,发育于海进(湖进)体系域中。当水体渐进时,沉积范围逐渐扩大,较新沉积层覆盖了较老沉积层,并向陆地扩展,与更老的地层侵蚀面呈不整合接触。在地层超覆圈闭中,发育这种地层模式。层面内插时,应选择"从上到下"的层面内插方式(即顶面作为趋势面)。

4. 前积式

前积式指地层内部层面与顶、底面斜交,内部地层沿某一方向前积排列,如图3-3-11中的层面A、B、C。这种型式常见于三角洲相地层中,为建设性三角洲向海(湖)推进而形成。在这种情况下,层面内插时,也应选择"从下到上"的层面内插方式(即底面作为趋势面)。

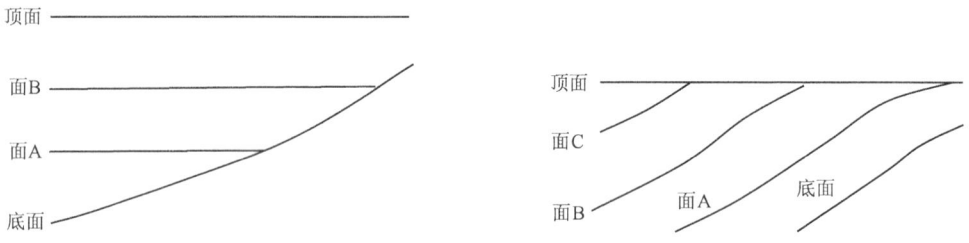

图3-3-10 超覆式地层分布型式(据吴胜和,2010)　图3-3-11 前积式地层分布型式(据吴胜和,2010)

5. 剥蚀式

剥蚀式指地层内部层面与底面平行,而与顶面斜交。顶面为剥蚀面,内部地层在高部位被剥蚀(图3-3-12)。这一地层型式为地层抬升遭受剥蚀所致,分布于不整合面之下。层面内插时,也应选择"从下到上"的层面内插方式(即底面作为趋势面)。

6. 组合式

组合式为上述各型式的组合型式。如超覆式与剥蚀式的组合,地层沿底面向上超覆,其顶部又被顶界面所截切(图3-3-13)。对于顶、底面均为不整合面的情况,不能作为层面内插的趋势面,而应选择内部的等时面作为趋势面。

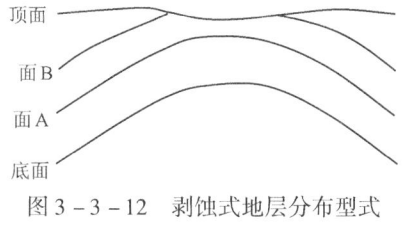

图3-3-12　剥蚀式地层分布型式　　　图3-3-13　超覆—剥蚀组合型地层分布型式
　　　（据吴胜和,2010）　　　　　　　　　　　　（据吴胜和,2010）

在地质建模设置时,往往将上述地层型式归纳为四种类型,即整合型(包括比例式、波动式)、超覆型(即超覆式)、退覆—剥蚀型(包括前积式、剥蚀式)、不连续型(即组合式),建模实例如图3-3-14所示。

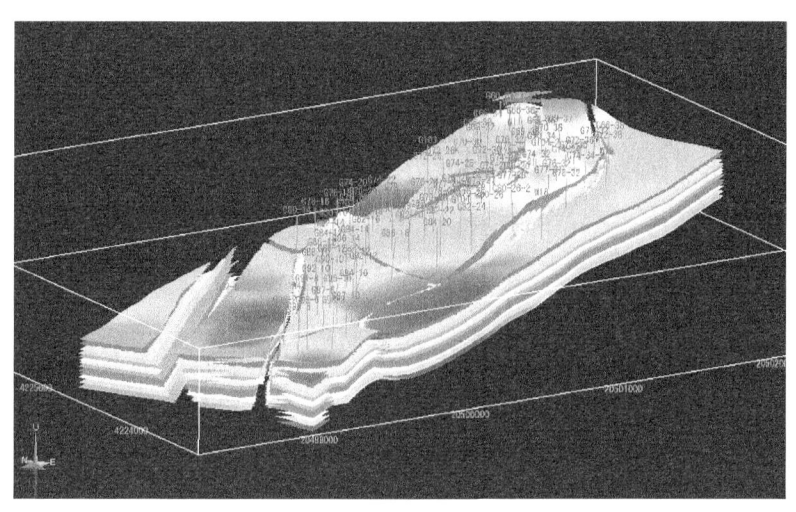

彩图3-3-14

图3-3-14　层面内插结果示意图

三、三维网格化地层模型的建立

在断层模型和层面模型建立的基础上,针对各层面间的地层格架进行三维网格化(3D-Griding),将三维地质体分成若干个网格(一般为几百万至几千万个网格),即可建立三维网格化地层模型。

(一) 网格类型

在地质建模中,三维网格类型主要有正交网格(XY平面正交)与角点网格两类。

正交网格是常见网格类型,其计算速度快、构建方式简单,但正交网格不能很好地表述断层的错断情况。如图3-3-15(a)所示,在断层断失部位,构造特征失真。在没有断层的情况下,可应用正交网格进行地层的三维网格化。

— 239 —

角点网格最早由 ECLIPSE 软件在 1983 年推出,它克服了正交网格在处理断层方面的局限性,如图 3-3-15(b)所示。目前,角点网格在断层处理、复杂地层接触关系等方面的处理已较完善,成为地质建模与数模软件的主流应用网格技术。

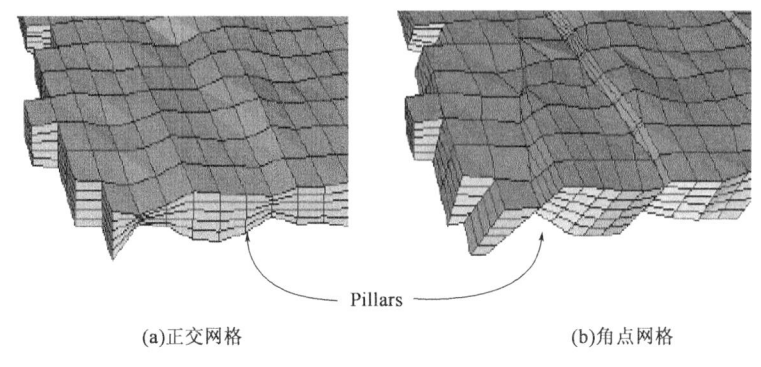

(a)正交网格　　　　　　　　　　(b)角点网格

图 3-3-15　正交网格与角点网格

(二) 网格设置

地层网格化过程中,设置平面网格和垂向网格时应注意一些问题。

1. 平面网格设置

在平面上,分别沿 X、Y 方向划分网格。网格大小应根据研究目标区的地质体规模及井网井距而定。平面网格一般以井间内插 4~8 个网格为宜。如对于 200m 井网,平面网格大小一般为 25m×25m~50m×50m。虽然网格尺寸越小,意味着模型越精细,但也要避免一味追求精细而造成的误区。如油藏评价阶段,井距一般在 1000m 以上。如果将平面网格大小设置为 10m×10m,这并没有从实质上提高模型精度,只是简单增加了网格大小,模型运算时将需要更多的存储空间与计算机机时。

平面上的 X、Y 方向不一定是东西与南北向,一般地,X 方向与工区的长轴方向平行,Y 方向与工区的短轴方向平行。

2. 垂向网格设置

垂向网格大小可从 0.1~0.5m,视研究目的而定。如需表征 0.2m 厚度夹层的空间分布,则垂向网格最小应保证 0.2m 的厚度,否则在三维模型中难于表述夹层。

在划分垂向网格层时,如同层面内插过程,需要遵循等时原则。网格划分方式包括以下两种方式:

按比例划分网格。在地层顶、底面为整合型时,一般采用等比例式网格划分,此时需设置垂向网格个数。

按厚度划分网格。在地层顶、底面为不整合类型时,采用不等比例式网格划分,此时需设置垂向单网格层厚度,并以整合面为趋势。如果顶、底面均为不整合类型,则需要设置参考趋势面,如图 3-3-16 所示。

四、Petrel 平台地层结构与构造建模

Petrel 平台地层结构与构造建模步骤包括:输入数据、断层建模、三维骨架网格创建、关键构造层面建模、小层结构建模、小层内细分网格建模(视频 3-3-1)。

视频 3-3-1 Petrel 平台地层结构与构造建模

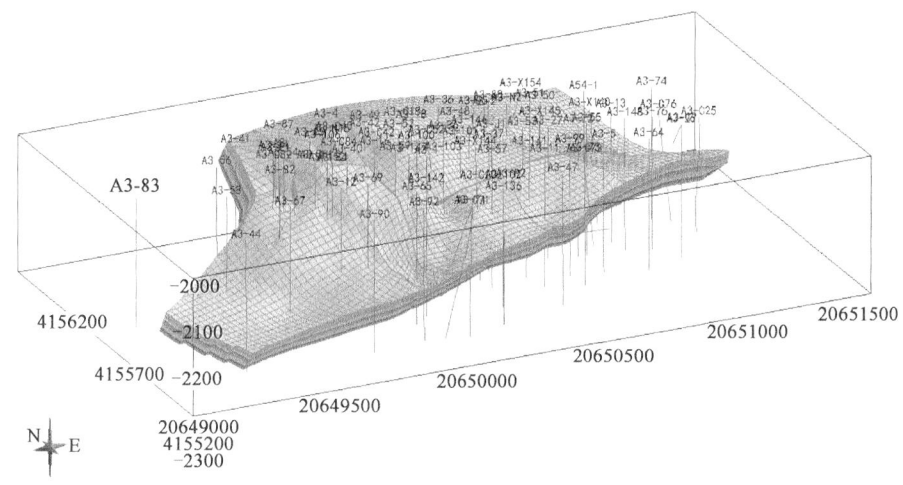

图 3-3-16 三维网格化地层模型示意图

(一) 输入数据

输入数据包括与井有关的数据(如井头、井位和井斜数据),测井数据,断层数据,分层点数据,地层数据等。输入数据的类型有:①井位坐标文件(Wellhead.txt);②分层数据文件(Welltop.txt);③测井曲线文件(Las/ASCII);④地震解释层及断层文件;⑤岩性及岩相(离散);⑥测井综合解释结果(连续);⑦油水界面等。

彩图3-3-16

(二) 断层建模

断层是由其输入数据模拟成的光滑面(图3-3-17、图3-3-18)。每一个面被一个代表断层边界的 Tip Loop 所限定,Tip Loop 的边界是通过对断层解释结果进行一定量网格的外插计算来的。模拟断层时,可以在"Compute Faults"栏对每一条断层单独进行设置,也可以在"Setting"栏下面对所有的断层整体上进行设置(图3-3-19、表3-3-1)。

在 Petrel 平台中,断层通过 Key Pillar 创建。Key Pillars 是用于定义断层的倾角和外形的线段,是通过2~5个定型点(Shape Points)确定的一个竖直、线性、犁式或者曲线型的 Key Pillar。定型点作用在于可以帮助用户构建与输入数据一致的断层。2个定型点可以确定垂直线或者直线,3个可以确定折线,5个确定曲线。若干 Key Pillar 通过定型点相连确定一个断层面。

Key Pillars 是由输入数据 Fault Sticks、Fault Polygons 或 Fault Surfaces 建成的。有时也可直接从地震剖面、构造图上获得。Petrel 平台建立断层的数据来源有以下几种:①断层多边形(Fault Polygon);②基于地震解释形成的断层面;③前人完成的构造图;④断层棒(Fault Sticks);⑤地质分层对比得到的断点;等等。3D 构造格架中的每条断层都是由 Key Pillar 定义的。断层可能交叉、分叉或垂直截断,但在建模过程中必须组合起来。当所有断层都用 Key Pillar 表征清楚了,被正确连接了,断层模型就建成了。

彩图3-3-17

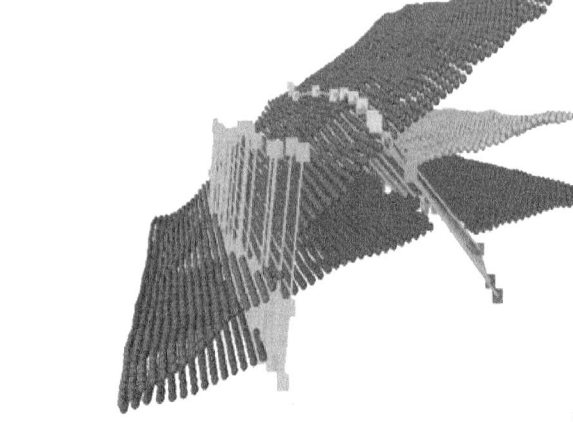

图3-3-17 输入断层和层面解释数据

彩图3-3-18

图3-3-18 带有断层和层面的构造格架

彩图3-3-19

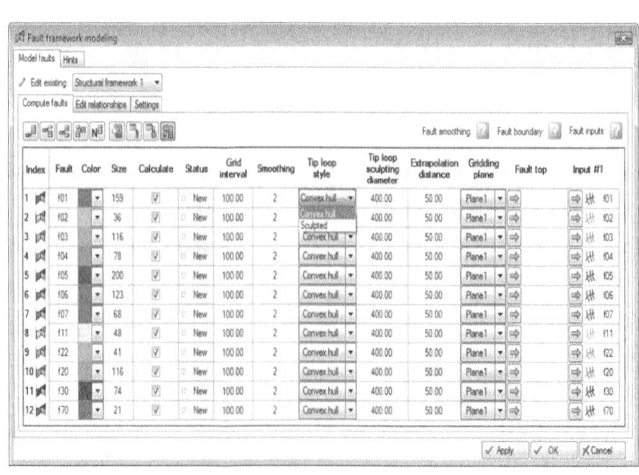

图3-3-19 Petrel平台断层建模设置对话框

表 3-3-1　断层设置选项

选　　项	作　　用
Index	标识符号
Fault	构造框架模型中的断层模型名字,可以基于输入栏中的断层名字而自动命名
Color	断层颜色
Size	原始数据样本点数
Calculate	断层计算器,可以单选断层进行模拟计算,缺省状况下,所有断层都将被模拟计算
Status	New 表示新断层,Done 表示断层已经被模拟完成
Grid interval	断层模型网格间隔,值越小形成的断层面越忠实于原始断层数据
Smoothing	迭代平滑因子
Tip loopstyle	Tip loops 断层多边形,有两种情形:边界圆滑,或边界凸凹
Tip loopculpting	控制断层多边形的圆滑程度,值越大越圆滑
Extrapolation	断层模拟计算的外推距离
Gridding lane	框架模型中的断层面,通常情况下软件自动根据原始数据选择最合适的面建立断层模型
Fault top	井钻遇的断点数据
Input#1	原始输入数据,可以是点、线或面

下面分别以断层多边形(Fault Polygon)、断层棒(Fault Sticks)、断点(Fault Point)为例,介绍建立断层的详细过程。

1. 断层多边形(Fault Polygon)

①打开一个 3D Window,单击 Process Diagram/Structural Modeling/Fault Modeling;

②把断层多边形显示在这个窗口中;

③输入的断层多边形一般没有 Z 值,需要投射 Z 值到多边形线段上,双击 Input 里的断层多边形,例如 Top Tarbert Fault Polygons,选择 Calculations 标签,勾选"A = 一个 surface"选项,添加构造面 Top Tarbert,然后单击 Z = A 按钮(图 3-3-20);

④重复上面的操作把所有的断层多边形都赋上 Z 值;

⑤在三维窗口里查看断层多边形的分布状况;

⑥从功能栏上选择 Pillar 的 Shape Point 类型:Vertical ▯, Linear ▯, Listric ▯ 或者 Curved Pillars ▯,为简单起见,建议选择 2 点 Linear 模式;

⑦按 Esc 键切换到选择编辑模式(▯),然后选择利用"Shift 键 + 鼠标左键"的方式把一条断层的线段激活(颜色变白);

⑧单击 Create Fault From Fault Polygons ▯ 就可以看到生成的 Key Pillars 所组成的断层。

2. 断层棒(Fault Sticks)

①单击 Process Diagram/Structural Modeling/Fault Modeling,按前述步骤选择 Shape Point 类型;

②单击 Input/Fault Sticks,从功能栏上选择 Create Fault FromFault Sticks,Surfaces or Interpretation ▯(图 3-3-21);

③修改 Maximum search distance to nearest neighbor pillar 的数值为 500(或其他值);

④单击 OK,所有的断层棒数据都按照参数的设定转换成模型内的断层 Key Pillars。

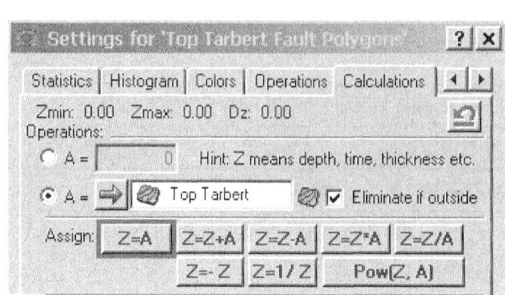
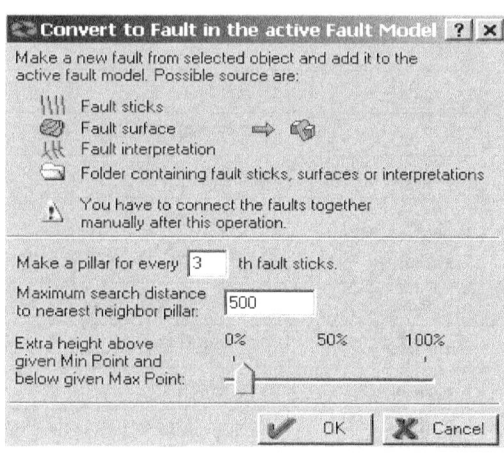

图 3-3-20　Petrel 平台断层多边形的设置界面　　　图 3-3-21　Petrel 平台创建断层界面

3. 断点(Fault Point)

将提取得到的断层断点数据输入到 Fault Point 文件夹中。通过 Make Surface 建立断面，根据断面形成 Fault Stick，再根据这些 Stick 建立 Key Pillar，这是根据断点建立 Key Pillar 的基本思路。具体步骤如下：

①在文件管理器，将 Fault Point 文件夹中 Fault Point 显示出来；

②激活并打开 Make Surface 处理流程，选择要处理的 Fault Point 并输入到 Input Data 栏，同时输入断层面边界，选择数据类型 Well Tops/Points(high density)(图 3-3-22)；

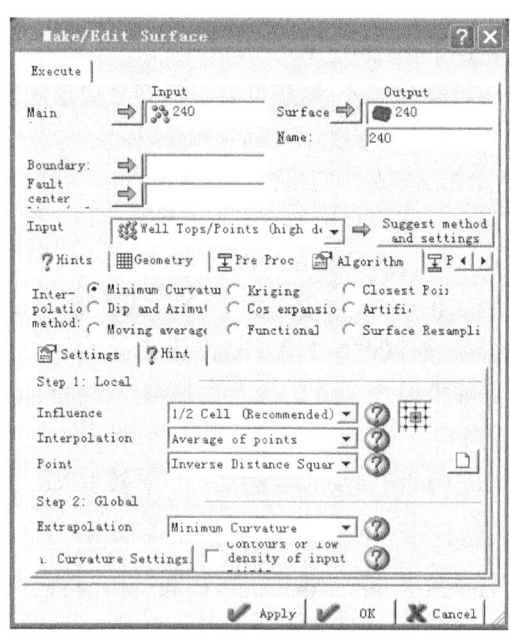

图 3-3-22　Petrel 平台 Make Surface 界面

③定义网格的大小，尽量设置小的网格；
④选择插值的方法，一般选择 Minimum Curvatur 方法；
⑤定义平滑的点数；

⑥按 Apply 按钮,打开形成的断面,检查所有的断点是否落在该断面上(图 3-3-23);

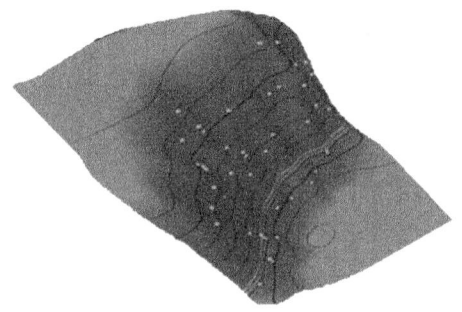

彩图3-3-23

图 3-3-23　断面

⑦使用同样的方法建立其他断面。

采用断层多边形(Fault Polygon)、断层棒(Fault Sticks)、断点(Fault Point)等数据,即可建立完成断层 Key Pillars,从而建立起断层模型(图 3-3-24)。

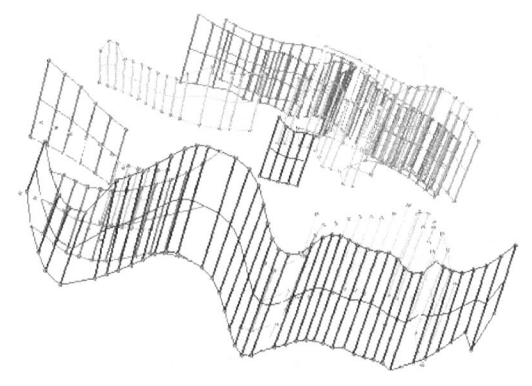

彩图3-3-24

图 3-3-24　建好的断层模型

(三) 三维骨架网格创建

三维骨架网格创建(Pillar Gridding)的目标是生成一个三维构造格架。这个格架完全是由标志网格角点的 Pillar 表示出来的(包括构成断层的 Key Pillars 和衍生的 Pillar),用户可以定义网格方向是否沿着断层或者边界线控制网格化操作。这个步骤需要一个 2D Window 作为显示窗口,它的网格化算法是自动的,用户只可以修改一些参数。

Pillar Gridding 的过程就是一个空间网格生成的过程,是根据先前工作中定义的 Key Pillar 生成一个骨架网格。Key Pillar 会被转化成一些由 Pillar 组成的断层表面。在断层间也要插入一些 Pillar,同样地,在 I、J 方向上定义网格单元的大小。

骨架网格被断层和边界分隔成了断块。每一个断块都有一个给定的网格单元的数目,可以改变这个数目以局部加密或抽稀网格。生成的骨架网格(也叫作 Pillar 网格)定义出了空间结构,地层层面会在以后被插入其中,这表明 Pillar 与 Z 值没有关联。创建出的骨架网格不代表任何表面,而是代表了 Pillar 顶部、中部和底部的位置。在下一个进程中(关键构造层面建模)关键地层层面会被插入,并连接到 Pillar 上,Z 方向上的网格单元也将被定义。Pillar 网格化进程完成后,首先会生成一个 3D 网格。网格化的目的就是要创建均匀分布的矩形网格单元(图 3-3-25)。

彩图3-3-25

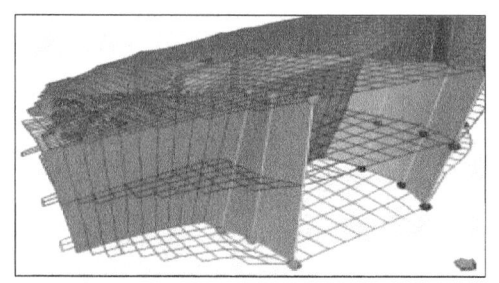

图3-3-25 均匀分布的矩形网格单元

这里主要讲3D网格是如何生成的,如何运用趋势线和方向来改善网格的质量以及执行网格质量控制,如何通过在I、J方向上播放来检查已生成的3D网格。

1. 创建新的3D网格

此过程可以设置网格的大小和方向等。在修改模型时,应该将已存在的3D网格进行修改,因为设置已在先前的操作中设定,这会使修改变得较容易。好的方法是将3D网格进行拷贝,然后修改副本。虽然像网格名称和网格步长这样的关键设置可以返回进行修改,但在初始网格化进程时也应该设置(图3-3-26)。具体步骤如下:

①开始创建一个新的3D网格化进程。注意,在网格化进程时,会在2D窗口中显示先前所建断层。显示的线条是前面建立的Key Pillar中点连线的投影,其中的点就是Key Pillar的中点。

②给3D网格起个名字(3D Grid),并给定I、J方向的步长。

③将网格化窗口移到一旁,但不要关闭,后续工作中会经常用到。

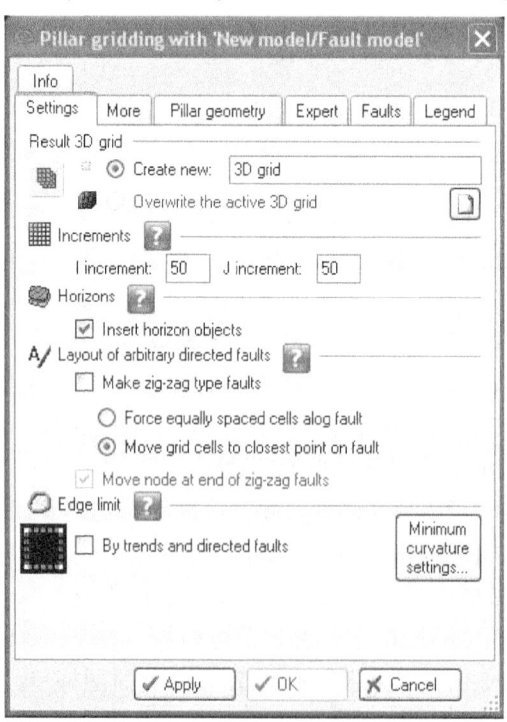

图3-3-26 Petrel平台网格化窗口

2. 建立3D模型的网格边界

边界标定了3D网格的侧向延伸,它可以用许多方法进行交互式定义。边界可完全圈闭断层,也可以截穿断层。换句话说,断层可以作为边界的一部分。仅在边界内形成3D网格,因此在边界外不会进行储量计算,也不存在构造层面和属性单元。要在3D网格中完全圈闭断层,可用创建边界工具来实现。具体步骤如下:

①在2D窗口中显示一个地层平面构造图,并数值化其外边界作为3D网格边界。

②用创建边界工具沿着同属性的区域开始建边界。单击鼠标左键沿数值化的外边界画一个边界,双击左键将边界封闭。

③双击网格化进程,点击应用,就可建立一个2D网格。发现边界没闭合,应马上闭合。发现相交的Key Pillar,会用黄点标出。若出现以上问题,回到窗口菜单,将断层的3D窗口和网格化的2D窗口垂直平铺显示。这样有问题的Pillar同样会显示在3D窗口中,激活断层建模进程,然后对有问题的Key Pillar进行修改。之后,再重新进行网格化。

3. 建工区内的断块边界

①在2D窗口中显示一个地层的构造图,数字化其断层线。

②用选择工具将一个断层线标记出。注意,点击断层上连接定型点的线时,整条断层会显示为黄色,这就表示该断层已被选中,可以对其进行操作。另外,也可通过点击一个控制点(起点),同时按住Shift键,再点击另一个点(终点),这样就会选中这段断层。

③点击Set part of grid boundary 按钮图标。注意,设置后的断层或断层的一部分显示为蓝色的双线(图3-3-27)。

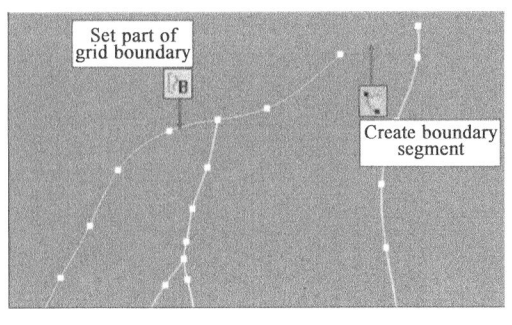

④继续在边界的不同位置,通过在逐个断层间数字化点来将边界延伸。

⑤选择 Create boundary segment(建边界段)工具图标。

⑥点击断层上的点来数字化边界。

⑦在断层间数字化边界以使它与显示出的表面相匹配。

图3-3-27 设置网格边界

⑧点击断层上的一个控制点以结束边界。

⑨在余下区域继续设置边界。

⑩点击应用,会建立一个2D网格。若Key Pillar有相交的,要回到断层建模进程,改变显示为3D模式,修改错误的Key Pillar。然后再点击应用。

4. 插入I、J方向和趋势线

①在2D窗口中观察所有的断层样式。用Select/Pick model 工具,选择定型点间的线以选中整条断层,然后点击Set J-direction 按钮(图3-3-28)。

②将垂直于J方向的断层设为I方向。按上面同样的方式选中断层,点击Set I-direction 按钮。

③点击进程窗口中的应用,观察中部骨架网格的变化。注意,沿给定方向的断层分布的网格单元应平行于该断层,但沿任意方向断层分布的单元可与断层相交(图3-3-29)。

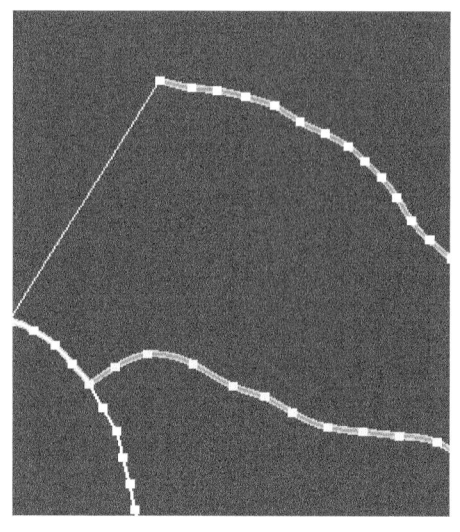 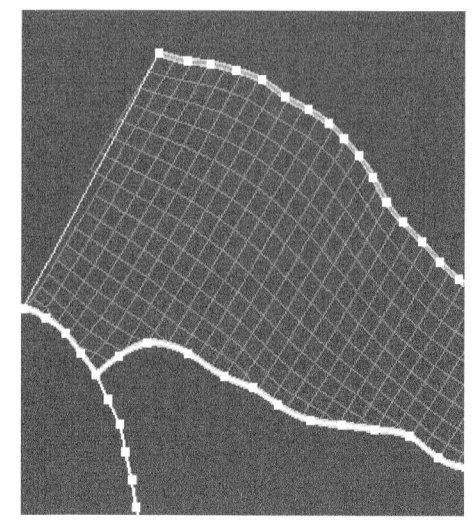

图 3-3-28 设置断层 J 方向　　　　图 3-3-29 设置断层 J 和 I 方向的中部骨架网格

④给主要断层都设置相应的方向。

⑤在两个 J 方向断层间插入一条 I 方向的趋势线(图 3-3-30)。

⑥点击应用,观察沿趋势线的网格单元是如何分布的(图 3-3-31)。

⑦在 2D 中通过质量管理(QC)中部骨架网格,确保所有方向和趋势线的分布都是合适的。

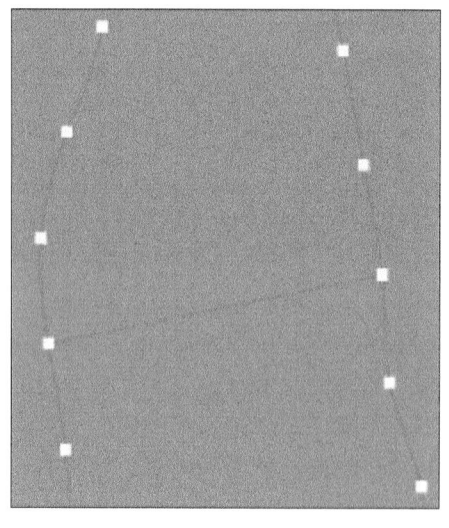 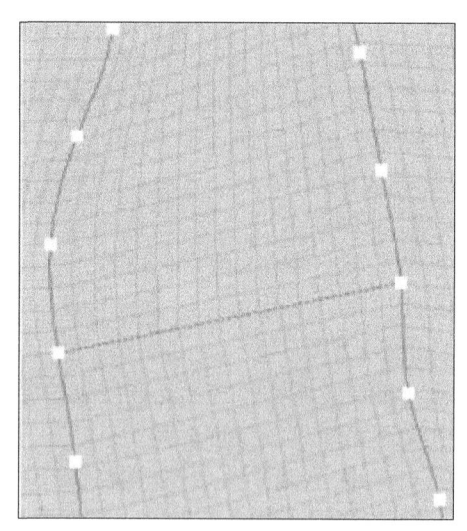

图 3-3-30 插入 I 方向的趋势线图　　　图 3-3-31 沿趋势线分布的网格单元图

5. 网格化

在建好边界并且 2D 网格大小已调整适当(用趋势线和方向辅以调整)之后,便可构建 3D 网格,结果会得到一个由一系列 Pillar 组成的骨架网格,每个网格单元的角对应一个 Pillar。在 2D 中,很容易通过顶部、中部和底部骨架网格来观察这些 Pillar,并可进一步在剖切面中观察 Pillar 以检查它们的完整性。在 Pillar gridding 窗口的 Geometry 标签下,不要勾选"Non-Faulted Pillars Geometry"条目下的 Curved 选项,这样就会创建一个简单的 3D 网格,且不会产生错误。

对生成的网格结果感觉满意后,点击 OK 以开始构建顶部和底部的骨架网格。在弹出窗口(询问是否将开始构建顶部和底部骨架网格)中点击"Yes"(图 3-3-32)。

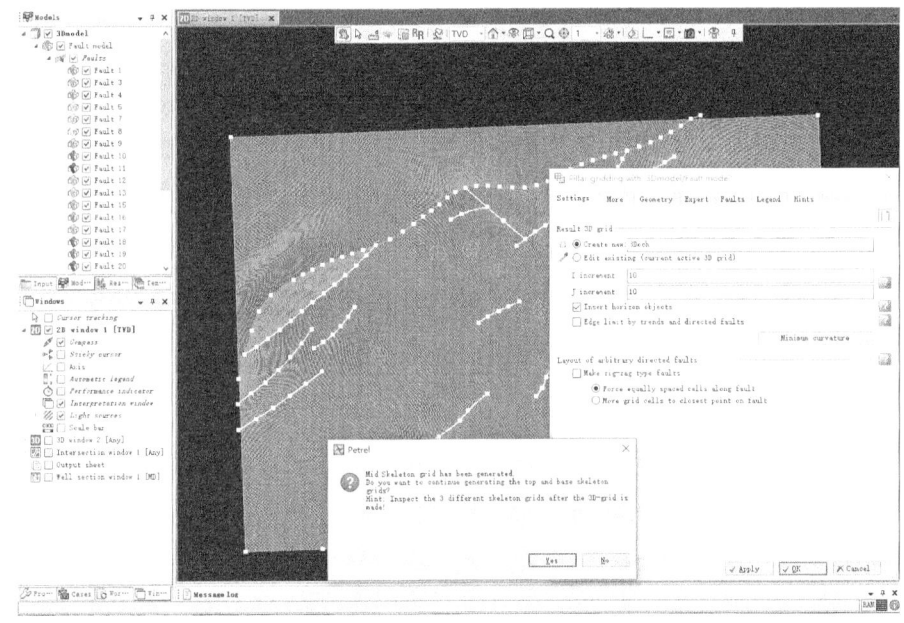

图 3-3-32　Petrel 平台断层模型三维骨架网格创建界面

(四)关键构造层面建模

完成了断层建模之后,下一项关键的工作就是建立地层层组关键构造层面(一般是通过地震解释获得的层组的顶、底面)模型,即 Make Horizon。通过给出地层层组关键层面间的关系和模拟参数,结合断层面生成地层层组的构造格架,然后运用层面削截法建立完整的关键构造层面模型。

Make Horizons 是 Petrel 平台在三维网格中定义地层垂向结构的第一个步骤,详细操作步骤如下。

①双击 Make Horizon 进程。在弹出的对话框中选取层面选项卡(图 3-3-33),它包括关于创建层面的主要控制设置。

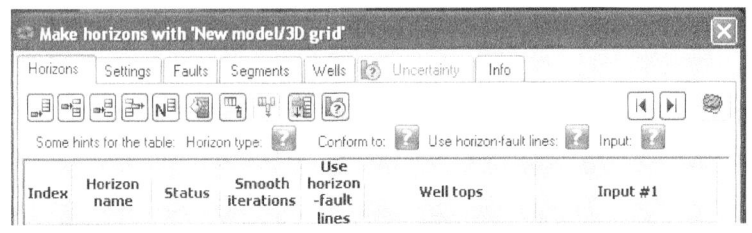

图 3-3-33　Petrel 平台 Make Horizon 选项卡

②选择 ⬚ 工具或 ⬚,可在对话框标签的上部插入一行或几行表格,点击 Input 蓝色箭头输入想建立的层面(图 3-3-34)。

③对每个关键构造层面都进行以下操作:

a. 定义关键构造层面间的接触关系。点击 HorizonType 栏下的行,将各个关键构造层面按实际地层接触关系分别设为整合接触、不整合接触或剥蚀等(图 3-3-35)。

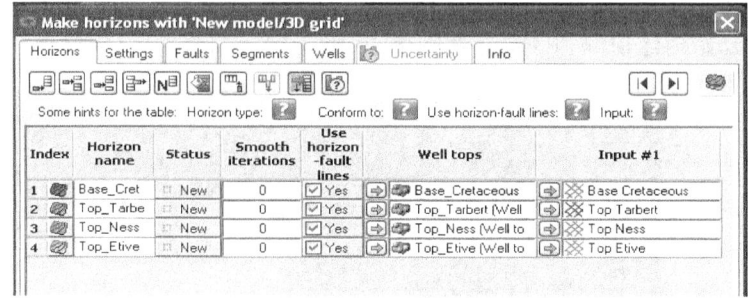

图 3-3-34　Petrel 平台 Make Horizon 对话框实例

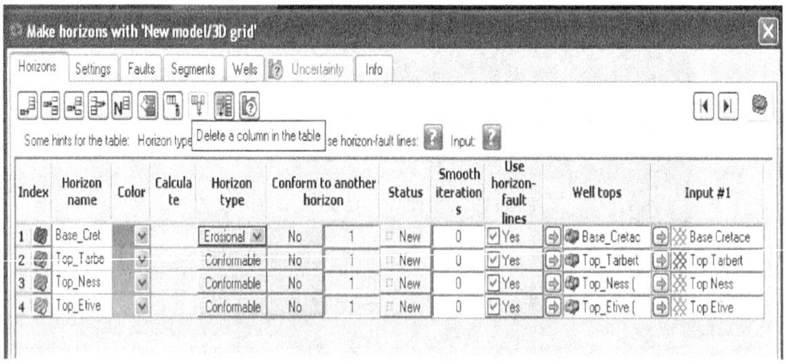

图 3-3-35　Petrel 平台定义关键构造层面间接触关系实例

b. 选择 Horizon 所对应的深度域下的测井分层数据(Well tops)。在 Petrel 平台资源管理器中使其名字突出显示(变为粗体),然后点击 Well tops 栏左边的蓝色箭头输入。

④选择 Settings 选项卡,根据实际情况选择关于样点内插、外推的参数设置,一般采用默认设置就可以了(图 3-3-36)。

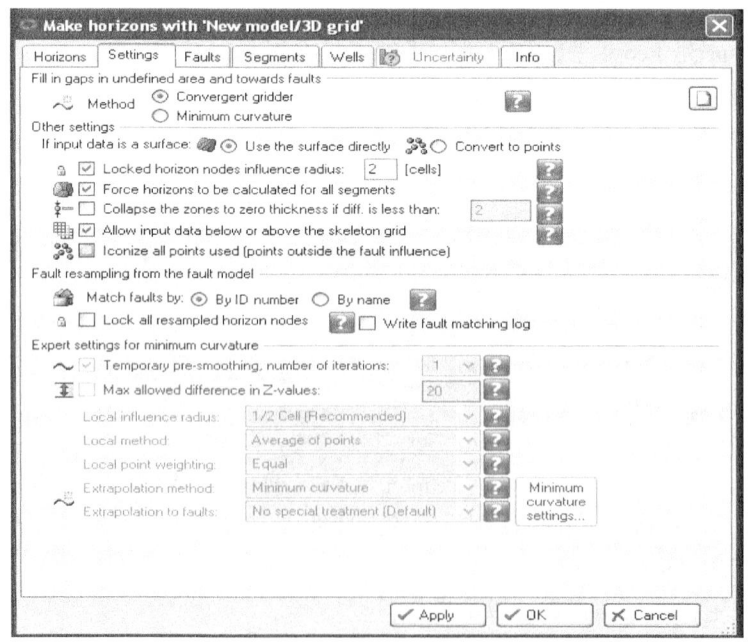

图 3-3-36　Petrel 平台定义关键构造层面设置选项卡

⑤选择断层选项卡,设置相应断层的各个参数(图 3-3-37)。点击 OK,完成关键构造层面建模(图 3-3-38)

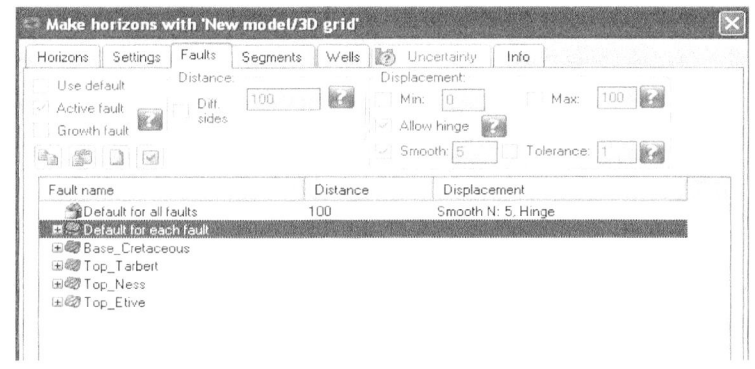

图 3-3-37 Petrel 平台设置断层参数栏

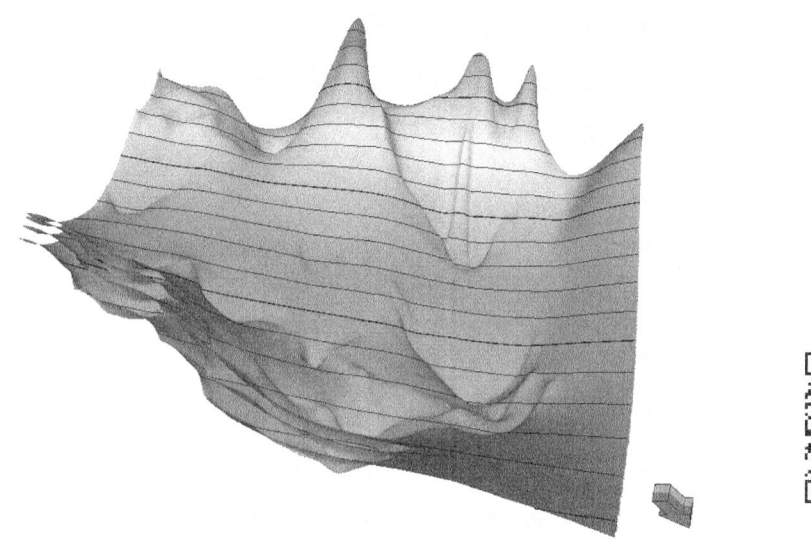

彩图3-3-38

图 3-3-38 建立好的关键构造层面模型实例

(五)小层结构建模

Make Zones(小层结构建模)是定义三维网格的地层垂向结构的第二步,其作用是建立层组构造格架内小层的地层结构,前提是地层层组内部开展了小层划分,并拥有了小层对比数据。当没有开展小层对比工作的时候,这个步骤可以省略。

Make Zones 操作步骤如下:

①双击 Process diagram/Structural Modeling/Make Zones,弹出对话框。

②选择 Stratigraphical Interval 为 Top Tarbert-Top Ness, Add Zone ⬚ 或者 Set number of items in table ⬚ 设定具体插入的个数。选择好对应的输入数据(实例中为2),Horizons 里边对应 Well Tops,Zones 里边对应等厚图。也可以使用 Multiple drop in the table 按钮 ⬚ 方便输入(图 3-3-39)。

③对于实例中的 Top Ness-Top Etive 重复上面操作,比如 Zones 的个数为 2。

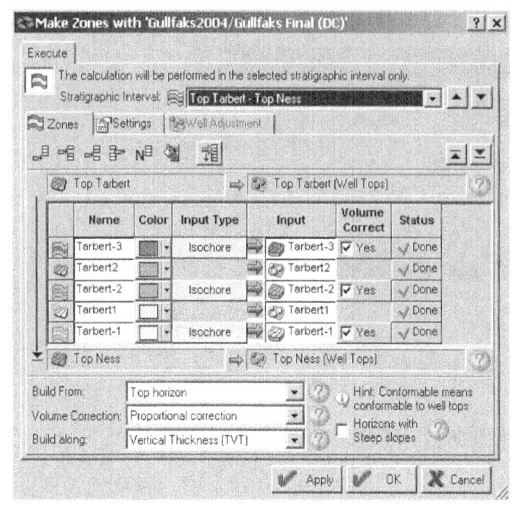

图3-3-39　Petrel平台Make Zones设置对话框

④当所有关键层面间的小层都添加完毕后，点击OK，完成小层结构建模。

（六）小层内细分网格建模

小层内细分网格建模（Layering）是定义三维网格地层垂向结构的最后一步，其作用是确定每个层组内小层（Zone）的纵向网格个数，取值依据是垂向单个网格的最小厚度或者模型最多的网格个数。

Layering操作步骤如下：

①确保模型包含的层组内各小层Zone处于激活状态。

②双击Layering进程，在对话框中定义各个小层的纵向细分网格数目（图3-3-40）。

③设置完成后，点击OK，完成小层内细分网格建模。至此，完成了地层结构与构造模型的建立。

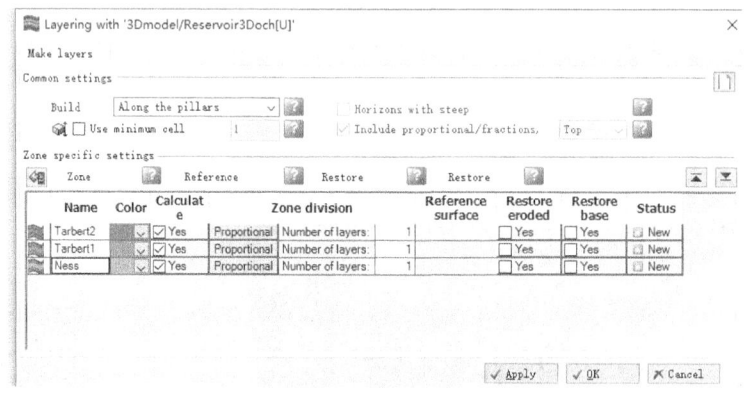

图3-3-40　Petrel平台小层内细分网格建模（Layering）对话框

第四节　沉积相建模

储层沉积相建模是三维储层地质建模的一项重要内容。目前可用于沉积相建模的建模方法很多，不同方法也有各自的适用性及优缺点。

本节首先介绍相建模的一般原则、常用建模方法的流程及相关参数设置等沉积相建模的有关理论知识（吴胜和，2010），然后介绍利用Petrel平台开展沉积相建模的具体过程。

一、沉积相建模的原则

（一）等时建模

沉积地质体是在不同的时间段形成的。一般地，一个油藏常包括多个等时体，由于物源供应及沉积作用的差别，各等时体间甚至等时体内的沉积规律也有所差别。在建模过程中，对每一个模拟单元一般只输入一套统计特征参数，若将不同时间段的沉积体作为一个层单元来模拟,则可能混淆不同等时单元的实际地质规律,导致所建模型不能客观地反映地质实际。

因此,为了提高建模精度,在建模过程中应进行等时地质约束,即等时建模。每一个等时层应该具有相似的沉积规律。在建模时,分别按各等时层建模,然后再将其组合为统一的三维相模型。这样,针对不同的等时层输入不同的反映各自地质特征的建模参数,可使所建模型能更客观地反映地质实际。

(二)层次建模

针对同一等时建模层,储层构型具有多层次性,因此,在相建模时应分层次建模,即首先建立大级次的目标体的分布,然后分级控制,依次建立更小级次的目标体的分布模型。

图3-4-1为应用基于目标的随机建模方法进行河道分级模拟的图解(C. V. Deutsch等,2002)。建模步骤分为十三步:①将每一细分层从储层中提出来;②对提取的层进行层拉平坐标转换;③提取单层中河道系统;④单层中河道坐标转换;⑤提取单层中单一河道;⑥将单河道进行层拉平坐标转换;⑦在单河道中进行储层物性模拟;⑧将单河道坐标还原;⑨将单河道重新归位到河道系统中;⑩河道系统坐标还原;⑪将河道系统归位到地层中;⑫单层坐标还原;⑬将单层归位到储层中。

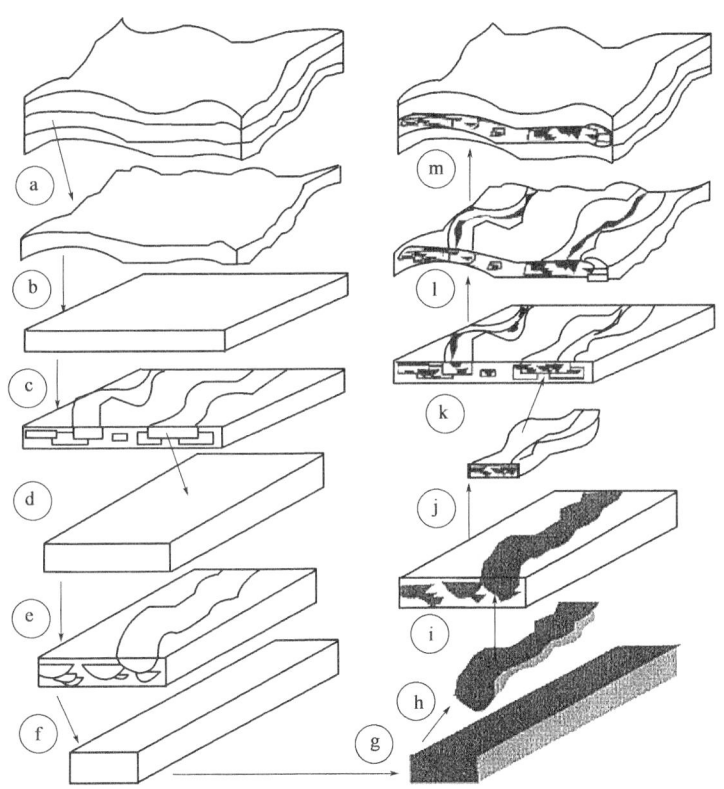

图3-4-1 河道分级建模图解(据C. V. Deutsch等,2002)

在实际应用中,需要根据实际情况确定建模级次,并设计各级次的控制关系。

(三)成因建模

在储层沉积相建模过程中,如何充分应用沉积原理来进行建模约束是一个不容忽视的问题。沉积相的分布是有其内在规律的。相的空间分布与层序地层之间、相与相之间、相内部的沉积层之间均有一定的成因关系,因此,在相建模时,为了建立尽量符合地质实际的储层相模型,应充分利用这些成因关系,而不仅仅是井点数据的数学统计关系。

相的成因关系主要体现于层序地层学原理及沉积模式方面。沉积层序与海平面、构造、气候等因素有着密切的关系,可容空间和沉积物供给之间的关系控制了纵横向相序。相模式则体现了相带之间及相带内部的成因关系。各种相均有其基本相模式,各亚相类型、微相空间分布关系和特征均有理论性的综合和描述,例如曲流河的二元结构、点砂坝的侧向加积、垂向层序特点,以及河口坝的前积和垂向层序等特点。

因此,在相建模时,应充分应用层序地层学原理及沉积相模式来约束建模过程,依据层序演化模式及相模式(相序规律、砂体叠加规律、微相组合方式以及各相几何学特征)选取建模参数,以使相模型尽量符合地质实际。

二、沉积相确定性建模

(一) 建模方法概述

沉积相确定性建模方法大体可分为三类,即地震属性的地质变换、指示克里金插值方法、地质模式预测方法。

1. 地震属性的地质变换

在地震分辨率较高(如主频50Hz以上,可分辨至小层或单层)、地震属性具有较好的沉积响应的情况下,通过将地震属性转换为沉积相,即可建立沉积相模型。值得注意的是,应用这种方法建立的模型垂向分辨率不高。模型的垂向网格大小为地震的垂向分辨厚度。

2. 指示克里金插值方法

该方法的前提是沉积相在空间上具有地质统计学意义上的相关性。通过指示克里金插值,建立三维相模型。该方法包括一般指示克里金、局部趋势指示克里金以及同位协同指示克里金三种方法。后文还将较详细地介绍相关建模流程。

3. 地质模式预测方法

在储层沉积相及其内部构型较复杂的情况下,构型单元在井间可能不存在数学意义上的相关性,在此情况下,应用上述方法很难取得合理的建模结果。为此,最为可行的方法是在地质模式指导下应用多井信息(整合地震信息)进行建模,即地质模式预测,主要是地质模式与多井的拟合,通过多次逼近,使预测结果既符合井孔信息又符合地质模式。

自动的模式预测方法还不成熟,主要通过人机交互建模,如应用点坝内部侧积定量模式,建立点坝内部构型模型。目前应用更多的是通过这种方法,对指示克里金插值结果进行人工后处理。

下面,以指示克里金插值建模为例,介绍建模的流程与参数设置。

(二) 指示克里金插值

指示克里金插值包括一般指示克里金、局部趋势指示克里金、同位协同指示克里金等方法。

1. 一般指示克里金插值

一般指示克里金插值建模主要应用井资料(井眼解释的沉积相)进行井间插值建模,在建模过程中需要进行以下工作(参数设置)。

1) 井数据的网格化

选择参与插值的井,并将单井相数据根据建模网格层进行网格化采样,生成沿井轨迹的网格化沉积相数据(图3-4-2)。

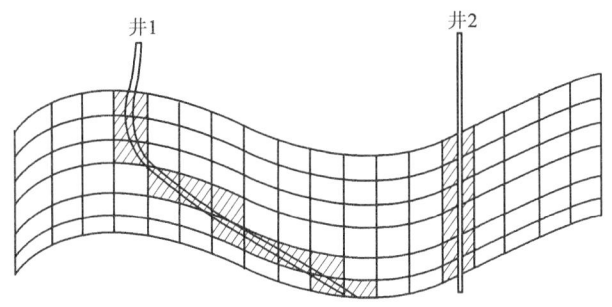

图3-4-2 井数据网格化示意图(据吴胜和,2010)

2) 各相比例统计

选择参与插值的相类型,并根据各井的网格化相数据统计各相的体积百分比。该数据将作为插值所需的全局相比例(图3-4-3)。

3) 指示变差函数求取

基于井的网格化相数据,求取各相类型的指示变差函数模型。特别值得一提的是,要分相求取变差函数参数,如主变程(大小与方向)、次变程(大小与方向)、垂向变程(大小)等。另外,指示变差函数求取的基础数据是指示变换值。指示变换将在建模软件内部自动完成,不需要特别的计算操作。

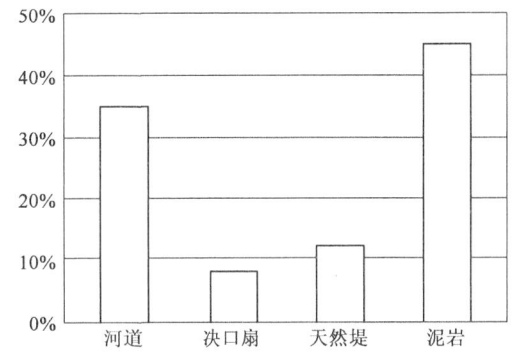

图3-4-3 各相体积百分比示意图
(据吴胜和,2010)

4) 克里金参数设置

克里金参数设置主要包括以下内容:

①选择克里金方法(简单或普通克里金方法)。

②每个网格点估值计算时,参与计算的最大已知点个数(缺省值一般为12个)。

③每个搜索卦限内最大已知点个数等(缺省值一般为4个)。将360度的圆8等分,每45度角空间称为一个卦限。设置每个卦限最大已知点个数是为了保证参与插值的已知点分布均匀,不局限于某一个方向。

④上述参数设置完成后,通过运算即可获得如图3-4-4所示的结果。

2. 局部趋势指示克里金插值

在一般指示克里金插值时,各相比例是全局统一的;而在局部趋势指示克里金插值建模中,允许空间各区域具有不同的相比例。

局部趋势指示克里金插值建模,是在一般指示克里金建模流程及参数设置基础上,增加如下两方面内容。

1) 平面相趋势设置

应用平面相图作为各相类型的平面局部概率趋势的依据。针对平面上的不同相区,给定不同的相比例,而同一相区的相比例相同。如图3-4-4所示,包括三类相区,即河道相区、溢岸相区、泛滥平原相区。分相区进行各相比例的统计,并根据统计结果将平面相图转化为平面相比例数据体(垂向各网格层的数值相同)。

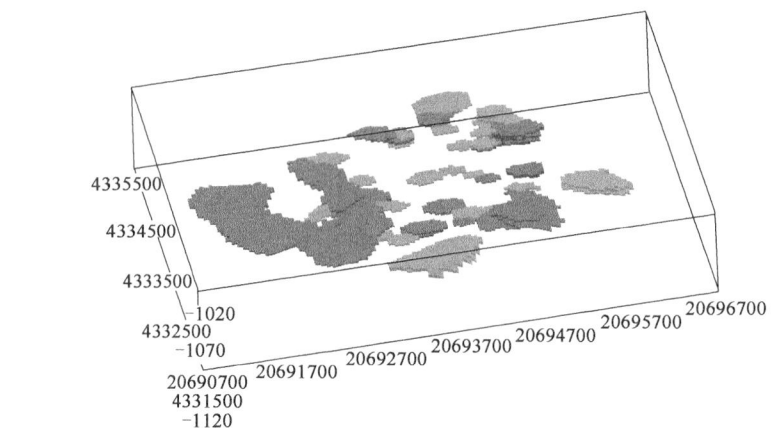

彩图3-4-4

图3-4-4 一般指示克里金插值结果示意图(据吴胜和,2010)

从上可知,应用该方法的前提是预先对沉积相的平面分布进行研究,即绘制平面相图(数字化的平面相模型)。

2)地震属性体趋势

若建模工区存在地震属性数据(如波阻抗数据体),而且地震属性与沉积相类型具有相关性,则可用其作为三维体趋势控制插值。具体流程是:

第一步,对地震属性数据按建模地层单元网格化采样;

第二步,分析地震属性与沉积相类型的概率统计关系;

第三步,输入三维地震属性体及概率统计关系,计算机会自动计算空间各网格的各相比例,其基本原理是,每个网格有一个地震属性值,而根据概率相关关系,每一属性有一个相比例。

注意,平面趋势与地震三维趋势不能同时选择使用。

3. 同位协同指示克里金插值

根据井信息和地震信息,应用同位协同克里金方法进行插值建模。

在一般指示克里金建模流程及参数设置基础上,需要选择作为二级变量的地震属性数据体,并分析地震数据与各沉积相类型的相关系数。相关系数为-1到1之间的小数。0值表示无相关性,1表示完全正相关,-1表示完全负相关。

三、沉积相随机性建模

沉积相随机建模方法较多,如序贯指示模拟、截断高斯模拟、示性点过程模拟以及多点地质统计学随机模拟方法等。下面重点介绍前三种随机建模方法流程。

(一)序贯指示模拟

序贯指示模拟的基础为指示克里金,其不同点在于序贯指示模拟方法是随机访问每个未知节点,在未知点处建立条件累积概率分布(CCDF),并随机抽样获得每个节点模拟结果值。每个节点的CCDF的求取,需要应用指示克里金方法。相应地,序贯指示模拟方法包括一般的序贯指示模拟、具有局部趋势的序贯指示模拟、同位协同指示模拟等。这些方法的参数设置与相应的指示克里金方法大部分相同,区别在于序贯指示相模拟还需进行以下参数设置:

①随机种子数的设定。

随机种子数决定了内部算法随机数的产生,将会影响序贯模拟随机访问的网格顺序及从后验累积概率的随机抽样。采用相同的种子数的两次随机模拟将得到同样的模拟结果。随机种子数一般为较大的奇数值,如69069。

②模拟次数的设置。

设置模拟实现的个数,决定在当前参数设置下模拟实现的个数。

③序贯参数设置。

序贯参数设置包括以下两方面内容:

a. 已模拟节点的最大个数。对某个未知网格点模拟估值时,将把井点与已模拟网格点模拟值作为已知信息。当已模拟网格点过多时,将会屏蔽井点对估值的贡献,所以必须设定每次参与计算的已模拟网格点最大数目(一般缺省为12个)。

b. 多级网格模拟。同样,为了减小序贯过程中已模拟网格点的影响,可采用多级网格的模拟策略。算法将首先采用大的数据邻域模拟较稀疏网格,例如在每十个节点为间隔的位置处进行模拟,这样变差函数模型中变程较大部分的空间结构将得到恢复;然后在逐级减小的邻域内模拟剩余网格节点。一般采用2~3级模拟即可。

④模拟结果后处理。

序贯指示模拟算法不能很好再现相边界形态,模拟结果一般会出现星点现象,因此需要对模拟结果进行平滑处理。平滑算法类型较多,如高斯平滑等。

采用与上述指示克里金插值相同的参数设置(变差函数模型及全局概率),得到如图3-4-5所示的模拟结果。

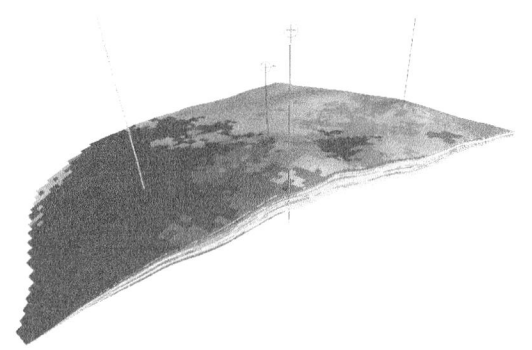

彩图3-4-5

图3-4-5 序贯指示克里金相模拟结果示意图

(二)截断高斯模拟

截断高斯模拟方法适合于相带呈序列分布的沉积相模拟,如三角洲(平原、前缘和前三角洲)、呈同心分布的湖相(滨湖、浅湖、深湖)、滨面(上滨、中滨、下滨)的随机模拟,其建模流程大致分为五个步骤。

1. 井数据网格化及相序设置

①井数据网格化。选择参与模拟的井,并将单井相数据根据建模网格层进行网格化采样,生成沿井轨迹的网格化沉积相数据。

②相体积百分比统计。选择待模拟的相类型,设置各相类型的相序。

2. 相比例设置

根据不同的算法要求,需设置不同的相比例及相比例曲线:

①全局相比例。在整个研究区内统计各相类型的体积百分比。

②垂向相概率(比例)曲线分析。通过井数据统计并绘制垂向各相类型体积百分比曲线,查看垂向上相比例变化规律,并根据体积百分比曲线编制各相类型随深度变化的概率函数曲线,如图3-4-6、图3-4-7所示。一般建模软件均提供数据统计与函数曲线绘制功能模块。

彩图3-4-6

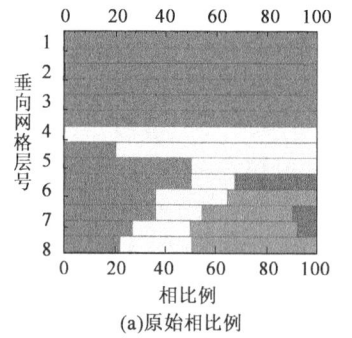
(a)原始相比例

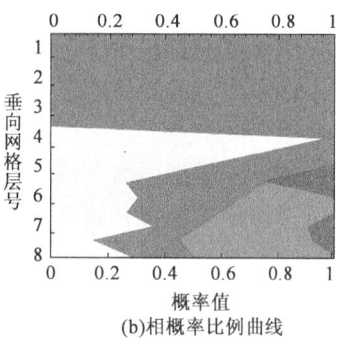
(b)相概率比例曲线

图3-4-6 垂向沉积相概率统计及概率曲线(据吴胜和,2010)

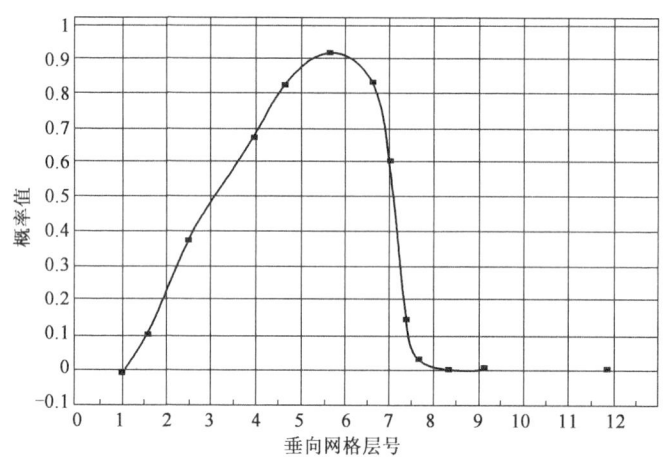

图3-4-7 垂向沉积相概率函数曲线(据吴胜和,2010)

③平面相概率趋势分析。平面相概率趋势即各相类型的体积百分比的平面分布图,作为随机模拟时的平面约束。平面相概率趋势图数据,可通过提取井点处各相类型在垂向的体积百分比,并进行网格化插值获得,如图3-4-8所示。

④三维相概率趋势分析。三维相概率趋势即各相类型的三维概率数据体(三维体的每个网格值为相类型对应的概率值),作为随机模拟时的三维趋势。可通过地震属性与沉积相的概率关系统计,将地震数据体转化为各相类型的三维概率数据体。

3. 地质模式趋势设置

在目前各类主流建模软件中,对序贯高斯模拟算法及流程作了较大扩展,主要特点是增加了综合各种地质模式的建模功能,可将垂向、平面及三维确定的地质模式按趋势的形式综合到模拟过程中,体现地质模式对建模过程的控制作用,同时减小建模的随机性。如软件算法模块可设置前积或是退积沉积模式,可设置前积层(相带)的倾斜角度,并可在平面通过人机交互方式给定各相带的平面范围等。上述算法模型与一般截断高斯算法并没有本质区别,只是把趋势按地质模式直接给出。

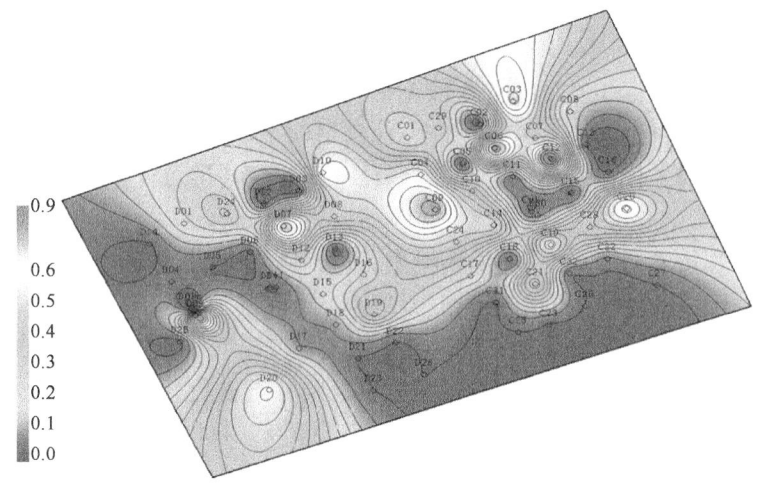

彩图 3-4-8

图 3-4-8　沉积相平面概率分布趋势面(据吴胜和,2010)

4. 高斯域变差函数模型求取

在正确设置相序及比例曲线的基础上,建模软件系统内部将把井点离散的相代码转换为高斯域值(0~1)。此时,在各井所处的网格点处不再是相代码值,而是连续的高斯域值,据此可求取对应的变差函数模型(模型一般为高斯类型)。该模型将作为后续模拟的唯一变差函数模型(序贯指示模拟需要分相求取并设置变差函数)。

5. 克里金算法、序贯以及模型后处理参数设置

同序贯指示模拟算法部分,这里不再详述。

经过数据准备及相关参数设置后,可计算得到如图 3-4-9 所示的模拟结果。

彩图 3-4-9

图 3-4-9　截断高斯模拟结果

(三) 示性点过程模拟

目前,在基于目标的沉积相建模方法中,应用较多的是广义的示性点过程模拟方法,主要有一般示性点过程及线过程方法。示性点过程通过模拟目标对象几何中心点的分布,从而建立沉积相随机模型,可广泛用于各种形态目标对象的模拟;线过程方法通过模拟具有流线特性

目标对象几何中心线的分布,用于河流、冲积扇、三角洲、深水浊积等沉积环境中水道沉积的随机模拟。线过程方法在河道建模方面发挥了重要作用,相关算法以 RMS 建模软件的 Channel 模块及 Fluvsim 算法较为典型。下面以线过程方法为例,对基于目标的沉积相模拟的参数设置进行说明。

①井数据网格化。选择参与模拟的井,并将单井相数据根据建模网格层进行网格化采样,生成沿井轨迹的网格化沉积相数据。

②相类型设置。设定背景相与目标相类型。如在河流相建模中,可将泛滥平原设为背景相,将河道、决口扇、天然堤等设为目标相类型。

③各相类型的体积百分比统计。根据网格化井数据,统计分析建模地层单元范围内各相类型的体积百分比。

④各相类型几何特征。分别按不同建模层、不同相类型,设置各相几何特征参数,包括厚度、长度、宽度、弯曲度、几何外形以及展布方向等。

⑤剖面相及平面相趋势。将手工绘制的连井相剖面及平面相数值模型作为趋势加入到模拟过程中。需要注意的是,需要保证沉积相剖面、平面相分布以及井点相数据三者的吻合程度,不能出现大的矛盾。

⑥地震属性体趋势。加载可反映沉积相空间展布特征的地震属性数据体,并通过沿井轨迹的网格数据对地震与沉积相进行概率统计分析,获得概率关系曲线。具体过程同序贯指示模拟部分,在此不再赘述。

⑦模拟及优化算法参数设置。模拟参数包括随机种子数、退火模拟初始温度、扰动次数以及最大迭代次数等。在实际操作中,也可直接选择应用建模软件的缺省参数设置。

在完成相关参数设置并运行计算后,可得到多个模拟实现,图 3-4-10 为其中一个模拟实现。

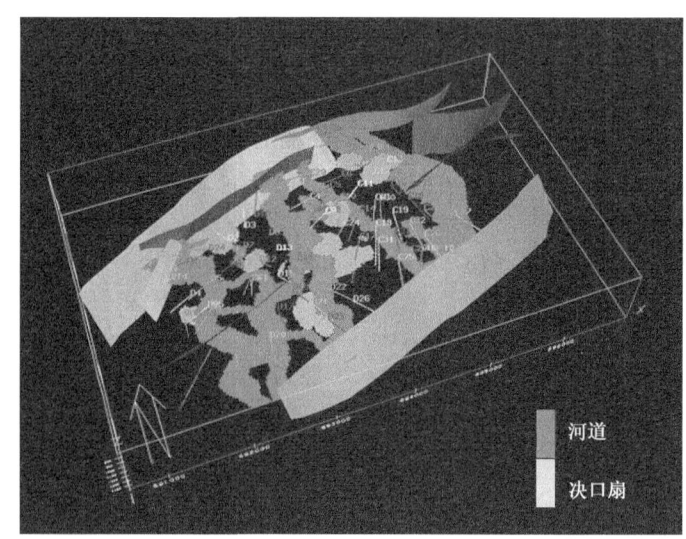

彩图3-4-10

图 3-4-10 基于目标方法的一个模拟实现

四、Petrel 平台沉积相建模

Petrel 平台沉积相建模包含有确定性和随机性相建模方法,主要包括:基于目标的河流相模拟,基于像元的序贯指示模拟、截断高斯模拟、带趋势的截断高斯模拟、指示克里金模拟、神经网络方法、多点地质统计学相模拟等(详见第二章)。上述建模方法可以交互使用,用户也可以导入自己的相建模方法来建立沉积相模型。

下面具体介绍使用Petrel平台建立沉积相模型的一般过程(视频3-4-1)。

（一）数据准备及设置

Petrel平台无法识别根据地质研究解释出的单井沉积相数据,需要先将单井沉积相数据的井名和表头替换为英文代号,同时将单井相分析成果处理成数字代号。如将颗粒滩、滩间、潮坪和潟湖等不同的沉积相编号,定义为数字代码(3,2,1,0)。将这些数据整理好后直接存为文本文件即完成了单井沉积相数据的准备。这是沉积相三维建模的基础。

视频3-4-1 直接利用沉积专家的平面相图开展沉积相建模

数据整理好后可以分别以点数据或测井曲线数据的形式导入Petrel平台。比如以测井曲线数据的形式导入,需在文件类型下拉菜单中选取production log(*.*)方式,选中处理好的文本文档,单击打开,进入数据导入属性选择操作界面(图3-4-11)。在这一步需将数据与属性匹配,操作界面上已固定设置第一列为井名、第二列为顶深、第三列为底深,从第四列开始将由操作人员自行命名和属性选择。名字可由研究者依据实际情况命名,但属性选择却很关键,沉积相在属性模板上对应的是Facies,在这里必须对应上来,选取后点击OK即完成了数据的导入。

（二）沉积相数据的粗化

沉积相数据的粗化就是将单井沉积相数据匹配到井轨迹穿过的网格的过程,使得沿井轨迹的每个网格单元都能得到一个沉积相数值。沉积相数据粗化,实际上是用已构建好的地层结构与构造模型按深度给输入的各井沉积相分配网格,具体步骤如下:

①在Model窗口中激活建好的构造模型下的3D Grid,然后在Petrel平台进程窗口中打开粗化测井曲线进程,双击Process diagram/Property modeling/Scale up well logs;

②选择粗化属性数据Facies(测井曲线Scale Up或者用户自己解释的单井相),在粗化测井曲线对话框中使用Create new property选项(图3-4-12);

③如图3-4-12所示,点击Scale up well logs进入粗化操作界面后,点中Create new property,在Input里面点中Well logs,再在Select里面选中输入的沉积相,最后在Settings选中需要粗化的井后,再点击Apply按钮即完成沉积相数据的粗化。

（三）数据分析

数据分析的结果可以直接被相建模和属性建模的模块调用。数据分析分为两类:离散数据分析和连续数据分析。相建模的数据属于离散数据,对相建模数据分析是为了选取合适的变差函数模型,并合理地设置变程、基台、块金值和拱高等,以保证最大程度地拟合实验变差值。

离散数据分析的一般步骤如下:

①直接双击Process diagram/Property modeling/Data analysis,打开分析窗口,界面如图3-4-13所示。

②可以选择分析的对象,是经过粗化的井点,还是未粗化的测井曲线,或整个模型。

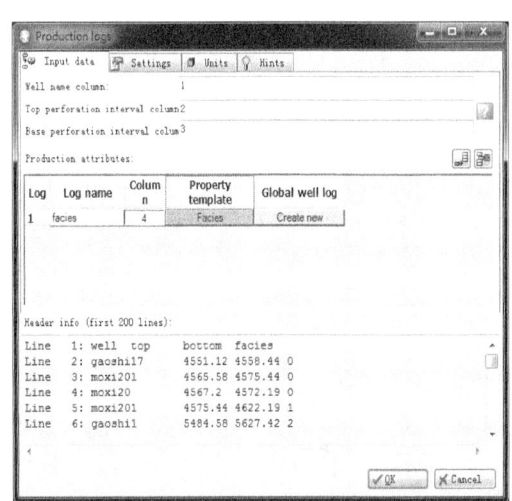

图 3-4-11 Petrel 平台三维沉积相建模数据导入属性选择操作界面

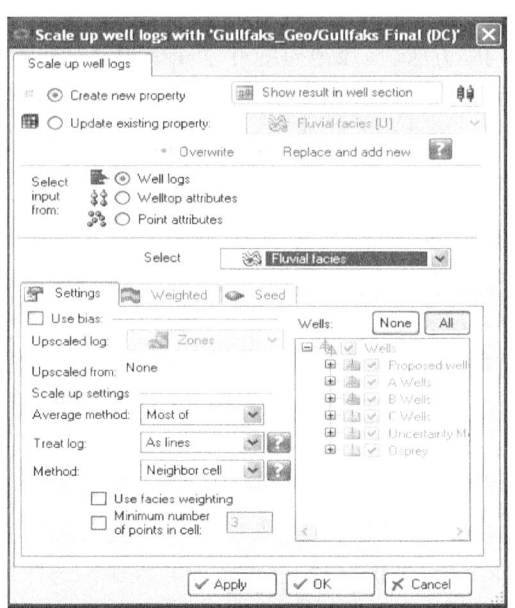

图 3-4-12 Petrel 平台粗化测井沉积相逐点数据对话框

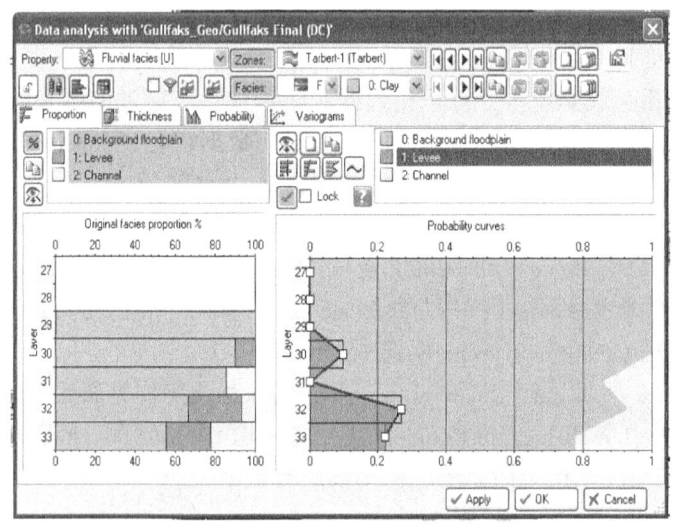

图 3-4-13 Petrel 平台数据分析界面

③选择是否使用抽稀滤波功能。

④选择是否使用相控分析功能。

⑤分别按以下标签 Proportion、Thickness、Probability、Variograms 的顺序,进行系列的数据分析。

⑥打开 Proportion 标签后,针对每种相类型,均按 键,刷新显示。

⑦在进行 Probability 分析时,需要一个连续型变量的属性模型,目的是分析该离散属性和连续属性的相关性并求出其相关概率曲线(图3-4-14)。

⑧变差函数的分析。首先设置主方向的分析参数,包括带宽、搜索半径、步长、容差等;然后再设置次方向和垂向上的参数,这些参数的设置需要用户对本地区数据的大概了解的基础

上,否则分析结果的可信度会大大降低。图3-4-15显示了一个分析参数和结果。

一般来说,沉积相数据分析需要对层组及其中的每一类沉积相进行分析。如果整个区域内有六类沉积相,每类沉积相都需要完成一次数据分析,总计就需开展六次数据分析。下面以某组地层颗粒滩微相的数据分析为例介绍分析的整个过程:

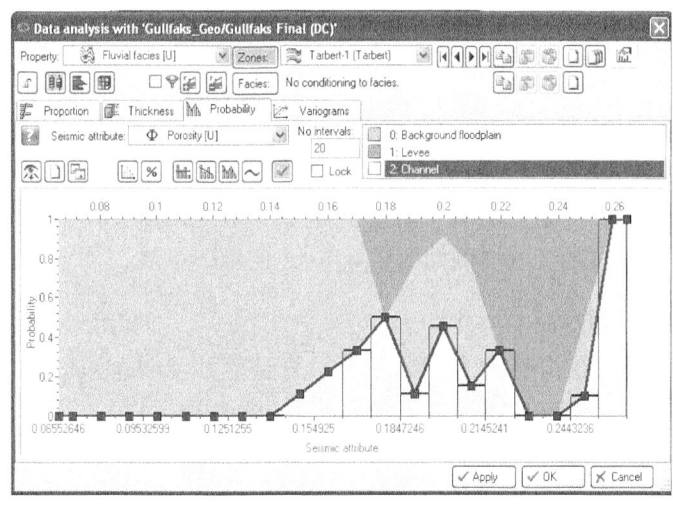

图3-4-14　Petrel平台数据分析的Probability分析界面

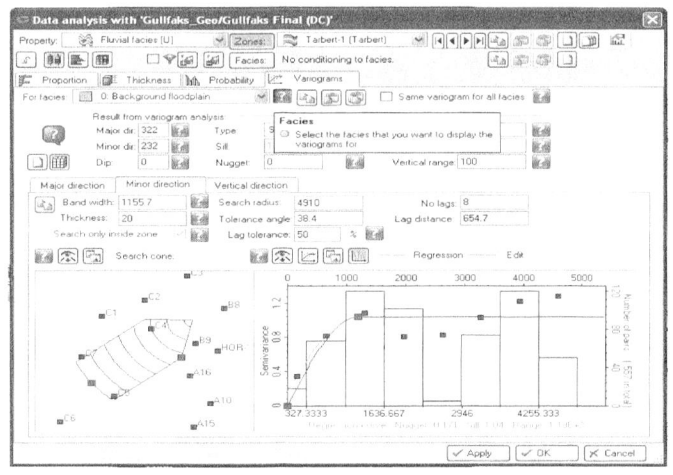

图3-4-15　Petrel平台变差函数的分析界面

①双击Data analysis进入操作界面,在Proportion标签内显示各类相随深度变化的百分比例分布,选中颗粒滩相后点击 ，实现对颗粒滩相随深度分布曲线的拟合。

②Thickness标签按缺省操作即可。

③进入Probability标签后,该区域显示的是各类相的概率分布图,选中要拟合的颗粒滩相,活动的概率曲线即为拟合好的颗粒滩相的概率曲线。

④接下来获取合理的变差函数模型并拟合获得配套参数。点击进入Variograms标签,开始选择不同方向的变差函数模型,并依据对实验变差函数拟合效果的好坏调整变程、拱高和块金值等参数值。注意调整时主变程Major中的数值一定要不小于次变程Minor中的数值,调整

好后点击 Apply 即完成了颗粒滩微相的数据分析。

(四)建立相模型

完成数据分析后,就可进行沉积相建模了,这里以某组沉积相建模过程为例简要叙述一下操作过程。双击 Facies modeling 进入操作界面。根据基础地质分析结果,如果同时存在储层段和非储层段地层,则需要分别建立储层和非储层段的相模型。

1. 储层段相模型建立

对于储层段,点击使用数据分析的系列成果按钮,同时在 Facies 标签内选取要构建的相的种类,用指右箭头从左边框内输入右边框中;然后选择合适的建模方法(如截断高斯模拟、序贯高斯模拟、多点相模拟等)进行计算。算法的选取一般先用缺省的,若结果差别太大,再换别的算法。相模型储层段的设置样例如图 3-4-16 所示。

2. 非储层段相模型建立

对于非储层段,可以在构建时直接赋常量。先选算法 Assign value,再选中下边的常量 Constant,赋值为 0 或一个储层界限值以下的值即可(图 3-4-17)。这样所有的设置都已完成,点击 Apply 键开始建立相模型。

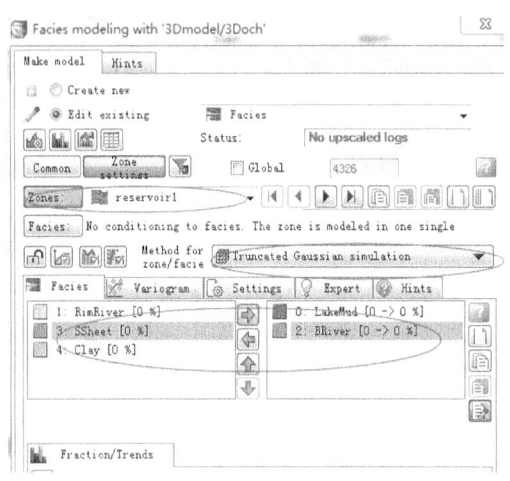

图 3-4-16　Petrel 平台相模型储层段设置样例

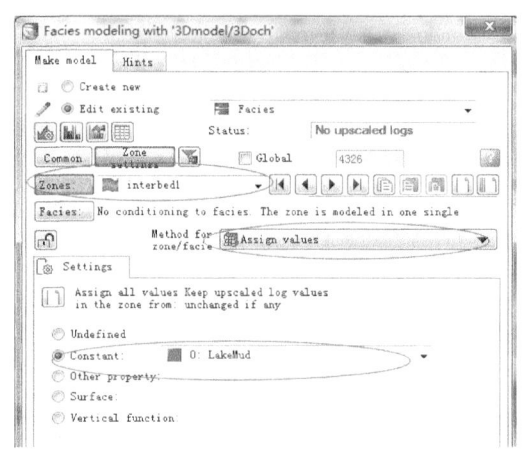

图 3-4-17　Petrel 平台相模型非储层段设置样例

第五节　储层属性建模

储层属性建模包含孔隙度建模、渗透率建模、含油(气)饱和度建模、净毛比建模。其中孔隙度、渗透率和净毛比建模受控于沉积相,即按相控原则进行建模;而流体建模即含油(气)饱和度模型建模受控于油(气)水界面。储层属性建模也是三维储层地质建模的一项重要内容。本节首先介绍储层属性建模的基本原则、各建模方法的流程和具体步骤(吴胜和,2010),然后介绍 Petrel 平台储层属性建模的具体步骤。

一、储层属性建模基本原则

储层属性建模应遵循相控原则和趋势控制原则。

(一) 相控原则

就储层参数建模而言,传统的建模途径主要为"一步建模",即直接根据各井储层参数进行井间插值或模拟,建立储层参数三维分布模型。这种方法比较简便,但值得注意的是,它主要适合于具有单一微相分布或具有千层饼状结构的储层参数建模,因为在这种情况下,目标区的储层参数具有相同的统计分布。但对于具有多相分布或复杂储层结构(如拼合板状和迷宫状结构)的储层来说,应用一步建模的途径将影响甚至严重影响所建模型的精度。其原因主要有:①有效储层参数主要分布于储层砂体中,而泥岩中不存在有效储层参数;②不同相具有不同的储层参数统计特征(如直方图),如河道砂体的参数分布与决口扇有较大的差别。因此,不宜采用笼统的一步建模思路。

在这种情况下,应采用"相控建模"或"二步建模"方法,即首先建立沉积相、储层结构或流动单元模型,然后根据不同沉积相(砂体类型或流动单元)的储层参数定量分布规律,分相(砂体类型或流动单元)进行井间插值或随机模拟,建立储层参数分布模型。这种多步随机模拟方法不仅与所研究的地质现象吻合,而且能避免大多数连续变量模型对于平稳性(均质性)的严格要求。实践证明,这是符合地质规律、行之有效的储层参数建模思路。

(二) 趋势控制原则

对于不同的沉积相,其储层参数除了统计特征(如平均值)有差异外,还表现出相内部垂向或侧向的变化规律性,如储层参数垂向韵律性、河道中心部位与河道边部物性的差异规律性等。同时,成岩和后期构造等因素对储层的形成与改造也会导致储层参数分布的宏观规律性。在建模过程中,应充分应用这些规律或趋势,约束储层参数的建模过程,使建模结果更符合地质实际。

另外,不同信息之间的相关关系也可作为趋势进行约束建模。例如,孔隙度变化区间较为稳定(0到0.35左右),而渗透率参数变化范围较大(从几十到上千毫达西),对其直接建模则难以保证精度。因此,若渗透率与孔隙度相关性较好,则可先建立孔隙度模型,并以此为趋势建立渗透率参数模型。再如,在井分布比较稀疏、地震属性品质较好的情况下,可将地震属性作为趋势约束孔隙度模型的建立。

二、储层属性建模数据分析

数据分析与变换是储层参数建模的基础。数据分析揭示了储层参数的分布规律,如相控及趋势控制原则应以数据分析结果为依据;同时数据变换对数据进行灵活处理,使之能满足各类建模算法的要求。

(一) 数据变换类型

数据变换类型主要包括截断变换、减小偏差变换、全局地质趋势变换、局域地质趋势变换(地质体内部趋势变换)、属性变换等,详见表3-5-1。数据变换是直接对网格化井数据进行分析变换。如选择沉积相控参数建模,则应分相进行数据变换。

1. 截断变换

对井数据做统计直方图,查看数据分布情况。如分布图中存在奇异值的情况,可设置数据最大、最小值进行截断,超过最大值部分将变换为最大值,小于最小值部分将变换为最小值。截断变换还可针对建模结果进行设置。另外,如果选择相控参数建模,应分相统计分析并设置截断值。

表 3-5-1 数据变换的基本类型

类型	数据变换	简单描述
截断变换	原始数据截断	在建模前,根据门限值对原始数据进行截断,大于或小于门限值的数值被变换为门限值
	结果数据截断	在建模后,根据门限值对建模结果数据进行截断,大于或小于门限值的数值被变换为门限值
减小偏差变换	对数变换	将数据取对数,从而降低数据变化级数
	标准正态变换	将数据进行标准正态变换(数学期望为0,方差为1)
全局地质趋势变换	垂向压实趋势变换	沿垂直深度方向的物性趋势变换(一般由压实作用引起)
	垂向沉积趋势变换	沿垂向网格坐标方向的沉积成因物性趋势变换
	一维横向趋势变换	沿一个平面方向的趋势变换
	二维平面趋势变换	沿两个平面方向的趋势变换
局域地质趋势变换	地质体内部垂向趋势变换	在地质体范围内,受地质体顶(底)面控制的垂向趋势变换
	地质体内部横向趋势变换	在地质体范围内,受地质体边界或轴向控制的横向趋势变换
属性变换	一般三维变换	以某个三维数据体作为趋势(地震或其他属性数据体)
	云变换	按云的方式建立两个属性间的模糊对应关系,从而可根据其中某个属性的数据变换得到另一个属性数据模型

2. 减小偏差变换

减小偏差变换主要目的是减小数据分布范围,使其符合某类统计模型。常用变换方式有对数变换、正态变换:

①对数变换。主要针对渗透率进行变换,将渗透率取对数,以减小其离散性。

②标准正态变换。基于高斯域的参数建模算法,如序贯高斯等,要求建模输入数据服从标准正态分布(均值为0,标准偏差为1),而一般井数据都不满足此条件,因此需要将井数据进行标准正态变换。标准正态变换是通过累积概率分布曲线(CDF)的分段对应变换来实现的,实现过程如图 3-5-1 所示。

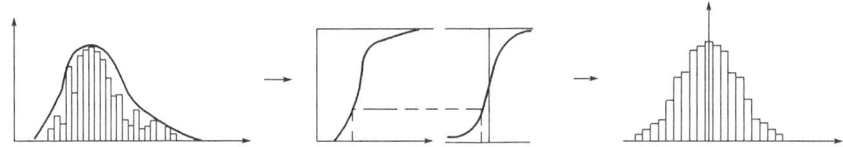

图 3-5-1 标准正态变换实现过程示意图(据吴胜和,2010)

建模过程中,只需要在数据变换流程中设置该数据变换环节,具体的数据变换过程都是建模软件在内部完成。参数模型插值或模拟完成后,将进行对应的反变换。

3. 全局地质趋势变换

1) 垂向压实趋势变换

垂向趋势为沿垂直方向的一维趋势,一般包括线性趋势、幂指数趋势以及分段线性趋势三类(图 3-5-2)。后续的各种一维地质趋势都通过这三种类型表示。

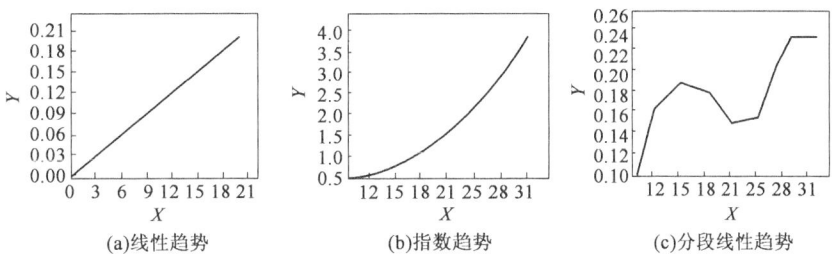

(a)线性趋势　　　　　(b)指数趋势　　　　　(c)分段线性趋势

图 3-5-2　垂向压实趋势变换类型

一维趋势可表示为形如 $Y = a + b * (X - Datum)^{power}$ 的表达式。式中 a 为截距；b 为斜率；X 为数据点空间坐标；$Datum$ 为坐标参考系，如分析沿垂向的压实趋势时，$Datum$ 值即为当前建模地层的最高深度范围值；$power$ 为幂指数，为 1 时表示线性趋势。

一维趋势校正时，即将每个井数据点值减去上述 Y 值：

$$f(data) = data - a - b * (X - Datum)^{power}。$$

地层压实作用一般沿垂直方向表现出随垂直深度变化的趋势。压实趋势分析将在专门的数据分析窗体中进行，分析过程将显示井数据散点图（图 3-5-3），其中 X 轴为减去参考深度的垂深值，Y 轴为建模参数值。可选择上述三种趋势类型进行趋势拟合，曲线点可手动编辑，同时界面上可显示趋势拟合程度（是否具有明显趋势），以及截距 a 值、斜率 b 值。分析结果将自动保存为一个趋势数据节点（独立的名称及图标），以便于后期二次编辑与使用。

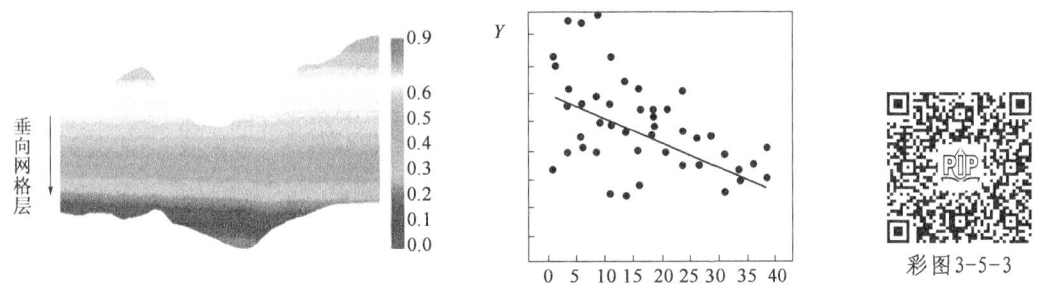

图 3-5-3　压实成岩作用及趋势分析示意图

2）垂向沉积趋势变换

如图 3-5-4 所示，与地层压实作用趋势相比，沉积作用形成的趋势是沿垂向等时地层单元，而非垂直深度。因此，在趋势分析过程中，$Datum$ 值为 0（地层顶面起始网格序号），X 为垂向网格序号。其余分析与变换过程与压实趋势变换相同。

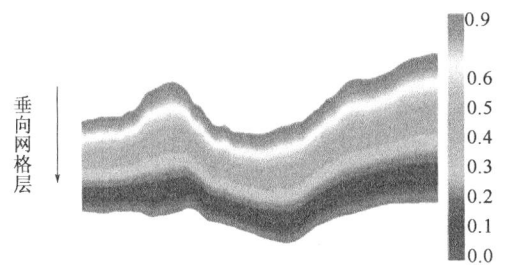 

图 3-5-4　沉积作用及趋势分析示意图

3) 一维横向趋势变换

一维横向趋势用以表示平面上沿某一方向的大尺度趋势,如近物源端到远物源端的储层参数趋势变化,沉积中心到沉积边缘的物性变化等(图3-5-5所示)。

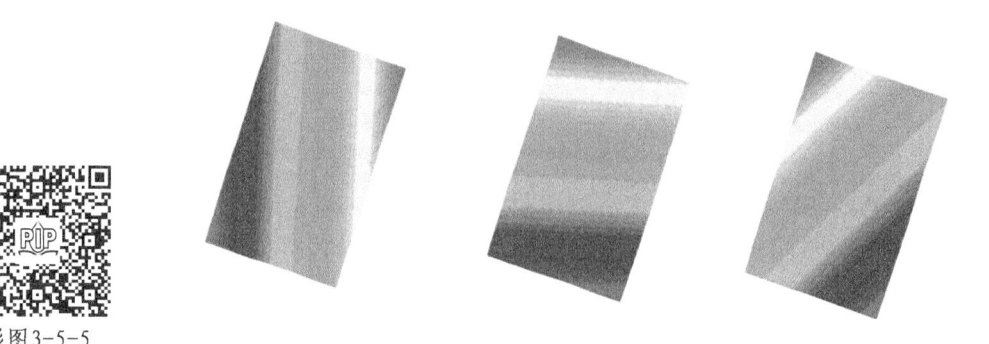

彩图3-5-5

(a)沿 X 轴方向的增长趋势　　(b)沿 Y 轴方向的增长趋势　　(c)沿任意角度方向的增长趋势

图3-5-5　平面横向趋势分析示意图

平面横向趋势分析过程中,散点图的 X 轴即为沿某个方向的距离(相对于某个坐标原点),其余过程同前。

4) 二维平面趋势变换

二维平面趋势为一个覆盖建模工区范围的二维趋势面(图3-5-6)。趋势面的每个网格值即为当前位置处的趋势值。趋势面的产生方式较多,例如可以将各井数据按井点位置分别取垂向平均,再将平均值进行平面网格化插值,得到该储层参数的平均值平面分布,该数据就可作为二维平面趋势。

彩图3-5-6

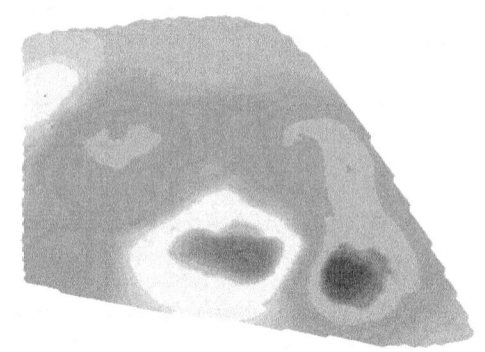

图3-5-6　二维趋势面

4. 局域地质趋势变换

局域地质趋势变换,也就是地质体内部趋势变换,是针对单一构型单元而言的。例如,对于两条侧向拼接的河道储层,一般相模型只记录每个网格结点处的相代码值,将其作为统一的河道相,而构型单元建模则将其作为两个单一河道对待(图3-5-7)。针对各构型单元,可设置其内部的参数分布趋势。

地质体内部趋势包括垂向趋势及横向趋势,如图3-5-8所示。趋势的定义方式主要根据中心轴线及顶面、底面以及平面边界的几何形态,各种趋势可相互组合,如图3-5-9所示。该趋势分布是综合了平面顺中心线的线形趋势及横向分段线形趋势的效果。

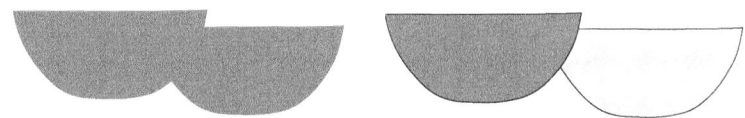

图 3-5-7 复合河道与特殊相模型的对比区别

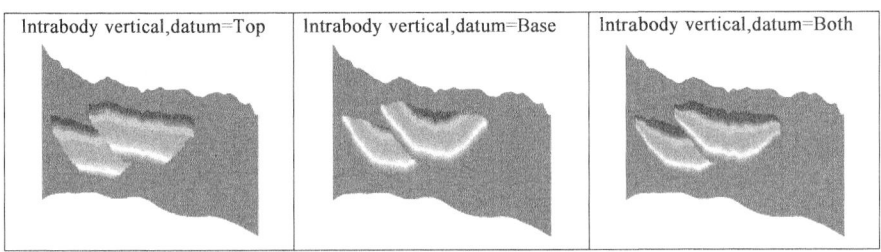

(a)河道砂体储层参数内部垂向趋势

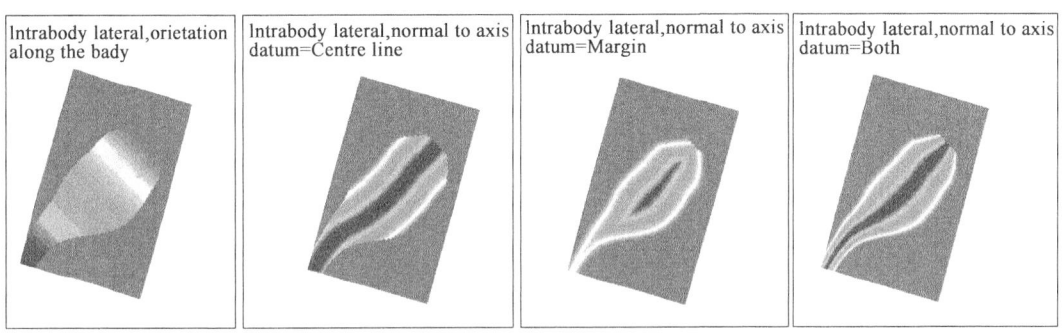

(b)冲积扇储层参数内部横向趋势

图 3-5-8 地质体内部趋势分布示意图

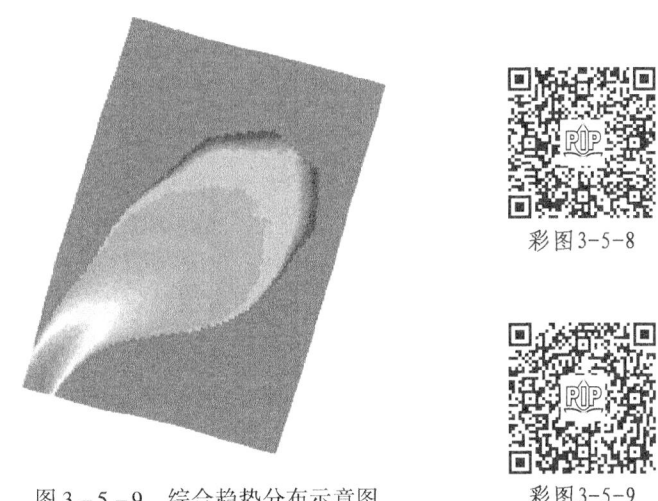

图 3-5-9 综合趋势分布示意图

彩图 3-5-8

彩图 3-5-9

地质体内部趋势的分析及趋势变换过程大致同前,只是趋势限定的方式更加丰富,具体过程不再详述。

5. 属性变换

属性变换即不同属性(参数)之间的变换,如波阻抗与孔隙度之间的变换、孔隙度与渗透率之间的变换等。由于基础数据为三维数据体,因此这类变换多为三维变换,其结果为三维趋势数据体。

1) 一般趋势变换

一般趋势变换主要为线性变换。如通过井旁道波阻抗数据与井眼孔隙度的相关分析,建立线性相关关系,然后根据这一相关关系,将波阻抗数据体变换为孔隙度数据体。同理,可将孔隙度数据体变换为渗透率趋势数据体。在三维趋势分析窗体中,可进行变换操作,求出变换系数,并可对趋势的明显程度进行评估。

2) 云变换

云(云模型)表示属性间为一种模糊对应关系。如图3-5-10所示,孔隙度与渗透率之间为一种模糊的、非线性对应关系。可将孔隙度划分为多个区间,并保证每个区间内有多个渗透率值分布,各个孔隙度区间连同区间内的渗透率分布就被称多个不同的云。这样,如果已建立了孔隙度的三维分布模型,即可将孔隙度数据体根据云模型变换得到渗透率分布模型,孔渗三维模型间将保持与岩心分析数据一样的模糊对应关系。这样的数据变换即为云变换。

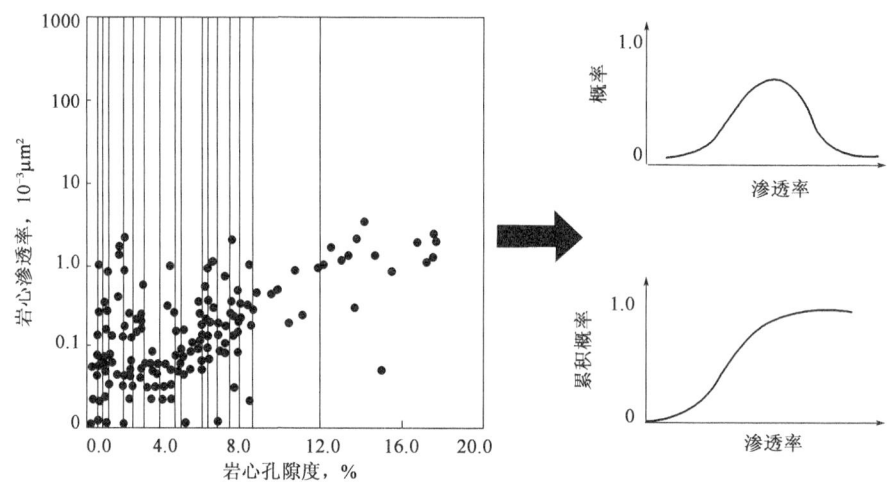

图3-5-10 岩心分析孔渗交会及云模式图(据吴胜和,2010)

(二)数据变换流程

图3-5-11为参数建模流程中数据分析与变换过程。一般建模软件将提供数据统计与趋势分析功能模块。对建模人员而言,需要完成的工作主要是设置数据变换流程,进行统计及趋势分析,而具体的数据变换是在软件内部自动完成的。

一般而言,数据变换可分为如下步骤:

第一步,通过统计直方图查看建模数据的原始分布,一般会对数据分布的前后端进行截断,目的是滤掉不合理的奇异值(截断变换),使数据近似成正态分布。

第二步,对过滤了奇异值的数据进行地质趋势分析,一般包括垂向压实成岩趋势、垂向沉积趋势、平面横向趋势、地质体内部趋势以及三维体趋势(趋势变换)等。

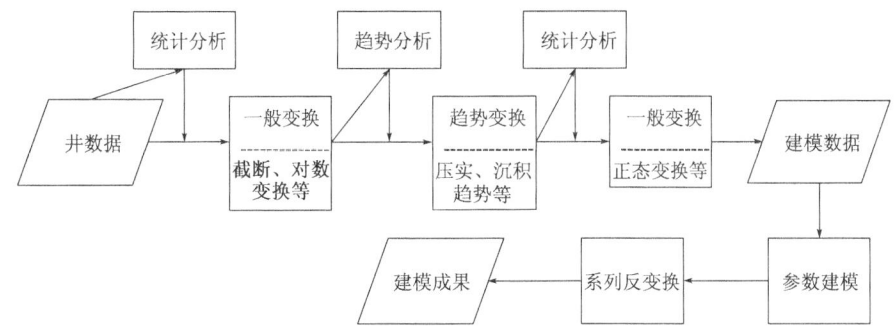

图 3-5-11 参数建模流程中数据分析与变换过程图(据吴胜和,2010)

第三步,对减去趋势后的数据进行统计分析,并根据建模算法的需要对数据进行变换。例如序贯高斯模拟算法要求数据服从标准正态分布,对渗透率参数建模时,就需要对数据做对数和标准正态分布变换。

上述流程为一般情况,实际建模过程中应具体问题具体分析。

三、储层参数确定性建模

储层参数确定性建模方法大体可分为三类,即地震属性的地质变换、数理统计插值方法、克里金插值方法。

(一) 地震属性的地质变换

如果在地震分辨率较高、地震属性与储层孔隙度具有较好相关性的情况下,可以直接将地震属性转换为储层孔隙度,即将三维波阻抗数据体转换为三维孔隙度数据体。

建模基本环节包括:①通过波阻抗反演,得到三维波阻抗或速度数据体;②通过井旁道波阻抗或速度与井眼孔隙度进行相关分析,建立变换函数关系;③根据变换函数,将三维波阻抗或速度数据体变换为孔隙度数据体。

当然,由于地震信息的多解性,所建模型的不确定性较强。一般地,通过该方法建立的孔隙度模型作为克里金插值建模或随机建模的趋势模型。

(二) 数理统计插值方法

一般数理统计插值方法,如三角网插值法、距离反比法、多重网格收敛法、径向基函数法、离散光滑插值法等,均可用于储层参数的平面或三维插值。

下面以距离反比插值为例,说明建模的主要步骤:

①井数据网格化。选择参与模拟的井,并将单井储层参数数据根据建模网格层进行网格化采样,生成沿井轨迹的网格化储层参数数据。

②相控参数设置。这里所指的相为广义的相,除了沉积相外,成岩相、流动单元、断块等离散变量均可作为储层参数插值的控制相。选择作为控制的相模型,分相设置各相的储层参数最小值、最大值、平均值等。

③趋势参数设置。包括垂向一维趋势及平面二维趋势面。趋势分析方法及分析结果的数据类型请见"数据分析与变换"部分。趋势估值结果与井数据估值结果可通过 0~1 的权系数来进行综合。极端情况 0 表示不采用趋势值,1 表示完全根据趋势估值。不论权系数取何值时,在插值点未搜索到已知井点的情况下,都将采用趋势估值。

④插值算法参数设置。选择并设置反距离加权算法的距离方次 u,一般缺省值为 2。

⑤网格搜索参数设置。设置 X、Y、Z 三个方向的搜索半径,在对每个井间未知网格插值时,搜索半径以外的已知点将不参与计算。

(三)克里金插值方法

相比一般数理统计插值方法,克里金插值法通过协方差或变差函数表达了对储层参数的空间相关性。插值方法包括基本克里金(简单或普通克里金)、具有趋势的克里金、同位协同克里金插值方法等。

1. 基本的克里金插值

主要应用井资料进行克里金插值,不整合趋势及二级变量,但应用相控原则。一般流程如下:

①井数据网格化。

选择参与模拟的井,并将单井储层参数数据根据建模网格层进行网格化采样,生成沿井轨迹的网格化储层参数数据。

②相控参数设置。

这里所指的相为广义的相,除了沉积相外,成岩相、流动单元、断块等离散变量均可作为储层参数插值的控制相。选择作为控制的相模型,分相设置各相的储层参数最小值、最大值、平均值等。

③数据变换设置。

分相统计查看井数据分布,并进行数据变换。主要包括:

a. 井数据变换:主要为截断变换,截除一些由于测井解释造成的异常低值和异常高值,使井参数符合正常分布。

b. 结果数据变换:主要为截断变换,截除一些由于算法造成的异常低值和异常高值。特别是对于泥岩相,无需进行参数插值,只进行数据变换使其参数值为指定的低值即可。

c. 对数变换:对于渗透率而言,一般进行对数变换,建模后再进行反变换。

④变差函数模型参数设置。

分相设置变差函数参数,包括要主变程(大小与方向)、次变程(大小与方向)、垂向变程(大小)等。

变差函数的参数可通过计算求取。但当分相求取变差函数的井点较少时,变差函数的求取会有较大的误差。因此,在实际的建模过程中,一般可应用地质概念模式来估计变差函数的参数,主要是变程。变程的主方向大体为沉积相的主流线方向,主变程大体相当于相的长度,次变程大体相当于相的宽度,而垂向变程大体相当于一个单一沉积单元的厚度。

⑤基本克里金参数设置。

选择简单克里金或普通克里金方法;其他参数包括对每个网格估值时,已知井数据点的数目范围,以及每个搜索卦限的已知点数等。

2. 具有趋势的克里金插值

在应用具有趋势的克里金插值建模时,需要设置趋势参数,包括垂向一维趋势及平面二维趋势面。趋势分析方法及分析结果的数据类型请见"数据分析与变换"部分。

趋势估值结果与井数据估值结果可通过 0~1 的权系数来进行综合。极端情况 0 表示不采用趋势值,1 表示完全根据趋势估值。不论权系数取何值时,在插值点未搜索到已知井点的情况下,都将采用趋势估值。

3. 同位协同克里金插值

以基本的克里金为基础,整合二级变量(如地震属性),应用同位协同克里金进行储层参数插值建模。建模设置包含了基本克里金方法的设置,另外需要增加二级变量数据体的加载以及两类变量之间的相关关系。

在孔隙度或泥质含量建模时,二级变量主要为地震属性。在参数设置界面中,选择波阻抗数据体并设置相关系数。

在渗透率建模时,可将孔隙度作为二级变量。在参数设置界面中,选择孔隙度数据体并设置孔隙度与渗透率的相关系数。

(四)Petrel 平台中的应用

将建模所需数据输入,输入方式和其他建模方法一样,最后采用确定性建模方式,可以将加载的数据应用到建模中去,如图 3-5-12 所示。

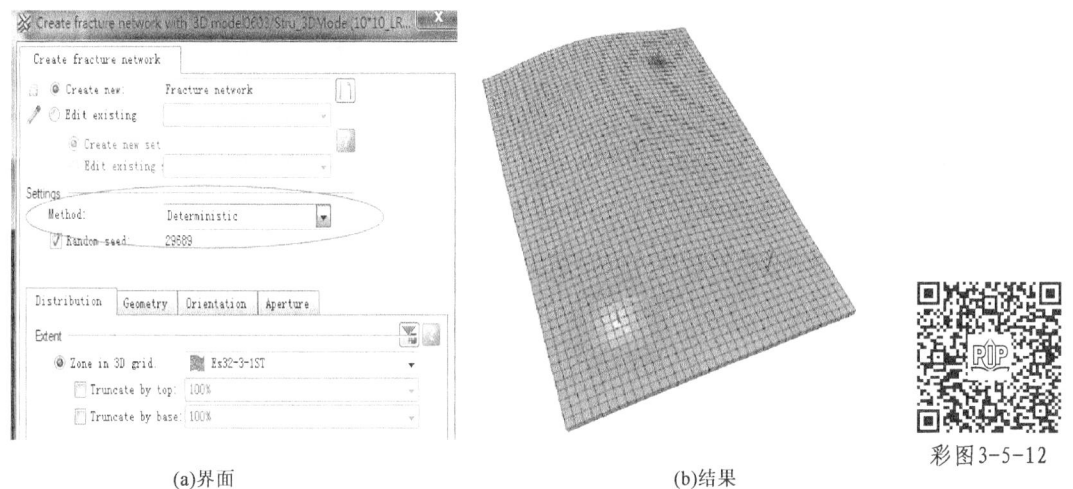

(a)界面　　　　　　　　　　　　(b)结果　　　　　　　　彩图3-5-12

图 3-5-12　使用确定性方法建立属性模型

四、储层参数随机建模

储层参数随机建模方法很多,包括序贯高斯模拟、序贯指示模拟、分形随机模拟等。目前,常用的方法为序贯高斯模拟,包括基本的序贯高斯模拟、整合趋势的序贯高斯模拟、同位协同高斯模拟等。

(一)基本的序贯高斯模拟

以基本的克里金方法为基础,不考虑趋势,也不考虑二级变量(如地震信息)。建模设置与基本克里金插值基本相同,仅需要增加以下设置:

①随机种子数的设定。随机种子数决定了内部算法随机数的产生,将会影响序贯模拟随机访问的网格顺序及从后累积概率的随机抽样。采用相同的种子数的两次随机模拟将得到同样的模拟结果。随机种子数一般为较大的奇数值,如69069。

②正态得分变换设置。通过变换,使模拟的储层参数符合高斯分布,以能应用高斯模拟方法进行建模,建模后进行反变换。

③模拟次数的设置。模拟实现个数的设置,决定在当前参数设置下模拟实现的个数。

④序贯参数设置。包括如下几方面内容:

a. 已模拟节点的最大个数。对某个未知网格点模拟估值时,将把井点与已模拟网格点模拟值作为已知信息。当已模拟网格点过多时,将会屏蔽井点对估值的贡献,所以必须设定每次参与计算的已模拟网格点最大数目(一般缺省为12个)。

b. 多级网格模拟。同样,为了减小序贯过程中已模拟网格点的影响,可采用多级网格的模拟策略。算法将首先采用大的数据邻域模拟较稀疏网格,例如在每10个节点为间隔的位置处进行模拟,这样变差函数模型中变程较大部分的空间结构将得到恢复;然后在逐级减小的邻域内模拟剩余网格结点。一般采用2~3级模拟即可。

(二)整合趋势的序贯高斯模拟

以具有趋势的克里金为基础,整合趋势进行储层参数的序贯高斯模拟。建模设置为在具有趋势的克里金方法的设置基础上,增加上述四项设置,即随机种子数的设定、正态得分变换设置、模拟次数的设置、序贯参数设置。

(三)同位协同高斯模拟

以同位协同克里金为基础,整合二级变量(如地震属性)进行储层参数的随机模拟。建模设置在同位协同克里金方法的设置基础上,增加四项设置,即随机种子数的设定、正态得分变换设置、模拟次数的设置、序贯参数设置。模拟结果如图3-5-13所示

彩图3-5-13

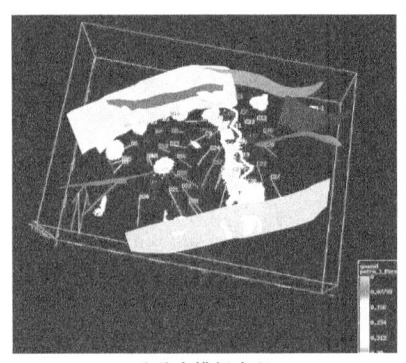
(a)孔隙度模拟实现

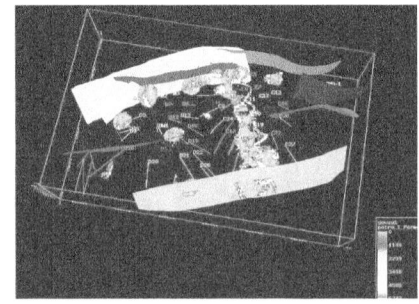
(b)渗透率模拟实现

图3-5-13 同位协同高斯模拟结果

五、Petrel平台储层属性建模

视频3-5-1 物性属性建模与流体属性建模

一个油藏需要建立的属性模型一般包括孔隙度模型、渗透率模型、含油饱和度模型、净毛比模型等。这里以孔隙度模型为例阐述基于Petrel平台的储层属性建模流程(图3-5-14)。其余属性模型的建立只是输入数据的类型不同,各属性模型建立的流程基本一致。

(一)单井孔隙度属性数据的粗化

双击Process > Proerty modelding > Scall up well logs,如图3-5-15所示。

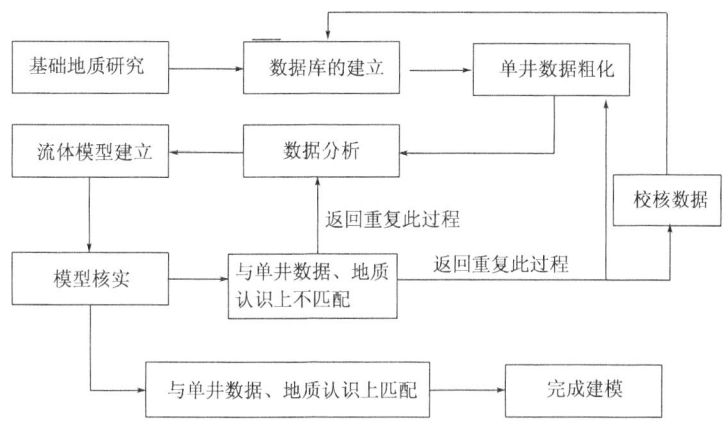

图 3-5-14　基于 Petrel 平台的储层属性建模流程图

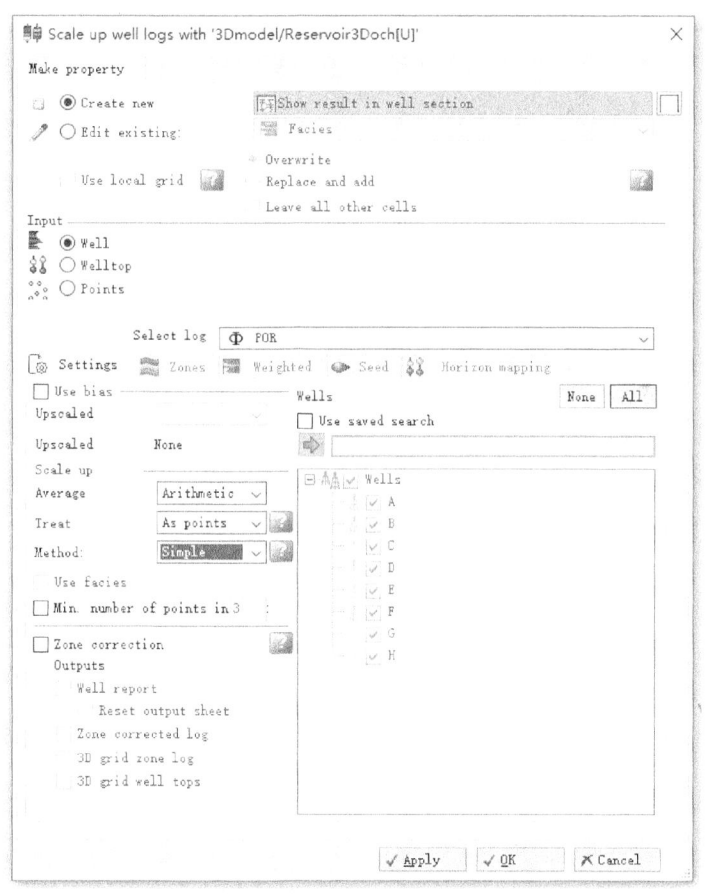

图 3-5-15　Petrel 平台单井属性数据粗化界面

选择孔隙度曲线。Average 选择"Arithmatic"、Method 选择"Simple"。单击"Apply"或"OK"确定,完成单井孔隙度数据的粗化。粗化后,孔隙度数据赋给井轨迹所通过的网格。粗化后在 Models 里的 Properties 新增了孔隙度属性模型"POR",在 3D 窗口中可以明显看到沿井轨迹的孔隙度参数分布(图 3 – 5 – 16)。

(二)孔隙度属性数据分析

双击 Process > Proerty modeling > Data analysis,开始孔隙度数据分析,主要包括数据变换(Transformation)和变差函数(Variograms)分析。图 3 – 5 – 17 和图 3 – 5 – 18 分别为采用相控方法对孔隙度数据进行变换分析和变差函数分析的操作界面。

图 3 – 5 – 16　单井孔隙度数据粗化后的三维模型

(三)孔隙度属性模型的建立

双击 Process > Proerty modeling > Petrophysical modeling,弹出对话框,在 Zones 选项卡里选择相应的层位,进行模型的层位控制设置,点击 Facies 标签,针对 Facies 右侧的各种微相类型,均运用数据分析的成果(包括数据变换和变差分析),如图 3 – 5 – 19 所示。在 Method for zone/facie 选项卡中选择"序贯高斯算法"或"高斯随机函数模拟方法"开展模拟。单击 Apply 完成孔隙度属性模型计算(图 3 – 5 – 20)。

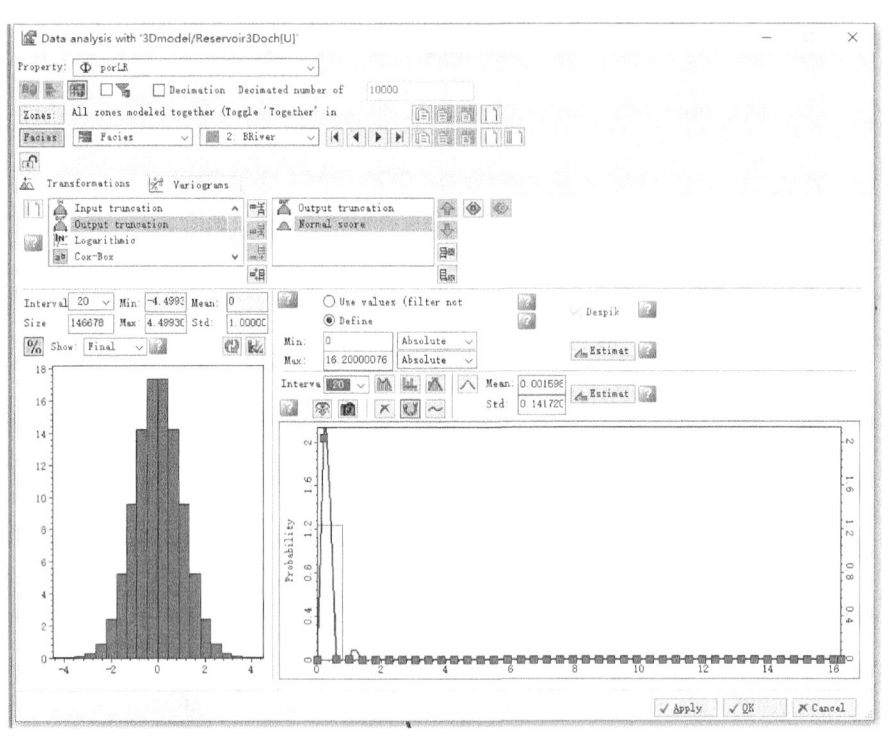

图 3 – 5 – 17　Petrel 平台孔隙度数据变换分析操作界面

采用上述流程,同样可以完成渗透率、流体饱和度及净毛比等储层属性模型的建立。需要说明的是,流体饱和度和净毛比模型建立完成后,还需要利用油(气)水界面进行约束,以便去掉油(气)水界面以下计算出来的高含油(气)饱和度或高净毛比的区域。

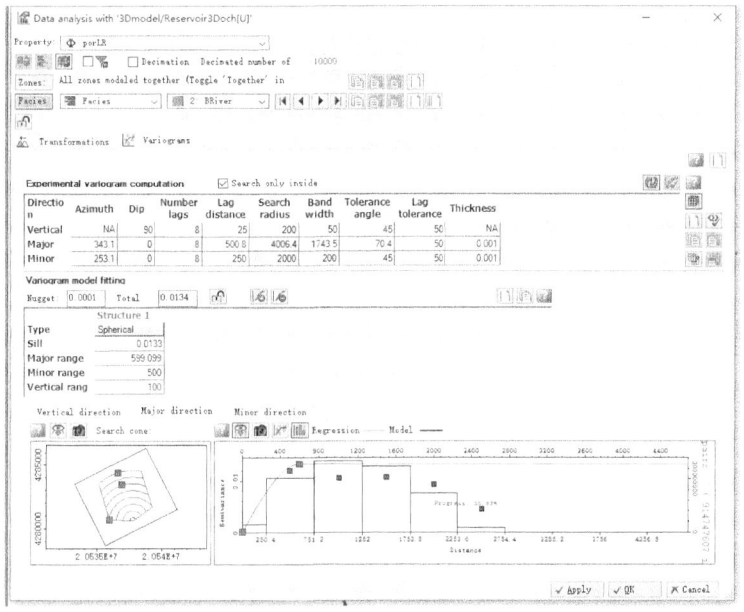

图3-5-18　Petrel平台孔隙度数据变差函数分析操作界面

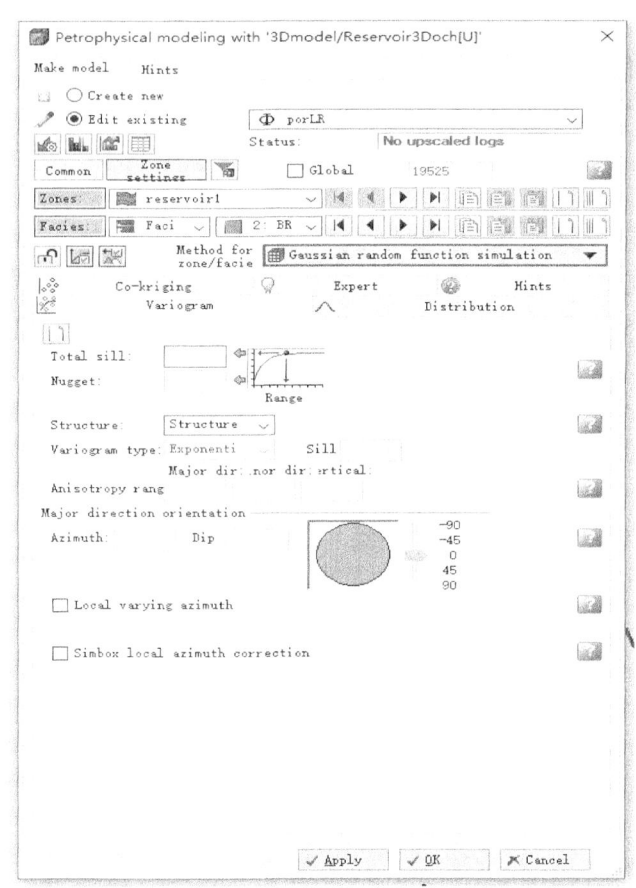

图3-5-19　Petrel平台储层属性参数(孔隙度)建模界面

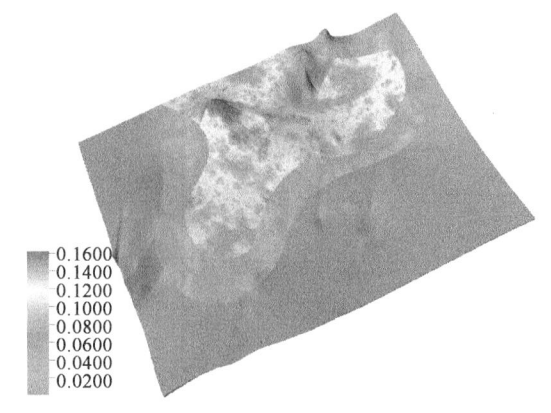

彩图3-5-20

图3-5-20　建立完成的孔隙度属性三维模型样例

第六节　储层裂缝建模

三维裂缝建模旨在表征储层裂缝及其定量物性参数的三维空间分布。由于裂缝储集空间的特殊性,三维裂缝建模具有较大的难度,目前的建模方法尚不成熟。本节简略地介绍三维裂缝建模的主要思路,包括裂缝密度模型、离散裂缝网络模型、裂缝物性模型等三个方面(吴胜和,2010;欧成华等,2015,2016,2017)。

一、裂缝密度模型

裂缝密度模型反映裂缝密度的三维分布,属于连续变量模型。

三维裂缝密度模型可以通过裂缝发育趋势数据约束下的单井裂缝密度插值得到。这类模型的建模方法可以采用前述的储层参数建模方法,关键在于两个方面:单井裂缝密度和裂缝分布趋势。

单井裂缝密度为沿井轨迹的连续变量数据,可采用取心观测、成像测井等统计的裂缝密度。裂缝分布趋势为体现裂缝发育程度的三维或者二维平面数据,可以通过以下两个方面来进行研究:

①构造应力场模拟。通过构造应力场模拟,可得到裂缝发育强度的分布趋势。构造应力场模拟主要是采用有限元法,计算各点的最大主应力、最小主应力和最大剪应力,计算各点的主应力方向和剪应力方向,根据岩石的破裂极限来预测裂缝发育带和延伸方向,并根据应变能计算裂缝发育强度。另外,在断层与裂缝具有相关性的情况下,可通过断层模型预测裂缝分布趋势。

②地震属性解释。通过与裂缝发育程度有较好相关性的地震属性,如地震相干体、地震反演数据体等,建立裂缝发育程度的分布趋势。应用先进的地震技术,如通过三维三分量技术、横波分裂技术、纵波 AVO 和 AVA 技术等,有望提高裂缝预测的精度。

在裂缝分布趋势研究中,应充分应用动态信息。

二、离散裂缝网格模型

裂缝网络模型采用许多具有一定方向、长度和面积的离散的面元来表征裂缝的分布。在建模过程中,可以分级分步建立不同尺度、不同组系的裂缝,以更加直观、更加层次分明地表征裂缝的三维分布。

这类模型的建模方法主要有两种:

①基于目标的随机建模方法。将裂缝作为"目标相",将地层作为背景相。

②分形几何方法。在裂缝分布具有自相似性(局部与整体相似)的情况下,通过岩心裂缝分布来预测断块中的裂缝分布。

下面以基于目标的方法为例,对建模环节进行说明。

首先,需要准备建模所需的数据,主要包括两个方面:①裂缝产状统计数据,通过取心观测、成像测井等统计的裂缝的组系、走向、倾向、长度、开度(张开度,宽度)分布数据(表3-6-1);②裂缝密度分布模型。

表3-6-1 裂缝产状统计数据样例

组系	方位,(°)		倾角,(°)		长度,m		开度平均值 mm
	平均值	范围	平均值	范围	平均值	范围	
Ⅰ	0	-30~30	85	80~90	500	20~1000	0.13
Ⅱ	90	45~135	85	80~90	55	1~110	0.15

然后,采用基于目标的随机模拟方法,在裂缝产状数据和裂缝密度模型约束下,分步建立不同组系裂缝网络模型(图3-6-1)。其原理及步骤与基于目标的沉积相建模方法相似,只不过目标相为裂缝面元。其中,退火模拟的目标函数为裂缝密度模型,即根据给定的裂缝产状参数随机产生裂缝面元,直至产生的裂缝密度达到给定的裂缝密度模型。

三、裂缝物性模型

裂缝物性模型反映裂缝孔隙度、渗透率的三维分布,属于连续变量模型。其建模方法主要有以下两类:

①采用前述的储层参数建模方法进行建模。在密度模型约束下,通过单井裂缝物性参数进行插值或随机建模。

②以裂缝离散网络模型为基础,通过裂缝参数计算裂缝物性。在裂缝离散网络模型中,裂缝以面元形式分布,单个地层网格中裂缝的条数、方向、长度、面积均为已知数据,而裂缝的开度(宽度)数据可依据井孔统计结果得到。据此,可以计算裂缝贡献的储层物性参数,从而建立裂缝物性的三维分布模型(图3-6-2)。

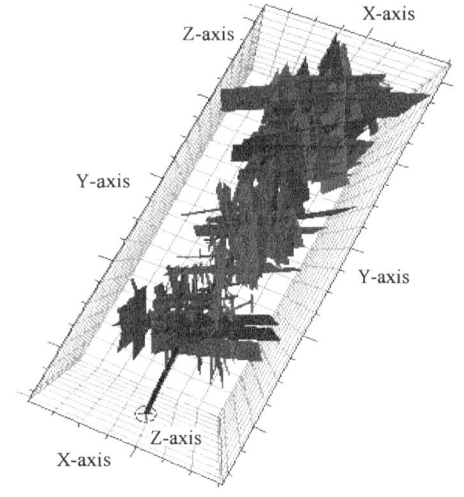

图3-6-1 裂缝网络模型

彩图3-6-1

彩图 3-6-2

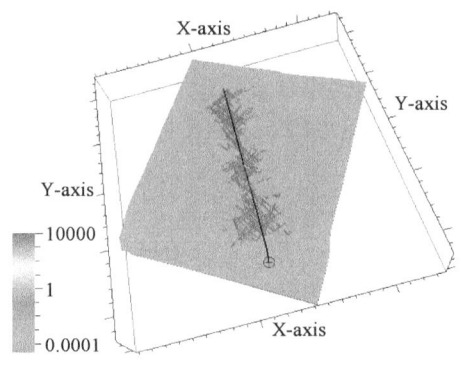

图 3-6-2 裂缝物性模型

第七节 储量分布建模

利用地质模型开展储量计算的相关理论(欧成华等,2017)详见第一章第五节"基于油气藏地质模型的储量计算",下面详细介绍利用 Petrel 平台开展储量分布建模的操作流程。

一、油气水接触面设定

油气水接触面设定步骤如下:

①在 Petrel 平台主界面左边窗口找到 Processes 菜单(若没有此菜单,可在 Panes 下拉菜单中添加),如图 3-7-1 所示。

②找到油气水接触面设定菜单,操作步骤为 Processes > Corner point gridding > Make contacts,如图 3-7-2 所示。

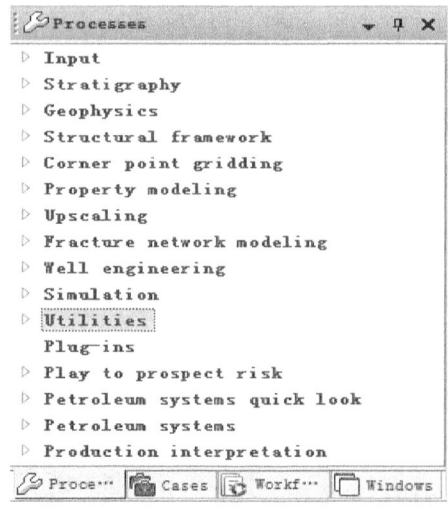

图 3-7-1 Petrel 平台 Processes 菜单窗口

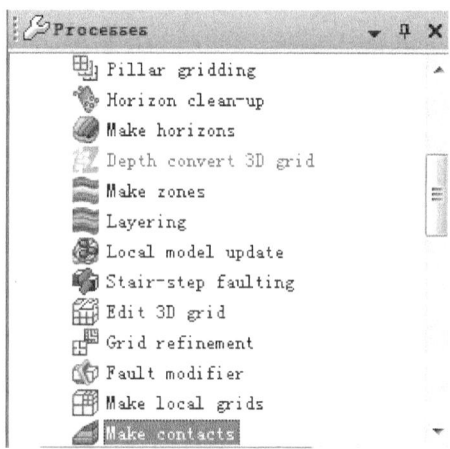

图 3-7-2 建立油气水接触面模型模块选择设置菜单

③界面参数设定,操作步骤为 Processes > Corner point gridding > Make contacts,如图 3-7-3 所示。

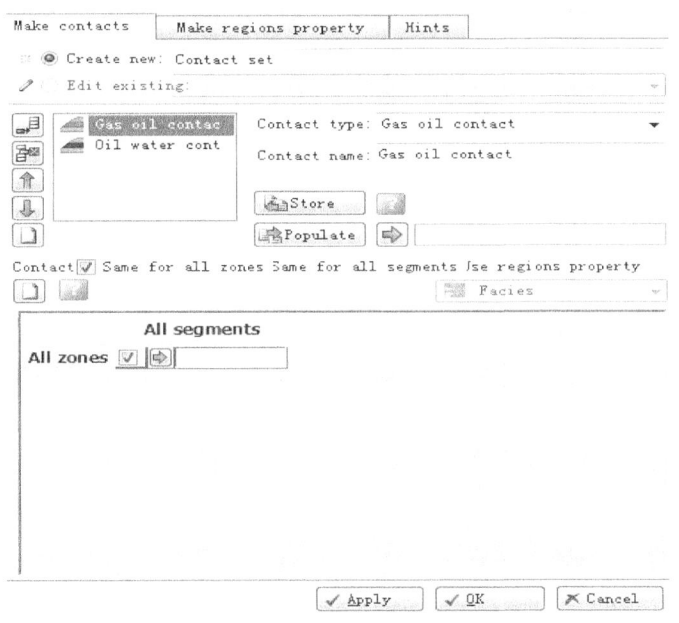

图 3-7-3　Petrel 平台油气水接触面模型建立参数设置界面

设定的方式可以是统一的油气水界面,也可以按照各个区块单独设定。当接触面平行于水平面时,可以直接输入数值表示界面的海拔标高位置。

二、储量计算过程

在完成了模型建立等其他步骤之后,就可以进行储量计算了,计算过程如下:

①左边窗口找到 Processes 菜单(若没有此菜单,可在 Panes 下拉菜单中添加),如图 3-7-1 所示。

②找到体积计算菜单,操作步骤为 Processes > Utilities > Volume calculation,如图 3-7-4 所示。

③选择流体类型,操作步骤为 Processes > Utilities > Volume calculation > Properties > Fluid zones。如图 3-7-5 所示,存在 Oil 与 Gas 两个可勾选项,仅勾选 Oil 表示该储层为不含气顶的油藏;仅勾选 Gas 表示该储层为天然气藏;同时勾选 Oil 与 Gas 表示该储层为含气顶的油藏。

图 3-7-4　体积计算菜单

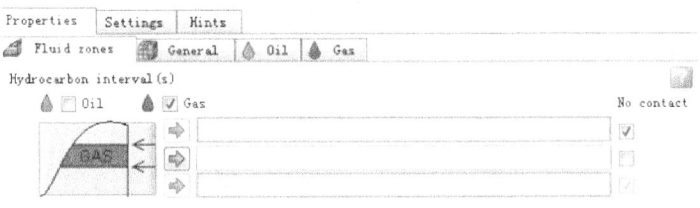

图 3-7-5　烃类流体类型选择

④净毛比与孔隙度参数的设定,操作步骤为 Processes > Utilities > Volume calculation > Properties > General。如图 3 - 7 - 6 所示,净毛比与孔隙度可以勾选(必须是已经建立完成了这两个模型)或手工赋值。

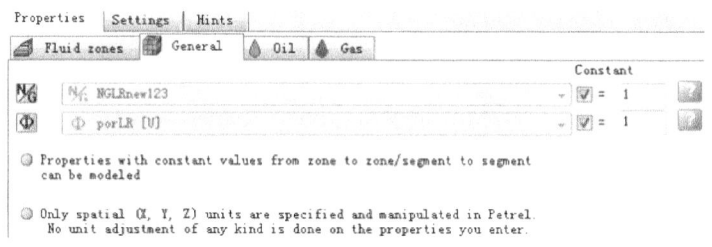

图 3 - 7 - 6 净毛比与孔隙度参数的设定

⑤油的参数设定,操作步骤为 Processes > Utilities > Volume calculation > Properties > Oil。如图 3 - 7 - 7 所示,油的可选参数分别为含水饱和度 S_w,含油饱和度 S_o,含气饱和度 S_g,体积系数 B_o,溶解气油比 R_s 以及可采储量 REC。

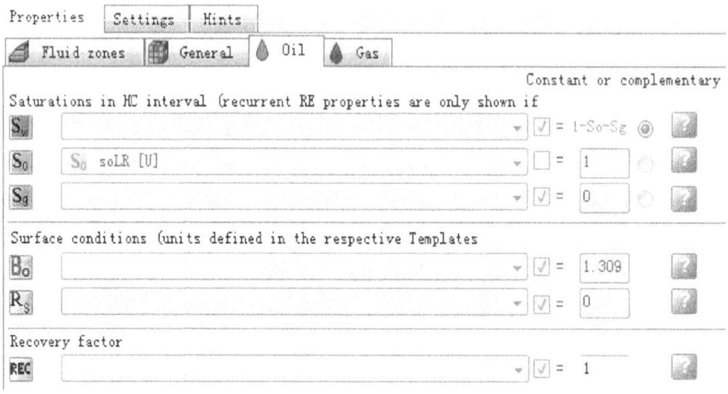

图 3 - 7 - 7 Petrel 平台油的参数设定界面

⑥气的参数设定,操作步骤为 Processes > Utilities > Volume calculation > Properties > Gas。如图 3 - 7 - 8 所示,气的可选参数与油一致,分别为含水饱和度 S_w,含油饱和度 S_o,含气饱和度 S_g,体积系数 B_o,溶解气油比 R_s 以及可采储量 REC。

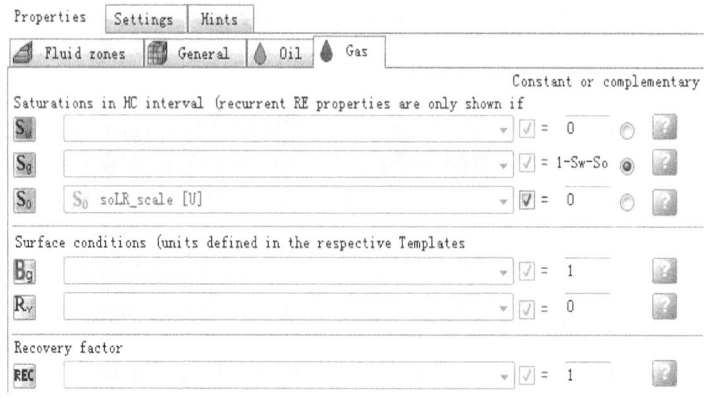

图 3 - 7 - 8 Petrel 平台气的参数设定界面

⑦设置输出体积类型,操作步骤为 Processes > Utilities > Volume calculation > Settings > Output。如图 3 – 7 – 9 所示,可以输出的体积类型为总体积 Bulk volume,网格体积 Net volume,孔隙体积 Pore volume,储烃体积 HCPV,原始地质储量 STOIIP,气的地质储量 GIIP 以及可采地质储量 Recoverable volume。

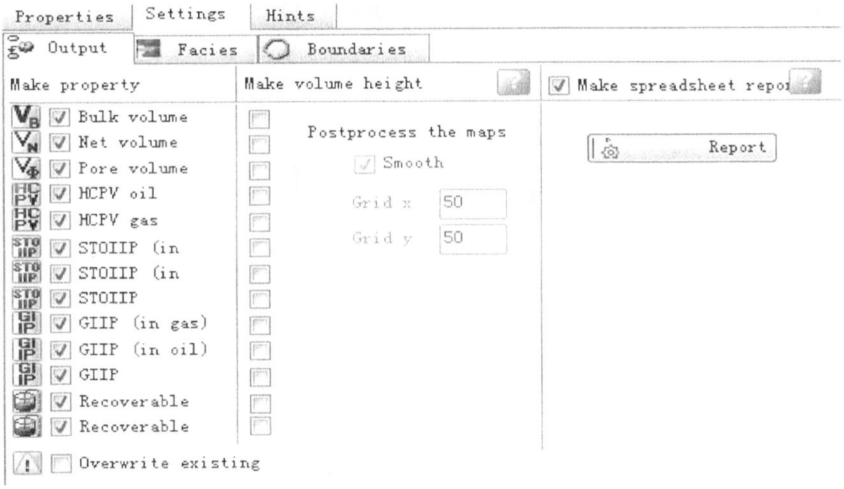

图 3 – 7 – 9　Petrel 平台输出体积类型界面

⑧相与边界设置,操作步骤为 Processes > Utilities > Volume calculation > Settings > (Facies or Boundaries)。如图 3 – 7 – 10 所示,可以进行相设置与边界设置,其中边界设置包括使用筛选器、多边形边界、井边界。

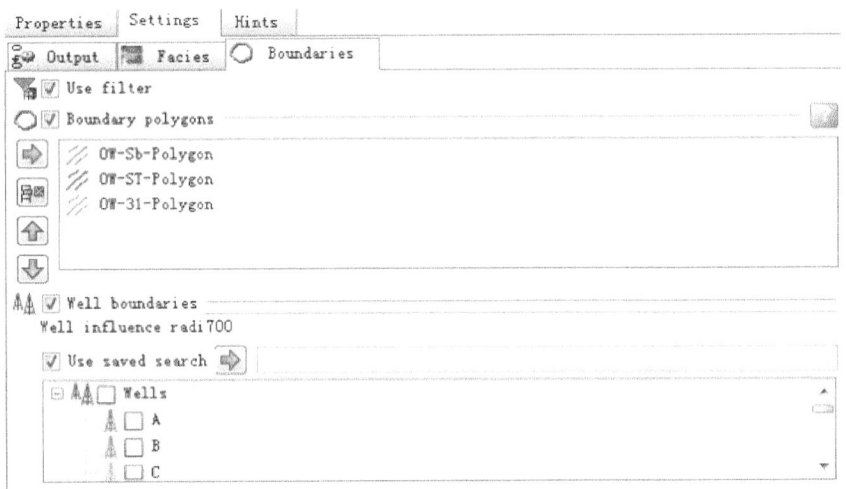

图 3 – 7 – 10　Petrel 平台相与边界设置界面

⑨所用到的计算公式,操作步骤为 Processes > Utilities > Volume calculation > Hints > Formulas。如图 3 – 7 – 11 所示。

⑩在以上参数设置完毕之后,点击界面左下角 Run 按钮,开始体积计算,操作步骤为 Processes > Utilities > Volume calculation > Run。得到的计算结果如图 3 – 7 – 12 所示。

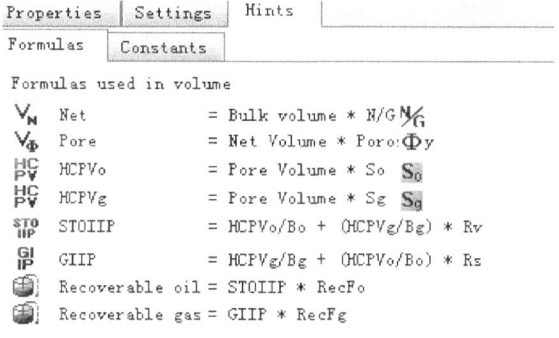

图3-7-11 使用的计算公式

	Zones	Segments	Bulk volume	Net volum	Pore volume	HCPV oil	STOII
1	Petrel 2014.2 (64-bit)	Schlumberger					
2	Project	DevelopmentGeology&ModelingCase2016.pet					
3	Input XY unit	m					
4	Input Z unit	m					
5	HC intervals	Includes oil interval only.					
6	General properties						
7	Porosity:	porLR modeling					
8	Net gross:	ntgpor6so20					
9	Properties in oil interval						
10	Sat. water:	1-So-Sg					
11	Sat. oil:	soLR modeling					
12	Sat. gas:	0					
13	Bo (formation vol. facto	1.594	[rm3/sm3]				
14	Zones	Segments	Bulk volume	Net volum	Pore volume	HCPV oil	STOII
15	reservoir1	Segment 1	44.7057	23.7370	2.2686	0.9250	0.5803
16	reservoir1	Segment 2	16.5971	7.2647	0.6611	0.2641	0.1657
17	reservoir1	Segment 3	3.0034	2.7731	0.2971	0.1497	0.0939
18	reservoir1	Segment 4	1.3916	0.2443	0.0177	0.0042	0.0026
19	reservoir1	Segment 5	1.5668	0.5787	0.0484	0.0145	0.0091
20	interbed1	Segment 1	30.2242	0.0000	0.0000	0.0000	0.0000
21	interbed1	Segment 2	4.9683	0.0000	0.0000	0.0000	0.0000
22	interbed1	Segment 3	0.5832	0.0000	0.0000	0.0000	0.0000
23	interbed1	Segment 4	0.5174	0.0000	0.0000	0.0000	0.0000
24	interbed1	Segment 5	1.9213	0.0000	0.0000	0.0000	0.0000
25	reservoir2	Segment 1	60.8463	13.4728	1.3097	0.4868	0.3054
26	reservoir2	Segment 2	8.6646	3.4978	0.3602	0.1430	0.0897
27	reservoir2	Segment 3	1.4973	1.4582	0.1616	0.0695	0.0436
28	reservoir2	Segment 4	0.7882	0.0381	0.0027	0.0009	0.0006
29	reservoir2	Segment 5	2.7353	0.8191	0.0899	0.0370	0.0232
30	interbed2	Segment 1	28.0361	0.0000	0.0000	0.0000	0.0000
31	interbed2	Segment 2	6.1477	0.0000	0.0000	0.0000	0.0000
32	interbed2	Segment 3	1.6207	0.0000	0.0000	0.0000	0.0000
33	interbed2	Segment 4	0.2231	0.0000	0.0000	0.0000	0.0000
34	interbed2	Segment 5	0.4882	0.0000	0.0000	0.0000	0.0000
35	reservoir3	Segment 1	81.6170	13.2267	1.2265	0.4314	0.2706
36	reservoir3	Segment 2	6.2679	4.9653	0.5217	0.2360	0.1481
37	reservoir3	Segment 3	2.6894	1.7624	0.1621	0.0554	0.0347
38	reservoir3	Segment 4	0.1345	0.0071	0.0005	0.0002	0.0001
39	reservoir3	Segment 5	1.1291	0.1795	0.0159	0.0058	0.0036

图3-7-12 Petrel平台储量分布计算结果案例

第八节 地质模型质量控制及可靠性检验

油藏地质建模是以油藏描述为基础,以地质沉积模式为指导,以计算机技术为手段,以网格为载体,以观测数据为约束条件,采用合适的建模方法,建立反映油藏初始条件下构造形态与储层物性及流体分布的三维数字化模型的过程(吴胜和,1999;欧成华等,2016)。地质建模的目的是:其一,更客观地描述储层,从三维空间上定量地表征储层的非均质性,有利于油田勘探开发工作者进行合理的油藏评价及开发管理;其二,更精确地计算油气储量,即按照传统的容积法计算出每个网格的储量,提高储量计算精度;其三,更精细的油藏数值模拟,地质模型准确可靠,历史拟合精度高,剩余油分析结果可信,最终确定的开发方案切实可行,实际矿场应用才能见到好效果(黄尚军等,2002);其四,更有利于研究对象的可视化,从不同角度显示储层的外部形态及内部特点,通过三维显示、任意旋转、任意切片,以及平面图、剖面图、栅状图、直方图等的直观分析,从而认识油藏(刘少华等,2007)。

一、地质模型质量影响因素

地质建模的核心是井间参数预测(吴胜和,2007),有四个关键因素影响地质模型质量:已知数据、地质模式、建模方法和软件功能。

(一)基础数据

地质建模一般需要四类基础资料(于金彪等,2009):①地震及储层预测资料,主要有构造数据和砂体分布数据;②地质资料,主要有井轨迹数据、地质分层数据、测井解释数据及小沉积(微)相数据;③岩心资料,主要有岩心常规分析数据;④动态监测资料,主要有试井数据、动静液面数据以及产出、注入剖面测试数据。建模过程中,不同资料应用的侧重点不同。如:地震资料主要用于构造解释、储层预测,特点是横向覆盖面广,但垂向分辨率低、多解性强;测井资料主要用于地层对比、储层非均质性研究及有效储层识别,特点是垂向分辨率高;试井资料主要用于流动系数求取及连通性分析,特点是反映油藏实际动态特征,求取有效渗流半径内的平均值。

基础数据作为已知数据,是预测的前提和条件,只有获得了丰富的地震、地质资料,才能够建立起油藏的地质空间模式,确定油藏的类型;在地质建模过程中,才能以已知数据约束未知数据的预测。实践也表明,对油藏的分析越深入,形成的认识越清楚,建立的模型才越可靠。数据的数量、质量、合理性直接决定着地质模型的正确性和精度。

(二)地质模式

地质模式是指油藏的构造背景、沉积环境、储层类型、砂体形态及属性参数分布规律(欧成华等,2017)。一般地,建模必须遵循等时建模、成因控制建模与相控建模,确定性建模与随机建模相结合的原则(吴胜和,1999)。具体内容如下:

①等时建模是应用高分辨率层序地层学原理确定等时界面,进行精细等时地层划分与对比,然后分层建模;

②成因控制原则用于沉积相建模,沉积相分布有其内在规律性,成因控制建模是依据一定的相模式(相序规律、砂体叠置规律、微相组合方式以及各相几何学特征)选取建模参数,建立沉积相模型;

③相控建模是在沉积相模型基础上,根据不同沉积相的储层参数分布规律,分相带进行井间插值或随机模拟,建立储层参数分布模型;

④确定性建模与随机建模相结合原则是为了降低模型的不确定性,应用确定性信息来约束随机建模过程。地质建模过程中,必须以形成的地质模式为指导,约束或控制地质模型的建立。

(三)建模方法

建模方法有两种:确定性建模和随机性建模(吴胜和,1999)。确定性建模是对井间未知区给出确定性的预测结果,如地质统计学克立格插值;随机建模方法是指以已知的信息为基础,以随机函数为理论,对井间未知区应用随机模拟方法给出多种可能的预测结果,如序贯高斯模拟方法。不同方法各有其优势、缺点和适用条件:

①克立格插值方法的优点是保证估计值的无偏和最优,能够得到估计精度,其缺点是局部估计方法,当井点较少且分布不均时可能会出现较大的估计误差,适用于井点数据较多的条件下应用;

②序贯高斯模拟适用于各向异性不强的条件下连续变量的随机模拟,模拟结果强烈地依赖于变差函数,且要求模拟参数符合正态分布;

③截断高斯模拟适用于相带呈排序分布的沉积相模拟,序贯指示模拟适用于模拟复杂各向异性的地质现象及连续性分布的数值。

在建模过程中,应该根据资料的多少以及模拟参数的分布特征,选取合适的建模方法。

(四)软件功能

地质建模是一个复杂的过程,涉及大量数据的处理、图形的可视化显示、网格赋值的计算以及建模方法的实现。为了提高建模的效率和精度,必须借助于地质建模软件。随着计算机技术和地质建模方法的发展,国内外已经推出了一大批成熟的建模软件,如 Petrel、RMS、GoCAD、Direct 软件。成熟的建模软件必须包括数据集成管理和分析功能、多角度图形可视化功能、先进的建模算法、方便快捷的界面操作、综合的分析工具。建立高质量的地质模型,必须依靠功能强大的地质建模软件。

二、地质建模过程质量控制方法

地质建模是一个连续的过程,各个环节相互衔接、相互依赖,任何一个环节出现问题,都会影响到整个模型的质量。因此,必须严格控制每一个环节的质量。

(一)数据加载过程质量控制

检查基础数据的质量,要考虑基础数据之间存在着一定的逻辑关系,如:①同一层的顶面深度小于或等于底面深度;②上一层的底面深度小于或等于下一层的顶面深度;③有效厚度小于或等于砂层厚度;④小层数据表与小层顶面构造图的一致性;⑤小层数据表与小层平面图的一致性;⑥孔隙度、渗透率、饱和度参数奇异点;⑦岩心、测井、地震及试井解释数据的一致性。

数据质量检查方法主要有三种:

①逻辑关系判断法,通过检查数据之间是否满足上述逻辑关系,发现可能存在错误的数据;

②图示对比法,通过可视化的方式,将数据点和数据值显示在同一窗口、同一坐标系统下,对比不同来源数据的一致性以及数据值的奇异性;

③统计分析法,采用柱状图、直方图或散点图的方式,按层或相带统计各种属性的分布范围、平均值,分析属性值分布的合理性和规律性。

(二)构造建模过程质量控制

构造模型包括断层模型、网格模型和层面模型。根据地震解释的断层数据和钻井的断点数据,建立反映断层几何形态及空间分布的断层模型。断层模型一般从四方面检查:

①检查断层之间的交叉和削截关系。在建立断层模型过程中,通过定义 Pillar 来描述断层面,交叉断层或削截断层在连接处共用一条 Pillar,通过检查共用的 Pillar,判断断层之间的

连接关系；

②检查断层的走向和倾向与构造是否一致,同时显示断层和层面构造,判断二者是否矛盾；

③检查断层的走向和倾向与断点数据是否一致,根据钻遇的断点数据,判断断层的倾向是否有矛盾；

④检查断层附近的网格是否出现扭曲现象。

网格是模型的最小描述单元,根据研究目的和工区范围,设置网格边界、尺寸、方向和趋势,建立网格模型。网格模型一般从四方面检查：

①检查层面网格,上下层网格之间不能出现交叉现象；

②检查网格体积,网格体积不能出现负值,若网格体积为负值,表明网格发生了严重扭曲；

③检查网格高度,网格高度不能出现负值,如出现负值,表明网格极度不规则；

④检查网格扭曲度,扭曲度不能出现非零值,若出现非零值,表明网格发生了扭曲。

(三)地层建模过程质量控制

叠合的层面模型即为地层(格架)模型。根据建立的砂层组或地层的层面模型,依次叠加每个小层的厚度模型,形成每个小层的层面模型,即地层模型。地层模型一般从三方面检查：

①相邻层面之间不能有交叉或构造上的冲突。

②隔夹层描述的合理性检查。隔层单独作为一个层处理,不必细分,隔层一般为不渗透层；夹层一般分为岩性夹层和物性夹层,其渗透性与夹层厚度和物性有关,首先核实夹层厚度是否大于网格厚度,其次检查夹层在垂向和平面上的分布与地质认识是否一致。

③检查厚层细分的方式是否反映层内的非均质性和连通性。对于厚层细分一般有两种方法,即按厚度细分和按比例细分。按厚度细分容易造成各细分层的平面连续性差,改变了砂体的连通性；按比例细分容易造成各细分层的厚度太小,数值模拟运算不收敛。因此,必须检查各细分层砂体的连续性和厚度分布。

(四)属性建模过程质量控制

属性模型是地质模型的核心,按照属性变量的性质,分为离散变量模型和连续变量模型。离散变量包括岩相、沉积相、流动单元和裂缝；连续变量包括孔隙度、渗透率、油气水饱和度以及净毛比参数。一般采用"相控建模"或"二步建模"的方法,即首先建立沉积相、流动单元模型,然后根据不同沉积相的储层参数定量分布规律,选择合适的建模方法,分相带进行井间插值或随机模拟,建立反映储层性质空间变化规律的属性模型。属性模型一般从三方面检查：

①对于离散型变量(如沉积相),检查其平面分布与沉积模式是否一致,从多个实现中选取与沉积模式认识一致的模型；

②结合注采受效性分析,核实砂体的连通性；

③检查测井解释数据、测井粗化数据及模型数据的统计分布规律是否一致,若相差较大,必须进一步核实测井数据粗化方法、变差函数和建模方法的适用性。

(五)储量计算过程质量控制

储量计算是地质建模的目的之一,根据指定的油气水界面、孔隙度、饱和度、净毛比分布及流体性质,采用容积法计算每个网格的地质储量,从而得到整个油藏的地质储量。对于储量的检查一般通过对比各个实现的模型储量和地质上报储量,分析造成储量差异的原因,进一步落实储量的可靠性。引起储量变化的原因,一是含油面积的变化；二是有效厚度的变化；三是油气水界面的变化。

三、地质模型可靠性检验

由于资料、研究方法和认识程度的不确定性,造成了预测地质模型的不确定性。尤其是随机模拟建立了地质模型的多个实现,每一种实现代表了实际油藏的一个可能性。因此,在地质模型建立以后,必须从整体上验证已建立的地质模型的质量。一般采用静态法与动态法相结合的方式验证地质模型。静态法多使用抽稀井或新钻井检验,动态法多使用数值模拟历史拟合的方法。

(一)抽稀井检验

抽稀井检验是指在建模过程中,抽出一部分已知井数据,不作为已知数据参与建模,在建立模型以后,使用这些井数据与模型数据对比,根据相对误差评价模型的可靠性。除此之外,还需要进行变差函数的相似性对比,抽稀井与不抽稀井的变差函数应该相似,抽稀井不能影响反映数据空间相关性的变差函数。新钻井检验与抽稀井检验类似,以新钻井代替抽稀井。对于随机模拟的多个实现,应用该方法优选最符合油藏实际的模型。

(二)历史拟合方法

历史拟合方法是指将地质模型与生产动态数据相结合,根据历史拟合精度来评价模型的可靠性,历史拟合精度越高,地质模型越可靠(张世明等,2005)。历史生产动态数据是经过核实的,通过可靠的动态模型与不确定的静态模型的匹配程度分析,能够更全面、更科学、更准确地评价地质模型(于金彪等,2005)。由于精细地质模型网格规模巨大,经常达到千万个节点,采用常规的数值模拟器难以满足要求。一般采用流线模拟器,进行快速历史拟合,分析拟合误差,优化、评价地质模型。对于随机模拟的多个实现,通过对比各个实现的拟合精度,优选地质模型。

地质基础数据是否准确、地质模式是否清楚、建模方法是否合理、软件功能是否强大是制约地质模型质量的关键因素。实践表明:地质建模过程质量控制方法是提高模型质量的有效手段,抽稀井检验和历史拟合是评价地质模型质量的有效方法。通过模型质量控制,提高了模型的可靠性,有效地减少了模拟次数,提高了油藏数值模拟效率和精度。

第九节 地质模型粗化

三维储层地质模型可输入至模拟软件进行油藏数值模拟,但一般要先对储层地质模型进行粗化。由于目前计算机内和速度的限制,动态的数值模拟不可能处理太多的节点,常规的黑油模拟的模型网格节点数一般不超过30万个,而精细地质模型的节点数可达到百万甚至千万个,因此,需要对地质模型进行粗化。

模型粗化也称均质化,是使细网格的精细地质模型转化为粗网格模型的过程。在这一过程中,用一系列等效的粗网格去替代精细模型中的细格,并使该等效粗网格模型能反映原模型的地质特征及流动响应。粗化模型的网格可以是均匀的,也可以是不均匀的。粗化方法很多,有各种平均方法,如算术平均法、调和平均法、几何平均法、指数平均法、调和—算术平均法。一般地,对于孔隙度和含油饱和度来讲,由于它们为标量,应用简单的算术平均法即可。而对于渗透率,则不能使用算术平均法,而应使用其他方法。一般地,可首先应用调和—算术平均法、算术—调和平均法分别进行渗透率粗化计算。如果两者很接近,则应用它们的几何平均值即可;如果两者有较大的差别,则可考虑用归一化方法或指数平均法;如果时间允许的话,最好应用对角张量或完全张量方法。模型粗化后,即可直接进入模拟器进行油藏数值模拟。

地质模型粗化主要包括三方面内容:油藏数模网格创建,网格对应关系设置,储层参数模型粗化(吴胜和,2010)。

一、油藏数模网格创建

(一)油藏数模网格类型

油藏数模中所用网格有很多种分类方法。例如,按网格节点排列是否有序,可分为结构化网格、非结构化网格和结构/非结构混合网格;按网格是否正交,可分为正交网格和非正交网格;按计算区域中所包含网格的种类,可分为多块网格和单块网格等。

油藏数模网格的发展大致可分为三个阶段:以正交网格和局部加密技术为主的第一代网格,以角点网格为主流的第二代网格,以 PEBI 及混合网格为代表的第三代网格。其中正交网格和角点网格均属于结构化网格,PEBI 网格属于非结构化网格。

正交网格和角点网格在本章第三节中已进行了介绍。从目前情况看,角点网格应用范围最广,技术成熟度高,在地质建模与油藏数模方面都得到了最为广泛的应用。但由于角点网格间的非正交性(一般只是在复杂边界处),对传导率计算、模拟迭代收敛性以及模拟结果精度都有所影响。但此类问题可通过网格质量的控制(如 Z 字形断层处理、零体积网格检查以及网格正交性检查等)加以优化解决。

为解决角点网格非正交性带来的问题,1987 年 SURE 软件推出了 PEBI 网格。PEBI 网格满足局部正交性,但又比结构网格灵活,能很好地模拟非规则地质体的边界,便于局部加密;同时又满足了有限差分方法对网格正交性的要求,最终得到的差分方程与笛卡尔网格有限差分法相似,这样就可利用现有的有限差分数值模拟软件(图 3-9-1)。

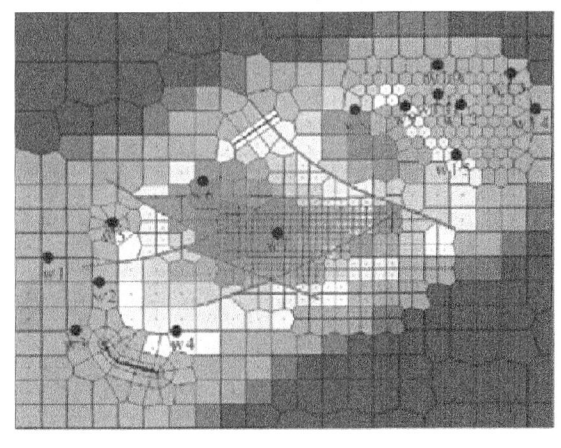

彩图 3-9-1

图 3-9-1 PEBI 网格模型示意图

下面重点介绍基于角点网格的地质模型的油藏数模模型的网格粗化。

(二)油藏数模网格建立

相比于地质模型网格,油藏数模网格节点规模更小,同时网格几何形态也需满足数模的具体要求。油藏数模网格的建立与地质建模网格的建立流程大致相同,但在以下两方面有所区别。

1. 断层网格处理

为了保证断层附近网格的正交性及网格体积的均匀性,在断层区域需设置控制线控制网格线走向,并可将断层穿过网格做 Z 字形或阶梯形处理,如图 3-9-2、图 3-9-3 所示。

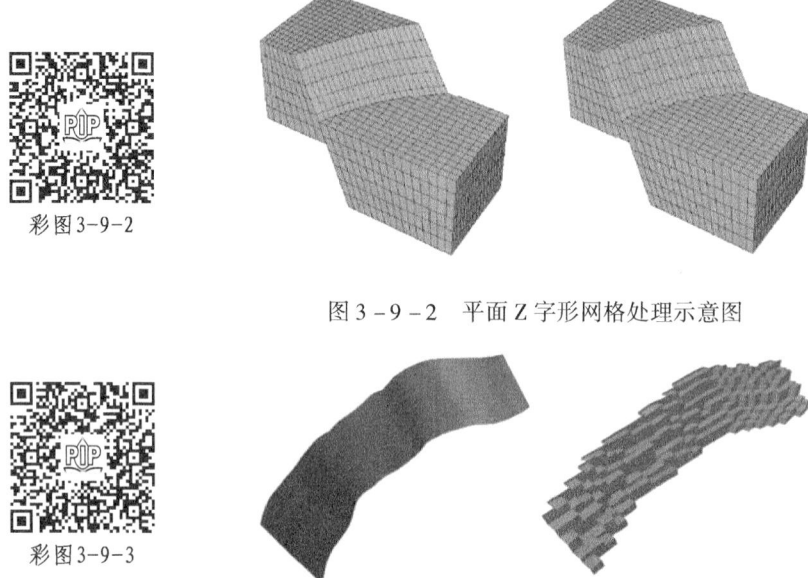

图 3-9-2　平面 Z 字形网格处理示意图

图 3-9-3　三维阶梯形网格处理示意图

2. 平面分块及网格个数设置

在创建数模网格时,需要根据断层、油气水分布以及井点分布特征,在平面上划分不同的区块(通过断层线或辅助线划分)(图 3-9-4),并分块设置疏密程度不同的平面网格大小,目的是在保证重点区块网格个数的同时,尽量减小总网格数。在进行了相关设置后,即可得到如图 3-9-5 所示的数模网格。

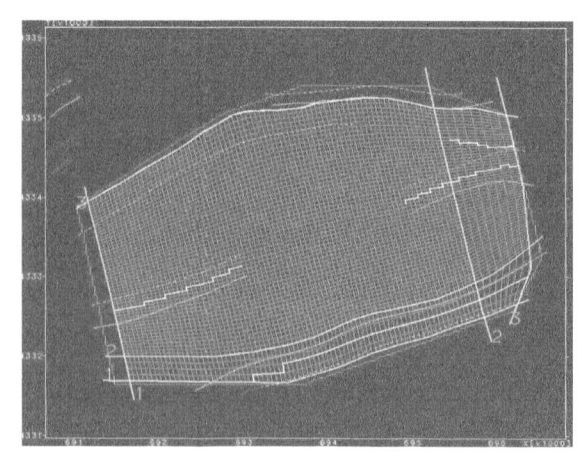

图 3-9-4　平面分块网格个数设置示意图

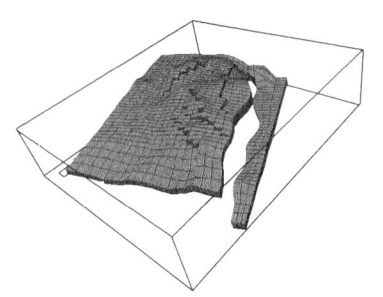 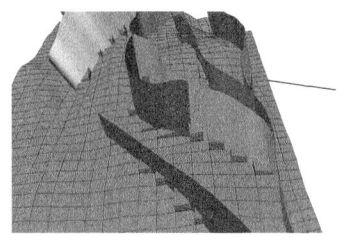 

图3-9-5　数模网格示意图

二、网格对应关系设置

由于数模网格与地质模型网格的大小不同,一个粗的数模网格将会包含多个地质模型细网格。如果仅根据三维空间坐标的对应包含关系,难免会出现粗网格的"平面跨带"或"垂向跨层"现象。因此,需要按照一定的规则,设置粗、细网格模型间平面及垂向网格序号的对应关系。

(一)平面网格包含规则

网格包含是指粗网格对细网格的包含关系。如图3-9-6所示,网格包含关系有两种情况:第一种为细网格中心落在粗网格内,则该细网格被认为对应到当前粗网格,在参数平均化时,各个细网格按完整体积作为权重;第二种为细网格任意部分落在粗网格内,在参数平均化时,各个细网格按实际包含在粗网格内的体积作为权重,因而该方法的计算量更大。

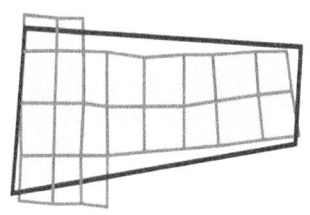 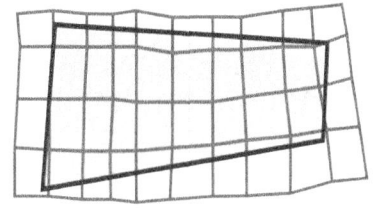

图3-9-6　X—Y平面网格包含关系示意图(据吴胜和,2010)

(二)垂向网格对应规则

网格对应是指地质模型垂向细网格序号与数模模型垂向粗网格序号的对应关系。可以根据需要,指定1个粗网格与多个粗网格的对应关系。例如,在需要将垂向上1~10细网格对应于5个粗网格的情况下,可以平均对应(在不指定对应关系时,系统会自动进行平均对应),如图3-9-7所示;也可以指定任意对应关系,如将第1个到第3个细网格对应于第1个粗网格,将第4个到第6个细网格对应于第2个粗网格(图3-9-8)。

三、储层参数模型粗化

在建立数模网格及其与地质模型细网格的对应关系后,便可将地质模型的储层参数粗化到数模网格中。针对不同的地质参数,粗化算法有所不同。从粗化算法考虑,储层参数可分为标量、矢量与离散参数三大类。对于标量物性参数(如孔隙度、饱和度等),可采用一般数学平均化方法合并处理;而对于与流动方向有关的矢量物性参数(主要指渗透率),则需要根据流

图3-9-7 粗、细网格垂相均匀对应关系示意图(据吴胜和,2010)　　图3-9-8 粗、细网格垂相非均匀对应关系示意图(据吴胜和,2010)

体渗流原理计算处理;另外,对于离散参数(如沉积相、流动单元等),则需要按最大体积百分比的统计方法处理。

(一)标量参数粗化

标量储层参数(又称为可相加的参数),如孔隙度、含油饱和度以及泥质含量等,可根据表3-9-1进行平均化方法进行粗化,主要包括算数平均、几何平均、调和平均以及平方根平均等。

表3-9-1 粗化平均化算法说明

算法名称	公式	描述
算术平均 (Arithmetic)	$P_A = \dfrac{\sum\limits_n W_n P_n}{\sum\limits_n W_n}$,例如 $A(a,b)=\dfrac{a+b}{2}$	算术平均法适合可相加的储层参数,如孔隙度、含油饱和度、净毛比等。粗化过程中,可指定权系数得到更为合理的粗化结果,如含油饱和度粗化时一般将采用有效网格体积作为权系数
几何平均 (Geometric)	$P_A=(\prod\limits_{i=1}^{n}P_i)^{\frac{1}{N}}$ $P_A=\exp\left(\dfrac{\sum\limits_n W_n \lg P_n}{\sum\limits_n W_n}\right)$ 例如 $G(a,b)=\sqrt{ab}$	几何平均法适合于空间相关性不明显且呈正态分布的渗透率属性,该方法对低值敏感
调和平均 (Harmonic)	$R(a,b)=\sqrt{\dfrac{a^2+b^2}{2}}$ 例如 $H(a,b)=\dfrac{2}{\dfrac{1}{a}+\dfrac{1}{b}}$	调和平均法适合于各垂向网格层渗透率为常数且整体呈对数正态分布渗透率属性,该方法对低值敏感
平方根平均 (RMS)	$P_A=\sqrt{\dfrac{X_1^2+X_2^2+\cdots+X_n^2}{n}}$, 例如 $R(a,b)=\sqrt{\dfrac{a^2+b^2}{2}}$	平方根平均法对高值敏感,一般 RMS > Arithmetic > Geometric > Harmonic

注:W_n 为权值,P_n 为参数值,P_A 为粗化均值

表3-9-1中的平均化方法一般需要考虑权参数。权参数主要包括两类:一是网格体积大小;二是其他相关控制参数。选择网格体积加权,意味着体积大的网格对粗化结果有较大影响;反之,网格体积小则对粗化结果的影响较小。另外,在粗化时还应考虑其他相关参数的控制作用。例如,在孔隙度粗化时,除了考虑网格体积大小,还应选择净毛比作为权参数;含油饱和度粗化时,应选择网格体积、孔隙度以及净毛比作为权参数。

(二)矢量参数粗化

绝对渗透率是与流动方向有关的矢量参数,不能采用类似孔隙度、含油饱和度等的简单体积或参数加权平均粗化法。粗化方法有带方向的平均化方法、基于流动模拟的方法、离散属性粗化方法等。粗化结果为I、J、K三个方向的等效渗透率数据体。

1. 带方向的平均化方法

带方向的平均化方法主要包括两类,算术—调和平均及调和—算术平均,如图3-9-9所示(表示6×4×4的细网格对应到一个粗网格)。根据边界封闭的一维渗流规律可知,并联网格粗化相当于算术平均计算,串联网格粗化相当于调和平均计算。

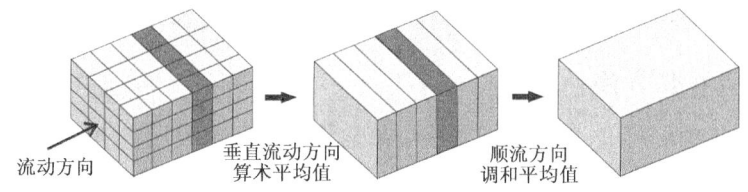

(a)算术—调和平均法

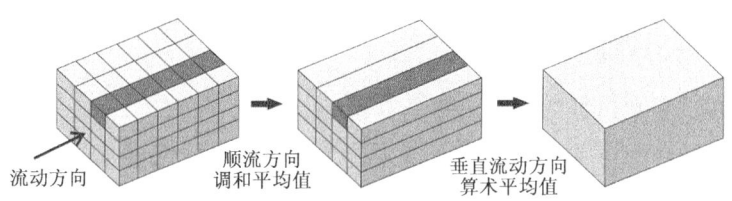

(b)调和—算术平均法

图3-9-9 算术—调和、调和—算术平均粗化示意图(据吴胜和,2010)

算术—调和平均方法粗化过程[图3-9-9(a)]:第一步,将通过算术平均计算得到垂直于流动方向的各个面网格均值(垂直于流动方向共计5个面,每个面由5×5的并联细网格通过算术平均计算均值);第二步,再将每个面网格通过调和平均法计算得到粗网格的结果值(5个并联网格面的属性值调和平均);第三步,应用同样的计算策略,计算其他两个流动方向的渗透率值,最终完成I、J、K三个方向的渗透率粗化计算。因为该方法先通过计算并联网格的算术平均法,再计算串联网格的调和平均,故该计算流程被称为算术—调和平均。

调和—算术平均法粗化过程[图3-9-9(b)]:与算术—调和平均法类似,第一步通过调和平均计算顺流动方向的串联网格块均值,第二步再通过算术平均计算并联网格均值,并最终得到粗网格结果值。

2. 基于流动模拟的方法

基本原理是:细网格与粗化网格中流体渗流满足质量流量连续,即在一定的边界条件下,同一流体在同一压差下沿同一方向流过,分别在细网格与粗化网格中的质量流量相等。一般可通过对角张量法(diagonal-tensor)或全张量法(full-tensor)计算得到等效渗透率。

在应用过程中,可指定比有效网格体积稍大的细网格范围(skin cell)进入流动方程求解(一般在有效细网格数太少的情况下使用该策略),同时需要指定网格边界为开启或是封闭(网格边界包括I、J、K三个方向)(图3-9-10)。

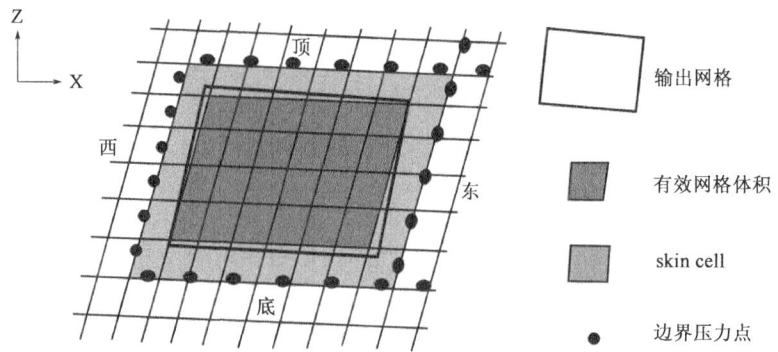

图 3-9-10 粗化时采用 Skin 网格及边界压力条件示意图(据吴胜和,2010)

3. 离散属性粗化方法

离散属性粗化相对简单,可统计细网格中离散代码出现次数最多的,或体积加权后离散代码值体积最大的类型作为粗化结果。如图 3-9-11 所示,平面一个粗网格包括 9 个细网格,其中相代码为 1 的相类型有 5 个,相代码为 2 的有 2 个,相代码为 3 的有 2 个。相代码 1 网格占优,故粗化结果为相代码 1。

四、Petrel 平台地质模型粗化

Petrel 平台里的粗化过程主要分成两个步骤:

①Scale up structure(构造粗化):包括重新划分 Zones,每个 Zones 里边划分多少个 Layers,建立起要做的数模网格(粗的,Coarse)和地质模型网格(精细,Fine)的对应关系。

②Scale up properties:应用适当的算法把精细网格中的属性逐个重新采样到粗化网格(图 3-9-12)。

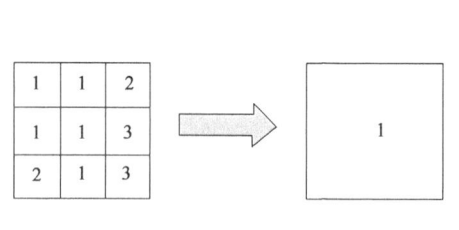

图 3-9-11 离散属性粗化示意图(据吴胜和,2010)

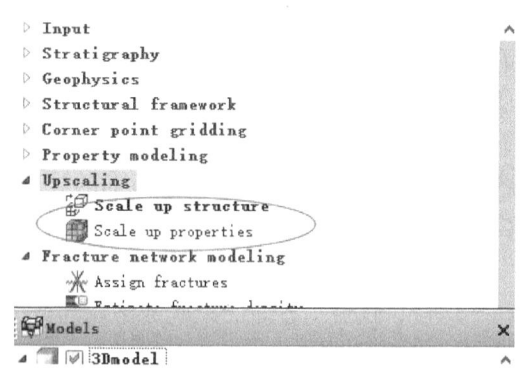

图 3-9-12 粗化界面

针对构造粗化,可以进行如下操作:

①双击 Process diagram > Upscaling > Scale up structure;
②确定勾选了 Keep locked nodes unchanged;
③定义粗化模型中的 Layer 个数和基本分配方案(图 3-9-13);
④点击 OK,这样 3D Grid(SIMU)里边就有了 Horizons 和 Zones。

针对 Scale up properties,可以进行如下操作:

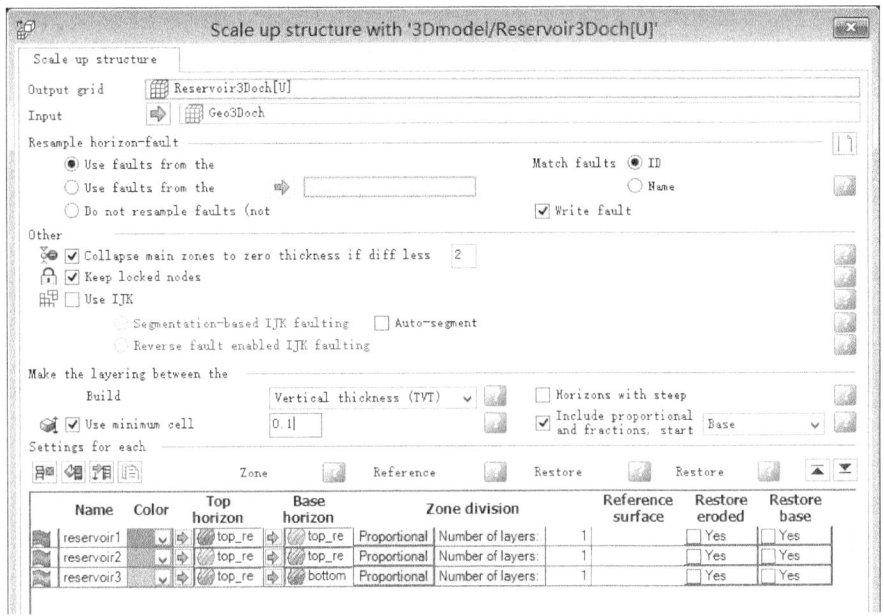

图 3-9-13　定义粗化模型中的 Layer 个数和分配

①双击 Process diagram > Upscaling > Scale up properties；

②在精细地质模型中选中要粗化的属性,比如净毛比模型,然后在 Scale up properties 面板中点击按钮输入,如图 3-9-14 所示,同样可以把所有将要粗化的属性都导入进来,然后分别设置所要采取的粗化方法。

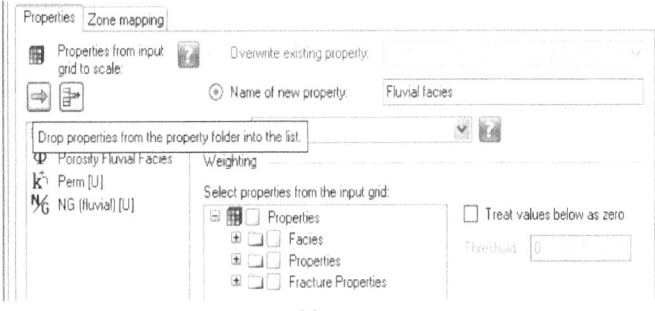

图 3-9-14　属性模型粗化

参 考 文 献

黄尚军,杨帆,潘举玲,等.2002.精细油藏数值模拟技术及应用[J].断块油气田(5):40-42,91.

李少华.1999.储层建模算法剖析[M].北京:石油工业出版社.

刘少华,吴东胜,罗小龙,等.2007.复杂地质体的三维建模与可视化方法的研究[J].矿业研究与开发(2):56-58.

欧成华,李朝纯.2017.页岩岩相表征及页理缝三维离散网络模型[J].石油勘探与开发,44(2):1-10.

欧成华,李朝纯.2014.用于带水碳酸盐岩气藏气水分布表征的六阶段建模方法[P]:中国,ZL2014 1 0419436.4.

欧成华,李朝纯.2014.用于多层砂岩气藏气层品质分类表征的六阶段建模方法[P]:中国,ZL2014 1 0422566.3.

吴胜和.2010.储层表征与建模[M].北京:石油工业出版社.

吴胜和,金振奎,黄沧钿,等.1999.储层建模[M].北京:石油工业出版社.

吴胜和,李宇鹏.2007.储层地质建模的现状与展望[J].海相油气地质(3):53-60.

于金彪.2005.基于油藏数值模拟研究的地质模型质量评价方法[J].油气地质与采收率,12(2):49-51.

于金彪,杨耀忠,戴涛,等.2009.油藏地质建模与数值模拟一体化应用技术[J].油气地质与采收率(5):72-759,115.

张世明,万海艳,戴涛,等.2005.尚一区东四、东五单元复杂断块油藏开发调整数值模拟研究[J].断块油气田(2):35-37,91.

Deutsch C V,Tran T T. 2002. FLUYSIM:a program for object-based stochastic modeling of fluvial depositional systems. Computers & Geosciences,28(2):525-535.

Ou Chenghua(欧成华),Li Chaochun,Zhi Dongming,et al. 2017. Coupling accumulation model with gas-bearing features to evaluate low-rank coalbed methane resource potential in the southern Junggar Basin,China[J]. AAPG Bulletin,DOI:10.1306/03231715171.

Ou Chenghua(欧成华),Chen Wei,Ma Zhonggao. 2015. Quantitative identification and analysis of sub-seismic extensional structure system:Technique schemes and processes[J]. Journal of Geophysics And Engineering,12:502-514.

Ou Chenghua(欧成华),Wang Xiaolu,Li Chaochun,et al. 2016. Three-Dimensional Modelling of a Multi-Layer Sandstone Reservoir:The Sebei Gas Field,China[J]. Acta Geologica Sinica (English Edition),90(1):801-840.

Ou Chenghua(欧成华),Li ChaoChun and Ma Zhonggao. 2016. 3D Modeling of Gas/Water Distribution in Water-Bearing Carbonate Gas Reservoirs:The Longwangmiao Gas Field,China[J]. Journal of Geophysics And Engineering,13:745-757.

Ou Chenghua(欧成华),Chen Wei,Li Chao-Chun. 2016. Using structure restoration maps to comprehensively identify potential faults and fractures in compressional structures[J]. Journal of Central South University,23:677-684.

习 题

1. 阐述储层建模的完整技术流程。
2. 主要地质建模软件有哪些?各建模软件的基本功能是什么?各有何优缺点?
3. Petrel平台主界面的主要构成部件有哪些?
4. Petrel平台有哪四大系统?阐述各系统的主要功能模块及其特点。

5. 地质建模常用的数据类型有哪些？简述常用数据类型的格式名称。

6. 简述有关井数据、地质数据、地震数据的基本类型。练习将每类数据输入到 Petrel 软件中。

7. 如何避免各类数据输入过程中的常见错误？

8. 地层结构与构造建模主要包括哪几方面内容？各内容之间有什么关系？

9. 断层建模的一般流程是什么？利用 Petrel 软件练习断层建模。

10. 建立构造层面模型的步骤有哪些？利用 Petrel 软件练习构造层面建模。

11. 关键层面建模与小层内插过程有什么不同？为什么要分为这两种不同方式？根据层序地层学原理，在油藏范围内，地层分布型式可分为几种类型？

12. 三维网格有哪两种类型？简述每种网格设置应注意的主要问题。

13. 简述利用 Petrel 软件开展地层结构与构造建模的完整过程。练习并掌握这个过程。

14. 如何理解沉积相建模的一般原则？

15. 沉积相确定性和随机性建模的常用方法分别有哪些？

16. 地震属性数据体在沉积相建模过程中是如何应用的？

17. 比较序贯指示模拟与截断高斯模拟在相建模流程上的不同。

18. 基于目标的沉积相随机模拟一般流程是什么？它与基于变差函数的相模拟方法在建模过程中有什么不一样？

19. 简述利用 Petrel 软件开展沉积相建模的完整过程。练习并掌握这个过程。

20. 储层属性一般包括哪些？如何理解储层属性建模的一般原则？

21. 储层属性建模过程中包括哪些主要的数据变换类型？每种数据变换类型的具体含义是什么？

22. 储层属性确定性和随机性建模常用方法有哪些？

23. 简述孔隙度、渗透率、含油饱和度、净毛比等储层属性参数建模的基本流程。熟悉各参数建模过程间的区别与联系。练习并掌握各储层属性参数的建模过程。

24. 简述储层裂缝建模的主要思路和步骤。练习并掌握这些步骤。

25. 分别简述油藏、气藏和油气藏储量分布建模的主要思路和步骤。练习并掌握这些步骤。

26. 简述地质模型质量的影响因素、控制方法及可靠性验证策略。

27. 简述数模网格的建立步骤，数模网格与地质模型网格对应关系设置，以及储层参数模型粗化的基本方法。